지식의 세계사

육영수 지음

지식의 세계사

베이컨에서 푸코까지, 지식권력은 어떻게 세계를 지배해왔는가

Humanist

인간은 자연의 사용자 및 자연의 해석자로서 자연의 질서에 대해 실제로 관찰하고, 고찰한 것만큼 무엇인가를 할 수 있으며 이해할 수 있다. 인간의 지식이 곧 인간의 힘이다.

— 프랜시스 베이컨

"아는 것이 힘이다" 또는 "힘은 아는 것이다"라는 표어를 읽을 때마다 나는 웃기 시작하는데, 왜냐하면 지식과 힘의 관계를 연구하는 것이 정확히 나의 문제이기 때문이다. 만약 양자가 동일하다면 나는 그들을 연구하지 않아도 되었을 것이며, 결과적으로 힘든 수고를 아꼈을 것이다. 내가 지식과 힘의 관계에 대해 질문한다는 사실 자체야말로 내가 양자를 동일시하지 않는다는 점을 분명히 밝혀준다.

— 미셸 푸코

■ **일러두기**

• 외래어와 외국 인명은 국립국어원 한국어 어문 규범의 '외래어 표기법'에 따라 표기
  하되, 일부 인명은 관행을 따랐다.

• 본문에서 인용하고 참조한 단행본과 논문, 기사의 출처는 주석과 참고문헌에 밝혔다.

머리말

　이 책은 내가 청년기부터 품었던 지적 허영심에 물 주고 바람 쐬어 갈무리한 일종의 결정판이다. 앙가주망, 인텔리젠치아, 아방가르드, 아나키스트와 같은 외래어로 겉멋을 부렸던 20대의 지적 방황은 위대한 사상가들이 남긴 찬란한 문장을 만나며 모양을 갖췄다. "신은 죽었다." "타인은 지옥이다." "여성은 태어나는 것이 아니라 만들어진다." 나는 이런 명제들의 뜻과 그 역사적 맥락을 파악하기 위해 읽고 메모하고 토론하고 또 읽었다. 그런데 대학교의 선생이 되어 이 땅의 청년들을 마주하자 유학 시절에 밑줄 그었던 주옥같은 인용문들은 뜬금없는 질문과 섞여 뒤죽박죽되었다.

　대한제국 시기 근대화에는 왜 '계몽운동'이라는 이름이 붙었을까? 마르크스는 어쩌다 식민지 조선의 지식인들을 사로잡았을까? 대부분의 심리학과에서는 왜 프로이트를 가르치지 않을까? 나의 40대와 50대는 이런 뚱딴지같은 의문에 답하기 위해 강의를 하고 논문을 쓰고 때로는 산을 오르고 술을 마시다 마감되었다. 지난 5년에 걸쳐 쓴 이 책은 젊은 시절에 간직한 지적 호기심이 한 세대 동안 곪아 터진 뒤에 남은 생채기

이자 어쭙잖은 지적 탐험에 관한 최종 보고서이다.

용도폐기된 '철 지난 혁명'과 더불어 지식과 이념의 시대도 끝났다고 한다. 한편으로 사상과 이데올로기는 쓸모없고 골치만 아픈 문젯거리라고도 한다. 철학과가 없어지고 역사학과가 관광학과와 문화콘텐츠학과에 자리를 빼앗기는 지금, 대학생들은 '사상사'나 '지적 전통'과 같은 강좌에 환호하지 않는다. 자격증과 취업률이 모든 것을 결정하는 이 세상에서 유령처럼 형태도 없고 논쟁만 부추기는 지식과 사상은 시대착오적인 유물 취급을 받는다. 사유보다는 행위를 앞장세우고 동기보다는 결과에 목을 내는, 흔히 신자유주의로 일컬어지는 시대정신 탓만 할 수는 없다. 니체를 흉내 내어 말하자면, "너와 나, 우리 모두가 지식과 사상을 살해했다." 지식을 예능과 교환하고 사상을 권력과 바꿔먹은 우리 모두는 '죽은 지식의 사회'를 만든 공범이다. 우리는 그 대가로 처세술과 생존담론만이 활보하는 인식론적인 황무지에서 눈먼 채 시들어가고 있다.

이 책의 목적은 지식과 사상의 중요함을 강조하면서 독자를 지성사로 유혹하는 데 있지 않다. 오히려 그 반대이다. 나는 서구에서 발명되어 온 세상의 가치관이 된 지식-사상으로부터 자유로워지는 길을 독자에게 안내하고 싶다. 개인의 힘의 원천이며 계몽의 길잡이였던 지식은 어떻게 권력이라는 달콤한 캡슐에 감싸여 인간의 해방과 행복을 방해하는 최면제가 되었을까? '아는 것이 힘이다'라는 교훈을 인생의 좌표로 삼았던 명랑한 청년은 어째서 '권력이 된 지식'을 농단하는 노회한 꼰대가 되었을까? 우리가 지식과 사상의 펜대에 휘둘리지 않기 위해서는 입에 쓰더라도 마음에 보약이 되는 지성사의 세계에 용기 있게 입문해야 한다. 사상이 곧바로 혁명을 만들지는 못하지만, 개인은 신념에 따라 죽고 살며 사회는 이데올로기의 리듬에 맞춰 비틀거리며 전진하기 때문이다.

이 책의 또 다른 집필 동기는 '주체적인 서양사 쓰기'를 실험하고 실천해보려는 것이다. 우리가 지난 100년 동안 이 땅에서 겪었던 파란만장한 경험과 극단적인 사상투쟁에 비추어 유럽 지성사를 비판적으로 살펴보려는 의도이다. 유교적 가부장주의, 식민지 근대화의 이중성, 분단체제와 흑백논리, '하면 된다! 군사독재', '닥치고 따르라! 운동권' 등 나를 키웠던 시대적 감수성과 그 한계를 디딤돌 삼아 유럽 근현대 지성사에 접근하려 노력했다. 그러므로 '우리의 시선으로 처음 쓰는 유럽 근현대 지성사'를 지향하는 이 책에 포함되었을지도 모를 오류와 편견 또는 독창성은 오롯이 나의 것이다. 우리가 함께 떠나는 지적 항해는 같은 목적지에 도달하기 위해서라기보다 각자가 스스로 위험을 헤치고 또 다른 질문이 기다리는 낯선 기슭에 닿기 위한 것이다.

차례

서론

1

《지식의 세계사: 베이컨에서 푸코까지, 지식권력은 어떻게 세계를 지배해왔는가》는 17세기 초반에서 20세기 후반까지 유럽에서 발생한 중요한 사상운동의 특징과 그것이 현재에는 어떤 의미를 갖는지를 역사적 맥락 속에서 살피고자 한다. 이 책의 출발점으로 프랜시스 베이컨을 내세운 것은 "아는 것이 힘이다"라는 그의 주장이 과학적 지식으로 무장한 자연의 정복자로서 근대인이 탄생했다는 선언에 다름 아니기 때문이다. 미셸 푸코를 책의 종착점으로 삼은 것은 그가 베이컨의 명제를 뒤집어 인간과 자연에 관한 과학기술적 지식의 축적과 확장은 인간의 사망과 휴머니즘의 종말로 귀결되었다고 비판했기 때문이다. 말하자면 신학의 알을 깨고 독립적인 인격체로 태어나 자연계의 주인이자 문명의 주체로 행세했던 인간이, 이성과 진보의 궤도에서 벗어나 생태계의 파괴자인 동시에 인간과학·사회과학의 대상 또는 '물건'으로 전락하는 궤적을 추적하고 분석하는 것이 이 책을 관통하는 주제의식이다.

서양 근대성(modernity)을 어떻게 규정하고 그 지적 전통의 출발점을 어디에서 찾을 수 있을까? 곧바로 대답하기 어려운 질문이다. 왜냐하면 '근대성'이라는 포괄적인 개념—'거대담론'이라고 부르기도 한다—을 깔끔히 정의하기가 매우 힘들고 논쟁적이기 때문이다. 다소 거칠지만 자본주의 시장경제의 등장, 산업혁명이 성취한 인간노동의 기계화와 자동화, 민족국민국가의 성장, 과학기술문명의 발전 등을 서양 근대성의 주요성격으로 열거할 수 있을 것이다. 그렇다면 서양의 근대성을 사상사적인 관점에서는 어떻게 규정할 수 있을까? 다시 말해 고대와 중세의 시대정신과 구분되는 근대의 사상적인 특징은 과연 무엇일까? 근대 서양인들은 어떤 세계관과 집단적인 정신자세를 공유하기에 동양을 포함한 다른 문명권과 구별되는 것일까? 이런 궁금증에 시원하게 대답하기도 역시 곤란하겠지만, 종교적 세계관의 탈피와 세속화, '생각하는 인간 주체'라는 개인의 등장, 경험적이며 실용적인 지식의 추구, 낙관적 진보사상, 과학기술적 세상 읽기 등을 근대적인 사고방식의 특징으로 꼽을 수 있을 것이다.

개념사적으로 따지자면, 근대성을 구성하는 공통분모는 과거와의 급진적인 단절과 이것이 동반하는 과도기적 위기의식 및 역동적인 역사인식 등이다.[1] 이전 시대와는 질적으로 전혀 다른 '변화'와 '도약'에 관한 민감하고도 긍정적인 인식을 밑바닥에 깔고, 혁신·발달·진보 같은 전향적인 개념들을 해바라기하는 태도가 근대성의 요체이다. 영원히 지속되는 것은 없고 모든 것은 일회적인 이행단계에 있으므로 개인과 사회, 역사와 문명 등도 모두 고유의 리듬과 패턴으로 끊임없이 전진한다는 신념이 근대성을 키우는 사상적인 탯줄이다. 미국의 사상사가 프랭클린 보머(Franklin L. Baumer, 1913~1990)는 17~20세기 중반까지 유럽 근현대 사상의 흐름이 '존재(Being)'에서 '생성(Becoming)'으로 바뀌었다고 본다. 이러한 접근은 전통사상을 실체와 경계가 해체되고 '다시 만들어지는 그 무엇'으로 파악하려는 시도이다.[2] 신앙과 이성, 남성과 여성, 정신과 육체, 야만과 문명, 동양과 서양 등에서, 즉 사상적 근대성의 형성-전개-재구성 과정에서 견고하게 살아남은 정신적 자산은 무엇이며, 해체되어 사라진 것은 무엇인가?

서양어 '모던(modern)'이 동아시아권에서 '근대'라는 번역어로 정착된 시기는 대략 1890년대였다. 1873년에 간행된 영어-일본어 사전에서 'modern=근대의'라는 번역 항목이 처음으로 선보인 이후 '근세'와 '근대'라는 용어가 동의어처럼 경합하면서 함께 사용되었다. '근세'가 주로 시대구분 용어로 20세기 전반까지 선호되었다면, '근대'는 '현실적', '개인주의적', '자연과학적', '불안하고 퇴폐적인' 같은 여러 의미로 쓰이며 문예 분야에서 유행했다.[3] 서양에 기원을 둔 사상적 근대성은 19세기 말~20세기 초반 아시아에서 어떤 경로와 모습으로 수입·모방·전유되었을까? 일본, 중국, 한국 등 동아시아 국가들은 그들이 물려받은 사상적 전통을 위협하는 서구사상의 침입과 도전에 각각 어떻게 대응하면서 근대적 국가-국민 만들기의 진통과 실패를 경험했을까? 이런 물음을 곱씹어보려는 것이 이 책의 저변에 흐르는 또 다른 문제의식이다.

2

이 책은 유럽 근현대 지성사를 크게 세 단계로 나누어 서술한다. 제1부는 "사상적 근대성의 탄생"이라는 제목으로 베이컨이 초석을 놓은 경험주의의 토대 위에 구축되는 과학기술적 지식의 전개 과정과 지성사적 특징을 17세기 유럽의 공간적 팽창과 18세기 말 프랑스혁명의 영향에 대입해 설명한다. 과학과 세속주의, 이성의 완전성과 역사진보에 대한 확신 등이 특징인 이 단계의 시대정신은 프랑스 계몽주의와 그 사상적 후예인 실증주의가 대변한다. 생시몽이 씨를 뿌리고 콩트가 물을 준 실증주의는 바다 건너편 영국에서 제러미 벤담과 존 스튜어트 밀의 양적·질적 공리주의로 변주된다. 인간과 사회를 자연과학의 방법론으로 관찰하고 전망하려는 이들 사상가에 힘입어 19세기 중후반까지 경제학, 심리학, 사회학, 인구학, 고고인류학 같은 인간과학·사회과학이 독자적인 학문 분야로 자리 잡았다.

"사상적 근대성의 위기"라는 제목을 붙인 제2부에서는 19세기 말에서 20세기 전반에 등장한 진보사관에 대한 심각한 회의와 반실증주의적인 지적 풍토를 진단한다. 유럽 근대 지성사에서 유럽 현대 지성사로 바뀌는 분수령에 우뚝 선 프리드리히 니체는 이성과 광기의 경계를 허물고 영혼의 오랜 포로였던 육체의 우월성을 역설했다. 그의 뒤를 이은 막스 베버는 자연과학과는 다른 '문화과학'의 관점에서 합리성의 장단점을 분석하고, 카리스마적인 지도자와 직업인간의 소명의식으로 근대성의 차가운 쇠우리에서 해방되는 길을 모색했다. 지크문트 프로이트는 이성적인 자아(에고)와 결합한 현실원칙에서 쫓겨난 무의식의 세계를 발견함으로써 유럽 현대 지성사를 이성의 너머 또는 그 밑으로 확장했다. 니체·베버·프로이트 3인방은 '생각하므로 나는 존재한다'는 명제에 얹힌 데카르트적 근대인의 허구성을 공격하면서 광기와 성욕으로 가득 찬 '문제적 현대인'으로 재창조했다.

제3부는 제2차 세계대전 전후에 본격화되는 "사상적 근대성의 해체"에 초점을 맞춘다. 이성의 끝없는 자기확장과 합리성에 기반을 둔 관료

제의 통제 없는 자기복제는 인류를 탱크, 파시즘, 제노사이드 등으로 대변되는 야만적인 막다른 골목으로 내몰았다. 프랑크푸르트학파는 애초부터 잘못 끼워진 이성의 첫 단추—도구적 이성과 성찰적 이성의 무분별한 뒤엉킴—를 재점검함으로써 계몽주의에 내재된 근본적인 야수성을 고발했다. 그 연장선에서 헤르베르트 마르쿠제는 효율성과 수행원칙에 착취당해 말라비틀어진 '에로스'의 긍정적인 힘을 복원하여 후기산업주의 시대에 인간을 해방하는 에너지로 삼고자 했다. 프랑크푸르트학파의 비판이론에 공감했던 미셸 푸코는 계몽주의와 휴머니즘을 동일시하는 유럽 근현대의 지적 전통을 급진적으로 비판함으로써 한 걸음 더 나아갔다. 그는 계몽주의를 인간 주체에 대한 감시와 처벌의 원천기술로 지목함으로써 인간과학의 발전은 역설적으로 자율적인 인간존재의 소멸을 재촉한다고 경고했다.

다소 도식적으로 요약하자면, 니체를 기준 삼아 그 앞쪽에 배치된 18세기 계몽주의와 19세기 실증주의·공리주의 사상가들—베이컨, 볼테르와 콩도르세, 생시몽과 콩트, 벤담과 밀—은 이성중심주의·과학기술적 합리주의·세속적 진보사관으로 근대 인간이 거주하는 성채를 짓는 데 기여했다. '신의 사망' 선언 이후 활약한 20세기 사상가들—베버와 프로이트, 루카치와 그람시, 호르크하이머·아도르노와 마르쿠제 그리고 푸코—은 도구적 이성의 파괴성, 과학기술적 전체주의, 인간 주체의 실종 등에 주목했던 차라투스트라의 자식들이었다. 거칠게 표현하자면, 이 책은 17~19세기를 지배했던 베이컨주의자들과 '세기말'을 고비로 20세기 유럽의 지성계를 점령한 니체(와 '프랑스의 니체'인 푸코)주의자들이 밀고 당기며 연출하는 계몽주의의 장기지속적인 흥망성쇠 또는 근현대적인 인간형의 파란만장한 생애에 관한 이야기이다.

저자 입장에서 이 책의 사용법을 독자들에게 굳이 조언한다면, 개인적인 관심사에 따라 순서에 상관없이 아무 장이나 읽어도 괜찮다. 개별적인 사상을 잉태한 시대적 배경과 사상가의 생애를 앞부분에서 짧게 설명하고 각 사상(가)의 주요 내용과 특징 및 사상적 유산을 설명·비평하는 방식을 표준으로 삼았기 때문이다. 특정 사상(가)이 전달하려는 핵심적인 메시지를 단번에 포착할 수 있도록 인용문을 소제목으로 배치했다. 세 편의 '톺아 읽기'는 원래 논문 형식으로 발표했던 글을 교양독자의 눈높이에 맞춰 좀 더 쉽게 풀어쓴 것인데, 건너뛰거나 나중에 따로 읽어도 좋을 것이다. '부록'은 사상사 방법론에 관해 내가 쓴 세 편의 논문을 많이 축약하여 수정 보완한 것이다. 이 책이 지향하는 '사상의 사회사'가 무엇이며, 서구중심주의를 극복하는 '트랜스내셔널 지성사'의 성격이 궁금한 독자들에게 도움을 줄 것이다. 무엇보다 각 장의 처음과 끝에서 앞뒤 장에서 다룬 사상과의 연관성을 유기적으로 설명함으로써 이 책의 주제의식을 일관성 있게 서술하는 데 유의했다.

3

짧게 거슬러 올라가더라도 지난 반세기 동안 국내 학계에서는 서양철학이나 서양사상에 관한 관심이 매우 높았다. 유럽 근현대에 한정하더라도 칸트, 루소, 헤겔, 니체, 그람시, 마르크스, 푸코 등 저명한 사상가들의 책은 물론, 평전과 해설서 등이 활발하게 번역·저술되었다. 한국사상과 동양철학에 관한 상대적으로 빈약한 관심과 대조되는 이런 출판현상은 '서구화'를 '근대화'와 동일시하며 환영했던 우리 근현대사와도 맞물려 있다. 특기할 사항은 유럽 근현대 사상이 국내 독자에게 유별난 인기를 얻는데도, 그 지적 운동의 굽이굽이를 짚어보고 종합적으로 조감하는 입문서는 거의 없다는 사실이다. 정치외교사나 사회경제사 입문서와는 달리 수많은 사상가의 성좌(星座)로 구성되는 지성의 천체사(天體史)를 저술하려는 작업은 매우 어렵기 때문일 것이다. 유명 사상가들에 대한 각론과 전문서는 많지만 지난 3~4세기에 걸친 유럽 근현대 사상의 연속적이며 동시에 단절적인 특징을 총체적으로 탐구하는 통사(通史)가 국내외 학계에서 매우 드문 이유이다.

서양 근현대 사상사의 윤곽을 소개하려는 책이 전혀 없는 것은 아니다. 국내에서 출간된 관련 책들을 대략 나열해보자면, 크레인 브린턴의 《서양사상의 역사》,[4] 브로노프스키와 매즐리스가 함께 쓴 《서양의 지적 전통: 다빈치에서 헤겔까지》,[5] 프랭클린 보머의 《유럽 근현대 지성사》,[6] 차하순의 《서양 근대사상사 연구》,[7] 김영한과 임지현이 엮은 《서양의 지적 운동》 1·2권,[8] 프랭크 터너의 《예일대 지성사 강의》[9] 등이 있다. 이 책들은 제각기 장점이 있긴 하지만, 서양 근현대 지성사에 관한 본격적이면서도 체계적인 입문서로 꼽기에는 부족하고 아쉬운 면이 있다. 《서양사상의 역사》, 《서양의 지적 전통》, 《유럽 근현대 지성사》 등이 반세기도 훨씬 전에 저술된 다소 철 지난 해외연구서라면, 《서양의 지적 운동》은 단독 저자가 아니라 '이즘(-ism)'에 초점을 맞춘 백과사전적인 공동 작업물이라는 아쉬움이 있다. 그리고 《서양 근대사상사 연구》와 《예일대 지성사 강의》는 포괄적인 제목과는 달리 일관적인 주제 없이 저자들이 흥미를 보인 방법론, 여성사, 예술사, 정치사상사 등이 뒤죽박죽 섞여 있다는 한계가 있다. 무엇보다도 위 책들은 정도의 차이는 있지만 유럽 근현대 지성사를 역사적 맥락과 동떨어진 '관념사(history of ideas)'로만 살폈다는 치명적인 단점을 공유한다.

앞선 책들의 한계를 수정·보완하기 위해 나는 다음의 세 가지 측면에 특별히 유의하고자 한다. 첫째, 지금까지 간행된 많은 사상사 책이 형이 상학적이며 철학적인 논쟁에 치우쳐 있었음을 유념하면서 '관념의 순수 사상사'를 지양하고 '관념의 사회지성사'를 지향한다.[10] 다시 말하면 사상을 역사가 존재하지 않는 진공 속에서 잉태되어 제멋대로 유영하는 독립변수가 아니라, 당대의 정치 상황과 사회경제적 구조 속에서 호응·충돌·변화하는 종속변수로 접근한다. 각 장의 맨 앞자리에 당대의 중요한 정치적 사건이나 사회경제적 제도와 문화운동 등을 일별하도록 연표를 배치한 것은 특정 사상의 '역사성'을 시간과 공간의 좌표에 대입하여 이해하도록 안내하기 위해서이다. 각 장마다 특정 사상가와 사상적 운동에 대한 설명에 선행하여 당대의 정치적·사회경제적·문화적 배경을 간략히 서술한 것도 사상과 사회의 복잡하고도 미묘한 인과관계를 탐색해보기 위해서이다.

둘째, 이 책은 많은 서양 근현대 사상사 책이 오랫동안 벗어나지 못했던 서구·남성중심주의를 비판하는 방향으로 기획되었다. 계몽주의·실증주의·공리주의·자유주의 등 근대 유럽 사상의 주류가 19세기 이후 서구가 주도하는 '문명화 사명'과 제국주의적 팽창을 정당화하는 불쏘시개 역할을 했음에 주목했다. 볼테르와 콩도르세, 생시몽과 콩트, 밀과 베버 등의 사상가들을 조건 없이 숭배하지 않고 그들의 저작에 스며 있는 오리엔탈리즘을 예민하게 꼬집었다. 제1부 중간에 배치된 〈[톺아 읽기 1] 식민지 계몽주의: 제국주의 문명화 사명의 도구〉에 이런 문제의식이 집약되어 있다. 또한 유럽 '남성' 사상가들이 드러낸 가부장적인 사고방식을 기회가 닿을 때마다 지적함으로써 유럽 근현대 지성사를 젠더 관점에서도 수정·보완하고자 애썼다. 밀의 《여성의 종속》에 드러난 남성중심주의를 끄집어내고, 니체·마르쿠제·푸코 등이 주창했던 육체담론을 간략하나마 서술한 것은 페미니즘과 유럽 근현대 지성사의 밀접한 연관성을 보여주기 위함이다.

셋째, 이 책에 적용된 또 다른 새로운 시각은 탈식민주의적인 문제의 식이다. 제2차 세계대전 이후에 많은 식민지가 서구제국으로부터 영토적·국제외교법상으로는 해방되었지만 서구제국이 이식해놓은 인식론적인 세계관에 여전히 사로잡혀 있다는 것이 탈식민주의의 시각이다. '근대화', '문호개방', '국제화', '자유주의', '세계화' 등의 사탕과 채찍으로 '제3세계'와 '발전도상국'을 서구적인 세계관과 역사인식으로 포섭하여 그 밑에 두려는 후기제국의 권력을 거부해야 한다는 신념이 이 책의 밑바닥에 흐르고 있다. 식민지 조선의 사상가들이 '수입된' 니체 사상을 나름대로 전유하며 일본제국주의에 어떻게 저항(또는 협력)했는지를 추적한 〈[톺아 읽기 2] 일제 식민시대 조선 지식인들의 니체 사용법〉이 첨부된 배경이다. 이 책의 본문을 〈[톺아 읽기 3] 푸코와 (탈)식민주의: 지식의 지정학을 찾아서〉로 마감한 것도 식민주의 이데올로기와 분리되어서는 결코 성립할 수 없는 유럽 근현대 지성사의 은밀한 속사정을 독자들에게 폭로하려는 의도이다.

이 책의 한계도 언급하지 않을 수 없다. 주로 영국·독일·프랑스 출신 사상가들을 주연으로 출연시킴으로써 '서유럽중심주의'에서 자유롭지 못하다는 비판이 제기될 수도 있을 것이다. 헝가리 출신인 죄르지 루카치와 이탈리아 태생인 안토니오 그람시를 조연 아닌 조연으로 등장시켰지만, 남부와 동부 유럽의 사상가들을 상대적으로 소홀히 했다. 그렇지만 톺아 읽기 1과 3에서 카리브해와 라틴아메리카 출신 지식인들을 등장시켜 서유럽중심주의를 다소나마 희석시키고자 했다. 또한 변화무쌍하고 때로는 모순적인 한 사상가의 지적 편력을 근대성·계몽주의의 잉태·성장·절정·위기·해체·몰락이라는 리듬과 구도에 도식적으로 짜 맞춰 자의적으로 해석했다는 불만도 있을 것이다. 이런 약점은 나의 얕은 밑천에서 유래하지만, 이 책이 겨냥하는 주제의식을 드러내기 위한 전략적인 선택이기도 하다. 다만 이 책이 '압축·식민지 근대화'의 시공간을 비틀거리며 헤쳐 왔던 우리가 타의적·자의적으로 선택하여 학습했던 서구사상의 역사적 유산과 현재의 과제를 따져보는 데 미력하나마 기여하기를 바랄 뿐이다.

제1부

사상적 근대성의 탄생

제1장

베이컨_근대 유럽의 사상적 설계자

1517년	독일, 마르틴 루터, 《95개 논제》 발표로 종교개혁의 서막 열림.
1522년	포르투갈, 페르디난드 마젤란, 세계일주 완료.
1532년	이탈리아, 니콜로 마키아벨리, 《군주론》 출간.
1534년	잉글랜드, 국교회(Anglican Church, 성공회) 설립.
1558년	영국, 엘리자베스 1세 즉위.
1588년	영국, 에스파냐 무적함대 격파.
1603년	영국, 엘리자베스 1세 사망. 제임스 1세 즉위. 스튜어트 왕조 성립.
1605년	영국, 프랜시스 베이컨, 《학문의 진보》 출간.
1618년	독일, 30년전쟁 발발.
1620년	영국, 메이플라워호, 북아메리카 상륙.
	영국, 프랜시스 베이컨, 《신기관》 출간.
1626년	영국, 프랜시스 베이컨 사망.
1628년	영국, 의회가 제출한 권리청원 승인.
1632년	이탈리아, 갈릴레오 갈릴레이, 《두 체계의 대화》 출간.
1642년	영국, 잉글랜드 내전·청교도혁명 시작.
1648년	독일, 30년전쟁 종료. 베스트팔렌조약 체결.

1. 베이컨과 그의 시대

프랜시스 베이컨(Francis Bacon, 1561~1626)은 '신대륙의 발견'이 촉발한 대항해시대와 과학혁명의 시대로 대변되는 전환시대의 지식인이었다. 페르디난드 마젤란의 세계일주 행로를 기억하는 한 무리의 영국 청교도가 종교의 자유를 찾아 '아메리카'라는 신대륙으로 떠난 사건도 베이컨 생전에 일어났다. 지동설을 '눈(망원경)으로 증명했던' 갈릴레오 갈릴레이(Galileo Galilei, 1564~1642)는 베이컨과 같은 시대를 산 인물이다. 1618년에 발생한 30년전쟁은 마르틴 루터(Martin Luther, 1483~1546)의 종교개혁이 촉발한 가톨릭과 프로테스탄트 사이의 종교전쟁이었는데, 1648년의 베스트팔렌조약으로 영토적·외교적 근대 유럽 국가의 윤곽이 그려졌다. 말하자면 베이컨은 옛 유럽의 활동영역이 지중해와 대서양 너머로 확장되고 지동설로 기독교적 세계관이 심각하게 위협받는 근대적 여명기를 살았던 인물이다.

베이컨은 최상류층 부모에게서 태어나 그 자신도 영국 왕실의 최고위층까지 오른 인물이다. 엘리자베스 1세의 옥새 관리인이며 왕실 법률고문이었던 아버지처럼 그는 제임스 1세 치세에 옥새 관리인, 대법관, 상원의원 등 고위 관직의 꽃길을 걸었다. 18세 때 아버지를 여의고 둘째 아들로서 유산을 상속받지 못했던 불리함을 딛고 선 눈부신 출세는 베이컨의 야심과 특출한 능력이 가져다준 훈장이었다. 45세 중년에 14세의 부잣집 소녀와 결혼하여 아내의 지참금으로 '생활경제'를 해결할 만큼 베이컨의 현실감각은 남달랐다.

권력과 부귀영화를 향한 그의 집착은 절대군주에 대한 헌신적인 충성으로 표출되었다. 아버지를 이어 모시려던 엘리자베스 1세에게는 냉대를 받았지만, 제임스 1세(재위 1603~1625)는 베이컨의 든든한 후견인이 되었다. 왕의 신임을 지렛대 삼아 출셋길을 달리던 베이컨은 60세가 되던 1621년에 뇌물을 받은 부패 정치인으로 고발되었다. 왕에게 보낸 청원서에서 "은혜로운 폐하의 손안에 든 조그만 흙덩이"를 어여삐 여겨달라고 빌었지만 냉정하게 고위직에서 내쳐졌다.[1] 그가 의회주의자와 절대왕정 지지자 사이에 벌어진 권력다툼의 희생자였는지는 알 수 없지만, 고위공무원으로서 보여준 비굴한 모습과 '생각의 신대륙'을 탐험하려는 진보적인 사상가의 삶 사이에는 심각한 간극이 있었음을 부정할 수 없다.[2]

"나의 학문적 야망은
정치적 지위보다 더 크다."

정치인이 아니라 사상가로서 베이컨의 명성은 처세술을 뛰어넘는 그의 지적 능력과 성실함에서 비롯되었다. 12세에 케임브리지대학교에 들어갔고, 18세에 당시 유럽 정세와 국제 정치를 분석한 첫 논문을 썼으며, 36세에 당대의 베스트셀러 《수상록(Essays)》(1597)을 출간했다. 40대

중반에는 본격적이며 완결된 첫 학술서인《학문의 진보(The Advancement of Learning)》(1605)를 발표하면서 평생 과업인 '위대한 부흥'의 밑그림을 그렸고, 환갑 직전에 출간한《신기관(Novum Organum)》(1620)으로 사상가로서 절정에 올랐다. 사망하기 직전까지 미완성작《새로운 아틀란티스(Nova Atlantis)》(1624)를 집필하는 데 열중할 정도로 베이컨은 "나의 학문적 야망은 정치적 지위보다 더 크다"는 30대 초의 맹세를 끝까지 지켰다.3

당대인들과 후세 학자들이 베이컨을 윌리엄 셰익스피어(1564~1616)의 작품들을 실제로 집필했던 유령 필자라고 믿었을 만큼 그의 문체는 뛰어났고, 학문의 세계도 바다처럼 깊고 넓었다. 그는 추위 속에서 닭고기가 얼마나 오래 냉동 보관되는지를 실험하다가 얻은 기관지염으로 사망하여 '실험과학의 첫 순교자'로 불릴 만큼 최후의 순간까지도 철저하게 경험주의 철학자였다.4

2. 베이컨이 그린 사상적 항해도의 독해법

만약 베이컨이 유럽 근현대 사상사의 맨 앞자리에 서야 한다면, 그가 동시대인들 가운데 누구보다도 더 예민하고 과감하게 새 시대에 걸맞은 새로운 세계관이 필요하다고 선창했기 때문일 것이다. 그는 나침판과 망원경이 상징하는 과학기술의 발전과 아메리카로 상징되는 낯선 공간의 출현이 인간과 자연에 대한 새로운 사고방식을 절실하게 요구한다고 주장했다.

오늘날의 조건에 비추어 판단컨대, 학문은 그 모든 분야에서 이미 세 번째의 순환을 시작하였음이 분명하기 때문이다. …… 인쇄술은 어떤 부류의 사람에게든 책을 전해주고 있다. 항해술에 의해 세계가 열림으로써, 이전에는 알지 못하던 많은 표본이 알려졌고, 그리하여 자연사의 많은 부분이 해명되었다. 게다가 우리 시대에는 사람들에게 풍부한 여가가 보장되고 있다. …… 이런 전반적인 추세를 고려할 때 나로서는 어떤 확신에 가까운 높이로 도약하지 않을 수 없다. 우리의 세 번째 시대는 그리스와 로마에서 학문이 번성하던 시대를 훨씬 능가하리라는 확신이 그것이나.[5]

베이컨은 자신이 살고 있는 '현재'를 고대 그리스-로마 시대와 중세-르네상스를 뛰어넘어야 할 '세 번째 시대'라고 인식할 만큼 긴 역사적 안목을 가지고 있었다. 구텐베르크 인쇄술로 가능해진 지식의 저렴한 보급과 신대륙 발견에 힘입어 유럽인은 이제 고대인의 인식론적인 한계 지역이었던 '헤라클레스의 기둥(유럽과 아프리카 대륙의 경계에 있는 지브롤터 해협의 바위)'을 넘어 미지의 망망대해로 새로운 지적 모험을 떠날 능력을 갖추었다고 그는 확신했다. 《학문의 진보》 표지를 망망대해를 향해 나아가는 범선의 목판화로 꾸미고, 그 위에 "더욱더(plus ultra)"를 새 시대의 신조로 아로새긴 배경이다.

"우리가 오늘 직면한 새로운 시대에는
새로운 철학이 필요하다."

베이컨은 대항해시대에 걸맞은 '생각의 신대륙'에 이르기 위해서는 낡은 사유체제와 단호히 결별하고 혁신적인 세계관을 포용해야 한다고 강조했다. "포도나 무화과 열매를 맺는 것이 아니라 논란의 찔레와 분쟁을 낳을 뿐"인 실체가 없는 고대 그리스 시대의 "쭉정이 철학"을 불태워야 한다는 것이다.6 베이컨은 삼단논법 같은 추상적인 "논리학으로 자연철학을 온통 망쳐놓은" 아리스토텔레스와 "인간은 만물의 척도"라는 상대주의적인 궤변을 펼친 프로타고라스(Protagoras, 기원전 490~420. 고대 그리스의 유명한 소피스트) 같은 철학적 거인들에 대한 맹목적인 추종을 버리지 않는다면 근대적 사고방식이 결코 싹틀 수 없다고 확신했다. 또한 스콜라철학이나 고전문학의 웅변술에 도취한 르네상스 인본주의자들도 물질(실제)보다는 문자를 선호한 퇴행적인 지식인이었다고 비판했다. 그의 말을 빌리자면, "이제 우리에게 남아 있는 유일한 희망과 구원은 정신의 작업 전체를 새롭게 시작하는 것이다."7 전통적인 논리학(오르가논)과 구별되는 새로운 세상 읽기(노붐 오르가눔)를 지향하는 신지식을 생산하고 이끄는 '기관(machine)'이 되겠다는 이중적인 의도가 '새로운 논리학(Novum Organum)'이라는 책 제목에 투영되어 있다.8

베이컨에 따르면, 새로운 시대가 요청하는 새로운 세상 읽기를 위해서는 옛 사고방식에 각인된 네 가지 우상을 먼저 깨버려야 한다. 인간의 고유한 종족성에서 오는 '종족의 우상(Idols of the Tribe)', 각 개인이 소유한 본성이나 습관에서 생겨나는 '동굴의 우상(Idols of the Den)', 인간 간의 교류와 접촉에서 파생되는 '시장의 우상(Idols of the Market Place)', 철학의 다양한 학설 때문에 생기는 인간 마음의 주름살인 '극장의 우상(Idols of the Theater)'이 그것들이다.9 베이컨은 주관적인 감각과 감정으로 관찰한 자연에 대한 지식들, 좁은 시야와 편견에 가려진 진리의 그림자, 모호한 언어(개념) 사용과 상호소통의 결과물인 가짜 지식, 환상적이지만 실체와는 동떨어져 무대 위에서 펼쳐지는 각종 학설 등 근대 이전 시대에 숭배되었던 쓰레기 지식 모델을 내다 버리고 눈이 부시는 인식의 신천지로 용기 있게 나오라고 권유했다.

"자연철학이야말로
모든 학문의 위대한 어머니이다."

인식론적인 우상들을 파괴하고 '새로운 논리학'의 성채를 구축할 원석들을 어디에서 채굴할 수 있는가? 새로운 논리학은 신학이 아니라 자연을 과학적이며 경험적으로 관찰하는 현장에서 착수되어야 한다는 것이 베이컨의 신념이다. 중세 학문의 여왕으로 숭배되었던 신학은 총 25장으로 구성된 《학문의 진보》의 마지막 한 장에서 다뤄졌을 뿐이다. 베이컨은 "철학에서 신학을 구하는 것이 죽은 자 가운데서 산 자를 구하는 일이듯이, 신학에서 철학을 찾는 것은 산 자 가운데서 죽은 자를 찾는 일이다"라고 비유했다.[10] 오랫동안 신학의 시녀였던 철학을 떼어내어 독립시켰을 뿐만 아니라, 전자를 '죽은 자의 학문'으로, 후자를 '산 자의 학문'으로 대비시킨 것이다. 베이컨은 "종달새처럼 높은 곳에 올라 지저귀며 스스로 즐거워할 뿐"이었던 '저 세상 학문(신학)'을 버리고, 날쌘 매처럼 "높이 솟구칠 수도 있지만, 땅으로 내려와 먹이를 덮칠 수도 있는" '이 땅 위의 학문'을 배우고 익히는 것이 새로운 시대를 사는 사람들이 해야 할 일이라고 확신했다.[11] 새로운 학문체계의 맨 밑바닥에 배치된 신학과 달리, 기억을 다루는 역사학, 상상의 영역인 문학, 이성이 구성하는 철학 등 '인간적인 학문'이 지식의 나무에서 몸통이 되었다.

베이컨이 《학문의 진보》에서는 인간과학을 신학에서 독립시켰다면,

《신기관》에서는 자연철학을 으뜸가는 근대학문으로 자리 매겼다. 베이컨은 자연에 관한 지식(과학)을 모든 학문의 뿌리인 동시에 정수리로 공경함으로써 근대사상의 새로운 세상으로 의미 있는 첫걸음을 힘차게 내디뎠다.

> 자연철학이야말로 모든 학문의 위대한 어머니이다. 그 어떤 기술도, 그 어떤 학문도 이 자연철학이라는 뿌리와 단절되면, 아무리 열심히 연마해 이용후생에 쓰고자 해도 좀처럼 성장할 수 없기 때문이다. 자연철학이 개개의 학문에 적용되고 그 학문들이 다시 자연철학으로 돌아가지 않는 한 학문의 실천적인 영역에서의 어떤 위대한 진보도 기대할 수 없다. 자연철학이야말로 운동, 광선, 음향, 물체의 조직과 구성, 감정, 지적 이해력 등에 대한 올바른 고찰을 바탕으로 개개의 학문에 새로운 활력과 성장력을 주는 것이니, 이 뿌리로부터 단절된 학문들이 성장하지 못했다는 것은 조금도 놀랄 일이 아니다.[12]

위 인용문에서 베이컨은 자연을 과학적으로 관찰하고 분석하는 일이야말로 "위대한 진보"를 위해 꼭 필요한 조건이라고 강조했다. 우주와 자연계를 운행하는 근본적인 자연법칙과 자연현상에 숨어 있는 보편적인 인과관계에 대한 지식이 선행되지 않는다면, 이용후생-실사구시적인 학문들의 갈래는 모래에 심은 나무처럼 성장할 수 없음을 분명히 밝혔다. 그가 출세하려는 욕망이나 다른 사람을 정복하려는 욕망보다 자연을 지배하려는 욕망이야말로 "더할 나위 없이 건전하고 고귀한" 욕망이라고 높이 평가하는 이유가 여기에 있다.[13]

"인간의 지식이

곧 인간의 힘이다."

베이컨의 사상을 잘 요약한 것으로 흔히 인용되는 "아는 것이 힘이다"
라는 말은 무슨 뜻일까?《신기관》제1권 본문의 첫 문장과 관련 구절을
인용하면 다음과 같다.

> 인간은 자연의 사용자 및 자연의 해석자로서 자연의 질서에 대해 실
> 제로 관찰하고, 고찰한 것만큼 무엇인가를 할 수 있으며 이해할 수 있
> 다. …… 인간의 지식이 곧 인간의 힘이다. 원인을 밝히지 못하면 어떤
> 효과도 낼 수 없다. 자연은 오로지 복종함으로써만 복종시킬 수 있기
> 때문이다.14

근대적 인간은 누구인가? 그는 '자연의 사용자'이며 동시에 '자연의
해석자'이다.《신기관》의 부제인 "자연의 해석과 인간의 자연 지배에 관
한 잠언"이 명시하듯이, 인간은 '관찰을 통해서 알아낸 자연(현상)에 대
한 인과론적인 일반법칙'을 무기로 삼아 자연(현상)을 이용하고 통제하
며 지배한다. 그리고 '자연에 대한 과학적인 지식'은 인간의 힘으로 환
산되는데, 이런 지식의 소유자는 자연을 경외하거나 무서워하는 대신,
자신의 이익과 행복을 위해 길들이거나 정복할 수도 있기 때문이다. "인
간의 지식이 곧 인간의 힘이다"라는 베이컨의 명제는 "진리가 너희를 자
유롭게 하리라"라는 《성서》 구절을 대체하여 서양 근대사상의 서막을
여는 나팔 소리이다. 베이컨은 하느님의 존재에 대한 절대적인 믿음과
영혼불멸을 약속하는 종교적 진리의 사슬에서 해방된 근대적 인간은 자

연과 우주계를 운행하는 인과론적 과학지식을 배워 일상생활을 향상하는 도구로 활용해야 한다고 설교 아닌 설교를 한다.

"사람들은 일반적으로
피와 살에 흠뻑 젖은 지식을 선호한다."

근대학문의 원천을 자연과학에서 찾는 베이컨 사유의 밑바닥에는 새로운 학문은 인간에게 쓸모가 있어야 한다는 믿음이 깔려 있다. 그가 자연철학을 원인에 관한 사변적인 탐구에 헌신하는 '광부 모델'과 물품을 만들어내는 '대장장이 모델'로 나누고, 양자를 상호보완적인 관계로 설명하는 이유도 여기에 있다. 광부가 원석 그대로의 순수자연에서 자연법칙을 발견한다면, 대장장이는 그 원석을 풀무질하여 인간에게 필요한 물품으로 제련한다. 광부 덕분에 대장장이가 존재하는 것과 마찬가지로, 순수과학과 응용과학은 상호의존적인 영역이라고 파악했다.[15] 자연에 대한 과학적인 지식이 인류의 발전과 개인의 일상적인 행복을 보장한다는 베이컨의 발상은 '아르키메데스 전환'에 비유될 만큼 획기적이었다. 왜냐하면 신이 만들어낸 자연의 신비스러운 비밀을 이성적으로 밝혀내려는 인간의 욕망은 오만과 타락의 원인이라는 신(기독교)중심적인 옛날 지식의 위계질서를 근본적으로 뒤집었기 때문이다.

새로운 지식의 나무 꼭대기에서 바라보면 일반 사람들은 "피와 살에 흠뻑 젖은 지식"을 갈구한다. 고귀하고 순수한 '천상의 지식'이 아니라 처세술, 직업 선택, 대인-자기경영술 등 일상생활에 도움이 되는 지식에 솔깃해져 귀를 기울인다는 뜻이다. 특기할 점은 베이컨이 윤리학의 하부 분야인 '정신의 양육(Culture of Mind)'의 세부 갈래로 '정신의 기질

(Characters of the Mind)'과 '정신의 감정(Affections of the Mind)'을 덧붙였다는 사실이다. '마음을 다루는 학문'인 심리학은 18세기 후반에서야 독립적인 학문분과가 되지만, 베이컨이 인간의 내면을 자연과학적인 분석틀로 관찰할 수 있다고 생각했다는 점에 주목할 필요가 있다.[16] 이런 시각에서 베이컨은 "아리스토텔레스가 여러 편의 윤리학 저서를 집필하였음에도 불구하고, 윤리학의 핵심주제인 감정의 문제를 다루지 않았다는 것은 이상한 일"이라고 지적했다.[17] 아리스토텔레스가 인간사는 중용이나 미덕 같은 도덕적인 명제가 아니라 분노와 질투 같은 감정적인 요소에 의해 좌지우지된다는 '길거리 지식'을 간과했다는 지적이다. 사학사적인 관점에서 짚어보면, 베이컨은 20세기 말~21세기 초에 출현하는 '감정의 역사'를 일찌감치 예언했던 것이다.[18]

이와 연관해서 베이컨의 역사관을 알아보도록 하자. 그의 학문분류법에 따르면 역사학은 '기억력'의 영역을 관할하는 학문으로서, 개인과 사건에 대한 가공되지 않은 사실을 다루는 '원(原)기록(memorials)', 잃어버린 과거의 조각들을 수집·보존하는 '유물(antiquities)', 시간·사람·행위 등을 종합해서 시대를 다루는 '완전한 역사학(perfect history)'으로 구분된다.[19] 앞의 두 역사가 과거에 발생했던 사건에 근접하기 위한 일종의 '예비적인 역사학'이라면, 완전한 역사학은 시간을 추적하는 '연대기(chronicles)', 개인의 공과를 평가하는 '전기(lives)', 특정한 과거 행위와 사건의 연관성을 서술하는 '서사(narrations)' 등을 종합한 우월한 분야이다. 베이컨이 과거 사실의 객관적인 엄정성을 준수했다는 측면에서 보면 기본적으로 고대 그리스에서 르네상스로 이어지는 전통을 계승했지만, 이전의 역사가들이 전래된 역사 지식을 의심 없이 수용했던 것과는 달리 증언과 원천사료에 대한 비판적 검증을 요청했다는 점에서 보면 근대적 실증사학에 한 발짝 다가섰다는 차별성을 갖는다. 그를 '근대 비판적 역사학의 아버지'라고 부를 수 있는지는 아직도 논란이 있지만, '연보 (Annals)'와 '시대사(History of Times)'처럼 르네상스 이전까지 역사서술의 주류를 형성했던 '우상들'을 파괴하고 '반성적 역사학(ruminated history)'을 지향했다는 점을 과소평가할 수는 없다.[20]

세상의 모든 지식은 인간에게 쓸모가 있어야 한다는 베이컨의 황금률은 역사학에도 그대로 적용된다. 그가 니콜로 마키아벨리(Niccolò Machiavelli, 1469~1527)야말로 역사를 '피가 되고 살이 되는 지식'으로 전유하여 현실세계에서 출세하기 위한 발판으로 삼은 인물이라고 존경하는 이유이다. '마키아벨리즘'은 르네상스 시기에 목적을 달성하기 위해서는 수단과 방법을 가리지 않는 야비하고 부도덕한 권모술수와 동의어였다. 그러나 17세기 들어 절대왕정주의자들이나 공화주의자들은 그것을 '정치적 리얼리즘'의 본보기로서 긍정적으로 조명하기 시작했다.[21] 그 연장선에서 베이컨은 마키아벨리가 인간이 마땅히 무엇을 행해야만 하는가 하는 당위성이 아니라, 인간이 실제로 과거에 어떤 고민과 선택을 했는지를 '개별 사례들에서 생생하게 얻은 지식'을 분석하여 정확히 평가한 인물이었다고 칭찬했다.[22] 베이컨은 마키아벨리가 구체적인 위인들의 인생 부침과 사소하지만 흥미로운 사건들의 흥망성쇠 등 '가장 작은 부분'에 초점을 맞춰 현재에 모방하거나 피해야 할 교훈을 얻었던 미시사적인 독해법을 완전히 익힌 선구적인 인물이라고 설파했다.

베이컨은 한 걸음 더 나아가 기독교와 스콜라철학이 천시했던 인간의 육체를 영혼보다 더 중요한 지식의 대상으로 당당히 포함시켰다. 육체의 병을 고치고 수명을 늘려주는 '의학(Medicine)', 육체를 아름답게 가꾸는 '화장술(Cosmetic)', 강한 육체로 단련시키는 '체육(Athletic)', 육체의 관능적인 욕망을 충족시켜주는 '쾌락의 기예(Voluptuary)' 등 전통적인 학문에서 배제되었던 지식 분야를 복원시켰다. 구원을 미끼로 삼아 금식과 금욕을 강제하며 "육체를 감량하고 낮추는 관행"을 영속화하려는 기독교를 꾸짖었던 것이다. 오히려 "정신의 움직임이 육체의 체질 및 상태에 의존한다는 사실"이야말로 근대의학과 양생법이 명심해야 할 핵심 원리라고 그는 주장했다.[23] 인간의 육체는 아담과 이브를 에덴동산에서 쫓겨나게 한 더러운 '유혹과 죄악의 터전'이라는 《성서》의 말씀을 정면으로 반박하고, 육체가 인간의 본질이자 주인공이며 정신은 육체에 빌붙어 존재하는 종속변수라는 설명이다. 1천 년 이상 이어지던 정신과 육체의 서열과 위계질서를 뒤집은 베이컨의 육체관은 매우 과격하다. '근대적 육체담론의 기안자'로서 그의 사유양식은 후에 '신체를 경멸하는 자들에 대하여' 육체우월주의자 프리드리히 니체가 퍼붓는 독설로 되살아난다.[24]

3. 사상적 근대성의 유산

프랜시스 베이컨은 자신이 기초한 '새로운 철학'이 '새로운 시대'를 여는 소중한 인식의 틀이 되리라고 확신했지만, 자신의 한계도 겸손하게 인정했다. 그는 "나는 기계를 설계하고 제작할 만큼은 성취했지만, 그것을 작동하는 데 성공하지 못할 수도 있다"고 걱정했다.[25] 베이컨의 지식인 분류법에 따르면, '개미 유형의 지식인'은 오로지 잡동사니 사실과 지식을 모으는 데 집착하지만 그 의미를 모르고, '거미 유형의 지식인'은 형형색색의 지식들을 자기 몸에서 뽑아내지만 체계적인 무늬를 짜지는 못한다. 이런 낡은 지식인 유형들과 달리 '꿀벌 유형의 지식인'은 다양한 꽃에서 채집한 화분(지식)을 소화해서 '피가 되고 살이 되는' 꿀을 생산하는 바람직한 지식인이다.26 베이컨은 꿀벌 집단이 일벌, 싸움벌, 여왕벌 등으로 분업·협력하여 체계적으로 꿀단지를 만드는 것처럼, 근대 지식 시스템을 구축하기 위해서는 다양한 지적 능력을 가진 지식인들의 연합과 공동작업과 이를 장기적으로 후원하는 국가의 지원이 절실하다고 생각했다.

이는 베이컨이 제임스 1세에게 옥스퍼드-케임브리지대학교에 종합적인 과학연구센터 설립을 요청한 배경이다. 그는 유고인 《새로운 아틀란티스》에서 '솔로몬 전당이라고 불리는 과학 대학(a College of Science called Solomon's House)'을 설립하여 과학연구의 제도화가 가능하도록 국가가 리더십을 발휘하고 재정을 후원할 필요가 있다고 역설했다. "사물의 숨겨진 원인과 작용을 탐구"하여 "인간 활동의 영역을 넓히며, 인간의 목적에 맞게 사물을 변화시키는 것"을 목적으로 하는 솔로몬 학술원은 "지금까지 지구상에 있던 제도 가운데 가장 고귀한" 기관이 될 것이라고 장담했다.27 베이컨은 시대를 이끄는 과학진흥의 중요성을 지지했고, 이런 믿음은 마침내 1660년 '왕립학회(The Royal Society of London for Improving Natural Knowledge)'의 성립으로 실현되었다. 제임스 1세의 손자인 찰스 2세의 후원으로 의사와 자연철학자 등 지식교양인들의 토론모임이 발전하여 세계 최초의 국립과학아카데미로 승격되었다. "세계 각국의 과학 천재들을 함께 모으는 종치기"가 되고 싶다는 베이컨의 소망이 사후에야 빛을 본 것이다.

한편 새로운 세상의 새로운 세계관을 만들려는 베이컨의 야심에 묻어있는 서구중심주의를 간과할 수 없다. 그는 인류 철학의 발전단계를 고대 그리스 철학, 고대 로마 철학, 서유럽 국가들의 철학으로 나누고, 중간에 끼어 있는 이슬람 철학과 아라비아 문명기를 "학문이 빈약하고 수확이 거의 없는 흉작과 불모의 시대"였다고 깎아내렸다.[28] 로마제국의 멸망과 중세의 암흑기를 거치면서 동서양 문명이 결합된 헬레니즘이 꽃피운 곳이 아라비아였고, 이슬람 학자들이 플라톤과 아리스토텔레스로 대표되는 서양 고전철학을 아라비아어로 번역해 르네상스기 고전부흥의 기틀을 마련했다는 상식적인 사실에 어긋나는 편견이다. 특히 이슬람문명이 영(zero)을 포함한 아라비아 숫자의 지적 소유권자이며 대수학(algebra) 등 고등산수가 이 지역에서 유래되었음을 기억한다면, 베이컨이 유럽우월주의자라는 평가는 지나치지 않다. 또한 국가의 강력한 후원을 등에 업고 미지의 공간에 진출하여 그곳의 자연을 착취하는 행위를 장려하는 그의 사상은 19세기 후반에 본격화되는 과학기술-제국주의의 예고편이라고 볼 수 있다.

베이컨 사상의 중추적인 신조인 '자연의 지배자·정복자인 인간'에는 반여성적인 수사법이 담겨 있다는 비판도 경청할 만하다. '남성적인' 차갑고 엄정한 과학지식의 힘으로 '여성적인' 자연을 억압적이며 폭력적으로 지배할 것을 암시하는 내용들이 베이컨의 저서 이곳저곳에서 나타난다. "나는 처녀지에 식민하는 것을 좋아한다"[29]는 그의 발언은 인구를 늘리고 자원을 수탈하려는 제국주의적 지배를 정당화할 뿐만 아니라, 미지의 공간인 '숫처녀'를 남성의 발자국으로 탐험하고 길들이는 행위를 지지한다.[30] 베이컨이 섬긴 제임스 1세는 잉글랜드와 스코틀랜드 지역에 마녀사냥적인 법률을 강력하게 실시한 통치자였으며, 그의 가신인 베이컨은 왕에게 보낸 상소문에서 자연을 대상으로 한 실험과정을 여성혐오적인 강간과 고문의 모델에 비유한 자였다. 자연과 과학자의 관계를 아내와 남편의 관계로 은유하면서, 자연(아내)의 비밀은 과학자(남편)에 의해 구석구석 밝혀져야 하며, 그녀의 본질은 남성에 의해 까발려져서 다스림을 받아야 한다는 베이컨의 가부장적인 사유양식은 여성주의 관점에서 비판받아야 마땅하다.[31]

"베이컨은 인간이 배워야 할 지식의 지도를 그렸다."

위와 같은 약점과 한계가 있기는 하지만, 새로운 시대의 부름에 부응하는 새로운 세계관을 설계하고 기초공사를 닦은 베이컨의 업적과 영향력은 강하게 남아 있다. 근대 유럽의 사상적 설계자로서 그가 남긴 영향력과 역사적 유산은 크게 두 가지 측면에서 요약될 수 있다. 첫째, 베이컨은 진보사상을 유럽 근대문명의 특징으로 자리매김한 최초의 인물들 가운데 한 명이었다. 그는 인간 개인의 완벽성으로 진보를 설명하거나 기독교라는 외부적인 힘(구원과 은총)에 의존해서 인간을 '지상에서 영원으로' 들어 올리려는 이전의 사유양식과는 달리, 과학적 지식의 발전과 확장을 진보의 처음과 끝으로 인식했다. 베이컨의 저서 제목에 (학문의) '진보(Advancement)'와 (지식의) '확장(De Augmentis Scientiarum)' 같은 단어들이 등장하는 이유다. 다만 그의 야심 찬 평생 프로젝트의 명칭인 '위대한 부흥(The Great Instauration)'에 투영되었듯이 베이컨의 진보사상은 고전시대와 완전히 결별하지 않았다는 아쉬움을 남긴다. '솔로몬 학술원'이라는 간판에서도 과거의 영광에 향수를 갖고 앞으로 진격하기를 머뭇거리는 베이컨의 심사가 드러난다. 그를 르네상스와 근대의 여명기에 선 경계인으로 평가하는 것은 진보사상의 불완전성 때문이다.

둘째, 베이컨은 과학적 지식의 확장과 향상을 진보와 동일시하는 데 만족하지 않고 "과학은 (무조건) 좋은 것!"이라는 과학제일주의 또는 과학기술적 결정주의를 서구 근대사상에 강력하게 각인시킨 인물이었다. 과학적인 지식은 도덕적으로도 흠결이 없는 지식이며, 그것을 응용한 기술은 인간과 사회의 생존과 풍요에 꼭 필요한 조건이라는 그의 신념은 "나쁜 과학은 없다!"라는 위험한 인식으로 귀결된다. 그에게 '좋은 과학'의 반대말은 '나쁜 과학'이 아니라 '쓸모없는 과학'이며, '(항상) 좋은 과학'의 '나쁜 사용'이 있을 뿐이다.[32] 인간을 위해 자연을 '효과적으로' 개빌하고 자연정복의 방해물을 '효과적으로' 제거하는 작업은 역사발전의 필요악이라는 논리가 성립하는 것이다. 베이컨은 화약과 인쇄술, 나침판이 인류가 중세에서 근대로 넘어가도록 도와준 이기(利器)라고 기록했다. 그런 점에서 그는 대포와 기관단총으로 무장하고 강철전함을 탄 서양인들이 아프리카 해안에서 흑인들을 노예로 붙잡아 카리브해의 설탕 농장과 커피 농장에서 부려먹는 제국주의적 팽창이 그리 놀랍지 않았을 것이다. 인간의 자연지배가 인간에 의한 인간지배로 바뀌는 논리가 베이컨의 과학기술만능주의 안에 배태되어 있었기 때문이다.

이러한 베이컨의 사상체계를 계승한 일단의 사상가가 18세기 프랑스 계몽주의 철학자들이었다. 이들은 "사물의 단순한 본성 그 자체에 대한 제대로 된 지식은 빛과 같은 것"이며, "그럴 것이라고 어림짐작한 세계가 아니라 실제로 있는 그대로의 세계를 인간의 이성으로 세우자"는 베이컨이 남긴 미완의 과제[33]를 완성하고자 노력했다. 계몽철학의 간판스타인 볼테르는 "베이컨은 실험철학의 원조"라고 우러러봤고,[34] 백과전서파 디드로는 "인간이 알고 있는 지식의 역사를 서술하는 것이 불가능할 때, 그(베이컨)는 인간이 배워야 할 지식의 지도를 그렸다"고 추켜세웠다.[35] 다음 장에서 계몽주의 철학자들이 베이컨이 스케치한 지식의 나무를 어떻게 키우고 더욱 단단하게 만들어나갔는지 알아보도록 하자.

제2장

계몽주의_근대 유럽의 사상적 뼈대

1685년 프랑스, 루이 14세, 낭트칙령 철폐.

1687년 영국, 아이작 뉴턴, 《프린키피아》 간행.

1689년 영국, 관용령(Toleration Act) 실시.

1719년 영국, 대니얼 디포, 《로빈슨 크루소》 간행.

1726년 영국, 조너선 스위프트, 《걸리버 여행기》 간행.

1735년 스웨덴, 카를 폰 린네, 《자연의 체계》 간행.

1744년 영국, 존 웨슬리, 최초의 감리교(Methodist) 집회.

1751년 프랑스, 《백과전서》 제1권 간행.

1762년 프랑스, 장 자크 루소, 《에밀》과 《사회계약론》 출간.

　　　 프랑스, 칼라스(Calas) 사건 발생.

1764년 프랑스, 쉬잔 네케르와 쥘리 드 레피나스가 살롱 설립.

1769년 영국, 제임스 쿡 선장, 뉴질랜드 발견.

1770년 영국, 제임스 쿡 선장, 오스트레일리아 상륙.

1787년 영국, 노예무역 폐지 학회(Society for the Abolition of the Slave Trade) 창립.

1788년 프랑스, 흑인우애협회(Sociétés des Amis des Noirs) 창립.

1792년 영국, 메리 울스턴크래프트, 《여성의 권리 옹호》 출간.

1795년 프랑스, 파리에 동양언어전문학교(l'École spéciale des Langues orientales) 설립.

1822년 프랑스, 왕의 칙령으로 아시아협회(Société Asiatique) 공인. 《아시아 저널》 발행.

1823년 영국, 런던에 왕립아시아협회(The Royal Asiatic Society) 설립.

1842년 아메리카동양협회(American Oriental Society) 설립.

1845년 독일, 라이프치히에 독일동양협회(Deutsche Morgenländische Gesellschaft) 설립.

1. 문필공화국의 출현

계몽주의는 흔히 17세기 후반에 태동하여 18세기에 절정에 달했으며 19세기 전반에 일단락된 유럽 특유의 시대정신으로 정의된다. 그 사상의 씨앗은 경험주의의 나라인 영국에서 파종되었지만, 중요한 열매는 백과전서파(Encyclopédistes)의 나라인 프랑스에서 수확되었고, 독일과 동유럽에 전파되었던 범유럽적인 현상이다.[1] "종교적인 불관용과 전제정치에 대항한 운동으로 1680년대에 시작되어" 한 세기 후인 1780년대에는 절대왕정이 대변하는 "궁정, 귀족, 세속화된 교회의 전제권력을 위협하는 개혁운동으로 발전"[2]한 것이 계몽주의의 역사적 경로였다. 개념사적 어원으로 따지자면, 계몽이란 용어는 17세기 말부터 독일에서는 '아우프클래룽(aufklärung)', 프랑스에서는 '에클레르(éclaire)', 영국에서는 '인라이턴(enlighten)' 등의 명칭으로 인간 심성의 밝힘과 깨우침이라는 좁은 의미로 사용되었다. 초기에는 가르침, 교양, 인간다움 등의 의미를 포함하다가 1770년대에 이르면 민족이나 공동체 같은 특정 시공간에서 지식수준의 지표이자 삶의 여건을 차별적으로 문명화하려는 실천적 개념으로 확장된다.[3]

계몽주의라는 지적 운동을 낳고 추진시킨 당대 유럽(특히 프랑스)의 역사적 조건은 무엇이었을까? 계몽주의에 대해 지난 2세기 동안 이루어진 선행연구 대부분이 '철학적 해석'에 치우쳐서 사회사상사적인 접근이 빈약했다는 지적은 아직도 유효하다. 이런 연구경향과 정반대로 "사상이 아니라 사회에서부터, 개인이 아닌 집단으로부터, 사유의 요소들이 아닌 여론의 동향으로부터" 계몽주의가 새롭게 해석되어야 한다는 반세기 전의 지적4에 동의하며 사회문화사라는 또 다른 관점에서 시대적 배경과 지적 환경을 진단해보겠다.

"데카르트의 철학이 시작(試作)이라면
뉴턴의 과학은 완성품이다."

프랜시스 베이컨이 살았던 시대가 지중해를 벗어나 대서양으로 공간을 확장하던 시기였다면, 계몽주의 철학자들이 활동했던 18세기는 태평양 개척시대였다. 그리고 베이컨이 갈릴레오 갈릴레이의 지동설로 대변되는 과학혁명의 흐름을 탔다면, 계몽주의자들이 섬겼던 영웅은 만유인력의 법칙을 발견한 아이작 뉴턴(Isaac Newton, 1643~1727)이었다. 이들에게는 합리주의 철학의 아버지 르네 데카르트(René Descartes, 1596~1650)가 '근대철학의 시작(試作)'이라면 과학이 '하늘에서 땅으로' 내려오는 물리적인 혁명시대를 열어젖힌 뉴턴의 만유인력은 '철학의 완성품'이었다.5 사실 '계몽주의'라는 명칭에도 '빛의 과학자' 뉴턴의 영향이 묻어있다. 뉴턴이 프리즘을 사용하여 빛의 굴절과 파장 등을 수학적으로 측정하고 분석함으로써 자연계의 비밀을 드러냈듯이, 이성적인 지식의 빛으로 종교, 전통, 미신 등의 장막을 걷고 인간-자연계를 새롭게 탐구하려는 의지와 염원이 계몽주의라는 이름에 집약되어 있다.6 뉴턴이 1666년에 케임브리지 근처 시골에 은퇴하여 정원을 거닐다가 우연히 나무 밑으로 떨어지는 사과를 보고 만유인력의 법칙을 착상했다는 유명한 일화는 볼테르가 '자연철학(과학)'을 대중화하기 위해 지어낸 '픽션'이었다.7

'뉴턴 혁명'의 파급력은 생물-지리학 분야로 전파되어 과학적 사고방식의 성장에 기여했다. 스웨덴 출신의 식물학자 카를 폰 린네(Carl von Linné, 1707~1778)는 식물의 표준명칭과 동물의 체계적 분류를 확정한 《자연의 체계(Systema Naturae)》(1735)와 《식물의 종(Species Plantarum)》(1753) 등을 발표하여 무생물을 연구하는 지구과학과는 다른 역동적인 생명과학 분야를 개척했다. 프랑스의 지리학자 조르주 루이 뷔퐁(Georges-Louis Buffon, 1707~1788)은 지리적 표본 수집과 지층연구를 통해 자연을 신성하고 불변하는 신의 피조물이 아니라 시간·기후·환경 등에 따라서 변화하는 실체로 재발견했다. 18세기에 독립적인 학문분과로 등장한 지리학, 광물학, 식물학, 동물학 등에서 축적된 과학지식은 신과 인간을 정점으로 하는 《성서》적인 '존재의 대 연쇄(Great Chain of Being)'의 허구성을 지적하고, 인간과 자연에 대한 유물론적이며 기계론적인 세계관을 파급시켰다.8

대서양에서 태평양으로 공간이 확장되는 경험도 18세기 유럽 지식인들과 보통 사람들의 인식론에 중대한 영향을 끼쳤다. 영국 해군장교 제임스 쿡(James Cook, 1728~1779)은 1769년에 뉴질랜드를 '발견'했고, 이듬해인 1770년에는 호주에 '상륙'함으로써 태평양시대를 열었다. 카리브해의 아이티와 자메이카 및 태평양의 하와이 등의 원주민도 유럽 탐험가와 마주했다. 이에 따라 신대륙(아메리카) 발견 이후 간헐적으로 제기되었던 유럽(인)의 정체성 문제가 심각한 쟁점으로 떠올랐다. 유럽 지식인들은 '18세기의 신대륙'으로 불리는 태평양 지역에 거주하는 낯선 종족들을 영혼을 소유하지 못한 '비인간'이거나 열등한 종족으로 취급하여 무참히 학살했다. 종교개혁으로 기독교 세계가 분열되고 유럽 대륙에서 이슬람 세력이 퇴조하면서 더는 기독교가 유럽(인)을 규정하는 필수조건이 되지 못했다. 그 빈자리를 인종주의가 채워서 유색인종을 육체적·생물학적으로 구별하면서 근대 유럽의 중요한 정체성을 형성했다.9 이에 따라 '고귀한 야만인(Noble Savage)'은 계몽주의 세례를 먼저 받은 유럽 사람이 이성의 빛과 과학이라는 채찍으로 교육해야 할 문명화 대상으로 인식되었다.

앞에서 언급했던 린네는 인류를 피부 색깔에 따라 분류하면서 '유럽 인종'이라는 용어를 최초로 사용했고, 뷔퐁은 《자연사(Histoire naturelle, générale et particulière)》(전37권, 1749~1789)에서 '인종(race)'이라는 단어를 공식적으로 학계에 데뷔시켰다.10 두 사람은 19세기 후반에 창궐하는 근대적 인종주의가 기댈 과학적인 근거와 정당성을 제공한 인물이었던 것이다.

과학적인 사고방식과 유럽 문명의 공간적 확장이 계몽주의를 잉태한 간접적인 요인들이라면, 18세기 서유럽에서 성숙하던 지식생태계는 계몽주의가 자라나는 직접적인 환경이었다. 무엇보다도 17~18세기에 꽃 피운 인쇄혁명이 계몽주의의 인프라를 마련했다. 최초의 지식인 전문잡지(Journal des Savants)가 1665년 프랑스에서 출간되었고, 최초의 일간지(Daily Courant)가 1702년 영국에서 창간되었다. 프랑스에서는 '청색문고' 같은 값싼 베스트셀러가 대량으로 보급되어 18세기 중엽에 전성기를 구가했던 책 대여점과 도서 행상의 단골 메뉴가 되었다.11 영국에서는 커피하우스가 책 읽는 독서 대중의 토론장과 교육장이 되어 계몽주의적 세계관을 매개했다.[12] "인간의 지식은 곧 인간의 힘이다"라는 프랜시스 베이컨의 선언은 18세기에 꽃피운 근대인쇄술 덕분에 현실적인 영향력과 효과를 발휘했다.

혁명 이전의 프랑스 지식계에는 독특한 '문필공화국(Republic of Letters)'이 존재했다. 1635년에 왕실의 궁정학술단체로 창립된 아카데미 프랑세즈(Académie français)는 지식인들을 봉건적인 후견제도에서 독립시켰다. 베르사유 궁전 바깥에서는 귀족과 상층 부르주아지 여성들이 운영하는 살롱이 작가와 예술가, 후원자를 연결해주는 지적·문화적 네트워크가 되었다. 가난한 예술가-지식인들을 경제적으로 지원해주는 '메세나(mécénat)' 역할을 자임한 살롱 마담들은 아카데미 프랑세즈 회원이 보장받는 특권과 연금 혜택에서 제외된 재능 있고 자유분방한 영혼들을 문필공화국의 일원으로 키웠다.[13]

제1신분에 해당하는 궁정 지식인과 제2신분에 해당하는 살롱 지식인의 아래에는 금서 작가들이 '문필계의 지하실'에 자리 잡고 있었다. '문단의 프롤레타리아트', '시궁창의 루소주의자들', '문화적 하층 부랑아' 등 다양한 별명으로 알려진 이들 하류 지식인들이야말로 문필공화국의 반항아인 동시에 계몽주의 정신의 대중적인 전파자였다.[14] 이들은 기득권층에 빌붙어 생활하는 제1신분과 제2신분의 지식인들을 비판하고 오로지 자신이 가진 '펜의 힘'에 의존하여 계몽주의의 위험한 메시지―출생 신분에 근거한 특권의 폐지와 종교(기독교)에 기반을 둔 통치권력의 비합법성 등―를 '아래에서부터' 퍼트렸던 지식세계의 야전군이었다. 이들은 진보적인 계몽주의 사상을 정치적 포르노그래피 같은 야한 형식과 전복적인 상상력에 담아 보통 사람들을 의식화하는 데 기여했다.

2. 백과전서파: '피와 살이 되는 지식'을 빚어내다

계몽주의의 대표적인 업적인《백과전서: 기술과 공예 지식에 관한 이성적인 사전(Encyclopédie ou Dictionnaire raisonné des sciences, des arts et des métiers)》15이야말로 프랑스 문필공화국의 합작품이었다. 대략 1,200명의 유명·무명의 철학자와 지식인과 다양한 분야의 전문가가 참여하여 20년에 걸쳐 28권으로 완간한《백과전서》는 거대한 공동 프로젝트였다. 편집책임자의 한 사람이었던 장 르 롱 달랑베르(Jean Le Rond d'Alembert, 1717~1783)가 서문에서 밝혔듯이《백과전서》는 "인간 지식의 질서와 연쇄를 설명"하기 위해서 인문·기술·공예 분야의 기초가 되는 일반원칙들과 가장 중요한 세부사항들을 총망라했다.16 프랜시스 베이컨이 초안을 잡았던 '인간지식'의 영역을 세분하고 확장하여 인간의 일상생활을 향상하고 행복을 늘리려는 의도였다. 공동편집자인 드니 디드로(Denis Diderot, 1713~1784)의 보충설명을 빌리면, "지구 전면에 흩어져 있는 모든 지식을 수집하여 그 일반 윤곽과 구조를 우리와 함께 살고 있는 인간들에게 제시"하고 후세에도 전달하여 그들이 "좀 더 도덕적이며 더 행복한 인류"로 성장하는 데 도움을 주려는 것이《백과전서》의 궁극적인 목표였다.17

《백과전서》는 무신론 같은 금기어를 항목에 포함해 출판 허가가 취소되고 금서로 지정되는 등 우여곡절을 겪었다.18 문필공화국을 체제비판적인 불평불만자의 소굴로 여겨 탄압하려는 절대왕정의 감시와 훼방을 피하고자 필자의 60퍼센트는 익명으로 기고해야만 했다. 여러 시련이 있었지만, 디드로의 희생과 헌신으로 완간된 사전은 7만 1,818개 항목과 2,885개의 도판이 실린 대작이었다. 총 4,225질이 인쇄되어 혁명

직전인 1789년까지 프랑스에서 1만 4,000~1만 6,000권이 판매되었다. 당시 초판의 판매가격이 한 가족의 3년 치 생활비에 해당할 만큼 매우 비싸서 《백과전서》의 주요 독자층은 상층부 지식교양인에 한정되었다. 《백과전서》 세트는 구매자의 반 이상이 외국인이었다.[19] 계몽주의가 단순히 프랑스 문필공화국의 배타적인 독점물이 아니라, 당대 유럽 지식인들이 보편적으로 수용했던 국제적인 시대정신이었음을 알 수 있다.

디드로는 《백과전서》가 베이컨이 《학문의 진보》에서 초안했던 인간지식의 나무에서 영향을 받았음을 인정했다. 그런데 프랑스 계몽주의 철학자들이 새롭게 설계했던 지식의 나무는 몇 가지 주목할 만한 차별성이 있다. 첫째, 베이컨이 신학을 인간학과 분리하여 아주 간략하게 취급했지만 존재가치는 인정했던 것과는 대조적으로, 백과전서파는 신학 자체를 '망령되고 쓸데없는 지식'으로 격하하고 조롱했다. 구체적으로 살펴보면, 신에 대한 지식은 이해력(지성)이라는 인간지식의 큰 가지에서 뻗어 나왔지만 미신적인 계시신학과 신령/악령의 지식이라는 하부 카테고리에 접목되면서 점성술 같은 미신의 일종으로 평가 절하되었다. 오랫동안 학문의 여왕으로 칭송받으며 군림하던 신학이 미신과 마술의 영역으로 추방되었던 것이다.

둘째, 백과전서파가 구성한 근대적 지식체계에는 베이컨이 언급하지 않았던 경제학과 교육학 같은 새로운 학문영역이 추가되었다. 개인이 일상적으로 먹고사는 생활 문제와, 국가가 물산을 생산하고 소비하는 시스템에 관한 연구가 중요하고 독립적인 학문영역으로 등장한 것이다. 근대 경제학의 아버지라고 불리는 애덤 스미스(Adam Smith, 1723~1790)의 대표작인 《국부론(An Inquiry into the Nature and Causes of the Wealth of Nations)》(1776)도 넓은 의미에서는 계몽주의 서적이었다. 계몽주의가 인간과 자연에 대한 이성적인 '지식의 빛'으로 종교와 전통이라는 어둠에 갇혔던 개인들을 해방시키려는 기획이라는 관점에서 보면, 18세기는 근대 교육학이 탄생한 세기였다. 백과전서파가 조직한 지식분류표에 따르면, 교육학은 큰 가지인 이성에서 유래하고 중간 가지인 전달의 기술에서 파생된 새로운 학문 분야였다. 교육학 밑에는 '공부의 선택'과 '교수의 방법'이라는 세부 전공이 잔가지로 달렸다. 존 로크, 콩도르세와 같은 계몽주의 철학자들이 공교육이나 의무교육 등의 중요성을 강조한 것은 "지식이 곧 힘이다"라는 베이컨의 명제를 현실적으로 실천하려는 의도였다. 그 연장선에서 스위스 태생의 요한 하인리히 페스탈로치(Johann Heinrich Pestalozzi, 1746~1827)는 근대 교육학의 이론과 내용을 개척하는 데 앞장섰다.

셋째, 백과전서파 지식인들은 베이컨이 처음으로 과감하게 도입했던 "피와 살이 되는 지식"에 공학과 의료 분야를 추가하여 지식체계를 더욱 강화했다. 예를 들어 기계공학의 하부 분야에 탄도학, 수력역학, 항해술, 조선술 등을 포함시켰고, 동물학에 속하는 의학의 하부 분야에는 위생학, 임상병리학, 식이요법, 생리학, 진료학, 증상학, 투약 등을 배치했다. 프랑스의 백과전서파 철학자들은 베이컨이 '쾌락의 기예'와 '화장술' 등으로 명기했던 육체에 대한 학문을 좀 더 체계적으로 세분하여 계승했던 것이다.

3. 프랑스 계몽주의의 쌍두마차: 볼테르와 콩도르세

볼테르(Voltaire, 1694~1778)는 계몽주의의 베스트셀러 작가이며 대표 사상가이다. 기독교도 부르주아 가문에서 태어난 그는 문학청년으로 성장했다. 귀족의 명예를 훼손한 필화사건으로 바스티유감옥에 감금되었다가 30대 초반에 영국으로 망명한 볼테르는 사상가로 거듭났다. 영국에 2년 동안 머문 경험을 모은 《철학서한(Lettres philosophiques)》은 뉴턴의 과학과 로크의 정치사상을 프랑스와 유럽 대륙에 소개하여 계몽주의의 밑거름이 되었다.[20] 반항아 청년 볼테르는 중장년 시절에 지식계의 제1신분으로 출세했다. 51세인 1745년에는 루이 15세가 임명한 궁정 역사가가 되었고, 이듬해에는 영예의 아카데미 프랑세즈 회원이 되었다. 그는 프로이센의 '계몽군주' 프리드리히 2세의 초청을 받아 포츠담 상수시 궁전에 3년 동안(1750~1753) 머물면서 국제적으로 명성을 떨쳤다.

  1762년에 발생한 칼라스 사건은 황혼기의 볼테르가 '행동하는 지식인'으로 거듭나는 결정적인 계기가 되었다. 프로테스탄트 아버지인 장 칼라스가 가톨릭으로 개종하려는 20대 후반의 아들을 살해했다는 혐의를 받고 증거도 없이 종교재판에 넘겨져 억울하게 목숨을 잃은 것이 칼라스 사건의 개요이다.[21] 볼테르는 계몽주의 전성기에 발생한 광기 어린 종교재판의 야만성을 앞장서서 고발했다. 그는 여러 가지 증거를 수집하여 종교권력의 비인도적인 부당함에 항거했고, 마침내 1765년에 장 칼라스의 무죄와 복권을 끌어냈다. 칼라스 사건에 관여한 경험을 바탕으로 비이성적인 권력의 독선과 폭력성을 역사적인 관점에서 해부한 것이 1763년에 출간된 《관용론(Traité sur la tolérance)》이다. 볼테르는 중국이나 이슬람 같은 다른 문명권에서 실시된 종교정책과 비교해보면 서양의 기독교(도)야말로 이 세상에서 가장 비관용적인 종교(집단)라고 지목했다.[22]

"신앙의 자유에 대한 이 책은 권력과 신중함 앞에
인도주의의 이름으로 겸허하게 내놓은 호소입니다."

관용이란 무엇인가? '관용'이란 용어는 원래 잘못된 신앙을 숭배하는
사람들을 참아낸다는 의미로, 종교개혁기인 1562년에 등장했다. 그 후
'양심의 자유'라는 말과 짝을 이루면서 사용되다가 30년전쟁(1618~1648)
시기에는 종교적 다수파가 소수파를 '용인'하거나 군주가 자신의 통치
영역에 거주하는 종교적 소수파에게 너그럽게 베푸는 '시혜' 등의 의미
로 사용되었다.23 볼테르의 처방책에 따르면, "관용을 누리기 위해 가장
먼저 할 일은 광신을 거부하는 것"이며 "광신이라는 이 정신의 질병에
이성의 빛을 쐬는 방법"으로만 광신자들을 줄일 수 있다.24 그는 한 걸
음 더 나아가 종교적 의미에 한정되었던 '관용'이라는 단어에 더욱 확장
된 의미를 부여했다. 모든 인간은 천성적으로 약점과 오류를 가진 존재
이기 때문에 서로 상대방의 어리석음을 용서해주는 것은 '자연법의 제1
법칙'이라고 볼테르는 주장했다.25 관용은 이제 종교에 대항한 계몽주의
적인 법칙에 머물지 않고 인간관계 전반에 적용되는 보편적인 도덕률이
된 것이다.

"파렴치함을
박살내자!"

칼라스 사건을 전후하여 볼테르는 자신의 편지에 "파렴치함을 박살내
자!(Écrasez l'infâme!)"라는 표어를 서명처럼 첨부했다. 계몽주의를 반대
하는 세력들은 이 구호를 가장 신성하고 흠모해야 할 기독교에 정면으

로 맞서는 과격하고도 무엄한 도발로 여겼다. 볼테르가 실제로 겨냥했던 파렴치범들은 예수가 설교했던 사랑과 용서의 원시기독교와는 너무나도 동떨어지게 부패한 가톨릭교회와 고위 성직자들이었다. 또한 1685년 낭트칙령의 폐지라는 종교적 불관용으로 수십만 명의 위그노를 추방함으로써 프랑스의 귀한 인재들을 외국에 헌납해버린 어리석은 세속권력도 쳐부숴야 할 공범이었다.[26] 교황과 그가 보증하는 왕권신수설의 허구성을 한꺼번에 몰아내려는 의도가 "파렴치함을 박살내자!"라는 표어에 집약된 것이다. 그 자신이 궁정 역사가이며 아카데미 프랑세즈 위원으로서 기득권 세력의 일부가 되었기 때문에 계몽주의를 좀먹는 해충이 누구인지를 차마 콕 집어 말하지 못하고 '파렴치범'으로 에둘러 표현했으리라.

18세기는 흔히 '볼테르의 세기'라고 불릴 정도였다. 그만큼 볼테르는 계몽주의의 상징적 인물이었다. 칼라스 사건에 대처하는 발 빠른 저널리스트적인 행보에서 드러나듯이, 볼테르는 여론을 조성하여 자신을 사상적 아이돌로 추켜세워 관용이라는 시대정신을 퍼트리는 데 이바지했다.[27] 또한 그는 《백과전서》처럼 화려하고 값비싼 인쇄물이 아니라 쉽게살 수 있는 싸구려 서적들이 계몽주의를 '아래에서부터' 전파하는 데 중요한 매체임을 누구보다도 먼저 깨달았다. 계몽주의의 대중화에 기여한역할을 인정받아 볼테르는 루소보다도 1년 앞선 1791년에 프랑스혁명의 영웅전당인 팡테옹[28]에 안치되었다. 그가 사망한 지 반세기가 지난1818~1824년 사이에 프랑스에서 간행된 계몽주의 관련 서적 220만 권중에서 볼테르의 책들이 72퍼센트를 차지했다는 통계[29]는 지식상인으로서의 지속적인 영향력을 반영한다.

"자유로운 지상의 인간이

태양보다 더 빛나는 때가 올 것이다."

프랑스 계몽주의의 제2세대 사상가인 마르퀴 드 콩도르세(Marquis de Condorcet, 1743~1794)는 청년 시절부터 수학자의 재능을 드날리며 20대 중반에 왕립과학아카데미 회원으로 뽑혔다. 그는 급진적 무신론자인 달랑베르의 제자였으며 1789년에는《볼테르의 삶(Vie de Voltaire)》을 출간할 정도로 계몽주의 선배들과 가깝게 교유했다. 프랑스혁명이 일어나자 국민의회 의원으로 선출되어 계몽주의적 이상을 현실에서 실천하고자 했다. 그는 공교육 개혁,[30] 새로운 헌법 초안, 여성참정권 보장 등을 위해 맹활약했다. 사형제도를 폐지해야 한다는 신념을 가졌던 콩도르세가 루이 16세의 처형을 반대했다는 이유로 자코뱅파에게 쫓기면서 쓴 유작이《인간 정신의 진보에 관한 역사적 개요(Esquisse d'un tableau historique des progrès de l'esprit humain)》(1795)이다. 프랑스혁명이 남긴 좌파와 우파의 이데올로기적 갈등과 시샘 탓인지 그는 혁명 발발 200주년이 되는 1789년에야 팡테옹에 안치되었다.

이 책의 주제의식에 비추어 콩도르세가 남긴 사회사상사적인 의의와 유산을 세 가지 측면에서 요약해보자. 첫째, 그는 수학자 출신답게 사회현상이나 윤리마저도 산술적으로 분석·평가할 수 있다고 믿었다. 콩도르세는 "왜 철학자가 관찰의 수와 항상성과 정확성에서 나오는 것 이상의 탁월한 확실성을 그 (자신의) 추론에 부여할 수 없겠는가?"라고 반문했다.[31] 우주와 자연현상이 필연적이며 항구적인 과학법칙에 따라 운행되는 것과 마찬가지로, 정치와 도덕 분야에도 수학의 확률과 예측성을 적용하면 사회문제 해결에 '탁월한 확실성'을 보장받을 수 있다고 확신했다. 이런 의도로 '사회 산술(Social Arithmetic)'이란 용어를 고안해 특정 집단의 특정 이슈에 대한 투표 성향을 통계적으로 예측할 수 있는 공식을 만들어보기도 했다.

콩도르세가 '사회과학(social science)'이라는 용어의 창시자인지에 대해서는 아직 논쟁이 끝나지 않았다. 다만 그가 이 새로운 개념을 당시 외교관으로 파리에서 근무했던 토머스 제퍼슨과 제러미 벤담을 통해 미국과 영국으로 퍼지도록 중계했다는 점은 인정된다. 특히 콩도르세가 1792년에 혁명의회에 제출한 공교육 개혁안에 '사회과학(la science sociale)'이라는 단어가 사용되었고, 그의 노력에 힘입어 1795년에 확정된 공교육의 분과학문으로 사회과학이 포함되었다.[32] 그가 징검다리가 되어 유행시킨 사회과학이라는 새로운 학문 분야가 19세기 초반에 클로드 생시몽의 '사회물리학(social physics)' 개념으로 계승되고, 오귀스트 콩트에 의해 '실증주의 사회학'이라는 근대 학문으로 발전되는 과정을 다음 장에서 좀 더 상세하게 살펴볼 것이다.

둘째, 콩도르세는 진보사관을 한 단계 높여 계몽주의 사상의 핵심요소로 정착시켰다. 그의 비극적인 죽음 이후 《인간 정신의 진보에 관한 역사적 개요》를 공포정치로 망가진 프랑스 사회를 재건하는 좌표로 삼은 국민공회는 이 책을 전국에 배포할 예산을 통과시켰다.[33] 사유양식이 신학에서 자연철학으로, 연역법에서 귀납법으로 전환되는 변화 속에서 발전의 맹아를 발견했던 베이컨과 달리, 콩도르세는 "인류가 부단히 완전해져가는 것은 새로운 진실들의 발견을 통해서"이며, 이런 완성에 "한계를 설정하는 것은 불가능하다"고 확신했다.[34] 그는 무한히 축적되는 과학기술의 발전 정도에 따라 인류의 역사를 원시 부족사회, 고대 그리스-로마 시대, 억압적인 중세, 르네상스, 프랑스혁명 등 총 10단계로 구분하고, 그다음 단계인 미래를 '완성가능성(perfectibilité)'이라는 새로운 개념과 접목했다.35 인간의 이성적인 선택과 사회과학적인 판단으로 "열린 미래"를 만들어갈 수 있고, 그에 따라 프랑스혁명의 궁극적인 목표도 "열린 사회"라는 것이 그의 신념이었다.36 콩도르세가 띄워 올린 '진보'라는 단수명사는 18세기 말~19세기 초에 이르러 모든 개별적인 진보양상을 통합하고 시대적 경험을 총체적으로 대변하는 보편개념으로 정착되었다.

셋째, 콩도르세는 계몽주의 (남성) 철학자들 중에서 매우 예외적으로 여성의 자유와 평등을 옹호했다. 그는 흑인, 유대인, 프로테스탄트 등 인종적·종교적 소수자들의 해방을 지지하는 데 그치지 않고 여성의 시민권 획득을 부르짖었다. 그는 1790년 7월에 "수백 명에 불과한 배우들의 시민권을 보장하라는 목소리는 높지만, 인구의 반을 차지하는 여성의 시민권 문제에는 거의 모든 철학자와 정치인이 침묵할 정도로 관습의 힘이 무섭다"라는 도발적인 글을 신문에 발표했다.37 그는 여성이 선천적으로 남성에 비교하면 지적 능력이 부족하고, 지혜롭지만 이성적으로 사고하지 못하며, 감정에 휘말리기 때문에 사회적 정의감이 부족하여 시민권 자격이 모자란다는 전래의 편견을 조목조목 반박했다. 여성은 남성이 제멋대로 규정하는 이성에 복종하기보다는 '자기 자신의' 이성을 따르기 때문에 "여성들이 자신을 아름답게 꾸미는 것은 데모스테네스(Demosthenes, 기원전 384~311. 그리스의 웅변가이며 정치가)가 목소리와 몸짓을 다듬는 것만큼 이성적이다"라고 항변했다.38 그리고 애당초부터 기본교육을 받을 기회를 빼앗기고 가정에 갇혀 사회와 공적 영역에 참여할 수 없었던 여성에게 시민으로서의 정의감이 부족하다고 단정하는 것은 앞뒤가 바뀐 궁색한 궤변이라고 따졌다. 여성참정권에 대해 그가 불러일으켰던 작은 파문은 여성 작가이자 정치평론가인 올랭프 드 구즈(Olympe de Gouges, 1748~1793)가 발표한 〈여성과 여성시민의 권리 선언(Déclaration des droits de la femme et de la citoyenne)〉(1791)으로 증폭되어 더 높이, 더 멀리 퍼져나갔다.39

4. 칸트와 계몽주의 이후: "너 자신의 이성을 사용할 용기를 가져라!"

계몽주의 운동의 지적 중심지는 프랑스였지만, "계몽주의란 무엇인가?"라는 단순하고도 어려운 화두를 갈무리한 사람은 프로이센의 철학자 이마누엘 칸트였다. 그는 1784년 프로이센의 한 잡지의 현상모집에 응모하여 〈계몽이란 무엇인가에 대한 답변〉이란 제목의 짧은 논문을 제출했다. 이 글에서 계몽주의의 성격과 목표를 다음과 같이 정의했다.

계몽이란 우리가 마땅히 스스로 책임져야 할 미성년 상태로부터 벗어나는 것이다. 미성년 상태란 다른 사람의 지도 없이는 자신의 지성을 사용할 수 없는 상태이다. 이 미성년 상태의 **책임을 마땅히 스스로 져야 하는 것**은, 이 미성년의 원인이 지성의 결핍에 있는 것이 아니라 다른 사람의 지도 없이는 지성을 사용할 수 있는 결단과 용기의 결핍에 있을 경우이다. 그러므로 "**과감히 알려고 하라!**(Spare aude: Dare to Know)", "너 자신의 이성을 사용할 용기를 가져라!" 하는 것이 계몽의 표어이다.40

칸트는 계몽주의를 미성년에서 성인으로, 미신에서 이성으로, 의존에서 자율로, 야만에서 문명으로 이행하는 과정으로 설명했다. 종교나 전통 등을 명분으로 내세워 가해지는 외부의 후견과 간섭을 이성의 칼로 과감하게 베어버리고, 장막으로 가려진 것들을 감히 알려는 용기를 실행하는 것이 계몽된 사람이 내딛는 힘찬 첫걸음이라고 격려했다.

칸트의 이 짧은 논문은 동시대인들에게 거의 주목받지 못했지만, 19세기 초부터 계몽주의 시대에 대한 '자기 이해의 표준적인 증거'로 간주되면서 재발견되었다. 이 책의 제3부에서 보겠지만, 이 짧은 논문은 20세기 말에 풍미했던 포스트모더니스트와 탈식민주의자들이 서양의 사상적 근대성을 근원적으로 뒤흔들기 위해 반복해서 동원하는 단골 메뉴가 되면서 유명세를 치렀다. "지식을 실행하는 과정에서 용감하며 염치없고 교만하며 용감무쌍해야 한다"는 칸트의 정언명령은 낯선 타자를 압도하고 정복하는 것이 "세상을 인식하는 것에 대한 유일한 동기임을 인정하는 것"이라는 비판이 제기되었다.[41] 탈식민주의자들은 인류(서양인)가 아직도 '계몽된 시대'가 아니라 '계몽의 시대'를 꾸물거리며 통과하고 있는 까닭은 성적·인종적·종교적 소수자를 '감히 알려는' 건방진 지식권력이 진정한 계몽의 구현과 완성을 지연시키고 가로막았기 때문이라고 지적했다.

계몽주의라는 깃발 아래 다양하고도 때로는 서로 모순되는 견해들이 공존했기 때문에 그 사상의 성격을 서랍 정리하듯이 일목요연하게 단속하기는 어렵다. 사상가나 국가, 시대에 따라 빛깔과 강조점이 변화무쌍하다는 점이 계몽주의의 또 다른 매력이며 생명력이기 때문이다. 계몽주의를 '이성의 시대'와 동격으로 취급하면서 "잘 짜인 이론의 골격"으로 규정하는 일은 "계몽주의로부터 그 재산을 빼앗고 나서 그것이 빈곤하기 짝이 없다고 불평하는 행위"라는 경고는 경청할 만하다.[42] 그렇긴 하지만, 우리는 계몽주의를 관통하는 기본정신을 인간 이성의 비판적인 검증과 양립할 수 없는 모든 권위, 믿음, 제도와 전통 등에서 해방되어 자유로워지는 것이라고 요약할 수 있다. 계몽주의 인간형은 변하지 않고 보편타당한 이성을 나침판으로 삼아 자연을 자신의 현실생활에 유용하게 개조하는 노동의 대상으로 착취한다.[43] 사유하는 개인의 탄생, 종교에서 벗어난 세계관, 과학적이고 기계론적인 자연관, 낙관적인 진보사관 등의 토양에서 성장한 계몽주의의 나무는 19세기 유럽에 퍼져 프랑스 실증주의와 영국 공리주의 등으로 곁가지 치며 울창한 사회철학의 숲을 이루었다.

식민지 계몽주의: 제국주의 문명화 사명의 도구●

1. 서구 계몽주의를 다르게 바라보다

지난 300년 동안 거의 의심 없이 수용되었던 계몽주의의 사상적 기원과 성격에 대한 재성찰이 최근에 제기된 것은 주목할 만한 현대 지성사의 사건이다. 계몽주의를 근대성(modernity)의 철학적인 모태와 동일시하는 전통적인 해석을 반박하려는 탈식민주의자들의 관점이 그것이다. 이들은 무엇보다도 전통적인 해석이 표준화했던 '계몽=이성+해방+진보'라는 1차 방정식을 '계몽=문명화 사명+제국주의담론'이라는 2차 방정식으로 대체시켰다. 탈식민주의자들의 문제의식은 1940~1960년대에 프랑크푸르트학파가 '계몽=야만+통제+전체주의'라는 부정(否定)의

● 이 글은 〈식민지 계몽주의에 관한 트랜스내셔널 시각과 비평: 근대의 지원병 혹은 징집병〉이라는 제목으로 《서양역사와 문화연구》 제36호(한국세계문화사학회, 2016. 12.)에 게재되었던 논문을 이 책의 주제에 맞춰 축약·수정한 것이다.

변증법으로 계몽주의가 잉태한 부정적인 유산을 파헤치려는 작업[1]과도 다른 차원의 접근이었다.

테오도어 아도르노와 막스 호르크하이머가 이끈 계몽주의 비판은 유럽 '내부'에서 일어난 나치의 유대인 대학살 같은 '근대적인' 야만성에 초점을 맞추었다. 반면 1980~1990년대의 탈식민주의자들은 계몽주의가 비서구권인 '외부'를 향해 "문명화 사명이라는 위장 아래 제국주의적 정복을 정당화"하는 담론임을 폭로했다. 계몽주의의 핵심요소인 "이성의 찬양은 다른 (문명권의) 믿음체제를 비합리적이거나 미신적인 것으로 실격"시킴으로써 "제국의 야비한 본성을 그 희생자와 가해자 모두에게서 감추는 이데올로기적인 사탕발림으로 작동"한다는 것이 비판의 주요 내용이다.[2]

> "계몽주의의 장기적인 역사는
> 계몽주의의 끊임없는 재발명의 결과에 관한 역사이다."

계몽주의의 전통적인 해석에 대항하는 또 다른 시각은 좀 더 급진적이다. 계몽주의의 서구적 기원과 유럽적 성격을 근본적으로 의심하기 때문이다. 제바스티안 콘래드는 2012년 《미국역사학보》에 발표한 논문[3]에서 서구중심주의라는 편견으로 오염된 계몽주의를 "탈영토화(탈유럽화)"하자고 주장하여 논쟁에 불을 지폈다. 계몽주의를 18세기 유럽의 배타적이며 독점적인 발명품으로 보는 것은 당시 세계적으로 뒤엉켜 있던 지적 네트워크를 헤아리지 못한 주장이라는 것이다. 다시 말하면, 계몽주의는 볼테르나 칸트 같은 유럽의 천재 사상가들이 만들어낸 지적 특허품이라기보다는 비서구인들도 동참하여 그들 특유의 '지방적인' 지적 전통과 버무린 "끊임없는 재발명의 결과물"이라는 견해이다. 콘래드는 동양과 서양, 중국과 프랑스, 유교와 이슬람, 대서양과 카리브해 등의 시공간을 넘나드는 전 지구적인 지적 네트워크가 접선하고 횡단하며 충돌하여 빚어낸 지식의 교환과 뒤엉킴, 번역과 인용, 공동생산에 관한 이야기가 계몽주의 논쟁사의 요체라고 강조했다.[4]

계몽주의의 역사적 기원과 유산에 대한 두 가지 다른 접근법—탈식민주의 시각과 트랜스내셔널 관점—은 독창적이라기보다는 앞선 수정주의 해석의 업그레이드 버전으로 볼 수 있다. 계몽주의를 고정적이고 보편적인 시대정신으로 간주하기보다 18세기라는 새로운 세계가 동반하는 일련의 문제를 비춰보려는 사상적인 '인화점(flashpoints)'으로 유연하게 재발견해야 한다는 주장[5]의 연장선에 있다. 탈식민주의는 서구 계몽주의의 얼굴에 비친 제국주의의 야망을 비판한다. 이는 아리프 딜릭이나 미셸 롤프 트루요처럼 근대성을 식민주의에 희생된 결과물로 파악하려는 작업[6]을 응용한 것이기도 하다. 일본 근대사 전공자인 콘래드가 내세운 '글로벌 계몽주의'가 뜨거운 반응을 얻은 것은 그가 지구사(global history)의 연구지평을 일본, 중국, 한국을 포함한 동아시아로 넓혔기 때문일 것이다. 영국제국의 식민지였던 인도에 치우쳤던 1980년대 전후의 사례연구가 21세기 들어 에스파냐와 포르투갈의 식민지였던 라틴아메리카로 이동했고, 이제는 계몽주의의 세계사적 네트워크가 동아시아로 확장되었다는 의의가 있다.

그렇다면 최근에 새삼스럽게 다시 제기된 '서구 계몽주의를 변경화하기(지방화하기)' 프로젝트가 겨냥하는 새로운 문제의식과 목표는 과연 무엇인가? 첫째, 이 프로젝트는 근대성과 계몽주의, 제국주의·식민주의 등을 별개의 이데올로기적 현상으로 파악하지 않고, 서로 떼어놓을 수 없는 덩어리로 인식하여 글로벌 계몽주의의 특징과 역사적 유산을 재조명하려는 시도이다. 계몽주의는 제국주의의 팽창에서 인식론적 도구 역할을 했으며, 근대성은 식민주의가 없다면 생존할 수 없는 삼쌍둥이라는 확신이다. 둘째, 제국주의의 도구였던 계몽주의를 자본주의의 세계체제론이나 정치경제적인 결과로 파악하는 데 만족하지 않고 계몽주의의 다차원적인 얼굴을 문화사·사상사의 시각으로 발굴하려는 것이 최신 연구 경향이다. 트랜스내셔널 역사학은 왜 어떤 국가들은 근대화에 성공(실패)했는지를 따지는 대신에, 민족국가 단위로는 분류되지 않는 많은 국가·집단·종족이 각기 다른 방식과 내용으로 근대화 운동을 흉내 내거나 전유했는지를 입체적으로 관찰하여 계몽주의의 전 지구적인 상호의존성을 증명한다는 장점을 갖는다.[7]

이 글은 서구 계몽주의가 문명화 사명과 악수하면서 제국주의의 팽창과 식민지배의 이데올로기로 바뀌는 배경과 경로를 추적한다. 유럽·백인·남성 담론이라는 태생적인 특징을 가진 계몽주의의 나무가 식민지(변경)로 옮겨 심어져 '식민지 계몽주의'라는 변종으로 전파되는 역사적 맥락과 사상사적인 성격을 라틴아메리카와 카리브해에 초점을 맞춰 비평하는 것이 이 글의 주요 내용이다. 결론 부분에서는 서구 근대성 자체를 문제시함으로써 식민지 계몽주의와 식민지 근대화의 문제를 다시 생각해보는 계기를 마련하고자 한다. 아이티와 라틴아메리카에 투영된 식민지 계몽주의의 짙은 그림자를 되새겨봄으로써 탈식민주의 시대가 요청하는 인식론적인 해방과 탈식민주의적인 주체(자아)를 되찾는 데 도움을 주려는 것이 이 글의 궁극적인 목표이다.

2. 식민지 계몽주의 담론의 제작

기독교라는 철옹성에 갇힌 인간을 탈주시킨 계몽주의 운동은 근대적인 인권의 출발점이었다. 18세기 중엽까지도 신학에서 파생된 '자연권 (Natural Right)'이라는 단어가 주로 사용되었을 뿐, '인권'이나 '인간의 권리' 같은 용어는 학문적인 시민권을 얻지 못했다. 대략 18세기 후반에 이르면 신의 피조물인 인간에게 부여된 소극적·한정적 권리를 지칭하던 자연권은 '인간이라는 이유만으로 마땅히 보장되어야 할 권리'라는 적극적·포괄적 의미가 있는 '인권' 개념으로 점차 대체되었다. 프랑스 계몽주의의 인기스타 볼테르는 《관용론》에서 장 칼라스에게 가해진 잔인한 고문과 비인도적인 종교권력을 '인권·인도주의'라는 이름으로 고발했다.8 그러므로 계몽주의가 촉발한 프랑스혁명이 일어나자 곧바로 〈인간과 시민의 권리 선언(Déclaration des droits de l'homme et du citoyen)〉이 발표된 것은 갑작스러운 사건이 아니었다. 영국혁명과는 달리 왕의 선의에 기대거나 권력자들에게 간청하는 의미가 내포된 '청원(petition)'이나 '헌장(charter)'이 아니라, 주체적인 인간으로서의 권리를 밝힌다는 뜻을 가진 '선언(déclaration)'이라는 단어가 사용되었음에 주목할 필요가 있다.9

"남녀 사이의 불평등은 남성이 만든 것이나
단순한 편견의 산물이 아니라 이성의 결과물이다."

서구 계몽주의가 발명한 인권은 인류 모두에게 보편적으로 적용되는 선물이었던가? 탈식민주의적 시각으로 비판하자면 18세기 계몽주의는

"백인 부르주아 남성이 주도했던 유럽중심주의담론"이었다. 계몽주의가 남성 철학자들의 독점물에 불과했다는 지적은 1,200명에 달하는《백과전서》필자들 가운데 이름이 밝혀진 여성 필자는 단 두 명에 불과했다는 사실만으로도 뒷받침된다. 마리 조프랭(Marie T. R. Geoffrin) 부인의 후원을 받은 것으로 알려진《백과전서》에서 '여성'은 "물리적인 약함, 감정적 예민함, 어머니의 역할"이라는 부정적이며 가부장적인 관점에서 편향적으로 묘사되었다.[10] 남성 계몽주의 철학자 대부분은 입에 침이 마르도록 인간의 보편적인 권리를 옹호했지만, 여성은 적용대상이 아니었다. 가장 유명한 계몽주의 철학자 가운데 한 사람이며 동시에 가장 대표적인 반여성주의자였던 장 자크 루소는 이렇게 말했다. "감각에 관계되는 모든 육체 문제에 관해서는 여성의 의견을 구하고, 이해에 관계되는 도덕 문제는 남성과 의논하라. …… 블루스타킹(Bluestockings)에게 자문하는 작가들은 항상 엉터리 조언을 들을 것이다. …… 여성은 남성의 쾌락을 위해 특별히 창조되었다."[11]

루소가 말한 '블루스타킹'은 지적으로는 똑똑한 것처럼 젠체하지만 미모와 패션 감각이 형편없는 여성 작가와 여성 지식인을 비꼬는 용어였다.[12] 거칠게 비유하자면, 현재까지도 일부 남성이 은밀히 공유하는 "금발 미녀는 멍청이"라거나 "여성의 미모와 지성은 양립할 수 없다"라는 편견이 '이성적으로' 검증된 것이라는 확인 도장을 찍어준 사람이 바로 루소였다. 그는 여성의 존재 이유가 진리 탐구나 과학적 발견이 아니라 남성에게 감각적인 기쁨을 제공해주는 것이며, 철학과 과학기술 영역은 남성의 독점관할권에 속한다고 확신했다. 그리고 이런 남녀의 선천적인 차이와 불평등은 인위적으로 만든 나쁜 사회 관습이 아니라 **이성에 부합하는 자연법칙**이라고 강조했다.

계몽주의 철학자 대부분이 견지한 유럽중심적인 인종주의도 수정주의 해석자들의 도마 위에 오르는 단골 메뉴이다. '관용'을 자신의 전매특허처럼 자랑했던 볼테르도 "18세기 프랑스에서 가장 심한 반유대주의자"였고, 그는 《광신 혹은 예언가 마호메트》(1742)라는 책에서 스스로 반이슬람주의자임을 밝혔다.[13] 그리고 18세기 코즈모폴리턴 지식인을 자임했던 칸트도 〈인종간의 차이점〉(1764)이라는 글에서 "아프리카의 니그로들은 천성적으로 경박한 수준 이상의 감정을 소유하지 않"은 인종이라고 낮춰봤다. 한 걸음 더 나아가 "동아시아의 영국인으로 간주될 수도 있는 일본인늘은 용맹과 죽음에 대한 멸시 같은 극단의 완고함으로 퇴락하는 결연함 이상의 성품을 소유하지 못한다"며 흑인과 황인종을 싸잡아 깎아내렸다.[14] 여성·유색인·비서구인 등을 포함하는 성적·인종적·종교적 타자들은 18세기 서구의 근대적 인식혁명의 자장 바깥에 내동댕이쳐진 '인권 없는' 문명화 사명—또는 제3장에서 살펴보겠지만 '자유주의적 제국주의'—의 대상일 뿐이었다.

> "유럽중심주의는 근대성이 전통을 대체하고,
> 식민주의가 더 나은 미래를 위한 수단이라고 주장한다."

놀랍게도 계몽주의 철학자들 가운데 노예해방과 여성참정권 지지를 위해 헌신했던 콩도르세마저도 인종주의적인 우월감에서 완전히 자유롭지는 않았다. 다음 인용문을 읽어보자.

아시아와 아프리카에서 이룩한 우리 사업의 역사를 살펴보면, 유색인과 다른 종교인들에 대한 우리의 상업 독점과 배신과 잔인한 멸시를 보게 될 것이고, 계몽의 우월성과 상업상의 우위 덕분에 우리가 처음에 불러일으켰던 존경과 자비의 감정을 파괴하는, 우리의 무례한 횡령과 우리 종교인들의 개종 권유와 음모를 목격하게 될 것이다. 그러나 우리가 그들에게 타락시키는 자나 압제자로서만 보이는 것이 아니라 **그들을 위한 유용한 도구나 고귀한 해방자가 될 날**이 틀림없이 다가오고 있다.15

콩도르세는 유럽인과 유색인이 처음 마주쳤던 시기에는 기독교로 개종하라고 강요하거나 노동을 착취하는 일이 어쩔 수 없이 일어났겠지만, '계몽의 우월성' 덕분에 유럽인들이 아시아-아프리카인들의 압제자로 남지는 않을 것이라고 약속했다. 그는 계몽된 유럽인들이 야만 상태에 정체되어 있는 유색인들에게 우수한 서양문명을 전달하는 '고귀한 해방자'가 되리라고 확신했다. 유럽의 계몽주의가 콩도르세의 격려를 받으며 '문명화 사명'이라는 이데올로기로 승화되는 역사적인 장면이다. 위 인용문을 "식민지 계몽주의(Colonial Enlightenment)의 가능성과 약속에 관한 가장 위대한 18세기 발언들 가운데 하나"라고 평가16한 것은 결코 수사학적인 과장이 아니었던 것이다.

계몽주의에 내포된 유럽·백인·남성 담론이라는 특징이 '문명'이라는 단어에 집약된 것은 자연스러운 귀결이었다. 18세기 계몽주의는 '문명'이라는 단어를 발명함으로써 그 활동무대를 유럽 바깥으로 넓혔던 것이다. 프랑스의 빅토르 미라보 후작(Victor R. Marquis de Mirabeau, 1715~1789)은 아메리카의 원주민들을 기독교로 개종시키려는 의도로 1756년에 "종교는 인류문명의 최초의 동력이다"라고 선언했다. 미라보가 창안한 '문명' 개념은 1771년에 한 언어사전에 처음 실렸고, 당시 백과전서파가

이 단어를 널리 사용한 덕분에 1798년 프랑스학술원 언어사전에 공식적으로 실렸다.[17] 이 단어는 인종이나 국가 같은 집단성을 전제하면서 운동, 변화, 과정 등의 의미를 포괄하면서 쓰인다는 특징이 있다.

'문명'이라는 단어에 스며 있는 운동의 성격은 '문명화 사명'이라는 개념과 짝을 이루면서 서유럽 국가들이 신대륙에서 식민지를 개척하려는 동기와 동력을 제공해주었다. 이로써 "(서구에서 발생한) 근대성은 (비서구 지역에 편재한) 전통을 대체하는 것이고, 식민주의는 더 나은 미래를 위한 수단"[18]이라는 세계관이 만들어졌다. 마침내 '유럽의 계몽주의=비유럽인에 대한 문명화 사명'이라는 등식이 성립하면서 19세기 후반에 본색을 드러내는 제국주의적 팽창을 예비하는 인식론적인 무기가 벼려졌다. 노벨문학상 수상자인 영국의 시인 러디어드 키플링(Rudyard Kipling, 1865~1936)이 19세기 말~20세기 초에 정점에 달했던 서유럽 열강의 아시아-아프리카 쟁탈전을 '백인들의 짐(The Whiteman's Burden)'이라고 칭송한 것은[19] 계몽주의 문명화 사명을 홍보하는 '제국주의 팔아먹기'의 최신 버전이었다.

18세기 후반부터 형성되는 역사주의도 문명화 사명의 성장에 한 축을 담당했다. 역사주의는 "유럽을 자본주의, 근대성, 계몽사상이 처음 일어난 곳으로 묘사하는 전적으로 내재론적인 유럽사를 가능하게" 했고, 비서구인들에게는 식민지 계몽주의 열차의 도착을 "기다리라고 권유하는 것"을 정당화했다.[20] 18세기 계몽주의는 문명-역사-진보라는 세 가지 개념과 유기적으로 결합하여 19세기에 이르면 보편적인 "현대적 역사과정의 일부"이며 "유럽적인 (근대) 자의식의 상징"으로 공인되어 역사주의의 핵심적인 뼈대를 형성했다.[21] 유럽이 먼저 앞장서서 이끌고 비유럽 국가들은 나중에 뒤따라가는 계몽주의 문명화의 질서정연한 행렬

이 전 지구적으로 시작된 것이다. 문명화 사명을 등에 업은 '식민지 계몽주의'는 인종적·종교적·언어적 타자들을 제국의 관리들이 운행하는 진보라는 이름의 기차에 태워 근대라는 이름의 전쟁터로 데려간다. 억압과 착취로 실행되는 식민주의를 미신과 야만, 더러움에서 벗어나는 '문명화되는 과정'이라고 아름답게 분칠한 것이 식민지 계몽주의의 본질이다.

요약하자면, "계몽주의의 핵심적인 실패는 그것이 차이를 다루는 방식에 있다"는 진술[22]은 반쪽은 맞고 반쪽은 틀렸다. 유럽·백인·남성 담론인 계몽주의는 여성이나 유색인 같은 타자에 대한 무지와 편견을 드러내지만, 다른 한편으로 이들을 잘 지배하고 길들이기 위한 '식민적 권력 매트릭스(colonial matrix of power)'[23]를 강화하도록 진화했기 때문이다.[24] 식민지 계몽주의의 경이로운 통치술은 식민지 피지배자들에 대한 무지와 폭력적인 불관용에서 오는 것이 아니라, 오히려 '그들을 위해' 선진적인 인권과 문명을 선사해준다고 설득하는 세련된 헤게모니적 전략에 있다. 나의 결론은 "계몽주의는 차이를 다루는 능숙한 방법—문명화 사명과 식민지 계몽주의—에 힘입어 궁극적으로 성공한 서유럽의 사상적 프로젝트였다"는 것이다. 이제 아이티와 라틴아메리카의 사례를 통해 성공한 식민지 계몽주의의 '진리효과'와 '권력효과'를 살펴보자.

3. 징집된 식민지 근대의 실험 공간: 아이티와 라틴아메리카

1789년 프랑스혁명이 계몽주의 정치혁명의 오리지널 버전이었다면, 식민지 흑인 노예들이 주도했던 아이티혁명은 "생각할 수 없는 것이라

는 이상한 특징을 가지고 역사에 등장했다."[25] 아이티혁명의 영웅 투생 루베르튀르(Toussaint Louverture, 1743~1803)는 "계몽된 감수성의 인물"로서 〈인간과 시민의 권리 선언〉이 구현한 모범적인 근대인(유럽인)이었다. 프랑스 계몽주의 철학자들의 저서를 '원어'로 읽으며 성장한 그는 백인과 크리올 주인나리와 동료 흑인들이 충돌하는 긴박한 역사적 순간에도 폭력과 격정에 휘말리지 않고 이성적·합리적·실용적으로 사유하고 행동했다. 그는 자신의 원래 성인 브레다(Bréda)를 프랑스어로 '열린'이란 뜻의 '루베르튀르(Louverture)'로 바꿀 만큼 계몽주의 지식과 세계관으로 고통과 억압의 어두운 상막을 '열고' 자유와 해방의 빛으로 식민지 흑인 노예들을 구원하고자 헌신했다.[26]

자메이카 태생의 문화인류학자 데이비드 스콧(David Scott)에 따르면, 루베르튀르는 프랑스가 카리브해에 수출한 계몽주의의 '징집병(conscript)'이었다.[27] 그가 진정성을 갖고 생도밍그에서 실행하려 했던 계몽주의 프로젝트는 '식민적 권력 매트릭스'에서 벗어나지 못했기 때문이다. 무엇보다도 루베르튀르는 문명화 사명이 제공하는 유모의 젖을 먹고 자란 식민지 계몽주의의 아비 없는 자식이었다. 카리브해에 강제로 동원된 흑인 노예들이 이미 '근대적(서구적) 노동자'—생산과 제조 공정이 나뉜 공장의 감독자-십장-하층 노동자라는 위계질서 속에서 근대적 노동시간표를 지키는 인간—인 것과 마찬가지로, 루베르튀르도 자기가 선택할 수 없는 근대화의 시공간으로 던져진 흑인 지식인이었다. 그의 사고방식과 역사관은 제국주의·식민주의 세계질서라는 사회경제적 구조에 의해 조련되었다. 노예반란에 동참할지 말지 망설이고(또는 합리적으로 손익을 계산해보고), 폭도에게서 전 백인 주인 아내의 목숨을 (어쩌면 휴머니즘 차원에서) 보호해준 그는 제국의 충직한 신민이었다. 빼앗은 농지를 흑인 노예들에게 재분배하고 흑인과 물라토가 연대하여 프랑스와 싸우자는 대중적인 요구를 대변했던 조카를 처형한 루베르튀르의 행위는 식민지 계몽주의의 패러독스를 상징한다.[28]

"유럽인 정복자는 계몽사상의 휴머니즘을 식민지인에게
훈계하면서 동시에 실천적으로는 그것을 부인했다."

식민지 계몽주의 비극은 루베르튀르의 흥망성쇠에서 탄생했다. 이성을 향한 맹목 때문에 동료 흑인 노예들의 급진적인 요구를 거부하고 프랑스공화국의 우애로운 동맹자로 남으려는 그의 '계몽적인 용기'는 빛났다. 그러나 나폴레옹(Napoleon Bonaparte, 1769~1821)의 등장이라는 우연에 배반당한 그는 머나먼 프랑스의 산속 감옥에서 외롭게 죽었다. 반쪽의 성공으로 마감된 루베르튀르의 생애는 지식과 무지, 환상과 현실, 해방과 지배, 이성과 폭력, 당위와 우연 사이에서 불안하게 흔들리는 식민지 계몽주의의 딜레마 자체였다.[29] 그는 한편으로는 폭정에 항거하고 자유와 진보를 향한 행진을 이끌지만, 다른 한편으로는 후견인 없이 스스로 독립국가를 세우려는 흑인 노예들에게 등을 돌리고 군사독재자로 변신했다. '근대의 징집병'으로서 루베르튀르에게 부과된 임무는 "식민주의는 더 나은 미래를 위해 꼭 필요한 역사적 선택"이라는 군가를 앞장서서 복창하는 나팔수 노릇이었다. 루베르튀르는 "19세기 유럽의 식민 정복자는 계몽사상의 휴머니즘을 식민지인에게 훈계하면서 그와 동시에 실천적으로는 그것을 부인"한다[30]는 비밀을 해독하지 못한 식민지 계몽주의의 용병이며 속죄양이었다.

"식민성은 근대성을 구성하기 때문에
식민성 없이는 근대성도 없다."

아르헨티나 태생의 문화인류학자 월터 미뇰로(Walter D. Mignolo, 1941~)
에 따르면, 프랑스제국은 19세기에 '라틴'아메리카라는 개념을 발명함
으로써 (콩도르세가 인식론적인 서까래를 깐) 식민지 계몽주의를 신대륙에
성공적으로 이식했다. 나폴레옹전쟁에서 패배한 에스파냐와 포르투갈
이 남아메리카에서 퇴각한 틈새를 노려 진격한 프랑스는 이 지역을 '프
랑스식으로' 문명화하려는 야심으로 '라틴'아메리카라는 이름을 붙였
다. '아메리카'라는 이름이 크리스토퍼 콜럼버스가 그곳을 '발견'하기 훨
씬 전부터 그 땅에 거주하던 원주민들의 존재를 박탈하려는 서구의 제
1차 발명품이었다면, 라틴아메리카라는 개념은 프랑스가 주도했던 계
몽주의를 공간을 이동해 심으려는 서구의 제2차 발명품이었다. 카리브
해 커피와 설탕을 생산해내는 노다지 식민지였던 생도밍그를 흑인 노예
의 독립운동으로 잃어버린 프랑스는 그 상실감을 라틴아메리카 재정복
으로 벌충하려 했다. 영국제국이 지배하는 위쪽의 '앵글로'아메리카와
경쟁하여 신대륙의 아래쪽 반을 차지하려는 야심도 '라틴'아메리카라는
명칭에 묻어 있다.[31]
　영국과 프랑스가 카리브해와 아메리카 신대륙에서 식민지 쟁탈전을
벌인 이유는 무엇이었을까? 국가의 힘은 영토 크기에 정비례한다는 전
통적인 동기보다 더 중요한 것은 서유럽 국가들이 식민지를 숙주 삼아
자신들의 근대화에 필요한 영양분을 섭취하고 새로운 시스템을 실험할
공간을 확보하는 것이었다. 단도직입적으로 말하자면, 서구(원조) 계몽
주의 발생을 추동했던 원인 가운데 하나였던 1688년 명예혁명과 계몽

주의의 대표적인 열매였던 프랑스혁명은 식민지에서의 노예노동과 약탈무역이 없었다면 늦춰졌거나 일어나지 못했을 사건이다. 영국에서 산업혁명이 본격적으로 발생하기 이전인 17세기 카리브해 식민지에서는 이미 원초적인 공장 시스템이 운영되었다는 사실이 이를 방증한다. 영국과 프랑스의 식민주의자들이 서인도제도 등지에서 운영했던 설탕과 커피의 플랜테이션은 "자본주의적인 것은 아니었다고 할지라도, 자본주의를 향한 중요한 단계임에 틀림없는" 근대적 벤처산업이었다.[32] 18세기 서구 계몽주의의 요란한 백가쟁명은 식민지에서 수확된 열매에 이어 그 열매를 위해 희생되고 고통받는 식민지 피지배자들을 지르밟으며 뒤따라왔던 것이다. "식민성은 근대성을 구성하기 때문에 식민성 없이는 근대성도 없다."[33]

한편 신생독립국가의 토속 지배계급으로 등장한 크리올과 메스티소도 라틴아메리카라는 새로운 대륙의 발명을 환영했다. 이들은 "원주민 문명도 아니고 흑인문명도 아닌, '가장 생명력 있는 문명'을 본받기 위해" "스페인과 포르투갈과 연결된 탯줄을 끊어버리고 새롭게 등장한 제국(프랑스)의 일원이 되기를 열망"했다.[34] 그래서 에스파냐 식민시대의 낡은 유산인 바로크 에토스와 가톨릭신학을 버리고 르네 데카르트의 합리적인 개인주의와 계몽주의가 내세우는 세속주의를 자신들의 새로운 국민적 정체성으로 영접했다. 그들은 프랑스의 계몽주의적 법철학자인 몽테스키외를 추앙했으며, 콩트의 실증주의를 새로운 근대 국가를 만드는 사상적 좌표로 삼았다.[35]

크리올·메스티소 집단은 자신들이 남부-가톨릭-라틴적인 특성을 계승한 유럽문명의 적자(適者)임을 대외적으로 천명하여 정치적 합법성을 얻기 위해 식민지 계몽주의의 머슴이자 문명화 사명의 대리인을 자임했다. 생도밍그의 루베르튀르와는 또 다르게, 이들은 '프랑스식' 문명과 근대국가 건설의 자원병이 되기를 소망하며 라틴아메리카라는 완장을 기꺼이 착용했던 것이다.[36]

백인·프랑스 출신 이주민들이 위에서 지휘했던 라틴아메리카의 문명화 사명은 피부 색깔에 따라 식민적인 존재의 위계적인 사슬을 결성했다. 백인, 크리올, 물라토, 원주민, 흑인의 순서로 색깔을 맞추어 그에 상응하는 지위와 의무가 배당되었다. 그 결과 서유럽에서 건너온 백인이 호령하고 크리올과 메스티소가 채찍질하는 근대성의 마차를 마소처럼 어깨에 걸고 비틀거려야 했던 원주민들과 아프리카 혈통의 후손들은 '투명인간' 취급을 받았다.[37] 거칠게 비유하자면, 인종적 스펙트럼의 맨 밑바닥에 있는 이들은 식민지 근대화 운동의 자원병도 아니고 징집병도 아닌 소모적인 총알받이로 수탈당했다. 18세기 서구 계몽주의의 전매특허 가운데 하나인 코즈모폴리턴주의는 19세기에 발명된 라틴아메리카라는 이름의 대륙에서 인종적·언어적·문화적 타자들의 존재감을 지우고 발언권을 앗아간 제국주의의 날카로운 무기가 된 것이다.

4. 식민지라는 '문제-공간' 속으로

아이티와 라틴아메리카에 적용된 식민지 계몽주의 모델은 '근대성'의 문제를 근본적으로 다시 따져볼 중요한 기회를 제공한다. 만약 계몽주의가 서구의 배타적인 발명품이 아니라 전 지구적인 지적 네트워크의 합작품이고 서유럽이 그렸던 근대라는 멋진 얼굴로 식민성이라는 꼬리를 감출 수 없다면, 우리는 이제 근대성 자체를 문제 삼아야 한다. 1990

년대 이후에 '제3세계' 지식인들이 동시다발적으로 제안한 '우리 근대 (Our Modernity)', '멀티플 근대(Multiple Modernity)', '지방적 근대(Vernacular Modernity)' 등의 다양한 개념은 서구중심적인 근대의 철옹성을 해체하여 '지식(생산)의 식민성'에서 벗어나려는 힘겨운 노력의 산물이었다.

'우리 근대'는 탈식민주의의 대표이론가 가운데 한 명인 파르타 차터지(Partha Chatterjee, 1947~)가 1990년대 중반에 주창한 개념이다. 그는 지난 3세기 동안 서구가 생산하여 슈퍼마켓에 진열한 근대적 상품들을 입맛에 맞춰 소비하는 데 만족했던 비서구인들은 "모더니티라는 세계 경연장에서 추방자 또는 불가촉인(Untouchable)"일 뿐이라고 꼬집었다.[38] 왜냐하면 비서구인들은 "우리에게 모더니티의 가치를 가르쳤던 역사적 프로세스가 또한 우리를 근대성의 희생자로 만들었다"는 모순을 깨우치지 못한 바보들이었기 때문이다.

차터지는 '우리 근대성'의 단초를 찾기 위해 칸트의 〈계몽이란 무엇인가에 대한 답변〉을 다시 꺼내 읽는다. '과거로부터의 탈주'라는 부정적인 방식으로 계몽주의를 규정했던 칸트와는 정반대로, 그는 '현재에서 과거로' 거꾸로 올라가면서 '우리 근대성'의 밑천을 발굴하는 역발상을 제안한다.[39] 우리 근대성의 원형(原形)을 찾아 서구 계몽주의에 압도되기 이전으로 연어처럼 거슬러 올라가려는 '과거에 대한 애착'으로 '우리' 근대성이 분출하는 샘터를 발굴할 수 있다는 것이다. 차터지의 이런 시각은 영국제국이 인도 통치를 진보사관으로 정당화하기 위해 '이티하사(Itihasa)'라는 전통적인 서사구조를 '역사(세계사)'라는 서구적 산문구조로 잠식시켰다는 서발턴(subaltern) 연구 집단의 창시자 라나지트 구하(Ranajit Guha)의 사유방식[40]과 맞닿아 있다. 이성과 진보라는 서구의 기준으로 판단하여 일방적으로 무효화시켜버린 전래의 토속신앙이나 전통적인 사유양식을 간직한 고서(古書)더미를 파헤쳐 '우리 근대성'의 반짝이는 진주를 재발견할 수 있다는 것이다.

> **"'멀티플 모더니티'라는 용어의 가장 중요한 함의 가운데 하나는 모더니티와 서구화는 똑같지 않다는 것이다."**

'우리 근대'에서 파생된 유사개념이 슈무엘 아이젠슈타트(Shmuel N. Eisenstadt)가 이름 붙인 '멀티플 모더니티'이다. 멀티플 모더니티는 "모더니티의 서구적 패턴들이 유일하고도 진정한 모더니티가 아니라는" 점을 강조한다.[41] 아이젠슈타트는 서구가 먼저 걸었던 문명화와 근대화의 모델은 후발주자들이 반드시 참조해야 할 역사적 전례이지만, '근대화=서구화'라는 등식이 꼭 성립하는 건 아니라고 강조했다. 다시 말하면, 서구화에 이르는 험한 행로가 동반하는 인간의 기계화와 생태계 파괴 같은 부정적인 오류를 되풀이하지 않고도 다른 패턴의 대안적인 근대성을 빚을 수 있다는 것이다. 이런 믿음에서 갈라져 나온 것이 '지방적인 근대' 개념이다.[42] '서구적' 근대와는 다른 지적인 풍토와 역사적 맥락에서 일종의 혼방품인 이슬람적인 근대, 유교적인 근대, 인도적·일본적·라틴아메리카적인 근대가 가능하다는 것이다.

하지만 서유럽이 독점하는 계몽주의 근대성의 폭력과 한계를 극복하기 위해 고안된 다양한 명칭이 비서구적인 근대성의 샛길로 빠지기 쉬운 위험도 경계해야 한다. '우리·멀티플·지방적 근대'는 식민지 계몽주의가 덧씌우려는 획일적인 근대성에 저항하는 몸짓이지만, 세속적·이성적·합리적·과학기술적 벽돌로 쌓은 서구(원조) 계몽주의의 집으로 습관처럼 되돌아간다는 측면에서 아류·사이비 근대일 뿐이라는 비판을 면할 수 없다.[43] 몽테뉴 닮은꼴 아랍 근대 사상가 찾기, 데카르트적 사유 양식과 유사한 중국 사상가 발굴하기, 프랑스 계몽주의에 버금가는 18세기 조선 실학 사상가 만들기 등의 '연결 게임'에 골몰함으로써 식민지 계몽주의 세계관을 재생산한다는 치명적인 함정에 빠진다. '우리·멀티플·지방적 근대'에 기여했던 자랑스러운 조상들의 발자취를 발굴하려는 '오리엔탈 계몽주의' 사상사[44]는 서구 계몽주의의 거울에 비친 열등한 모사품인 것이다. 계몽주의 발생지를 엄격히 다시 따지기, 근대(성)의 정확한 경계 나누기, 근대성의 진품명품 감별하기, 식민지 계몽주의 국가들의 선후발 등수 매기기 등 일련의 사상적 유희(遊戱)는 원판에 주조된 사상적 프레임에 여전히 감금될 뿐이기 때문이다.

"나는 근대성을 역사상의 한 시대로 생각하지 말고
일종의 태도로 고려해보는 것은 어떨까 하고 제안하고 싶습니다."

'우리·멀티플·지방적 근대'의 모색이 식민지 계몽주의를 벗어날 해결책이 되지 못한다면, 우리는 지금 무엇을 할 수 있을까? "근(현)대성을 특정 시대가 아니라 철학적 에토스—사유의 자세—로 파악하자"는 푸코의 제안[45]에 기대고, 앞서 소개했던 데이비드 스콧의 입장에 서서 이 물음에 대답해보자. 푸코는 계몽주의를 수용해서 이성과 과학의 근대성을 포용하지 않으면 야만의 정글로 도망갈 수밖에 없다는 '계몽주의의 협박'에 맞섰다. 마찬가지로 스콧도 식민지 계몽주의의 불가피성을 받아들이거나 그 종속성에 결사적으로 반대해야 한다는 '(탈)식민주의의 협박'을 거부했다. 스콧은 한 걸음 더 나아가 "서구적 근대인가, 비서구적 근대인가?", "유일하고도 보편적인 근대인가, 다양하고 이질적인 근대인가?" 사이에서 선택을 강요하는 우리·멀티플·지방적 근대주의자들의 협박에서도 벗어나야 한다고 확신했다.

스콧은 이런 삼중의 협박에서 자유로워지기 위해 계몽주의와 근대성 자체를 '질문의 에토스'를 단련할 '문제-공간(Problem-Space)'으로 접근할 것을 권유한다. 루베르튀르의 비극적인 생애를 여전히 해결되지 않고 현재에도 진행되고 있는 "우리 시대의 근본적인 이야기"라고 되씹어보는 것은 식민지 계몽주의라는 '문제-공간'을 다시 설정하는 작업이다.46 '문제-공간'의 재설정은 특정한 과거 인물(루베르튀르)이나 과거 사건(아이티혁명)을 현재 관점에서 잘못되었다고 비난하거나 숙명적으로 정해진 미래를 영접하기 위한 훈계로 마무리하지 않고, 혁명·근대성·노예제도 등에 관해 낯설고 무례한 질문을 던지는 데에서 시작된다. 생도밍그의 흑인 노예들이 볼테르나 칸트를 읽지 않고도 사상 최초의 흑인 국가를 건설했다는 놀라운 이야기를 휴머니즘의 승리와 역사 진보의 필연성으로 각색하는 한 '새로운 질문의 에토스'는 길러지지 않는다.

제2차 세계대전 이후 제국의 지배에서 '해방된' 많은 국가가 식민지 계몽주의가 만들어 채운, 지식생산의 식민성과 사유방식의 식민성이라는 전자발찌에 아직도 묶여 있다. '우리나라'도 예외가 아니다. 제국권력의 명령에 건방지게 질문하지 않는 '동방예의지국', 기독교 문화로 개방하여 계몽시켜야 할 '은자의 나라', 식민시대의 어둠을 밝히는 지혜로운 '동방의 등불'. 서양제국과 일본제국이 합작하여 부여한 이런 호사스럽고도 텅 빈 '우리 정체성'을 떨쳐버려야 할 결정적인 순간이다.47 서구 중심주의·근대중심주의·민족(국가)중심주의·진보만능주의라는 단단한 격자에 감금되어 있는 (식민지) 계몽주의의 족보를 끄집어내서 인과론과 전후관계를 다시 검증해야 한다. 제국이 설계·제작·공급한 식민적 권력 매트릭스의 게임 법칙을 협상으로 완화하는 데 만족하지 않고, 운영 시스템 자체를 초기화(re-setting)하는 위험한 지적 모험을 떠나야 하는 것이다.

제3장

생시몽과 콩트_인간과학과 실증주의의 창시자

1789년	프랑스, 에마뉘엘 조제프 시에예스, 《제3신분이란 무엇인가》 출간.
	프랑스혁명 발발. 봉건제도를 철폐하고 〈인간과 시민의 권리 선언〉을 발표.
1790년	프랑스, 성직자 기본법(Constitution civile du clergé) 제정.
1791년	프랑스, 길드 폐지 및 집회와 파업을 금지하는 '르 샤펠리에 법(Loi de Le Chapelier)' 통과.
	프랑스, 올랭프 드 구즈, 〈여성과 여성시민의 권리 선언〉 발표.
1792년	프랑스, 군주정 폐지, 이혼 허용 법률 통과.
1793년	프랑스, 공포정치 시작, 탈기독교운동 전개.
1794년	프랑스, 파리에 고등사범학교 설립.
1795년	프랑스, 파리에 에콜 폴리테크니크(École Polytechnique) 설립.
1799년	프랑스, 나폴레옹 보나파르트의 쿠데타 발생.
1804년	프랑스, 나폴레옹 1세의 제1제정 출범.
1814년	프랑스, 나폴레옹 1세의 퇴위와 부르봉왕정의 복귀.
1815년	오스트리아·프로이센·러시아가 연합하여 신성동맹(Heilige Allianz) 결성.
1823년	프랑스, 클로드 생시몽, 《산업주의자들의 교리문답》 간행.
1825년	프랑스, 생시몽주의 기관지 《생산자》 간행.
1827년	독일, 하인리히 하이네 시집 《노래들의 책》 출간.
1830년	프랑스, 7월혁명이 발생하여 루이 필리프가 통치하는 7월왕정 출범.
1831년	프랑스, 리옹에서 노동쟁의 발발.
1832년	프랑스, 최초의 여성 신문 《여성논단》 간행.
1840년	프랑스, 피에르 조제프 프루동, 《사유재산이란 무엇인가》 간행.
1846년	프랑스, 역사학자 쥘 미슐레가 《민중》 간행.
1848년	유럽에서 1848년 혁명 발발.
	영국, 카를 마르크스와 프리드리히 엥겔스가 《공산당선언》 발표.

1. 프랑스혁명이 동반한 '유익한 혼란'

애덤 스미스의 나라 영국이 근대 경제학의 원산지라면, 계몽주의의 본산지 프랑스는 사회학의 고향이다. 프랑스혁명의 빛과 그림자가 사회과학, 실증주의, 사회학 등으로 불리는 새로운 학문이 탄생할 역사적 조건들을 제공했기 때문이다. '자유, 평등, 우애'를 기치로 내세웠던 프랑스혁명의 삼색기가 어떻게 '진보, 질서, 사랑'이라는 구호를 아로새긴 녹색의 실증주의 깃발로 계승 또는 대체되었을까?

프랑스혁명은 앙시앵레짐(ancien régime)의 정치제도는 물론이고, 사회와 경제의 구조와 전통문화를 근본적으로 파괴했다. 개인이 후견인의 간섭과 통제에서 벗어나 자유롭게 이성의 힘을 발휘할 수 있도록 구체제의 많은 제도와 가치관이 공격당하고 해체되었다. 앙시앵레짐의 '악의 축'이었던 기독교는 폐지되었고, 가톨릭교회의 재산은 국유화되었으며, 성직자들은 공무원으로서 국가에 충성을 서약해야만 했다. 그리고 중세 이래 건재했던 길드(동업자조합)도 집단이기주의의 청산이라는 명분으로 금지되었고, 개인의 평등한 권리를 침해하는 장자상속법 같은 가부장권도 청산되었다. 가족, 사회조직, 신분제도, 도덕적 질서 등 구체제를 지탱하던 골격이 사라진 빈자리를 정치적·경제적 아나키와 문화적·도덕적 데카당스가 채웠다. 프랑스혁명은 파괴에만 몰두함으로써 구체제의 잿더미에서 새롭게 태어나야 할 사회를 조직할 새로운 원칙을 수립하지 못했다는 문제의식이 인간과학과 실증주의가 등장하게 된 역사적 배경이다.

생시몽의 관찰에 따르면, 프랑스혁명은 평등의 오남용으로 인해 권력이 재산 없고 무식한 사람들의 손아귀에 맡겨져 "절대적으로 실용적이지 않은 형태의 정부"를 낳았다.[1] 계몽주의의 비판정신은 구체제를 무너뜨리는 데는 성공했지만 19세기가 바라는 새로운 통치체제와 사회경제적 질서를 수립하는 데 실패했다는 지적이다. 생시몽은 프랑스혁명을 주도했던 사람들이 파괴의 힘을 '생산'이라는 유기적인 에너지로 평화롭게 전환하지 못한 "커다란 정치적인 오류"를 범했다고 비판했다.[2]

> "프랑스혁명이 동반한 유익한 혼란 속에서
> 진정한 역사의식인 실증주의가 탄생했다."

생시몽의 비서였던 오귀스트 콩트의 시각에 따르면, 1789년 프랑스혁명은 인류가 형이상학적인 단계에서 실증주의적인 현대사회로 바뀌는 데 미치지 못했다는 한계를 갖는다.

혁명의 첫 번째 단계가 아주 부정적이라는 것은 분명한 사실이다. 초기의 이러한 실패의 원인은 무엇보다도 형이상학적인 학설이 지니고 있던 비판적이기만 한 성격에서 찾아야 한다. 당시에는 그것만이 유일하게 혁명정신을 이끌어나갈 수 있었던 것이다. 혁명정신은 그 본질이 어떤 것인지에 대한 지적 없이 전적인 혁신이 시급하다는 사실을 증명하는 것으로 만족할 수밖에 없었다.[3]

볼테르가 선동한 반기독교적인 사상이나 루소가 앞장세운 '일반의지' 같은 만인평등사상에 고무된 지도자들이 기독교 철폐와 공화주의 같은 과격한 정책을 무리하게 밀어붙여 혁명을 막다른 골목으로 내몰았다는 것이 콩트의 시각이었다. 다시 말하면, 계몽주의라는 비판적인 '형이상학'에 함몰되어 앙시앵레짐을 능욕하고 파괴하는 과업은 이루었지만, 실증주의 같은 새롭고 건설적인 인간 정신으로 혁명을 지속시켜 사회개혁을 완결하지 못한 것이 프랑스혁명의 약점이라는 것이다. 불행 중 다행히 혁명으로 상처받고 산산조각이 난 구체제의 잔해를 자양분 삼아 피어난 "진정한 의미의 역사 정신"이 실증주의를 새로운 시대정신으로 초대했다고 콩트는 설명한다.[4] 프랑스혁명이 앙시앵레짐의 나쁜 사회제도와 철 지난 이데올로기—신학적이며 형이상학적인 세계관—를 실증주의라는 새로운 역사법칙으로 대체할 절호의 기회를 제공했다는 것이다. 그의 표현을 빌리면, "프랑스혁명이 동반한 유익한 혼란 속에서 진정한 역사의식인 실증주의가 탄생했다."[5]

2. '인간과학'의 발명가 생시몽

클로드 앙리 드 루브루아 드 생시몽(Claude Henri de Rouvroy de Saint-Simon, 1760~1825)은 퇴락한 귀족 집안의 장남으로 파리에서 태어나 계몽주의의 지적 세례를 받으며 성장했다.[6] 13세에 첫 영성체를 거부할 정도로 세속적이고 반항적이었던 그는 17세에 군에서 경력을 시작했다. 1779년에는 미국독립전쟁에 자원하여 4년 동안 북미에 머물면서 민주주의와 산업발전 등에 깊은 인상을 받았다.[7] 멕시코와 자메이카 등지를 탐험하고 1783년에 프랑스로 돌아온 생시몽은 네덜란드의 운하시설을 돌아보고 에스파냐에서 운하 건설을 기획하는 등 견문을 넓혔다. 프랑스혁명은 그에게 기회이며 동시에 시련기였다. 생시몽은 혁명정부가 국유화한 교회 재산을 담보로 발행했던 채권을 사고팔며 큰 부를 쌓았지만, '사회 안전상의 이유'라는 모호한 죄목으로 자코뱅 공포정치기인 1793년 11월에 체포되어 1794년 8월까지 옥살이를 해야만 했다.

테르미도르 반동정부 기간은 '부자 벤처 사업가' 생시몽의 전성시대이며 철학적인 도제시절이었다. 생시몽은 프랑스 근대과학과 엔지니어 교육의 산실인 에콜 폴리테크니크(École Polytechnique)와 파리의과대학교 근처에 살면서 의사와 생리학자, 계몽사상가 폴 앙리 디트리히 돌바크(Paul Henri Dietrich d'Holbach, 1723~1789) 등과 교류했다. 이 시기에 그는 만유인력의 법칙에 버금가는 인간과학의 법칙을 세우기 위해 고심했다. 생시몽은 불혹의 나이에 첫 저서인《한 제네바 시민이 당대인에게 보내는 편지(Lettres d'un habitant de Genève)》(약칭《제네바 편지》, 1802~1803)를 발표하면서 '활동적이고 소란스런 삶'을 청산하고 '과학적인 경력(carrière scientifique)'의 첫걸음을 디뎠다.[8] 그는 자신이 "인간 정신의 가장 훌륭한 창조물"이며 "인간 정신의 역사를 스케치한 최초의 작가"라고 흠모했던 콩도르세[9]를 뛰어넘는 인간과학자이자 사회과학자가 되리라는 야심을 품었다. 생시몽은《제네바 편지》에서 미래 사회를 이끌어갈 '뉴턴 위원회'를 결성해 수학자에게 위원장을 맡겨야 한다는 청사진을 그렸다. 이는 수학자 출신이었던 콩도르세에게 보내는 존경의 표시였을 것이다.

"사회조직의 과학은
실증적인 과학이 될 것이다."

　문헌상의 증거에 따르면 생시몽은 '실증적인(positive)'이라는 용어를
풋내기 철학자 때부터 사용했다. 과학적인 사고방식에 튼튼한 기반을
두고 인간 정신의 발달을 도모해야 한다는 생시몽의 확신은 1804년에
발표한《사회조직에 관한 초록(Extrait d'un ouvrage sur l'organisation social)》
에서 "사회조직의 과학은 실증적인 과학이 될 것이다"라는 명제로 요약
되었다.[10] 그가 '추측적인(conjectural)'이라는 형용사에 반대되는 의미로
사용한 '실증적'이라는 신개념은 넓게는 새로운 시대정신에 부응하는
과학 일반을, 좁게는 자신이 창안하려는 인간과학의 특징을 묘사하는
용어였다. 생시몽은 자신이 실증적 사고를 발아시키는 데 베이컨에게
빚졌음을 잊지 않았다. "16세기 말에 베이컨은 성직자가 주도하는 과학
계에 대한 세속학자들의 반란을 촉구하고 새로운 과학적 영토에 깃발
을 꽂아 자연과학자들을 집합"시켰던 인물로서 "모세가 신성하고 미신
적인 과학을 창시했다면, 일반적인 실증과학을 창시한 사람은 바로 베
이컨이다."[11]
　그러나 생시몽은 베이컨-계몽주의의 지적 계보를 잇는 것만으로는
실증적인 인간과학을 뿌리내리는 데 충분하지 않다고 지적했다. 달랑베
르와 디드로가 이끌었던《백과전서》가 18세기에 과학적 사고방식의 기
초를 닦고 보급하는 데는 분명히 기여했지만, 계몽주의 철학자들은 수
학과 물리학 같은 각론에 빠져 일반적인 실증과학이 제시하는 보편법
칙으로 인간과 사회를 분석하고 진단하는 데까지는 미치지 못했다고
비평했다.[12] 무엇보다도 이들은 형이상학적이고 "소용없는 게으른 사

색"의 둥지에서 여전히 벗어나지 못해 "사회적 행복의 건설이라는 진정한 목표"를 이루지 못했다고 힐난했다.[13] 비록 계몽주의 철학자들과 거리를 두기는 했지만 19세기 초반까지도 실증적인 인간과학이 학문적·사상적으로 정착단계에 이르지 못했음은 생시몽이 '사회물리학(social physiology)', '정치산술(political arithmetic)', '인간과학(science of man)' 같은 용어들을 유사개념으로 섞어서 사용한 것에서 간접적으로 드러난다.

"모든 사람은 노동해야 한다."

인간과 사회에 관한 실증적인 탐구는 사회계층을 새롭게 분류하는 작업으로 이어진다. 생시몽의 초기 단계 사회조직론에 따르면, 앙시앵레짐에서 제1신분(성직자), 제2신분(귀족), 제3신분(부르주아와 노동자)으로 구분되었던 봉건적 신분제도는 프랑스혁명으로 파괴되었으니, 이제 그 빈자리를 지식인, 재산소유자, 민중이 차지해야 한다. 그는 《제네바 편지》에서 혁명 이후의 프랑스 사회를 올바른 방향으로 재조직하기 위해서는 지식인에게는 정신적인 권력을, 재산소유자에게는 현세적인 권력을, 민중에게는 지도자를 선출할 권력을 각각 주어야 한다고 제안했다.[14] 좀 더 상세하게 설명하자면 과학자와 예술가를 포함하는 지식인(savants) 계층은 "계몽주의의 진보"를 위해 헌신하는 집단으로 수학자가 그 선두(avant-garde, 아방가르드)를 지킨다. 재산소유자 계층은 "혁신 절대 반대(point d'innovation)"라는 깃발 아래 뭉쳐 자신들의 재산을 지키고 증식시킬 전제조건인 질서와 안전을 제일 중요하게 여긴다. 그리고 민중은 프랑스혁명이 누락시킨 '평등'을 신봉하면서 노동의 일선에서 땀 흘리는 "제일 숫자가 많지만 가장 가난한 계층"이다.

　생시몽은 1789년 혁명에서부터 나폴레옹 제1제정, 부르봉 왕정복고에 이르는 30년의 세월을 프랑스혁명이 과제로 남긴 '불안전한 혁명'의 연속선에서 평가했다. 내용보다는 형식에, 사물보다는 언어게임에, 사실보다는 원칙에 관심이 더 많은 부르봉 복고왕정의 법률가들과 형이상학자들이 농업과 상업, 산업 분야에서 생산에 종사하는 사람들로 대체되어야만 비로소 혁명적인 혼란이 끝날 것이라고 확신했다.[15] 새로운 사회조직은 ① 노동자들에게 "정치적 중요성에서 가장 높은 위상"을 부여하고, ② 노동자들의 생존을 보장하고 능력에 적합한 일자리를 이들에게 공급하도록 정부예산을 우선적으로 배분하며, ③ 노동자들이 실증적인 지식을 배울 수 있는 시간과 환경을 국가가 마련해준다는 세 가지 원칙을 준수해야 한다.[16] 생시몽은 프랑스혁명이 제공한 공공교육의 수혜자인 '프롤레타리아트(농부와 노동자)' 계급은 자신들이 획득한 재산을 합리적으로 운영할 능력이 있을 정도로 똑똑하며 유산계급에 버금갈 만큼 '문명화'되었으므로 사회의 당당한 구성원으로 대접받아야 한다고 강조했다.

"산업주의는
도덕적인 공리주의이다."

　실증적 인간과학의 창립이 초기 생시몽을 사로잡은 화두였다면, 후기 생시몽의 최대 관심사는 '산업주의(industrialisme)'라는 용어에 집약된다. 그는 '산업주의'라는 신개념의 지적 소유권을 주장하면서 생전에 출간된 마지막 글인 《산업주의자들의 교리문답(Catéchisme des industriels)》

(1823. 12.~1824. 6.)에서 자신을 "산업적 독트린의 창시자"라고 자리 매겼다.[17] '산업주의자'는 누구인가? 생시몽의 범주에 따르면 산업주의자는 모든 종류의 생산적이고 유용한 작업에 종사하는 사람들로서, 그들의 작업은 이론과 응용, 정신노동과 육체노동을 포함한다. 물품을 직접 생산하는 노동자는 물론이고, 제조에 응용될 수 있는 과학적인 발명이나 발견을 한 지식인들, 노동 활동을 보호해주는 법률가와 행정관료, 노동의 가치와 중요성을 선전하고 장려하는 예술가와 '정치적인 작가들'도 산업주의자에 해당한다.[18]

생시몽은 공익과 진보에 헌신하려는 사람들은 '자유주의'라는 낡고 시대착오적인 명칭을 버리고 '산업주의'의 깃발 아래 모여야 한다고 권고했다.[19] 그가 주창하는 산업주의는 첫째, 노동의 가치(la valeur travail)를 신성하게 여기며, 둘째, 일하지 않고 무위도식하는 사회계층을 경멸하고 부를 창출하여 사회에 유용하게 기여하는 생산자들을 존경하며, 셋째, 가장 가난하고 가장 수가 많으며 가장 생산적인 노동계급을 축복하는 사상이라고 요약할 수 있다. 생시몽이 구현하려던 산업주의는 새로운 시대를 지향하는 '도덕적인 공리주의'의 일종인 것이다.[20] 미리 포석을 깔자면, 다음 장에서 다룰 벤담과 밀의 공리주의와 만나는 교차로에 생시몽의 산업주의가 위치하고 있다.

3. 사회학의 창시자 콩트

프랑스혁명에서 실증주의의 기원과 시대적 사명의식을 벼렸던 오귀스트 콩트(Auguste Comte, 1798~1857)는 이른바 '1820년대 세대'에 속했다. 1792년에서 1803년 사이에 출생한 이들을 통칭하는 1820년대 세대에는 바르텔레미 프로스페르 앙팡탱(Barthélemy Prosper Enfantin)과 생타망 바자르(Saint-Amand Bazard) 등의 생시몽주의자들과 아돌프 블랑키(Adolphe Blanqui) 등의 초기 사회주의자들, 오노레 발자크(Honoré Balzac)와 빅토르 위고(Victor Hugo) 같은 사실주의 소설가들이 속했다. 이들은 어린 시절에 일어난 프랑스혁명을 어렴풋이 기억하고, 나폴레옹이 통치하던 제1제정(1804~1814) 시기에 청소년기를 보냈으며, 부르봉 왕정복고기(1814~1830)에 청년(대학생)으로서 저항했고, 7월왕정(1830~1848) 시기에 중장년이 되어 기득권의 주요세력을 형성했던 세대다.[21]

콩트는 프랑스혁명 시기에 설립된 엘리트 공과대학인 에콜 폴리테크니크에 입학했지만, 루이 18세의 반동적인 왕정에 대항한 반정부시위를 이끈 혐의로 대학에서 쫓겨났다. 그 후 그는 실증주의의 원조이며 초기 사회주의의 대표인물인 생시몽을 "모든 면에서 독창적인 존재"이며 "내 평생 알았던 사람들 중에서 가장 존경스럽고 가장 사랑스런 사람"이라고 극찬하며 비서로 합류했다.[22] 스승과 함께 《조직자(L'Organisateur)》(1817)와 《산업체계(Du Système industriel)》(1821) 등을 공동집필했던 콩트는 견해 차이로 생시몽주의자들과 결별할 때까지 초벌 단계인 실증주의를 체계적인 학문 시스템으로 갈무리했다.[23] 동료 집단과 갈라선 콩트는 모교의 비정규직 강사로 어렵게 생계를 유지하면서 결혼과 이혼, 자살미수 등을 겪으며 1848년 혁명을 맞았다. 2월혁명의 폭력적인 민중시위를 목격한 콩트는 3월에 실증주의협회를 설립하고 《실증주의론(Discourse sur l'Ensemble du Positivisme)》을 발표했다. 그는 제2제정 말기인 1857년에 가난하고 이름 없는 재야학자로 쓸쓸히 사망했다.[24]

"1848년의 혁명은
정상상태를 향한 준비단계이다."

콩트의 평가에 따르면, 1789년 혁명은 '자유와 평등'이라는 모순적인 제1신조 때문에 실패했고 결국은 왕정복고라는 반동시대를 불러왔다. 왕의 처형, 공포정치, 군사쿠데타 등으로 이어지면서 무정부상태로 귀결되었다는 것이다. 그리고 루이 18세(재위 1814~1824)와 샤를 10세(재위 1824~1830)가 통치했던 부르봉 복고왕정은 역사의 시곗바늘을 거꾸로 돌리려는 반동정치를 실시했고, 이에 반발한 시민들의 바리케이드는 1830년 7월혁명으로 정점에 이르렀다. '시민(평등)의 왕'이라는 애칭으로 불렸던 루이 필리프의 7월왕정(1830~1848)은 '중도(juste milieu)'를 통치이념으로 내세우며 '자유와 질서'라는 제2신조로 사회를 통합하려고 노력했다. 그러나 그가 옹호하는 '상속된 특권'에 기초한 공공질서의 회복은 개인의 자유와 평등을 오히려 축소시킴으로써 1789년 혁명을 배반했기 때문에 1848년 혁명이라는 또 다른 시민혁명을 피할 수 없었다.25

콩트는 1848년 혁명이야말로 "진정한 사회과학의 토대"이며 "서구혁명의 유기적인 마감을 주도"하는 "정상상태를 향한 준비단계"라고 진단했다. 이전의 혁명 구호였던 '자유와 평등'과 '자유와 질서'라는 양립할 수 없는 유토피아적인 꿈을 버리고 이제는 '질서와 진보'라는 제3신조에 입각하여 프랑스를 재조직할 역사적 사명이 당대인들에게 부과되었다는 것이다.26

"사회학의 토대는 진보와 질서 사이의
밀접한 관련 속에서만 생겨날 수 있다."

실증주의(實證主義, positivism)는 반세기 동안 지지부진했던 미완성 혁
명의 진통은 물론, 형이상학적 세계관과 실증주의적 세계관이 공존하
던 시대에 종지부를 찍으려 했다. 실증주의에는 1789년 혁명의 소용돌
이에 태어나 나폴레옹의 제정과 왕정복고, 1830년 시민혁명, 1848년 사
회혁명 등 격변의 19세기를 살았던 콩트의 역사적 기억과 교훈이 스며
들어 있었다. 말하자면 실증주의는 "삶의 모든 영역에 적용 가능한 사상
과 지식의 과학적인 시스템"으로서 "명확한 사실과 과학적인 방법에 입
각한 새로운 사회과학"이었다.[27] 그는 만유인력의 법칙에 버금가는 보
편적인 사회법칙을 탐구하는 학문을 처음에는 '사회물리학'이라고 불
렀지만, 벨기에의 통계학자 랑베르 아돌프 자크 케틀레(Lambert Adolphe
Jacques Quételet, 1796~1874)가 이 용어를 선점했다는 것을 알고는 '사회학
(sociology)'이라는 이름으로 대체했다.[28] 콩트는 사회학, 사회과학, 실증
주의 등을 교환 가능한 유사개념으로 사용했던 것이다.

지성사의 관점에서 족보를 따지자면, 콩트가 19세기 중반에 체계를
세운 실증주의는 17세기 영국의 경험주의와 18세기 프랑스의 계몽주의
를 종합해서 사회를 과학적·이성적·체계적·유기적으로 연구하려는 사
상운동이다. 실증주의의 기본성격을 설명하는 콩트의 시각에는 베이컨
이 견지했던 '피와 살이 되는 유용한 지식'과 콩도르세가 주창했던 진보
사관이 융합되어 있다.

모든 서구 언어에서 '실증적(positif)'이라는 단어와 그 파생어들은

'현실성(réalité)'과 '유용성(utilité)'이라는 두 가지 속성을 동시에 가리킨다. …… 이 용어는 또한 서구 사회 전체에 걸쳐 '확실성(certitude)'과 '정확성(précision)'이라는 특징을 상기시켜주는데, 이러한 특징에 의해 현대 이성은 고대 이성과 근본적으로 구분된다. 마지막으로 지적해야 할 보편적인 말뜻은 실증정신이 갖는 직접적으로 '유기적인(organique)' 성격을 규정짓고 있다. …… 실증주의의 다섯 번째 의미는 자연스럽게도 새로운 지적 체계가 갖는 항상 '상대적인(relatif)' 성격으로 이어진다. 그런데 현대 이성이 과거에 대해 갖게 되는 비판적인 태도를 버리는 것도 온갖 절내적인 원칙을 거부함으로써 가능하다. …… 그리하여 '실증적'이라는 단어는 오늘날 도처에서 '유기적', '정확한', '확실한', '유용한', '현실적'이라는 단어와 구분되지 않는 것과 마찬가지로 '상대적'이라는 단어와도 분리될 수 없다."[29]

　　실증적인 관점에서 획득한 이성이 종교적·형이상학적 시각으로 추수한 이성보다 우월하다는 콩트의 사유에는 그리스-로마 시대의 '고대적인(ancient)' 전통보다는 '근대적인(modern)' 제도와 세계관이 우월하다는 볼테르의 신념도 녹아 있다.

　　실증주의의 성격에 '유기적'이며 '상대적인' 특징이 가미된 이유를 이해하기 위해서는 콩트가 설계한 과학체계의 발전단계를 살펴봐야 한다. 그는 과학이 가장 추상적이고 가장 단순한 수학·천문학에서 출발하여 물리학·화학이라는 발전된 중간단계를 거쳐 가장 복잡하고도 구체적인 상급단계인 생물학·사회학에서 완성된다고 주장했다. 그런 점에서 사회학은 수학적인 정확성과 통계적인 분석력을 밑바닥에 깔고 동식물을 연구하는 생물학의 연구방법을 응용한 학문이다. 실증주의 사유양식의 맨 꼭대기에 있는 사회학은 연구대상인 사회조직과 사회제도를 살아 움직이는 유기체로 인식하여 관찰·실험·비교분석 등의 과학적인 방법론을 적용한다. 사회학자는 사회현상을 '물건(thing)'으로 취급해서 도덕적인 편견에 물들지 않은 '사실(fact)'을 관찰하고, 병든 환자를 치유하는 의사처럼 '사회적인 육체(social body)'를 좀먹는 사회병리현상을 해결할 방책을 실험한다. 그리고 그는 하등동식물과 고등동식물의 유사점과 차이점을 기록하면서 자연계의 진화과정을 추적하는 생물학자처럼 문명사회와 야만사회를 비교하면서 진보된 방향으로 인류 역사를 재조직하려고 애쓴다.[30]

"실증주의는 지배계급보다는
민중에게 권장되는 것이다."

콩트가 프랑스혁명 이후에 전개되는 새로운 시대의 새로운 세계관인 실증주의의 후원자이자 실천적인 주체로 민중과 여성을 지목했다는 점에도 각별히 주목할 필요가 있다. 콩트는 "철학자들과 노동자들은 점점 더 현실성에 대한 동일한 본능, 유용성에 대한 유사한 선호, 세부적인 것에 대한 사유를 전체적인 조망에 종속시키려는 동일한 경향"을 보이기 때문에 실증주의의 깃발 아래 자발적으로 연대할 수 있다고 전망했다.[31] 구체제의 지배계급이 기독교나 절대왕정 같은 신학적·형이상학적 세계관을 고수한다면, 민중은 "수학에서 사회학에 이르기까지"의 공공교육을 통해 '공적인 이성'을 단련하여 실증주의를 실천하는 여론형성의 선봉대가 될 것으로 기대했다. 그리고 여성은 지성적인 요소를 담당하는 과학자·철학자와 실천적인 활동을 주관하는 민중과 함께 인간 본성의 감정적인 요소를 대표함으로써 "현대사회의 움직임 전체를 완성" 하는 데 동참해야 한다고 호소했다.[32] 여성이 소유한 "사고와 행동을 직접 매혹할 수 있는 사회적 감정의 보편적 우위"를 발휘하여 이성의 남용을 조정함으로써 실증주의의 균형감각을 지켜야 한다는 것이다. 콩트는 실증주의를 상징하는 녹색 깃발에 아로새겨진 "질서는 우리의 토대, 진보는 우리의 목표, 사랑은 우리의 원칙"이라는 3대 목표 중에서 앞의 두 개가 남성의 몫이라면, 여성은 "타인을 위한 삶"이라는 마지막 모토에 헌신해야 한다고 강조했다.[33]

민중과 여성을 실증주의라는 새로운 사상의 주역으로 초대한 콩트의 사고방식은 프랑스혁명이 추동한 시대정신을 반영한다. 제1신분과 제2신분 아래에서 신음하는 제3신분이 "국가의 모든 것"이라는 에마뉘엘 조제프 시에예스(Emmanuel Joseph Sieyès, 1748~1836)의 선언이 부르주아 계급을 혁명의 깃발로 집결시켰다면, 19세기 사상가들은 민중을 사회개혁의 원천이자 힘으로 호출했다. 콩트의 스승이었던 생시몽은 "제일 숫자가 많지만 가장 가난한 계층의 물질적·지적·도덕적 향상"의 우선적인 대상으로 민중을 꼽았지만, 여성과 남성은 '사회적 개인'의 성립을 위해 결코 분리할 수 없는 평등한 인격체라고 확신했다. 생시몽 사망 이후 생시몽주의자들이 이끌었던 공개강연과 사회교육의 주요 청중이 노동자와 여성이었던 것은 자연스러웠다. 그리고 생시몽주의에 동조했던 여성들은 1832년에 세계 최초의 "여성에 의한 여성의 신문"인《여성논단(La Tribunes des Femmes)》을 간행했다.[34] 민중과 여성의 잠재적인 힘을 긍정적으로 재조명했던 콩트 사상이 선도적이라고 할 수는 없을지라도, 민중과 여성을 역사변동과 사회개혁의 핵심세력으로 지목하고 그에 합당한 역사적 역할을 기대했던 안목은 존중되어야 할 것이다.

생시몽과 콩트의 지적 '콜라보'였던 실증주의는 국내외로 수출되었다. 존 스튜어트 밀은 청소년 시절에 프랑스를 방문하여 말년의 생시몽을 직접 만났고 그의 저술들을 영어로 번역해 영국에 소개했다. 1830년 7월혁명 때 프랑스를 다시 찾은 그는 콩트의 《실증철학 강의(Cours de philosophie positive)》을 접하고 감명을 받았다. "다른 누구보다도 새로운 정치적 사고방식을 내 마음속에 깊이 뿌리박은 학자들은 프랑스의 생시몽학파였다. …… 인간의 진보의 자연적 순서에 관하여 그들이 처음으로 나에게 제공한 조리 있는 견해는 큰 감명을 주었다. …… 자유주의가 흔히 내세우는 주장에 대한 그들의 비판 [사유재산과 상속제도 철폐 등] 속에는 중요한 진리가 가득 들어 있는 것같이 생각되었다."[35] 실증주의 바람은 라틴아메리카까지 뻗쳤다. 1850~1920년 사이에 라틴아메리카 지식인층은 에스파냐-포르투갈이 식민지에 강요했던 가톨릭적인 세계관에서 해방될 무기로 프랑스 실증주의를 환영했다.[36]

인간과학의 창시자인 생시몽의 사상적 자취는 19세기 유럽 지성사에서 뚜렷하다. 그는 사회를 유기체적인 구성물로 파악하여 이성적으로 재조직하려던 선구자들 가운데 한 사람이었다. 생시몽의 이러한 접근법은 프랑스에서는 콩트와 에밀 뒤르켐(Emile Durkheim, 1858~1917)의 '실증주의적 유기체론(positivist organicism)'으로 계승되었고, 영국과 독일에서는 허버트 스펜서(Herbert Spencer, 1820~1903)와 카를 마르크스(Karl Marx, 1818~1883)로 이어지는 '진화적 유기체론(evolutionary organicism)'과 연결되었다.[37] 생시몽이 주창한 산업주의가 프롤레타리아트를 빈곤에서 구출하기 위한 '도덕적인 공리주의'에 다름 아니라면, 그것이 존 스튜어트 밀의 '질적 공리주의'에 끼친 영향력도 과소평가할 수 없다. 말하자면, 19세기 후반 유럽을 지배한 중요한 지적 운동이었던 마르크스의 역사유물론, 스펜서의 사회진화론, 공리적 자유주의, 기능주의적 사회학 등의 사상적 기본골격을 건축한 인물이 생시몽이라고 해도 과장이 아닌 것이다.

다른 한편, 살아생전에는 프랑스 지식계에서 외면받았던 콩트는 제3공화국의 수립과 함께 일종의 국가지식인으로 재발견되었다. 1870년 프로이센과의 전쟁에서 패배하고 파리코뮌과 내전의 상처를 딛으며 출범한 제3공화국은 프랑스혁명이 물려준 실증주의를 국가재건의 이데올로기로 삼았다. 유럽 근대 지성사에서 차지하는 콩트의 위상과 그가 남긴 숙제를 이 책의 주제와 연관해 두 가지 이슈에 초점을 맞춰 살펴보도록 하자.

첫째, 콩트는 사회를 과학적으로 연구하려는 사회학을 근대학문의 새로운 여왕으로 승격시켰다. 베이컨이 초안을 닦은 지식체계와 그것을 계승하고 발전시킨 백과전서파의 지식의 나무조차 사회학과 유사한 분야가 등재되지 않은 데 비해, 콩트는 사회학을 과학의 최고단계에 올려놓음으로써 우주와 자연에 관한 연구보다 사회에 관한 연구를 더 중요한 주제로 격상시켰다. 그의 사상적 후예인 에밀 뒤르켐이 1887년에 보르도대학교에 '사회과학 및 교육학' 전임교수로 취임함으로써 사회학은 대학의 정규학문 분야로 자리 잡았다. 또한 콩트는 과학과 테크놀로지, 사고와 행위, 이성과 감성, 남성과 여성 등이 동행하는 행진이 때로는 머뭇거리고 때로는 스텝이 꼬인다는 것을 인정함으로써 계몽주의의 진보사관을 새로운 차원에서 재조명했다.[38] 다만, "우리는 재건할 수 있는 것만 파괴할 수 있다"는 콩트의 말처럼 혁명으로 산산조각이 난 종교, 사회, 도덕 등을 이성적 원칙으로 복구하는 것을 목표로 하는 실증주의에는 태생적으로 보수적인 성격이 깃들어 있음을 지적하지 않을 수 없다.[39]

둘째, 콩도르세의 '정신적인 아들'로 자부했던 콩트는 '아버지'의 서구중심적인 우월감마저도 닮았다. 실증주의라는 당대의 가장 앞선 지적 물결을 세계에 퍼뜨리기 위해서는 서양이 식민지를 개척하여 문명화 사명을 완수해야 한다는 주장을 되풀이한 것이다. 콩트는 "아직도 발전이 뒤처진 다양한 국민"들은 "오로지 서구성만이 진정한 인류에 대한 마지막 준비를 구축하게 된다는 사실"을 깨닫고 "프랑스의 주도 아래 서구만이 그 주도권을 장악하게 될 최종적 쇄신을 경험"해야 한다고 호령했다.[40] 그의 청사진에 따르면, 인류 문명의 개선작업을 주도하는 실증주의위원회 멤버 총 48명 가운데 3분의 1에 해당하는 12명의 대표자는 비서구 유색인으로 구성된다. 타타르인, 중국인, 일본인, 말레이시아인—조선은 없다—등 황인종 각 1명과 2명의 흑인은 명예로운 실증주의위원으로 합류해서 "인간의 발전을 주도하는 기본 법칙들은 속도상의 차이는 있겠지만 모든 풍토와 모든 인종에 다 적용될 수 있다"는 거룩한 가르침을 암기해야 한다. 비서구 유색인들은 실증주의라는 이름의 멋진 오리엔탈 특급열차가 자신들의 보잘것없는 정거장에 도착하여 자신들을 문명세계로 실어가기를 하염없이 기다리는 '대합실의 승객' 신세가 된 것이다.

제4장

벤담과 밀_공리주의의 개혁가

1769년 영국, 제임스 와트, 증기기관 발명.

1776년 영국, 애덤 스미스, 《국부론》 출간.

1785년 영국, 에드먼드 카트라이트, 역직기(power loom) 발명.

1789년 영국, 제러미 벤담, 《도덕과 입법의 원리 서설》 출간.

1798년 영국, 토머스 로버트 맬서스, 《인구론》 출간.

1799년 영국, 결사금지법(Combination Laws) 제정.

1800년 영국, 로버트 오언, 뉴래너크(New Lanark) 공장 설립.

1807년 영국에서 노예무역 폐지.

1811년 영국에서 기계파괴운동(Luddite Riots) 발발.

1815년 영국에서 곡물법(Corn Law)을 실시하여 국내 곡물의 일정한 가격 이하의 외국 곡물 수입 금지.

1819년 영국, 맨체스터 세인트 피터 광장에서 5만 명의 노동자들이 참정권 요구 집회를 하자 정부가 무력으로 진압한 피털루 학살(Peterloo Massacre) 발생.

1824년 영국, 제러미 벤담, 급진파 정기간행물 《웨스트민스터 리뷰》 창간.

1825년 영국, 결사금지법 폐지. 노동조합의 집회·파업권과 노동계약의 파기 권리 인정.

1828년 영국, 비국교도들의 공직 취임을 금지했던 심사법(Test Act) 폐지.

1830년 영국, 세계 최초의 철도가 리버풀-맨체스터 노선을 주행.

1832년 영국, 선거법 개정(Reform Bill) 실시.

1833년 영국, 식민지에서 노예제도 철폐.

1834년 영국 최초의 전국 규모 노동조합인 전국노동조합대연합(Grand National Consolidated Trades Union) 창립.

신빈민법(Poor Law Amendment Act) 통과.

1835년 프랑스, 알렉시 드 토크빌, 《아메리카의 민주주의》 상권 출간.

1837년 영국, 빅토리아 여왕 즉위.

1846년 영국, 곡물법 폐지.

1857년 영국에서 이혼 허용 법률 통과.

1. 공리주의의 텃밭, 산업혁명과 자유방임주의

공리주의가 하필이면 18세기 말에 영국에서 출현하게 된 시대적 배경은 무엇일까? 대략 다음 두 가지 요인을 꼽을 수 있을 것이다. 첫째, 18세기 중반부터 시작된 산업혁명이 촉진한 세속적인 가치관과 물질우선주의가 공리주의적 사고방식의 마중물 역할을 했다. 16~18세기 초반까지 서유럽을 지배했던 중상주의(重商主義, Mercantilism)는 산업혁명 이후에 애덤 스미스와 토머스 맬서스로 대변되는 '정치경제학(Political Economy)'으로 대체되었다. 국민국가의 효율적인 생산·소비활동을 위한 사회경제적인 조건과 정책적인 환경을 탐색하는 정치경제학은 산업경제를 합리화하는 중산층(젠트리 계층)의 이데올로기였다.[1] 노동(자)과 자동동력이 가장 효율적으로 집적·배치된 공장제도(Manufactory)의 출현은 기계적인 힘과 에너지에 대한 숭배를 낳았다. 경제적 이익과 물질적인 성취가 삶의 가장 중요한 목표가 되었고, 사상이나 가치관마저도 그 쓸모 있고 없음에 따라 거부되거나 환영받는 영국적인 실용주의 풍토가 당대인들을 사로잡았다.[2]

경험적인 유용성을 높이 쳐주고 값없는 사색을 낮춰 보는 영국적인 집단사유의 특징은 프랑스혁명을 바라보는 시선에서도 그 색채가 드러난다. 당대의 정치가이자 저술가인 에드먼드 버크(Edmund Burke, 1729~1797)의 관찰에 따르면, 계몽주의와 평등사상이라는 "터무니없고 방자한 사변(思辨, speculations)"이 낳은 프랑스혁명이 불러일으킨 광기 때문에 "법률은 전복되고, 법정은 와해되고, 산업은 활기를 잃었으며, 상업은 소멸"되었고 "정치적·군사적 무정부 상태가 [프랑스] 왕국의 헌법이 되었다."[3] '형이상학적인 진리'만 덧없이 추구했던 프랑스혁명의 파괴적인 결과를 지적한 버크는 그 불똥이 영국에 튀지 않도록 조상으로부터 내려온 전통, 종교, 지혜, 경험, 불문율 등을 "지켜서 보존해야 한다"고 주장하면서 보수주의(Conservatism)의 창시자가 되었다. 그는 일단의 '정치적 문필가들'이 마구 갈긴 청사진에 따라 세상을 바꾸려는 프랑스혁명의 도박과 범죄를 되풀이하지 않기 위해서는 더하고 빼고 곱하고 나누는 "하나의 계산 원리"에 입각한 "정치적 이성"으로 나라를 운영해야 한다고 강조했다.[4] 계몽주의와는 유사하지만 조금 다른 공리주의적인 셈법을 만들었던 것이다.

19세기를 분수령으로 삼아 고개를 바짝 내미는 자유방임주의는 공리주의를 부르는 두 번째 사상적 포석이 되었다. 조지 3세의 통치기간(1760~1820) 후반부는 프랑스혁명의 위협으로부터 영국 헌정을 수호하면서 자유주의를 확장해가던 개혁기였다. 1795년의 선동집회법(Seditious Meeting Act)과 1799~1800년의 결사법(Combination Acts)이 프랑스혁명의 자코뱅주의에 동조하는 과격파·노동자의 집단행동을 금지하는 법이었다면, 1802년의 〈도제의 건강 및 덕성 보호법〉과 1809년의 〈공장법〉은 산업혁명이 동반한 폐해로부터 아동과 약자를 보호하려는 사회입법이었다. 1807년의 노예무역 폐지는 복음주의자들과 개혁주의자들의 합작품이었다. 특히 1815~1832년은 영국 근대사에서 '자유주의가 등장한 시대'로, 각종 개혁입법이 열매를 맺었다.5 1661년에 채택된 비국교도 차별법인 회사법(Corporation Act)과 1673년에 채택된 가톨릭 차별법인 심사법(Test Act) 등과 같이 오래 묵은 종교적 불관용 법률들을 무효화한 1828년의 심사법 폐지 조치로 영국 국교회 신자가 아닌 사람들에게도 공직 취업이 허용되었다.

공리주의의 기본성격이 '이익'과 '쾌락'을 개인행위와 공공정책의 옳고 그름을 판단하는 기준점으로 삼는다는 점을 상기한다면, 산업혁명의 발생지이며 자유방임적 시장경제의 본거지인 영국 사상가들이 대륙 철학자들에 비해서 '손해와 이익' 문제에 상대적으로 예민하게 반응했음을 알 수 있다. 개인의 행복과 공공의 이익의 최대공약수를 앞장세운 공리주의는 기계와 동력을 이용해 일상생활이 획기적으로 바뀌는 경험을 했을 뿐만 아니라 의회주의의 발달로 개인의 자유가 대륙보다 성숙했던 영국에서 먼저 뿌리를 내렸다.6 애덤 스미스가 주창한 '보이지 않는 손'이라는 유명한 개념도 개인의 이기적인 이해추구가 결국 공공의 이익으로 귀결된다는 점을 강조했다는 측면에서 공리주의적 사유방식의 일종이다. 경쟁관계인 옆 빵집의 고객을 가로채기 위해서 가격을 왕창 내린 주인의 욕심 덕분에 더 많은 소비자가 좀 더 낮은 가격으로 빵을 살 수 있기 때문에 사회 전체로 보면 공적인 이익으로 귀결된다. 경쟁에 기초한 자유방임주의 사고방식과 '최대 다수의 최대 이익과 행복, 쾌락'을 주창하는 공리주의는 이익이나 쾌락을 측정하는 기본단위를 개인으로 삼았다는 측면에서 서로 공생관계였다. 제러미 벤담이 "개인의 이익이 무엇인지 이해하지 못하고서 공동체의 이익에 대하여 말하는 것은 쓸데없는 일"7이라고 말한 것은 자유주의와 공리주의의 친화성을 확인해준다.

2. 벤담과 양적 공리주의

제러미 벤담(Jeremy Bentham, 1748~1832)은 옥스퍼드대학교 출신의 변호사로서 입법개혁에 관심을 가진 정치사상가·법철학자였다. 실증주의의 창시자 생시몽과 같은 시대를 산 벤담은 도버 해협을 건너온 프랑스 계몽주의의 영향을 받았다. 그는 1776년 볼테르에게 보낸 편지에서 "형법에 관한 나의 견해는 대륙 유럽과 영국 법학자들을 모두 합친 것보다 더 많이 볼테르 사상에서 영향을 받았다"고 고백했을 정도로 계몽주의가 지향하는 실천적인 사회철학사상에 심취했다. 벤담은 자신의 공리사상이 계몽주의 철학자 클로드 아드리앵 엘베시우스(Claude Adrien Helvétius, 1715~1771)의 《정신론(De l'esprit)》(1758)에서 착상된 것임을 밝히고, 샤를 몽테스키외(Charles de Montesquieu, 1689~1755)의 《법의 정신 (De l'esprit des lois)》(1748)에서 따온 인용문으로 자신의 첫 저서 《정부에 관한 단상(A Fragment on Government)》(1776)을 시작할 정도로 프랑스 계몽주의자들에게 우호적이었다.[8]

콩트가 계몽주의에서 실증주의를 도출해 사회법칙의 발견과 수립에 집중했다면, 벤담은 쾌락과 고통의 상수로 분석되는 공리적인 정치경제학을 수립하기 위해 노력했다. 공리주의 입문서라고 할 수 있는 《도덕과 입법의 원리 서설(An Introduction to the Principles of Morals and Legislation)》 (1789)의 제목에서 나타나듯이, 벤담은 윤리문제를 과학적으로 접근하는 '도덕과학(Science of Morality)'과 법률의 정당성과 사회적 효과를 연구하는 '법과학(Science of Law)'을 유기적으로 결합하여 프랑스와는 다른 인간과학을 개척하는 것을 필생의 학문과제로 삼았다. 인간행위를 촉발하는 도덕적인 동기와 심리적인 의도를 과학적으로 분석한 뒤, 그에 상응하는 법률적인 상벌의 객관적인 정당성을 증명하는 법과학을 수립하려는 이중적인 과제는 "새로이 창조해야 할 과학으로서 여러 과학의 가장 난해한 부분에 새로이 추가될 분야"였다.9 벤담은 인간과학 분야의 진리가 수리과학 및 자연과학과 마찬가지로 호사스런 왕도(王道)와 약삭빠른 지름길이 아니라 엄밀하고도 경험적인 분석 방법과 끈질긴 정신노동으로 얻을 수 있는 것이라고 확신했다.

"자연은 인류를 고통과 쾌락이라는
두 주인에게 지배받도록 만들었다."

벤담은 인간과학의 제1의 법칙을 '인간은 고통을 피하고 쾌락을 추구한다'는 명제로 요약했다. 프랑스 계몽주의 철학자들이 전매특허처럼 애용했던 '이성'이나 당대 영국 정치사상가들이 애창했던 '자유' 같은 추상적이며 형이상학적인 개념 대신, 그는 '공리(功利)'라는 용어를 도덕의 황금률이자 입법의 절대기준으로 내세웠다. 이 용어를 누가 언제 최초로 사용했는지는 논란의 여지가 있지만,10 대체로 "공리성이란 이익 당사자에게 이익·이득·쾌락·선·행복을 가져다주고 손해·해악·고통·악·불행이 발생하는 일을 막아주는 어떤 대상에 들어 있는 성질"로 규정된다.11 공리성에 기초한 새로운 인간과학의 대원칙인 공리주의(功利主義, Utilitarianism)를 벤담이 창시했다는 데는 이견이 없다. 인간행위의 동력과 공공정책의 본질을 이익·쾌락·행복이라는 플러스(수입) 항목과 손해·고통·불행이라는 마이너스(지출) 항목에 대입해서 산출하는 대차대조표가 곧 공리주의인 것이다. 나중에 막스 베버가 근대적 사고 양식의 특징으로 꼽는 "윤리학, 법학, 심리학 등 인간과학의 모든 영역마저도 계산할 수 있다는 신념(calculability)"은 벤담의 공리주의를 지탱하는 핵심적인 뼈대였다.

벤담이 설계한 공리주의의 제2의 법칙은 '모든 종류의 쾌락과 고통은 그 질적인 차이에 상관없이 같은 크기를 갖는다'는 명제로 요약된다. 말하자면 한 편의 훌륭한 시를 쓰거나 읽는 행위가 보장하는 쾌락과 개를 데리고 강변을 산책하는 행위가 동반하는 쾌락의 크기는 같다는 것이 벤담이 주창하는 '양적 공리주의'의 특징이다. 그 연장선에서 벤담은 "쾌락과 고통의 산출에 있어 각 개인은 한 사람으로 계산되지, 누구도 한 사람 이상으로 계산되지 않는다"고 덧붙였다. 신분이나 빈부, 학식, 외모 같은 개인적인 조건에 상관없이 모든 인간이 추구하고 탐닉하는 쾌락의 크기는 같으며, 그와 마찬가지로 각자가 피하거나 줄이려는 고통의 색깔과 강도도 똑같이 취급되어야 한다는 것이다. 벤담에 따르면 인간은 쾌락이나 고통의 강도, 확실성, 순수성, 위험성 등의 각종 변수를 고려해서 결과적으로 가장 높은 지수를 보장해주는 방향으로 모든 행위를 고민하고 결정한다. 예를 들면, 대마초나 마약을 사용하는 사람은 그것을 구매하는 비용과 용이성, 중독과 법적 처벌의 위험성, 쾌락의 즉흥성과 지속성 등을 측정하고 비교하며 종합하여 가장 공리주의적인 판단을 내린다.

벤담이 주장하는 양적 공리주의의 효능과 정당성은 그 결과에 따라서만 증명된다. 예를 들어 네 명의 선원이 망망대해에서 조난되었고 세 명이 함께 나머지 한 명을 잡아먹었기 때문에 살아남아 구조된 사례를 따져보자. 계량적으로 판단하면 생존한 세 명의 행복과 쾌락의 합계가 동료들에게 폭력적으로 희생당했던 한 명의 고통과 불행보다 더 크기 때문에 동료 살해와 식인 행위는 공리적으로 합리적인 행위였다는 것이 벤담이 옹호하는 사회정의이다.[12] 인육을 먹음으로써 생긴 동물적인 포만감과 인간 생명의 존엄성이라는 도덕적 가치는 질적인 차이를 고려하지 않고 단순히 같은 지수로 교환되는 것이다.

> "정부의 책무는 처벌과 보상을 통해
> 사회의 행복을 늘리는 것이다."

결과론의 관점에서 쾌락과 고통의 플러스마이너스 등식으로 공리주의를 규정하고, 그것을 인간과학의 새로운 좌표로 삼았던 벤담은 매우 기계론적이고 차가운 사상가처럼 보일 수 있다. 그러나 산업혁명으로 새롭게 나타난 노동계급이 생존권을 확보하기 위해 '기계파괴운동(Luddite Riots)'에 돌입하고, 참정권을 얻지 못한 대부분의 성인 남자가 선거법을 더욱 민주적으로 바꾸기 위해 투쟁했던 18세기 말~19세기 초 영국 상황에 비추어보면, 헌법과 입법개혁을 통해 '최대 다수의 최대 행복'을 구현하려던 벤담은 진보적인 인물이었다. 모든 개인의 쾌락과 고통의 지수를 평등하게 계산해야 한다고 확신했던 그는 동시대인이었던 생시몽의 '제일 숫자가 많지만 가장 가난한 계층의 물질적·지적·도덕적 향상'이라는 명제를 '최대 다수의 최대 행복'이라는 구호로 번역하여 실천하고자 했다.

벤담은 '최대 다수의 최대 행복'을 실천하기 위해서는 '보이지 않는 손'에 의존할 것이 아니라 정부가 입법개혁을 통해 적극적으로 개입해야 한다고 주장했다. 적절한 처벌과 보상이라는 채찍과 당근으로 사회 전체의 행복과 쾌락을 늘리는 데 앞장서는 것이 정부의 책임이며 존재 이유라는 것이다. 그러므로 의회는 시대에 뒤떨어진 전통적인 불문법에 더는 의존하지 말고, 적극적인 입법활동과 형법개혁으로 모두에게 공평한 성문법체제 위에서 공리주의적 이상을 실현하라고 독려했다. 벤담은 1791년에 '파놉티콘(panopticon)'이라는 근대 감옥의 모델을 제시하여 사회를 공리적으로 개혁하려는 자신의 의지를 시범적으로 선보였다. "진행되는 모든 것을 한눈에 파악할 수 있는 능력"을 의미하는 '파놉티콘'은 단 한 사람의 간수가 다수의 죄인을 완벽하게 감시하여 "원하는 대로 영향을 미칠 수 있는 위치"에 배치하는 "간단한 건축 아이디어"이다.13 이 새로운 건축물은 거리의 부랑아나 잠재적 범죄자를 최소한의 비용과 고통으로 감시하고 통제함으로써 선량한 시민(세금납부자)의 안전과 쾌락을 극대화하는 공리주의에 부합했다.

벤담의 감옥개혁 계획은 실현되지 않았지만, '자신을 드러내지 않고 유령처럼 군림하는' 파놉티콘 권력은 이미 산업혁명의 가장 성공적인 상징인 공장 시스템에 스며들어 구현되었다. 전통적인 가내수공업 종사자들과 숙련된 기술을 소유했던 장인들은 노동분업과 가공할 기계동력의 우선순위에 맞춰 디자인된 공장으로 빨려 들어가서 '생산 영역의 파놉티콘'의 감시대상이 되었다. 정해진 시간에 출근해서 도장을 찍고, 정해진 시간에 오줌을 누고 밥 먹으며, 정해진 매뉴얼에 따라 단순반복되는 노동을 해야만 정해진 임금을 받는 새로운 유형의 노동자가 등장했다. 역사가 에드워드 파머 톰프슨(Edward Palmer Thompson, 1924~1993)에 따르면, 시장경제(Market Economy)를 지향하는 공장제도가 조련하고 상부상조와 공동체주의를 꿈꾸는 '도덕경제(Moral Economy)'의 틈바구니에서 1790~1830년 사이에 '만들어진' 영국의 노동계급은 "인간이 기계의 규율에 적응할 때까지 규격화(methodized)되어야" 했다.14 벤담 자신은 생전에 미처 알아채지 못했겠지만, 공리주의적 개혁을 위해 그가 창안한 파놉티콘은 '최대 다수로부터 최대한의 생산력을 쥐어짜기 위해' 노동자들을 꼼짝 못하게 기계의 품 안에 봉인시킨 첨단권력의 기원이 되었다.

잘 알려진 것처럼, 벤담의 발명품인 파놉티콘이라는 '일망타진(一網打盡)적인' 감시권력은 미셸 푸코가 그의 저서《감시와 처벌: 감옥의 탄생》(1975)에서 재발견함으로써 유명세를 탔다. 현대 규율권력과 응시권력의 모델이 된 파놉티콘은 선량한 시민(소비자)들의 안전과 행복을 보호한다는 명분으로 병원, 군대, 강의실, 골목 등 구석구석에 설치된 폐쇄회로텔레비전(CCTV)으로 업그레이드되었다. 다시 말해 '최대 다수의 최대 행복의 보장'이라는 벤담의 공리주의는 역설적으로 '최소 비용으로 최대 권력효과의 구현'이라는 반계몽주의적 기획으로 변질될 위험을 내포하고 있었다.

3. 밀과 질적 공리주의

흔히 고전적 자유주의 정치사상가로 알려진 존 스튜어트 밀(John Stuart Mill, 1806~1873)은 벤담이 터전을 닦은 공리주의를 계승·발전시킨 인물이었다. 그의 아버지 제임스 밀은 아들을 '공리주의의 전사(戰士)'로 기르기 위해 세 살 때부터 그리스어와 라틴어를 가르쳤고, 종교와 형이상학 및 예술-문학세계와 격리하며 조기교육을 엄격하게 시켰다.[15] 존 스튜어트 밀은 열다섯 살 때인 1821년에 프랑스에서 머물며 생시몽의 산업주의와 콩트의 실증주의를 접했고, 19세에는 벤담의《증거론(On Evidence)》(1825)의 편집인으로 이름을 올릴 정도로 약관(弱冠)의 나이에 이미 사상적으로 성숙했다. 밀이 평생 갈고 닦았던 지적 궤적은 크고 깊

지만, 이 글에서는 그의 대표작이라고 할 수 있는《자유론(On Liberty)》
(1859),《공리주의(Utilitarianism)》(1863),《여성의 종속(The Subjection of
Women)》(1869)에 투영된 후기공리주의자 밀의 사유세계를 추적해보고
자 한다. 그가 주창한 자유주의와 페미니즘에 투영된 공리주의를 이해
함으로써 19세기 후반 영국에서 잉태된 각기 다른 세 가지 지적 운동의
사상적 연관성을 살펴보자.

"정치적 문제를 논함에 있어서 '다수의 횡포'는
이제 일반적으로 사회가 경계해야 할 악덕 중의 하나로 인식된다."

밀의《자유론》을 관통하는 주제의식은 다소 거칠지만 "타인에게 피해
를 끼치지 않는 한 개인이 원하는 무엇이든지 허용되어야 한다"는 것으
로 수렴된다. 오래된 농담을 빌리자면, "내가 전봇대로 이를 쑤시더라도
너에게 피해를 주지 않는다면 그것은 네가 상관할 수 없는 나의 자유이
다." 그는 양심과 취향의 자유, 집회와 결사의 자유 등 여러 종류의 자유
중에서도 개인적인 견해와 사상을 마음대로 표현할 수 있는 언론의 자
유를 가장 으뜸으로 꼽았다. 표현의 자유가 가장 먼저 보장되어야 하는
이유는 그것이 개인과 사회에 매우 유용하기 때문이다. 어떤 의견은 틀
릴 수도 있지만 바보 같은 견해에 내포된 부분적 진리의 가능성을 무시
할 수는 없다. 게다가 다양하고 모순적인 견해를 둘러싼 논쟁이 원천 봉
쇄된다면 진리는 독단적인 도그마로 변질되어 사회가 발전할 활력을 상
실한다.16 말하자면 개인의 자유는 그 자체의 고귀한 가치 때문이 아니
라 그것이 사회를 유용한 방향으로 진보시키는 원동력이기 때문에 존중
되어야 한다. 이런 관점에서 보면,《자유론》은 제목과는 달리 자유에 관

한 책이라기보다는 "진보를 둘러싼 문제가 무엇인지 다룬 책"이라는 평가[17]도 아주 틀린 것은 아니다.

밀에 따르면, 개인의 자유를 망가뜨리는 가장 큰 방해물은 여론이라는 이름으로 가해지는 '다수의 횡포(the tyranny of the masses)'이다. 영국은 19세기 중반에 이르면 '~로부터의 자유'라는 소극적 의미의 자유주의가 실현된 선진국이었다. 1825년에는 노동조합의 집회·파업권이 인정되었고, 1846년에는 값싼 외국산 곡물 수입을 금지하는 법안이 폐지되었다. 그리고 비밀투표, 남자보통선거권, 의원피선거권자격 재산제한 철폐 등을 요구하는 1830~1840년대의 인민헌장운동(Chartist Movement)으로 중하층계급의 정치적 권리도 다소 확장되었다. 이런 시대상황을 인식한 밀은 '~의 자유'라는 좀 더 적극적인 자유주의를 실현하기 위해 극복해야 할 "우리 시대가 직면한 가장 심각한 문제"로 '여론의 전제(專制)'를 지목했다.[18] 특히 유럽을 휩쓸었던 1848년 혁명으로 탄생한 프랑스 제2공화국이 나폴레옹 3세의 시대착오적인 제2제정으로 대체된 것을 지켜본 밀은 보통선거권을 손에 쥔 무지한 유권자들이 휘두르는 민중적 민주주의의 폐해를 걱정했다.

밀은 다른 생각과 선택을 하려는 소수자들을 윽박지르는 여론의 압력이야말로 자유주의를 가장 밑바탕에서 지탱하는 기본요소인 '개별성(individuality)'을 질식시키는 가장 위협적인 요소라고 확신했다.[19] 그는 전통이나 다수가 따르는 가치관이라는 '넓은 길'을 외면하고 자신의 고유한 개성과 세계관으로 사유하고 행동하며 자발적으로 '좁은 문'으로 들어가려는 괴짜나 아웃사이더를 포용해야만 개인과 사회가 함께 성숙할 수 있다고 주장했다. 밀은 평등이나 민주주의 같은 진보적 명분으로 요구하는 표준화와 순응주의는 '산업체계의 순한 양'과 '조직인간

(organizational men)'을 키워낼 뿐이라고 지적했다.[20] 다수의 횡포로 괴짜들의 기발하고 도발적인 생각들이 질식된다면, 자유민주주의를 표방하는 현대사회는 어중이떠중이들이 지배하는 하향평균화된 사회가 될 것이라는 설명이다. 밀의 질적 공리주의는 이처럼 자칫 영웅숭배와 엘리트주의적 발상이라는 오해를 살 수도 있는 사유양식의 연장선에 똬리를 틀고 있다.

"만족해하는 돼지보다 불만족스러워하는 소크라테스가 되는 것이 더 낫다."

밀의 질적 공리주의를 설명하기 위해 많이 인용되는 "만족해하는 돼지보다 불만족스러워하는 소크라테스가 되는 것이 더 낫다"는 명제는 그가 아버지 세대의 양적 공리주의와 결별하는 선언이었다. "모든 시(詩)는 그릇된 상념"이라는 신념으로 인간의 감정과 상상력을 의도적으로 무시했던 벤담과 달리, 청년 밀은 1828년 가을에 처음으로 윌리엄 워즈워스(William Wordsworth, 1770~1850)의 시를 읽고 예술이 '개인의 내적 교양'에 끼치는 효용성을 깨달았다. "내 일생에 하나의 중요한 사건"이었다고 회고했던 낭만주의 문학과의 만남은 밀이 '행복한 돼지에서 불만족한 철학자'로 거듭나는 결정적인 순간이었다.[21] 고대 그리스 시대에 거리의 철학자 소크라테스가 폴리스에 거주하는 시민이 갖추어야 할 정신적인 미덕을 설파했던 것처럼, 밀은 허겁지겁 소비되는 쾌락의 산술적인 합계 바깥에 있는 고귀한 감성과 고차원적인 지적 호기심의 대체불가능성을 재발견했던 것이다.

쾌락과 고통을 차등 없이 각각 n분의 1로 계산했던 벤담과 달리 밀은 그 질적 차이에 주목했다. 쉽게 말하면 지적 호기심 같은 정신 차원의 쾌락 추구가 육체 차원의 감각적 쾌락 추구보다 더 중요하고, 이기적인 차원의 행복보다 공동체 복지를 먼저 추구하는 것이 더 바람직하다는 것이다. 밀이 옹호하는 질적 공리주의는 인간은 동물과 달리 다른 생명체에게 동정심을 갖는 존재이며, 더 고귀한 대의명분을 위해 자신의 희생을 감수하려는 인격체라는 신념에 기반을 둔다.[22] 그는《공리주의》에서 '사회적 감정(social feeling)'과 '사회적 공리(social utility)' 같은 합성어를 동원하여 자신의 주장을 뒷받침했다. 19세기 중반에 유행했던 '사회적'이라는 개념이 부정적인 의미로서의 '개인주의'를 지양하고 공동체적인 연대의식을 지향하는 용어라는 점을 상기한다면,[23] 후기 밀은 자유방임적 자유주의자가 아니었다. 1861년에 발표한《대의제 정부 (Considerations on Representative Government)》에서 고백했듯이, 말년의 밀은 '순수한 자유민주주의자'에서 '수정된 자유민주주의자' 또는 '수정된 사회주의자'로 변신했던 것이다.[24]

밀이《공리주의》의 마지막 장에서 제기한 "정의는 효용과 어떤 관계인가?"라는 도발적인 질문을 우리는 '배고픈 소크라테스를 위한 밀의 변명'으로 다시 읽을 수 있다. 정의란 무엇인가? 밀은 정의를 "사회 전체 차원에서 사회적 효용이 아주 높은 가치"를 갖는 "다른 어떤 것보다 더 강력한 구속력을 지니는 특정한 도덕적 요구"라고 파악한다. 기름진 음식이나 안락한 집과 같은 1차원적인 쾌락이 안겨주는 '뜨뜻미지근한 감정'으로는 도저히 경험할 수 없을 정도의 단호함과 엄격함을 갖는 "특정한 사회적 효용에 걸맞은 이름"이 다름 아닌 정의이다.[25] 이 글을 쓸 무렵 하원의원으로서 현실정치에 참여했던 밀은 정의와 효능의 복잡한 상관성을 설명하기 위해 다음과 같이 구체적인 사례를 든다. 그는 죽어가는 가난한 사람을 살리기 위해서 다른 대안이 없는 한계상황에서는 필요한 약을 훔치거나 전문의를 납치해서 그 환자를 치료하게 하는 행위야말로 사회적으로 용인되어야 할 마땅한 인류지사라고 옹호했다. 정의가 갖는 강렬하고도 예외적인 사회적 효용성을 강조했던 것이다.

한 걸음 더 나아가서, 밀은 정의와 공리가 잘 결합한 사회를 구현하기 위해서는 모든 사람의 쾌락-고통 지수를 똑같이 환산하는 데 만족하지 않고 그들 모두에게 권리의 평등을 보장해주어야 한다고 역설했다. "모든 사람이 평등하게 행복권을 누려야 한다는 말은 행복하게 사는 데 필요한 모든 수단에 대해 평등한 권리를 지녀야 한다는 뜻을 내포한다."26 다시 말하면, 각 개인이 누려야 할 떳떳하고 정의로운 행복과 쾌락은 애덤 스미스의 '보이지 않는 손'이나 '계몽된 이기심'에 의해 자동으로 성취되는 것이 아니라 모두에게 공평한 권리가 부여되는 조건 속에서만 가능하다. 이런 평등의 원칙을 이루기 위해 고려해야 할 '필요한 모든 수단'에는 기회의 균등이나 분배의 정의 같은 또 다른 중요한 요소들이 개입된다. 이 지점에서 밀이 오랫동안 권리의 평등에서 배제되었던 여성의 자유와 평등 문제에 눈길을 돌린 것은 갑작스런 지적 변신이 아니었다. 그는 공리적 자유주의라는 여울목을 휘돌아 페미니즘이라는 바다에 도달하며 사상적 여정을 마무리했던 것이다.

4. 자유주의, 공리주의, 페미니즘의 아름다운 만남

밀의 후기 저서 가운데 하나인 《여성의 종속》은 19세기 후반 유럽 남성 지식인이 매우 예외적으로 여성해방과 평등의 정당성을 주창했던 작품으로, 1970년대까지도 주목받지 못한 '잊힌 고전'이었다. 이 책은 밀이 40대 중반이라는 늦은 나이에 부부의 인연을 맺은 해리엇 테일러 (Harriet Taylor, 1807~1858)에게 지적 영향을 받아서 쓴 것이었다. 그는 자서전에서 "나 자신이 [《여성의 종속》에서] 쓴 것 중 가장 훌륭하고 심원한 사상은 모두 아내의 것"이라고 고백할 정도였다.[27] 콩트가 이혼 후에 만난 친구의 누이동생과 나눈 사랑의 힘으로 차가운 이성만으로는 모자라는 부분을 여성이 가진 감성으로 보완해 새로운 인류교를 창시했듯이, 밀은 아내와 사별할 때까지의 짧은 7년 동안의 결혼생활을 통해 여성해방-공리-정의라는 이름으로 엉킨 3차 방정식의 해법에 골몰했다.

> "나 자신이 쓴 것 중 가장 훌륭하고
> 심원한 사상은 모두 아내의 것이다."

《여성의 종속》의 결론에 해당하는 4장에서 밀은 "여성이 자유롭게 된다고 인간의 삶이 조금이라도 달라지지 않는다면, 관습에 어긋나는 사회혁명으로 우리는 무엇을 얻을 수 있는가?"라는 매우 실용적인 질문을 직설적으로 제기한다. 만약 남녀평등이 실행된다면, ① 인간관계의 평등을 지지하는 '사회정의의 제1원리'가 실현되고, ② "인간사회를 더 높은 단계로 발전시키는 데 필요한 정신 능력이 두 배로 늘어"나며, ③ 남녀 간의 상호 도움과 경쟁으로 "남성의 능력도 그에 비례해서 향상"된다.[28] 밀은 여성해방이 억압된 계층의 해방이나 잘못된 인간관계의 정상화라는 도덕적인 측면에서 정당할 뿐만 아니라, 사회 전체의 공익과 정의실현 및 진보에 꼭 필요한 조건이라고 확신했다. 여성해방은 온정주의가 아니라 법률개혁을 통해 제도적으로 해결해야 한다고 믿었던 그는 하원의원 시절인 1867년 선거법개정안에 여성참정권을 넣는 법률과 1868년 기혼여성 재산권 법안(Married Women's Property Bill)을 지지했다.[29]

밀은 국가와 사회라는 거창한 테두리를 벗어나 가정이라는 작은 범주에서 따져보더라도 남녀평등은 가족 구성원 모두에게 유익하다고 설득한다. 타인에 구속되지 않는 자유로운 삶과 자아실현적인 사회활동을 여성(아내)에게 허용함으로써 행복의 가장 중요한 요소 중 하나인 '개별적 독립성'이 실현되기 때문이다. 그는 공적 영역에서 일할 기회를 빼앗긴 여성들이 선택의 여지없이 내몰린 결혼생활에서 남편의 동등한 파트너가 아니라 노예의 삶을 견뎌야 한다면 어떻게 사회가 발전하고 인류가 진보하느냐고 반문한다. 활동적이고 정력에 넘치는 남성이 자유를 잃으면 반대급부로 다른 사람을 지배해서 자아상실을 보상받으려고 하는 것처럼, 결코 자기 자신이 될 수 없는 여성들은 그 상실감을 벌충하기 위해 지나친 사치와 사회적 타락에 빠져든다.[30] 그러므로 밀은 가정이라는 사적 영역에서 아내에게 독립적인 인격과 자율성을 보장하는 것은 공적 영역에서의 공민권적인 남녀평등과 정치적으로 공평한 참정권 부여를 위해 꼭 필요한 전제조건이라고 설파했다. 이런 관점에서 재평가하자면, 《여성의 종속》은 단순히 페미니즘에 관한 저서가 아니라 밀이 주창했던 정치사상과 공공정책이론을 총체적으로 이해하기 위해 결코 생략할 수 없는 매우 중요한 텍스트로 재조명되어야 마땅하다.[31]

다른 한편, 밀은 참정권이나 재산권 부여 등과 같은 법 개정만으로는 완전한 여성해방에 이를 수 없다고 지적했다. 가족관계에 대한 전통적인 가치관과 남녀역할에 대한 고정관념을 해체하는 등 사회관습에 대한 '감정교육(sentimental education)'이 동반되어야 더 성숙한 남녀해방이

가능하다는 것이다. 왜냐하면 인간은 관계적 존재이므로 부부관계가 주인-노예 관계에서 '부부 우정(marital friendship)' 관계로 승화되어야만 비로소 각각 자율적인 개인으로 거듭나기 때문이다. 여성에 대한 남성의 권위적인 지위와 지배를 사회계약론의 기초로 인정했던 존 로크나 토머스 홉스와 달리, 밀은 신뢰와 의리를 먹고 사는 '우정'이라는 개념으로 부부관계를 "가장 높은 단계의 윤리적 관계"로 승격시켰다. 밀은 개인주의의 숭고함 때문에 여성의 자유와 해방을 절대적으로 보장해야 하는 것이 아니라, 우정이라는 이름으로 결성되는 남녀관계가 결혼뿐만 아니라 다른 사회연대에서도 확산되어야 한다는 신념으로 '여성의 종속' 폐지를 요구했던 것이다.32

5. 두 공리주의 사이에 놓인 식민주의

벤담의 양적 공리주의와 밀의 질적 공리주의 사이에는 시대적·세대적 간격으로 설명할 수 없는 복잡하고 미묘한 사상적 차이가 있다. 두 사람 중 누가 더 시대의 부름에 민감하게 호응한 진보적인 사상가인지를 판가름하기도 어렵다. 각자가 자신의 신념과 세계관으로 시대정신을 만들거나 거스르면서 자신의 사상을 조탁했기 때문이다. 1817년에 제출한 의회개혁안에서 보통선거와 비밀투표를 주창했던 벤담은 지적 엘리트에게 복수투표권을 주고 우둔한 대중을 계도·감시할 수 있는 공개투표를 선호했던 존 스튜어트 밀과 비교하면 더 급진적인 인물일 수 있다.33 다른 한편, 마이클 샌델을 인용하자면 "개인의 권리와 인간의 존엄성과 같은 도덕적 문제들을 모조리 쾌락과 고통이라는 하나의 저울로

측정하려는 [보편주의] 오류를 범했던 벤담보다 …… 한 세대 뒤에 태어
난 밀은 계산적인 원칙보다는 좀 더 인간적인 원칙으로 공리주의를 다
듬어 그것을 살리려 했다.”34 이 책의 주제의식에 비추어 식민주의에 대
한 두 사람의 견해를 간략히 살펴봄으로써 공리주의의 사상적 한계와
역사적 유산을 가늠해보고자 한다.

　제러미 벤담은 근본적으로 식민주의를 반대했다. 그는 중상주의 국가
의 보호 아래 실행되는 식민주의 무역은 자본가인 귀족들의 이익을 보
장하는 대신에 국내 산업체제의 경쟁력을 약화시킨다고 지적했다. 벤담
은 다른 나라의 영토적 정복과 경제적 수탈을 좀 더 적극적으로 수행하
려는 제국주의적 정책은 시대착오적이고 비효율적인 중상주의로의 퇴
행이라고 비판했던 애덤 스미스의 견해를 지지했다. 그는 더 나아가 생
산적 경쟁력의 약화 요인으로 노예무역과 노예제도에 기반을 둔 식민주
의 경제체제를 꼽았다. 이런 신념을 가진 벤담은 프랑스혁명에 자극받
은 흑인 노예들이 프랑스 식민지 생도밍그에서 봉기했다는 소식을 듣
자마자 〈당신의 식민지를 해방하라! 프랑스 국민공회에 고함(Emancipate
Your Colonies! Addressed to the National Convention of France)〉(1793)이라는
팸플릿을 발표했다.35 경제적 수지타산도 맞지 않을 뿐만 아니라 국제
적 충돌의 요인이 되는 식민지를 포기하고 유색인 노예들을 해방해야
프랑스 민중의 행복이 증가한다고 생각했던 것이다.

　경제적 셈법으로 식민주의를 지지하지 않았던 벤담과 달리, 밀은 정
신과 도덕심의 성숙 여부라는 잣대로 소위 ‘자유주의적 제국주의(liberal
imperialism)’를 옹호했다. 《자유론》을 관통하는 제1명제인 ‘개인의 몸이
나 정신에 대해서는 각자가 주권자’라는 기본원리가 비서구 사회에 거
주하는 사람들에게는 적용될 수 없다는 논리였다. 이들은 스스로 옳고

그름을 판단할 능력이 없는 미성년자(nonage)와 다름없기 때문에 그들은 개명시킬 목적이라면 독재 같은 폭력적이며 반자유주의적인 지배방식도 "정당한 통치 기술이 될 수도 있다"고 주장했다.[36] 밀은 한 걸음 더 나아가서, 중국과 같은 아시아 국가들에서는 "관습의 전횡이 극에 달하고 있기 때문에" 자유와 개성 같은 인간 정신의 발전과 사회개선의 여지가 없어 "좋은 독재자를 만나는 것이 문명 상태로 나아가기 위한 거의 유일한 희망"이며 "외국인의 전제 통치 아래 들어가는 것이 때로 더 낫다"고 첨부했다.[37]

'선의의 제국주의(paternal imperialism)' 또는 '관대한 제국주의(tolerant imperialism)' 같은 미사여구로 치장되었지만, 밀이 '공리주의 철학에 따라 대외적 간섭을 정당화한 최초의 이론가'임을 부정하기는 어렵다. 흥미롭게도 그는 아버지를 이어 자신이 30년 이상(1823~1858) 근무했던 동인도회사의 해체에 반대하면서 존속을 호소하는 청원서를 의회에 제출했다. 밀은 자신과 같은 '철학적 입법자들'이 근무하는 동인도회사는 사심 없고 비제국주의적인 관료체제의 장점을 갖는다고 항변했다.[38] 영국 정부가 인도 식민지를 인도행정청의 직할로 두고 통치한 1858년 이전까지 동인도회사가 상업회사로 위장된 영국의 식민지 통치기구였음을 기억한다면, 그의 청원은 철밥통을 지키려는 궤변처럼 들린다. 18세기 말~19세기 초반에 프랑스 계몽주의가 독점했던 '문명화 사명으로서의 식민주의'는 영국제국으로 이동하면서 19세기 말~20세기 초반에 아시아·아프리카에서 선보인 '백인의 짐'이라는 영국적인 제국주의 모델을 예비하는 철학적인 융단 깔기로 볼 수도 있으리라.[39]

이와 같은 약점이 있긴 하지만, 밀이 주창한 공리적 자유주의의 독창성과 그 역사적 유산을 과소평가할 수는 없다. 설사 그를 비판하는 사람들이 동조하는 사람들보다 훨씬 많다고 하더라도, "개인은 자신이 선택한 그 무엇이든지 될 수 있는 잠재력을 가진 그 무엇"이라고 규정했던 밀의 사유가 오늘날에도 여전히 의미가 있다는 점을 간과할 수는 없다. 인간을 명예, 정의심, 아름다움 등과 같은 윤리적·미학적 가치가 아니라 쾌락-고통의 심리적인 데이터로만 취급했던 벤담과 달리, 밀은 개인을 자유로운 선택의 연속을 통해 자신의 운명과 사회의 미래를 새롭게 만들 수 있는 잠재력을 소유한 '열린' 존재로 파악했다. 벤담과 콩트의 저작들이 오늘날의 사상 논쟁에서 잊히거나 묻히는 것과는 대조적으로, 밀의《자유론》은 이들과의 근원적인 차이 때문에 지금도 새롭게 읽히는 고전으로 살아남았다.[40]

이 책의 주제와 관련해 결론적으로 덧붙이자면, 밀은 개인의 자유로운 선택은 타인의 간섭과 여론의 횡포뿐만 아니라 '이성적으로 계산한 쾌락'의 구속에서도 벗어나야 한다고 확신했다. 어느 누가 대다수의 사람이 '이성적·경험적으로' 쾌락과 고통을 분별할 수 있다고 감히 단언할 수 있는가? 개인의 자유로운 선택이 때로는 감성적이고 때로는 무의식적이며 때로는 사회 전체에 나쁘거나 위험해 보이더라도 존중받아야 하지 않을까? 이런 의문에 대해 밀은《자유론》에서 "자신만의 독특한 성격을 가진 사람들"이 자유롭게 호흡하도록 배려하기 위해서는 "완전한 인간을 만드는 데 필수적인 요소"인 개인적인 욕망과 충동마저도 허용해야 한다고 밑줄을 그었다.[41] 틀리거나 실패할 수도 있는 것을 선택할 자유도 보장되어야 할 목록에 포함된 것이다. 우리 인간이 간혹 저지르는 비이성적이고 어리석은 욕망마저도 '관용'해야 한다고 강조했던 밀은 그 자신도 모르는 사이에 다음 장에서 알아볼 니체 사상의 숲 속으로 한 발짝 가까이 다가서고 있었다.

제2부

사상적 근대성의 위기

제5장

니체_'세기말' 유럽의 포스트모더니스트

1851년	영국, 런던에서 세계박람회 처음 개최.
1860년	스위스, 야코프 부르크하르트, 《이탈리아 르네상스의 문화》 출간.
1862년	프랑스, 빅토르 위고, 장편소설 《레미제라블》 출간.
1870년	영국, 초등의무교육법(Elementary Education Act) 통과.
1878년	독일, 사회주의자진압법(Sozialistengesetz) 통과.
1882년	프랑스, 초등의무교육법(Lois Jules Ferry) 통과.
1884년	영국, 제3차 선거법 개정안 통과.
	워싱턴회의, 그리니치 세계표준시간 채택.
	영국, 페이비언협회(Fabian Society) 설립.
1889년	프랑스, 프랑스혁명 100주년 기념 파리 세계박람회 개최. 에펠탑 건축.
1890년	독일, 사회주의자진압법 폐지.
	독일, 기독교사회당(Christlichsoziale Partei) 창설.
1891년	독일, 전독일연맹(Alldeutscher Verband) 결성.
1895년	프랑스, 노동총동맹(CGT; Confédération Générale du Travail) 결성.
1896년	프랑스, 앙리 베르그송, 《물질과 기억》 출간.
1899년	프랑스, 사회주의자 알렉상드르 밀랑, 제3공화국 장관으로 입각.
1900년	독일, 프리드리히 니체 사망.
	영국, 노동당(Labour Party) 창당.
	프랑스, 파리 세계박람회 및 제2회 국제올림픽 개최.

1. '세기말 유럽'과 '비이성적인 인간'의 출현

19세기 말~20세기 초반은 계몽주의라는 지적 혁명이 이끌어준 사상적 근대성이 절정을 이룬 시기였으며, 동시에 물질적인 진보주의에 본격적으로 회의하고 반발하기 시작한 전환기였다. 영국 런던에서 1851년에 처음 열린 세계박람회는 대규모 국제행사로 발전하여 첨단의 과학기술과 볼거리를 제공하는 소비-전시주의를 뽐내며 19세기 말에 전성기를 누렸다. 독일 지멘스(Siemens)사가 1879년에 베를린에서 처음 전차를 선보였고, 프랑스혁명 100주년을 기념해 1889년에 파리 심장부에 세워진 에펠탑은 1만 5,000개의 철 조각을 250만 개의 리벳으로 엮어낸 현대 기계 구조물의 아이콘이 되었다.[1]

1884년에는 영국 그리니치를 기준으로 삼은 표준시간(Standard Time)이 채택됨으로써 세계 전역에서 똑같은 교통운행 시간표, 국제법의 발효 시점, 보험증서의 계약과 유효기간 등에 적용되었다.[2] 서양 근대성을 구성하는 핵심요소 가운데 하나인 균질적이고 일직선적인 시간개념이 드디어 전 세계에 일상적인 차원에서 실행된 것이다. 독일 근대역사(철학)가들이 주도적으로 설계하고 건축하여 19세기 말에 완결된 역사주의(Historicism)—어떤 현상의 본질과 가치에 대한 이해와 평가는 그것이 발전의 흐름 안에서 차지하는 위치와 수행하는 역할을 고려해 결정되어야 한다는 믿음3—야말로 근대적 시간개념에서 파생된 가장 빛나는 역사관이었다.

세기적 전환기는 현대 물질문명에 대한 핑크빛 기대가 깨지는 환멸과 상실의 시기이기도 했다. 1890년에는 미국 뉴욕교도소에서 처음으로 전기의자를 사용해 살인범을 처형함으로써 현대 기계문명의 효율성과 냉혹함을 상징적으로 과시했다. 과학기술문명의 발전과 개인의 자유와 행복이 반드시 비례하지는 않는다는 의심이 고개를 내밀었다. 프리드리히 빌헬름 니체(Friedrich Wilhelm Nietzsche, 1844~1900)와 같은 대학교에 재직하면서 교류했던 야코프 부르크하르트(Jacob Burckhardt, 1818~1897)는 소비생활을 풍요롭게 하는 산업주의는 대중의 지적 능력을 상식적인 수준으로 하향조정하고, 이들의 예술적 감각을 천박한 예능으로 타락시켰다고 한탄했다.4

1870년 독일의 '위에서부터의 통일'과 함께 분출된 국가-민족주의도 개인의 자유를 퇴조시켰다. 민족적 애국심이라는 사나운 호랑이 등에 올라탄 국가권력의 질주는 그 품 안에 깃들기를 거부하는 많은 개인의 선택과 의지를 짓밟았기 때문이다. 서유럽 국가들에서 실현된 보통선거에 힘입어 출현한 '대중사회'도 정치적 포퓰리즘의 도구가 되어 자유주의를 위협했다.5 니체가 '짐승무리'라고 경멸적으로 불렀던 대중은 민족주의나 사회주의 같은 집단주의의 우산 밑에 떼로 몰려들어 자신의 자유와 행복을 기꺼이 저당 잡혔다.

근대성의 이중적인 민낯을 드러낸 19세기 말 유럽에서 이전까지는 신뢰받았던 계몽·문명·진보의 분리할 수 없는 삼위일체에 심각한 균열이 생겼다. 1830년 이후 시대적 표어와 일상적 상투어가 될 정도로 대중적으로 수용되었던 '진보'라는 단어는 19세기 말에 이르러 진보주의자와 보수주의자, 반동주의자가 제각기 다른 의미로 사용하며 당파성에 오염되었다. 한때는 '혁명'과 같은 뜻으로 인식되었던 '진보'라는 개념이 이데올로기적 무기로 변질되면서 역사발전의 보편적인 법칙이라는 성격도 희석되었다.6 계몽주의와 서구 근대성을 구성했던 핵심 요소인 '문명'도 그 빛이 바랬다. 정복과 파괴, 제국과 식민주의 같은 어둡고 부정적인 그림자가 '문명'이라는 단어에 드리워졌고, 물질적인 것과 대비되는 정신적인 가치는 '문화'라는 단어에 집약되었다. 제1차 세계대전 이후에는 시대정신을 이끌었던 두 단어의 역학관계가 뒤바뀌었다. 계몽주의 이후 프랑스에서 만들어져 "독일어권 바깥에서 19세기의 감격과 환희를 구현했던" '문명'이라는 개념은 냉소의 대상이 되었고, 독일 지성계에서 성장시킨 '문화'가 그 빈자리를 차지했다.7 근대성과 문명은 이제 동의어가 아니었고, 문명이 동반한 부정적인 찌꺼기들을 정화시키는 개념으로 문화가 새롭게 조명받았다.

과학기술적·합리주의적 근대성의 눈부신 성장과 경이로운 능력에 대한 저항은 1880~1890년대에 '모더니즘(modernism)'이라는 문화예술 운동을 낳았다. 리얼리즘에 반기를 든 인상파 등이 대변하는 모더니즘 운동은 계몽주의와 실증주의로 이어지는 사상적 근대성에 어긋나는 다른 종류의 '미학적 모더니티'를 지향했다. 예술적 아방가르드들은 카를 마르크스가 반세기 전인 1848년 《공산당 선언》에서 예언했던 "모든 견고한 것을 녹여버리는" 용광로 같은 자본주의적 물신주의를 미학적으로 조롱하고 비판했다.8 19세기 말에 팽배했던 실증주의에 대한 반발은 과학기술을 근원적으로 부정하는 것이라기보다는 과학을 모든 가치와 세계관의 절대적이며 유일한 기준으로 삼으려는 '과학적 결정주의'에 대한 반성에 더 가까웠다. 프랑스 철학자 앙리 베르그송(Henri Bergson, 1859~1941)이 주창한 '생의 약동(vital impetus)'은 실용적인 지성의 외피를 관통하여 사물의 본질에 다가가는 신비한 에너지였다. 이성이 독점적으로 총지휘하던 지식과 사상의 절대주의에 영감(靈感), 의지, 격정 같은 비이성적인 힘들이 파고든 것이다.

이런 지적·문화적 풍토에서 새로운 인간형이 나타났다. 과학적 인과론에 매인 계몽주의적 인간형이나 이해타산에 밝은 시장경제적 인간형과는 전혀 다른 '비이성적인 인간(Irrational Man)'이 그것이었다. 19세기 후반 이후 가속되는 인종주의와 사회진화론에 바탕을 둔 폭력적인 민족주의의 광풍, 여론의 선동과 권위적 지도자에게 휘둘리는 익명의 대중사회의 도래, 도시화와 노동분화가 재촉하는 집단적인 연대감의 상실과 가족의 해체 같은 일련의 역사적 환경과 조건이 결합하여 비이성적인 인간을 만들었다. 비이성적인 인간은 근대화가 재촉하는 빠른 변화에 적응하지 못하고 불안과 분노, 죄의식, 욕구불만과 신경쇠약 등에 시달리는 현대문명의 아웃사이더였다. 프랑스 사회학자 에밀 뒤르켐의 진단처럼, 비이성적인 인간은 삶의 목적과 개인의 정체성이 헝클어진 '아노미(anomie)'에서 헤어나지 못하고 '자살을 권하는' 현대사회의 발명품이었다. 비이성적인 인간은 자조(自助)와 위신, 체면치레라는 호각 소리에 발맞춰 직각으로 걸었던 '빅토리아시대 인간형'을 걷어차고, 정상과 비정상, 의식과 무의식, 이성과 광기 사이를 비틀거리며 건너는 20세기 신인류였다. 차라투스트라의 시간이 마침내 찾아온 것이다.

2. 진리를 향한 의지에서 힘을 향한 의지로

　프리드리히 니체의 저작들은 내용의 폭과 깊이가 너무 넓고 깊어서 단일한 공동주제로 요약하거나 분류하기가 매우 어렵다. 전통적인 기준에 따르면 '철학'이라기보다는 '철학을 위한 노트'에 더 가깝다고 해도 과장이 아닐 정도로 그의 글쓰기는 문학과 철학, 공식적인 진술과 비공식적인 잡담, 개인 생애와 공식적인 사건 등이 어지럽게 뒤섞여 있다. 느닷없는 통찰, 모순투성이의 확신, 번개 같은 영감, 수수께끼 같은 잠언 등으로 구성된 그의 저술을 매끄럽게 해석하기는 난감하다. 그러므로 "니체의 작가적 재능이 사상가로서의 니체를 압도"한다는 평가는 일리가 있다.9 이 장에서는 왜 니체를 유럽 근대 사상사의 분수령에 선 인물로 가름하는 것이 마땅한지를 이해하기 위해 그의 저작들을 선별해서 분석하고자 한다. "나는 인간이 아니라 다이너마이트"라고 선언했던 니체가 파괴하려던 서양 근대성의 사상적 뼈대와 근육은 무엇인가?

　　"아폴론적 경향은
　　논리적 도식주의로 변질되었다."

　《비극의 탄생(Die Geburt der Tragödie)》(1872)은 20대의 니체가 스위스 바젤대학교 고전문헌학과 교수로 재직하면서 발표한 첫 번째 저서였다. 이 책은 니체의 고전학 수업기의 완결판이며 미학에 사로잡혔던 지적 성장기의 자화상이다. 마치 젊은 마르크스가 헤겔의 관념론에 유물론적으로, 그리고 좌파적으로 심취했듯이, 청년 니체는 그가 흠모하던 빌헬름 리하르트 바그너(Wilhelm Richard Wagner, 1813~1883)의 음악 세계에서 그리스 고전의 부활을 기대했다. 니체의 설명에 따르면, 고대 그리스 비극은 '아폴론적 요소'와 '디오니소스적 요소'가 이상적으로 어울려 빚어낸 인류의 고전이다. 전자가 형태, 이성, 질서, 분별력과 개별성 등으로 구성되었다면, 후자는 혼란, 본능, 과도함, 욕망, 도취 등으로 이루어진다. 일정한 구성과 줄거리로 위대한 서사시를 쓴 호메로스가 "아폴론적인 소박한 예술가의 전형"이라면, "몰락하려는 의지"를 춤과 음악으로 표현하는 합창은 디오니소스적 힘이다.[10] 이 이질적이며 상호보완적인 두 요소가 긴장 속에서 조화를 이루어 탄생시킨 위대한 예술양식이 고대 그리스 비극이다. 니체는 아폴론적 이성이 점점 디오니소스적 격정을 잠식하고 압도함으로써 고전시대가 퇴락했다고 아쉬워했다.

니체의 설명에 따르면, 완벽한 인류문화유산인 그리스 비극이 허망하게 사라져버린 것은 두 사람의 책임이다. 첫 번째 인물은 소포클레스(Sophocles, 기원전 497/496~406/405), 아이스킬로스(Aeschylus, 기원전 525/524~456/455)와 함께 고대 그리스 3대 비극작가로 칭송받는 에우리피데스(Euripides, 기원전 480?~406?)이다. 니체가 야유의 뜻으로 '그리스 논리학자'라고 부르는 에우리피데스는 자신이 쓴 비극에서 코러스 부분을 약화시키고, 그리스 신화를 논리적으로 이해하고 분석해야 할 대상으로 서술함으로써 디오니소스를 비극 무대에서 쫓아냈다.[11] 음악의 신을 죽이고 신화의 신비스러운 부분을 삭제함으로써 비극을 살해했던 것이다. 두 번째 인물은 '이론적 인간(Theoretical Man)'의 대표주자인 소크라테스(Socrates, 기원전 470~399)이다. 그는 그리스 신화에 들어 있는 디오니소스적 요소들을 논리의 잣대로 해부하여 역사적 이해의 도구로 전락시킴으로써 비극의 공동 살해범이 되었다.

니체는 에우리피데스가 사실상 '가면'일 뿐이고, 그를 통해 실제로 말하는 사람은 "소크라테스라고 불리는 마신(魔神)"이라고 지목했다.[12] 소크라테스는 서양문명을 지나치게 아폴론적 모델에 맞춤하게 조직함으로써—감정이나 취함이 아니라 이성이야말로 현실의 오류를 바로잡을 힘이라고 주창함으로써—그리스 비극의 급소에 비수를 꽂았다. 그가 섬기는 미학의 최고 법칙은 "아름답기 위해서는 모든 것이 이성적이어야 한다"는 명제이다. 이 법칙은 그가 주창한 "너 자신을 알라"와 짝을 이루어 "아는 자만이 덕성을 가지고 있다"와 "미덕은 지식이다"라는 삼단논법으로 완성되었다.[13] 소크라테스는 미학을 성찰, 인식, 설명, 판단, 추론 등의 범주로 갈기갈기 해부함으로써 예술을 죽이고 서구적 학문을 탄생시킨 '이론적 인간'의 원조가 되었다.[14] 그는 "그때까지 없었던 존재 양식의 유형"인 이론적 인간을 발명함으로써 "세계상의 전환점과 소용돌이"를 이루었고, "처음 알려지게 된 의미심장한 **망상** 하나"를 인류에게 선사했다. "사유는 인과성의 실마리를 따라 존재의 가장 깊은 심연에까지 이를 수 있으며, 사유가 존재를 인식할 수 있을 뿐만 아니라 심지어 **수정할** 능력이 있다는 흔들림 없이 확고한 신념"이 그것이었다.[15] 소크라테스가 품었던 망상은 베이컨-계몽주의의 사상적 계보를 이어 '로고스중심주의(Logos-centrism)'로 튼튼하게 뿌리내렸다. 니체의 한탄처럼, "아폴론적 경향은 논리적 도식주의로 변질되었다."[16]

《비극의 탄생》은 니체에게 학문적인 유명세를 안겨주기는커녕 전도유망한 젊은 학자에게 치명적인 오점이 되었다. 이 저서에 대한 전문가들의 서평이나 논평이 단 한 편도 나오지 않았고, 각주도 없이 창작물과 학문적 논저의 엄격한 구분을 해체시킨 파격적인 형식은 니체가 그 후 대학과 학문세계에서 파문당하는 빌미가 되었다.[17] 경력에 오점이 되기는 했지만, 《비극의 탄생》의 키워드인 아폴론적 요소와 디오니소스적 요소는 이성·합리주의 대 감성·반실증주의라는 이분법적인 인식 틀로서 현대문명의 빛과 그림자를 다투는 주요 개념으로 자리 잡았다.[18] 니체는 아폴론적 사유양식을 낙관적인 진보사관, 풍요한 부르주아 물질주의, 상식과 일반화에 기반을 둔 이성맹신주의 등과 동일시하면서, 빼앗겼던 디오니소스적 사유양식을 부활시켜야만 건강한 현대문명이 가능하다고 확신했다. 개념, 지식, 중용, 분별력 등이 앗아간 숭고, 취함, 과잉, 상상력 등을 복원하기 위해 헌신했던 니체 사상의 예고편이《비극의 탄생》이었던 것이다. 그가 던진 메시지는 '디오니소스적 괴물의 언어'로 말하는 차라투스트라에 의해 더 멀리 더 낮게 메아리친다.[19]

"신은 죽었다.
우리가 신을 죽였다."

기독교 문화의 이단자 니체에게 악명을 안겨준 "신은 죽었다"라는 선언은《즐거운 학문(Die Fröhliche Wissenschaft)》(1882)에 처음 등장했다. 건강이 나빠져 바젤대학교를 퇴직하고 좋은 날씨를 찾아 제네바와 제노바 등지를 방랑하면서 쓴 이 책의 제3부 첫머리에서 니체는 이렇게 말했다. "신은 죽었다. 그러나 인간의 방식이 그렇듯이, 앞으로도 그의 그림자를 비추는 동굴은 수천 년 동안 여전히 존재할 것이다."[20] 이 인용문에서 주목해야 할 것은 신의 죽음이 아니라 그의 잔상과 영향력이 '수천 년 동안'(지금까지도!) 지속될 것이라는 니체의 적확한 예언이다. 그는 "신의 그림자와도 싸워 이겨야 한다!"는 점을 어리석은 인간들에게 깨우치기 위해서 "우리 모두가 신을 죽인 살인자다!"라고 상기시킨다.[21] 피 묻은 손을 숨긴 채 자신이 죽인 신의 품으로 되돌아갈 수 없는 막다른 골목에서 인간은 어떤 의미와 가치를 쫓아 스스로의 삶을 지속할 것인가?

니체는 저세상에서 이루어질 영원과 구원을 보장받지 못한 우리가 니힐리즘의 구덩이에 빠지지 않도록 '영원회귀'라는 새로운 시간개념을 발명했다. 영원회귀론은 갈릴레이-뉴턴으로 이어지는 과학혁명이 증명한 균질적이며 일직선적인 근대의 시간개념을 정면으로 부정한다. 니체는 우리의 일상이 실패한 어제와 마찬가지로 오늘과 내일에도 끝없이 반복된다는 환멸을 가르친다. 과거-현재-미래는 결코 진보라는 밧줄로 이어진 것이 아니다. 그러므로 과거의 아픈 상처나 추억에 괴로워하지 않는 것처럼, 미래가 약속하는 희망과 기다림에 유혹당하지 않은 채 쓰고도 달콤하며 즐거운 지금을 살아가야 하는 것이 '신을 죽인' 인간의 운명이다. 니체가 제시한 영원회귀 개념은 인간을 역사주의의 사슬에 묶인 과거-미래에서 구출하여 비결정적인 '두터운 현재'로 인도해준 "사상사에 있어서 현재에 대한 가장 단호한 긍정이었다."22 종교적 구원이나 역사적 진보가 없는 암흑의 시간을 "그럼에도 불구하고" 떨쳐버리고 날마다 같은 해돋이와 해넘이를 새롭게 응시하는 '지금 시간'이 도래한 것이다. "매 순간 존재는 시작된다."23

"광기 속에는
얼마간의 이성이 있다."

출판업자들에게 거절당한 뒤 자비로 출간한 《차라투스트라는 이렇게 말했다(Also sprach Zarathustra)》(1885)는 니체의 작품들 가운데 가장 대중적인 저서이다. 플라톤의 《대화》와 《신약성서》를 모방하고 패러디한 소설 양식으로 쓰인 이 책은 '정상적인' 철학서의 형식과 내용을 파괴하고

"피로 쓴 금언들"로 구성되었다. 이 철학-소설의 주인공인 차라투스트라는 니체가《비극의 탄생》에서 미워했던 '이론적 인간형'인 소크라테스와 대결하는 디오니소스의 분신이며, 신의 죽음 이후에 태어난 새로운 인간의 전범이다.[24] 신을 죽인 인간은 양심의 가책과 처벌에 대한 공포에 시달리는 대신에 신(과 그 그림자)의 부재가 약속하는 잠재적인 기회를 현실에서 실현해야 한다. 차라투스트라는 '신'이라는 단어에 각인된 절대적인 진리와 객관성 및 보편적인 도덕률에 더는 매달리지 말고, 각자가 '오직 자기만의 관점'으로 이 세상을 제멋대로 살아가라고 외친다. "사람에게 위대한 것이 있다면, 그것은 그가 목적이 아니라 하나의 교량이라는 점이다. 사람에게 사랑받아 마땅한 것이 있다면, 그것은 그가 하나의 과정이요 몰락이라는 점이다."[25] 이성, 진리, 미덕, 행복, 쾌락 같은 본질적이며 고정된 목표에 이르기 위해 인생을 낭비하는 대신에 외부의 시각이 규정하는 자기 자신을 끊임없이 부정하고 극복하려 애쓰는 데 인간의 위대함이 있는 것이다.

《차라투스트라는 이렇게 말했다》의 또 다른 주인공은 '위버멘슈(Übermensch, 초인)'이다. 그는 신의 사망선언과 함께 객관적이고 절대적인 진리가 끝남으로써 보장되는 기회를 '지금 여기에서' 맛보려는 후기 계몽주의적 인간이다. 위버멘슈는 과학과 이성중심주의에서 벗어나려는 원심력의 극한지점에 다다른, 말하자면 아폴론적 인간과 디오니소스적 인간의 경계에 다시 서서 니힐리즘의 벽을 뛰어넘는 인물이다. 그의 눈으로 보면, 코페르니쿠스 이래로 진행되어온 과학혁명은 인간을 해방시키고 행복하게 만들기는커녕 자연의 탈취자로 한정함으로써 오히려 인간의 존엄성과 대체불가능성을 앗아갔다. "과학적으로 탐구되고 계속해서 연구될 수 있는 세계-해석만이, 수를 세고, 계산하고, 무게를 달고, 손으로 쥐는 것 외에는 아무것도 용납하지 않는 세계-해석만이 정당하다는 주장은 정신병이나 천치가 아니라면 우둔함이나 단순함의 소치이다."²⁶ 차라투스트라는 '네모난 자그마한 이성'으로 세상의 진리를 다 알 수 있다는 과학-이성 만능주의를 비웃으며, "광기 속에는 얼마간의 이성이 있다"고 선언한다. 거꾸로 말해 "이성 속에는 얼마간의 광기가 있다"는 무서운 진리—계몽·실증주의의 자기 파괴성—를 역설적으로 증명한 것이다.

위버멘슈를 곧추세우는 구심력은 '힘을 향한 의지(Wille zur Macht)'이다. 위버멘슈는 '최대 다수의 최대 행복과 쾌락'이라는 공리주의적 명제나 민족주의라든가 사회주의 같은 떼거리 사상에 휘둘리지 않고 스스로 몰락하기를 두려워하지 않는 사람들이다.²⁷ '힘을 향한 의지'는 실패한 자들이 탐닉하는 퇴폐주의와 반동적인 불평불만을 멈추고 자기만의 삶을 스스로 디자인하고 영원회귀적인 운명을 사랑하는 '아모르파티(amor fati)'의 즐거운 노래이다. '힘을 향한 의지'를 일상적으로 실천하는 위버멘슈는 자기 의존적인 자율인간이라는 측면에서 (칸트가 정의한) "외부의 후견에서 자유로운" 계몽된 개인과도 유사하다. 그러나 계몽주의적 인간형과 위버멘슈가 구별되는 근본적인 차이는 전자가 이성이나 진보, 합리성, 공리성 등으로 만들어진 표준인간이라면, 후자는 쉼 없는 자기 창조 과정을 통해 아무도 가보지 않았던 이성 너머의 이성, 광기 너머의 광기의 세계를 탐험하는 자라는 점에 있다. 후기계몽주의적 인간형은 어쩌면 '청년 니체'가 묘사했던 아폴론적 인간과 디오니소스적 인간으로 분류되는 것이 아니라, 이성과 광기의 경계를 넘나들었던 '후기 니체'의 자화상이 아니었을까.

"양심의 가책이란
하나의 병이다."

스스로 비용을 대고 1887년에 출간한 《도덕의 계보(Zur Genealogie der Moral)》는 인류의 역사에 길게 드리운 집요한 기독교 문화의 그림자를 지우고 무신론적인 생철학을 선언한 후기 니체의 주요 저작이다. 《차라투스트라는 이렇게 말했다》가 대중의 인기를 끈 출세작이라면, 《도덕의 계보》는 니체 전문연구자들이 가장 주목하는 문제작으로 꼽힌다. 이 저서에서 니체는 도덕의 유형을 '주인도덕'과 '노예도덕'으로 나눈다. 전자가 본인에게 좋다거나 나쁘다는 단순한 기준을 사유와 행위의 좌표로 삼는다면, 후자는 외부의 잣대로 선하거나 악하다고 판단하여 개인의 생각과 행동을 감시하고 처벌한다. 주인도덕이 나 아닌 타인이 강제하는 어떠한 간섭과 지시도 거부하고 즉흥적이고 본능적이며 자발적인 것을 우선시한다면, 노예도덕은 자기 자신이 아니라 다른 사람에게 한 행동의 동기와 결과에 따라 심판받는 "박해받는 자, 억압받는 자, 고통받는 자, 자유롭지 못한 자, 스스로에 대해 확신이 없는 자, 피로에 지친 자들의 도덕"이다.[28] 자기에게 좋은 것은 능동적으로 선택하고 나쁜 것은 거리낌 없이 버리는 자기 주도적인 주인도덕과 달리, 노예도덕은 자기 본능과 욕망을 스스로 억압하고 자기보다 강한 타인을 향한 친절, 인내, 겸손, 동정, 호의 등으로 치장된 '복종의 도덕'이다.

니체는 위버멘슈의 윤리관이 주인도덕이라면 기독교야말로 노예도덕의 전범이라고 말한다. "네 원수를 사랑하라." "참는 자에게 복이 있나니." "네 왼쪽 뺨을 때리면 오른쪽 뺨을 내놓아라." "부자가 천국에 들어가기는 낙타가 바늘귀로 빠지는 것보다 어렵다." 이런 《성서》의 말씀을 실천하는 자에게 천국의 열쇠를 약속하는 기독교는 자기를 괴롭히는 강자에 대한 분노와 저항을 억제하라고 명령하는 '자기부정의 윤리'이다. 기독교 문화는 '양심의 가책'이라는 치명적인 병을 발명하여 인간을 노예도덕의 사슬로 꽁꽁 묶었다. 니체의 분석에 따르면, 자기에게 좋은 것을 선택하고 누리지 못하도록 괴롭히고 방해하는 사람들에게 감히 대들지 못하고, 자신의 나약함과 비굴함을 양심의 가책이라는 아름다운 명분으로 감추려는 '교활한 자들의 반란'이 기독교의 실체이다. 노예도덕에 뿌리를 두고 기독교가 발명한 '양심의 가책' 때문에 "인류가 오늘까지 치유하지 못하고 있는 가장 크고도 무시무시한 병, 즉 **인간의 인간에 대한, 자기 자신에 대한** 고통이라는 병"이 세상을 활보하고 있다.29 니체의 눈에 비친 양심의 가책은 자신을 기꺼이 희생하려는 사람이 느끼는 변태적인 고통이며, '자기를 학대하고자 하는 의지'에 다름이 아니었다.

니체가 《도덕의 계보》에서 전달하려는 메시지는 노예도덕이 진리·천국·영생 등의 사탕발림으로 금지했던 자기관점과 자기만의 세계관을 갖고 '지금, 이 순간'을 즐기라는 것이다. 그 첫걸음은 "네 **이웃을 보살피지 말라!**"라는 차라투스트라의 가르침30을 실천하는 것이다. 기독교가 가르치는 '동정심'은 주인도덕이 기르려는 생명의 에너지를 늘리는 대신에 사람들의 힘을 빼앗고 의기소침하게 만든다. 그뿐만 아니라 동정심은 진화의 법칙과는 반대로 "몰락에 이르러 있는 것을 보존하고" 이웃의 동정심 덕분으로 살아난 "아주 많은 종류의 실패자에 의해 삶 자체에 음산하고도 의문스러운 측면을 부여한다."31 노예도덕이 '덕'이라고 이름 지은 형이상학적인 허구에 속아서 단 한 번뿐인 짧은 인생을 낭비하지 말고, 자신만의 관점에 비추어 좋고 건강한 것들을 양심의 가책 없이 즐길 수 있는 힘과 의지를 가진 사람이 주인도덕의 소유자이다.

"행복해지는 데는
아주 작은 것으로도 충분하다."

양심의 가책이라는 병에서 치유된 사람들이 추구하는 행복은 노예도
덕주의자들의 그것과 다르다. 1천 개의 다른 관점으로 1천 개의 다른 진
리를 추구하는 자는 "행복해지는 데는 아주 작은 것으로도 충분하다"는
것을 아는 사람이다. "더없이 근소한 것, 더없이 조용한 것, 더없이 가벼
운 것, 도마뱀의 바스락거림, 숨결 하나, 한순간, 눈길 하나. 이처럼 자그
마한 것이 최상의 행복을 만들어낸다."32 2019년에도 떠도는 유행어를
빌려서 말하자면, 니체야말로 '소확행(소소하지만 확실한 행복)'의 철학적
정당성을 옹호한 최초의 사상가였다. 이미 한 세기도 훨씬 전에 그는 진
리, 이성, 국가, 진보와 같은 엄숙하고도 거창한 거대담론이야말로 일상
적으로 '죽음을 기억'—메멘토 모리(Memento mori)!—해야만 하는 개인
의 행복을 가로막는 방해물임을 간파했다. "우리는 '순수이성'이나 '절
대정신'이나 '인식 자체'와 같은 모순된 개념의 촉수(觸手)를 경계해야
할 것이다."33

니체가 옹호하는 주인도덕에 따르면, "나비와 비눗방울을 닮은 자들
이 행복에 관하여 가장 많이 알고 있다." 위버멘슈·차라투스트라는 "경
쾌하고 단순하며 사랑스러운 그리고 발랄한 작은 영혼들이 날개를 푸드
덕거리며 날아다니는 것"34에 환호한다. 낮고 작으며, 사소하고 찰나적
이며, 단순하지만 결코 양보할 수 없는 행복을 지금 당장 움켜쥐는 사람
이 주인도덕의 승리자이다. 그가 소소하지만 결코 양보하거나 미룰 수
없는 행복을 좇는 것은 그것이 국가의 역사적 사명 달성에 도움이 되거
나 도덕적으로 선하고 정당하기 때문이 아니다. 주인도덕주의자가 강력

한 의지를 갖고 진정으로 원하는 모든 부질없는 행위와 '반시대적인 고찰'은 그에게 정녕 좋고 합당한 것이다. '이기적인 너무나 이기적인' 도덕관이야말로 니체가 은밀히 전달하는 '즐거운 학문'이며, 비눗방울처럼 영롱하고 순간적인 행복의 비밀이다.

"나는 전적으로 신체일 뿐,
그 밖의 아무것도 아니다."

니체는 신과 함께 폐기되어야 할 또 다른 더러운 근대성의 유산으로 정신·로고스중심주의를 지목했다. 기독교는 영혼이나 형이상학을 터무니없이 과대평가하고, 반대로 먹고 마시고 섹스하는 즐거움을 주는 중심기관인 육체를 경멸했다. 《성서》는 육체를 유혹과 원죄의 원천으로 고발하여 고결한 정신과 영혼의 지하실에 유폐했다. 중세 스콜라철학자들은 "감각에 대해 두려움을 가지고 있었다."35 마치 흡혈귀에게 피를 빨리고 감각을 잃은 '육체 없는 인간'처럼 이들은 철학적인 범주들과 형이상학적인 개념들로 넘쳐흐르는 책장을 창백한 손으로 넘겼다. 전래의 철학자들이 섬겼던 '진리를 향한 의지'는 "존재하는 모든 것을 사유 가능한 것으로 만들려는 의지"에 다름이 아니었다.36 근대 철학자들조차도 사유할 수 있는 대상인 이데아(정신세계)와 논리학에 빠져—"나는 생각한다, 고로 존재한다"는 데카르트의 명제를 상기해보라—육체를 투명한 사유를 헝클어뜨리는 불순물로 취급하며 따돌려버렸다.

19세기 말까지도 철학적 관념론의 마법에 걸려 잠들어 있던 육체를 깨워 이 세상 속으로 소환했다는 관점에서 보면 니체는 '육체적 유물론자'이다. 니체는 신성한 말씀으로 위험한 육체를 봉인했던 선배 철학자들을 꾸짖으며 영혼과 육체의 지배종속관계를 역전시켰다. "나는 전적으로 신체일 뿐, 그 밖의 아무것도 아니며, 영혼이란 신체 속에 있는 그어떤 것에 붙인 말에 불과하다." 영혼과 진리를 찾는 순례자인 '이론적인간'은 주인어른이 아니라 육체라는 주인집에서 빌붙어 사는 하숙생이다. 다시 말하면, 정신과 영혼은 신체적인 욕망에 복종해야만 하는 하인이며, "인간 육체는 모든 지식과 의미의 원천"으로 승격되었다.[37] 니체에게 몸은 "사유가 도무지 진입할 수 없는 어둠의 대륙"이며 동시에 "정신이 전혀 모르는 지혜"의 저장공간이다.[38] 현대무용의 히로인인 이사도라 덩컨(Isadora Duncan, 1878~1927)은 자서전(My Life)에서 니체를 "최초의 춤추는 철학자"라고 칭송했다.[39] 인간의 육체를 두뇌와 가슴에 전적으로 종속된 더러운 부속품 신세에서 해방시켜 현대예술의 독립적인 장르의 주인공으로 재조명해준 니체에 대한 헌사였으리라. 이후에도 살펴보겠지만, 니체는 헤르베르트 마르쿠제와 미셸 푸코를 거쳐 20세기 후반에 부흥하는 육체담론의 선구적인 전도사로 재발견되었다.

3. 니체의 유산: "가장 위대한 사건과 사상은 가장 늦게 이해된다"

니체와 나치즘의 연루는 현대 지성사에서 사상과 정치운동의 기이한 꼬임현상을 관측할 수 있는 흥미로운 사례이다. 니체의 의도와 상관없이 그가 남긴 사상적 유산은 아돌프 히틀러가 대변하는 나치즘을 후원하고 성장시킨 영양분이 되었다. 니체가 역설했던 힘(강자)의 숭배, 이성이 아닌 감성과 격정을 향한 호소, 전통의 파괴와 가치관의 전복, 천박한 대중에 의존하는 자유주의와 사회주의에 대한 경멸, 전례 없는 '큰 정치'와 '큰 싸움'에 대한 확신과 전제적인 영웅 출현의 예언[40] 등 일련의 사상적 조각들은 독일 제3제국을 세우는 데 요긴하게 활용되었다. '니체 사상의 나치화' 또는 '나치 사상의 니체화'에 가장 앞장섰던 인물은 니체의 여동생 엘리자베트 푀르스터 니체(Elisabeth Förster-Nietzsche, 1846~1935)였다. 1895년부터 정신병자가 된 오빠가 남긴 미발표 원고를 포함한 모든 출판물의 지적소유권을 갖게 된 그녀는 바이마르에 '니체 아카이브'를 세우고 '니체 신화 만들기'를 주도했다.

엘리자베트의 니체숭배운동은 오빠가 살아 있을 때부터 시작되었다. 그녀는 1895년과 1897년에 두 권짜리 니체 전기를 각각 간행하여 니체를 '독일-게르만적인 인간'으로 선전했다. 그를 미친 이단자가 아니라 몸과 정신이 건강하고 질서와 규율을 지키는 애국적인 프로이센 시민의 전형으로 묘사함으로써 러시아혁명의 위험과 바이마르공화국의 무기력으로부터 독일의 혈통적 민족주의를 지키려는 나치즘에 호소했다. 엘리자베트가 오빠의 미발표 유고와 메모 등을 자의적으로 편집·수정·짜깁기하여 1901년에 펴낸《힘을 향한 의지(Der Wille zur Macht)》는 니체를 약육강식의 철학자로 몰아 나치즘의 이데올로그로 내세우는 근거로 오용되었다.[41] 나치즘을 준비한 철학자로 추켜세워진 니체의《차라투스트라는 이렇게 말했다》는 아돌프 히틀러(Adolf Hitler, 1889~1945)의《나의 투쟁(Mein Kampf)》(1925)과 나란히 제1차 세계대전 승전기념관에 전시되었다. 히틀러는 1934년에 니체 아카이브를 방문해 니체 동상 옆에서 기념사진을 찍음으로써 니체의 나치화를 완성했다.[42] 덧붙이자면, 영혼에게 따돌림 당했던 육체에 대한 니체의 재조명은 파시스트 남성의 육체를 찬양하는 데 전유되었다. 나치의 상징이 된 벌거벗은 게르만 남성의 육체를 후원하는 철학적인 근거로 니체의 육체담론이 동원됨으로써 나치주의자들은 "니체 철학이 갖고 있는 신랄함을 거세해버렸다."[43]

니체는 서양 근현대 지성사에서 매우 독특하고도 독보적인 위상을 차지한다. 여러 해 동안 광기의 감옥에 갇혔다가 1900년에 영원 속으로 탈주한 니체는 20세기 전반에 유럽 지식인들의 우상이 되었다. 토마스 만과 오스카 와일드 등은 니체를 흠모한 대표적인 '문학청년'들이었다. 니체와 동시대인이었던 막스 베버는 "지식인의 정직성은 그가 니체·마르크스와 대면해서 어떤 태도를 취하는지에 따라서 측정될 수 있다"고 고백했다. 나치주의자 마르틴 하이데거는 "니체는 서양 역사의 종언과 모던 시대의 종말 혹은 또 다른 시작의 대위법을 연주한 유럽 근현대 사상사의 분수령에 걸쳐 앉은 인물"이라고 평가했다.[44] 19세기 말에 활짝 꽃피운 국민·민족국가와 공리주의, 과학기술문명이 만들어낸 '신나는 신세계'의 어둡고 비극적인 이면을 누구보다도 예민하고 예리하게 포착했던 니체는 근대 지성사에서 현대 지성사로 이행하는 경계선에 걸쳐 있는 철학자로 흠모를 받았다. 그의 영원회귀설은 계몽주의 이래 끊김 없이 행진하던 진보사관을 무너뜨렸고, 디오니소스적 인간형은 현대 과학문명이 과잉생산한 아폴론적 삶에서 결핍된 비타민이었으며, 차라투스트라가 지향하는 진리를 향한 의지에서 힘을 향한 의지로의 전환은 민족·국가·진보가 질식시킨 일상생활을 부활시켰다.

20세기 후반은 니체의 전성시대였다. 자기 돈을 털어서 책을 내야 했을 정도로 살아생전에는 찬밥 신세였던 니체는 "나는 너무 일찍 세상에 나왔다"[45]는 냉소처럼 죽은 후에야 유명해졌다. 제1차 세계대전과 제2차 세계대전 사이에는 니체가 '정치적으로' 소환되어 나치즘 같은 극우주의의 일용할 양식이 되었다면, 20세기 후반을 풍미했던 신좌파와 68혁명의 물결에 실린 니체는 '문화적인' 아이콘으로 재조명되었다. 지식인들의 관심사가 자본주의에 대한 사회경제적 비판에서 근대적 지배 양식에 대한 문화적 비판으로 옮겨가고, 인종주의나 반전주의, 페미니즘 같은 탈계급적인 쟁점이 떠오름에 따라 니체가 새롭게 각광을 받았다. 프랑크푸르트학파의 대표주자인 막스 호르크하이머가 1969년 한 언론사와의 인터뷰에서 "니체는 아마도 마르크스보다 더 위대한 사상가일 것"이라고 고백[46]한 것은 변화된 시대 분위기를 반영한다. 또한 '프랑스의 니체'라고 불렸던 미셸 푸코는 마르크스가 근대성의 요체를 '생산관계'라는 관점에서 접근했다면, 니체는 '권력관계'에 초점을 맞춰 재성찰함으로써 1980년대에 중요한 사상가로 떠올랐다고 회상했다.[47] 마르크스를 제치고 니체가 20세기 후반의 스타 철학자로 부상한 것이다.

그 연장선에서 니체는 한 세기 전에 포스트모더니즘을 앞질러 살았던 사상가로 꼽히기도 한다. 1980년대 이후 진행된 이데올로기의 종언, 냉전체제의 종언, 역사의 종언, 근대성의 종말, 인간의 사망, 휴머니즘의 종말 등 온갖 종말담론의 원조가 니체였기 때문에 그를 '포스트모던한 현대'의 사상가라고 자리매김해도 틀리지 않을 것이다. "이성은 삶을 왜곡하는 수단"이고, "진리는 보편적 거짓말"이며, "도덕은 약자들의 승리"임을 극단적인 언어와 전복적인 스타일로 밀어붙인 니체는 아직도 오지 않은 미래철학의 '시험자'이며 '유혹자'였던 것이다.[48] 계몽주의·실증주의·공리주의로 요약되는 사상적 앙시앵레짐의 장벽을 온몸으로 무너트리고 다이너마이트처럼 산화한 니체는 정녕 포스트모더니즘의 사상적 아버지였다. 유감스럽게도 또는 고맙게도, "가장 위대한 사건과 사상은 가장 늦게 이해된다."[49]

일제 식민시대 조선 지식인들의 니체 사용법●

1. 니체와 '세기말' 동아시아

'망치를 든 철학자' 프리드리히 니체에 관한 관심과 숭배는 서양에 국한되지 않고 그 열풍이 동아시아까지 미쳤다. 일본, 중국, 조선의 지식인들은 니체를 창문 삼아 서양 현대문명의 본질과 한계를 탐색하고자 했다. 니체가 생전에 동남아시아의 철학적 전통에 남다른 관심과 호기심을 품었다는 것을 기억한다면, 동아시아 지식인들의 니체에 대한 환호는 짝사랑이 아니라 지적 교류의 또 다른 양식이었다. 19세기 후반 유럽을 풍미했던 '자포니즘(Japonism)'에 물들었던 니체는 "만약 건강과 충분한 경제 사정이 허락한다면, 더 높은 평온을 얻기 위해서라도 나는 일본

●이 글은 〈트랜스내셔널 지성사 다시 쓰기: 식민지 시기 '한국적 니체'의 생애연구, 1920~
1945〉라는 제목으로 《서양사학연구》 제34집(서양문화사학회, 2015. 3.)에 실린 논문을
축약·수정보완한 것이다.

으로 이주하겠다"고 고백할 정도로 동아시아를 동경했다.[1]

동아시아 세 나라 중에서 일본은 '난학(蘭學)'을 통해 일찌감치 서양 문명과 접촉·소통하면서 니체 사상의 수입과 중계의 거점 역할을 담당했다.[2] 니체와 톨스토이의 윤리관을 비교하는 최초의 글이 익명으로 작성되어 1893년에 선보였고, 1898년에는 니체 사상을 빌려 일본 선불교의 철학적 기반을 강화하려는 본격적인 논문이 출간되었다. 니체 사상에 관한 지식인과 일반 독자의 높은 관심에 힘입어 1911년에 최초로 《차라투스트라는 이렇게 말했다》가 완역되었으며, 1929년에는 니체 전집이 번역·간행되었다.[3] 중국 지식인들의 니체 사랑도 유별났다. 서양 근대사상을 앞장서서 전파했던 량치차오(梁啓超, 1873~1929)는 '백일개혁' 실패 직후인 1898년에 일본으로 망명해 니체 사상을 처음 접했다. 그는 자신이 창립한 《신민총보(新民叢報)》에서 1902년에 니체를 "강자 권리의 극단적인 옹호자로서 19세기 말에 등장한 일종의 새로운 종교 사상가"라고 소개했다.[4] 량치차오가 니체 사상을 '이기주의의 사악한 형태'라고 부정적으로 이해했다면, 당시 유학생 신분으로 일본에 머물고 있던 작가 루쉰(魯迅, 1881~1936)은 '중국의 니체'라고 불릴 만큼 니체를 긍정적으로 수용한 첫 추종자였다. 두 사람 외에 왕궈웨이(王國維, 1877~1927) 등에 의해 왕성하게 전파되었던 니체는 '신문화운동'으로 알려진 1919년 5·4운동의 사상적 우상으로 추앙되었다.[5] 그 대중적인 인기를 몰아 귀모뤄(郭沫若, 1892~1978)가 1928년에 《차라투스트라는 이렇게 말했다》를 중국어로 처음 번역·소개했다.

일본과 중국의 지식인들을 사로잡았던 니체 열병에 식민시대 조선 지식인들도 전염되었다. 유교 이데올로기라는 '죽음에 이르는 병'에 걸린 조선을 치유하여 일본 식민주의의 손아귀에서 구출할 묘약을 찾던 일단의 조선 지식인들은 '차라투스트라의 자식'이 되기를 두려워하지 않았다. 니체를 다룬 최초의 글이 천도교 기관지 성격인 《개벽》 창간호(1920)에 발표된 이후, 1920년대에는 니체 사상과 서구의 사상혁명, 동서양 사상의 충돌과 화합 등의 이슈와 관련해 니체가 언급되었다. 1930년대에는 《농민》, 《조선중앙일보》, 《조선일보》 같은 다양한 매체에서 니체 철학이 좀 더 심도 있게 분석·비평되었다. 전문연구자들이 니체 작품을 매우 선별적이기는 하지만 원문을 직접 번역해 대중 독자들에게 소개했다는 사실은 니체 열풍이 지식인에게만 한정된 현상이 아니었음을 보여준다.6 니체 자신이 자서전에서 '불후의 명작'으로 자랑했던 《차라투스트라는 이렇게 말했다》는 해방 이후인 1959년에야 최초로 번역·출간되었다. 굳이 따지자면 일본보다는 48년, 중국보다는 31년 늦게 완역된 것이다.

이 글의 목적은 일제강점기에 조선 지식인들이 수용하고 전유하며 소비했던 '니체의 한국적 삶'을 추적하여 다음의 질문에 대한 답변을 찾는 데 있다. '오리지널' 니체 사상은 수용지역의 역사적 맥락과 사상적 전통 안에서 어떻게 굴절되고 충돌하며 협상되었는가? 니체 사상의 수입상이었던 식민시대 조선 지식인들은 그들이 직면했던 1920년대와 1930년대라는 각기 다른 역사적 콘텍스트에 '같은 제품'을 도입하면서도 어떻게 차별적으로 이해 또는 창조적으로 오독(誤讀)했는가? '조선식으로 번역'된 니체 철학에는 당대 조선 지식인을 사로잡았던 망탈리테가 어떻게 투영되었는가? 나는 한 걸음 더 나아가, 독일과 서양이라는 본토를 벗어나 식민지 조선이라는 접촉지대에서 생성된 '경계사유(border thinking)'7의 한 유형으로 조선 지식인들의 니체 사상 사용법을 비평하고자 한다. 20세기 전반 '니체의 한국적 삶'은 같은 시기 중국과 일본 지식인들의 니체 수용과 어떻게 구별될 수 있는가? 한 나라의 민족주의적 영토에 유폐되었던 니체를 탈영토화시켜 동아시아 시공간에서 재조명하고, 그를 세계화 시대의 디아스포라 유랑자로 재발견하여 트랜스내셔널 지성사 쓰기의 (불)가능성을 실험하려는 것이 이 글의 부차적인 목적이다.

2. 1920년대 식민지 조선의 사상혁명과 니체

니체 철학이 수입되어 식민지 조선에서 사상적으로 점화되는 배경과 과정을 이해하기 위해서는 당대 지식인들이 공유했던 시대 인식을 먼저 이해할 필요가 있다. 최초의 근대적 종합 교양잡지인《개벽》[8]의 진단에 따르면, 1920년대 초반의 세계는 겉보기에는 평화와 인도주의를 내세우지만 실제로는 폭력과 불평등이 팽배하고 야비한 정글이었다.

> 시대의 허풍에 속아 넘어가지 말고 철저하게 주의하야 보라. 인도(人道)니 정의니 자유니 평화니 선창대갈(先唱大喝)하던 미국(米國)으로서 국제연맹은 웨 탈퇴하얏스며 군비 문제는 웨 가세(加勢)가 되며 흑국(黑國)의 민족을 웨 목하(目下)로 시(視)하고 잇는가? 인종평등을 제1조로 떠들던 일본으로서는 웨 아즉것 평등의 모순을 그대로 행하고 잇는가?[9]

《개벽》은 제1차 세계대전 이후 제국 해체에 따른 민족분쟁을 해결하기 위해 창립된 국제연맹이 제구실을 하지 못하고, 미국 대통령 우드로

월슨이 주창한 민족자결주의와 흑인차별은 모순되며, 일본제국주의가 선전하는 인종평등주의는 내선일체를 위장하는 가면이라며 세계정세를 냉정하게 파악했다.[10]

"오늘 우리의 사상계는
몹시 혼중한 중에 있다."

사상과 문화라는 측면에서 관찰하면, 1920년대는 온갖 종류의 동서양 사상이 충돌하고 경쟁하는 백가쟁명 시대였다. "봉맥(蓬麥)을 환상(幻像)하고 무능(武陵)을 꿈꾸던" 조선에 "동서고금의 사조가 우리의 정원을 침입하야 출렁거리기를 시작"했다.[11] 낭만주의, 과학만능주의, 사회주의, 실용주의 등 두통이 날 정도로 범람하는 각종 '주의(主義)'와 '학설'에 파묻혀 "오늘 우리의 사상계는 몹시 혼중한 중에 잇다."[12] 다시 말하면 "옛 천 년 동안 유교의 사상—삼강오륜—의 전제 밋헤서 신음하든 우리 사상계는 신사조 자유, 평등사상의 유입으로 갑자기 해방을 어깨됨애 구(舊)는 타파고 신(新)은 건설되지 못하야 정치상 혁명시대의 그것과 가티 무정부—무질서의 상태가 되고 만 것"이었다.[13] 이돈화의 용어를 빌리면, '신사상과 구사상이 충돌하는 환절기'[14]를 악용하여 《정감록》의 미신주의를 퍼트리고 유사 민족주의자와 가짜 사회주의자로 행세하려는 '사상투기업자'들이 설치고 있다고 《개벽》의 필자들은 한목소리로 한탄했다.[15]

이런 '사상적 환절기'인 1920년대에 고뿔로 고생하거나 심하면 사망하지 않을 비결은 무엇인가? 《개벽》은 식민지 조선 땅에 밀물처럼 밀려온 서양사상을 대하는 태도를 세 가지 유형으로 나누었다.[16] 첫째, 자기가 원하지 않은 사상에 '불온하고 위험한' 사상이라는 딱지를 붙여 탄압하고 자신의 이익과 권력에 부합하는 사상으로 통일시키려는 압박주의(壓迫主義) 태도이다. 둘째, '동양정신을 바탕으로 서양기술을 배우자'는 옛 동도서기론을 계승하여 동양의 정신문명으로 서양과학기술을 포섭하려는 동화주의(同化主義) 태도이다.17 셋째, 신구사상과 동서양 사상의 갈등과 충돌을 회피하기 위해 양자 사이의 공통점을 억지로 찾아 타협하려는 '침묵주의(沈默主義)' 태도이다. 이 세 가지 유형은 차이가 있긴 하지만 '비평의 자유'와 '과학적 태도'—"실제로 증명할 수 잇는 지식만 밋는 태도"—가 결핍되었다는 공통된 약점이 있다. 비평의 자유와 논리적인 사고방식이 선행되지 않는다면, 조선에서의 '사상혁명'은 불가능하다고 강조했다.《개벽》은 공자와 주희를 맹목적으로 섬기던 옛 악습을 "맑쓰, 깐듸, 톨스토이, 레닌" 등으로 바꿔 절대맹종(絶代盲從)하는 나쁜 태도를 반복하기 때문이라고 지적했다.18

식민지 조선의 사상혁명을 이끌어줄 으뜸가는 서양의 사상가는 누구였을까? 1920~1945년 사이에 간행된 주요 신문기사에서 언급된 서양 철학자들을 분석한 통계에 따르면, 마르크스가 75회로 식민지 지식인들에게 가장 인기가 많은 사상적 아이돌이었다. 그 뒤를 헤겔(53회)과 칸트(45회)가 이었다. 니체(18회)는 하이데거(20회)의 뒷줄에 섰지만, 스피노자(16회)와 루소(15회)보다는 더 자주 조선 지식인들에게 호출되었다.19 마르크스를 제쳐놓으면 주로 독일관념론 철학자들이 언론기사에 가장 많이 등장했는데, 그 대척점에 있는 생철학자·실존주의 철학자로 분류되는 니체가 하이데거와 어깨를 나란히 했다는 점이 눈에 띈다. 또 다른 통계자료인 1915~1945년 사이에 출간된 '서양철학 관련 전체 논저 대상 철학자 개인별 분류'에 의하면, 칸트와 헤겔에 관한 논저가

8편 간행되어 공동 1위를 차지했다. 마르크스는 4편의 논저 출간으로 2위로 밀렸고, 니체는 그 뒤를 바짝 쫓아 3편 논저로 3위를 차지했다.[20] 이런 실증자료를 종합하면, 조선의 사상혁명에 동원된 가장 영향력 있는 사상가는 헤겔과 마르크스였고, 니체도 식민지 지식인들이 자주 인용하고 주목했던 중요한 사상가였다.

"역만능주의(力萬能主義)의 급선봉(急先鋒) 니체 선생을 소개함"

니체를 '공식적으로' 맨 처음 소개한 글은《개벽》창간호에 실린 소춘 (小春)의 글이다.[21] 〈역만능주의의 급선봉, 푸리드리히 니체 선생을 소개함〉이라는 제목에서 드러나듯이, 소춘[22]은 니체 철학의 요체를 "창도 (唱道, 唱導의 오기로 보인다.)한 의지의 철학 즉 전투의 철학"이라고 파악한다. 평생을 병마에 시달리며 싸웠던 니체가 추구했던 것은 "역만능의 진(眞) 교훈"으로 무장한 새로운 인간의 길이었다. 소춘은 니체 생애와 철학의 비장한 연관성을 "오즉 자기 의지에 살고 자기 창조(刱造)에 시취(是醉)하야 병고와 더블어 고투(苦鬪)—안이 병고에 희생이 되기까지—두지(頭地)를 불량(不讓)한 우리 니체 선생의 일이야말로 천고의 장사(壯事)이며 아울러 선생의 선생 된 점"이라고 설명했다.[23]

니체의 생애에 초점을 맞춘 최초의 소개 글이 나오고 한 달 후에 소춘과 동일인물로 추정되는 '묘향산인(妙香山人)'[24]이 니체 사상을 요약하는 일종의 속편을 같은 지면에 발표했다. 〈신-인생표의 수립자 푸리드리취 니체 선생〉이라는 제목의 글은 니체의 사상체계를 '영원윤회설', '초인주의', '약즉악(弱卽惡)-강즉선(强卽善)' 등 세 개의 주요개념으로 설명한다. 현재에는 '영원회귀', '위버멘슈', '힘을 향한 의지' 등 다소 바뀐 이름으로 번역되어 학계에서 사용되고 있는데, 니체 철학을 지탱하는 삼위일체를 이룬다는 점은 변화가 없다. 묘향산인에 따르면, 인생과 자연은 진보하는 것이 아니라 "영원히 윤회하야 반복한다는 사상"이야말로 니체가 설파한 새로운 우주질서이며 초인이 탄생하기 위한 필요조건이다.

영원윤회설! 얼마나 무서운 사상이며 무서운 숙명관인가? 기독교의 비현세주의를 세간이 비난하도다. …… 이 영원윤회에는 내세도 천국도 업고 다못 이 세간의 이 생활이 이 현상이 영원히 반복될 것뿐이다. 바꿔 말하면 이 세계는 전혀 무의미하다. …… 이런 사상에 접촉할 시, 사람은 절망이거나 아니면 재생(再生) 외에 다른 길이 없을 것이다. …… 아! 그는 극단의, 안이 불가구(不可救)의 비애절망으로부터 다시 극단의 대희열 대세력을 발견하얏스며 죽음의 저항으로부터 생의 정점에 등(登)하얏도다. 그의 역만능주의! 즉 힘이면 무슨 현상이라도 초월할 수 잇다 한 주의! 다시 말하면 그 유명한 초인사상은 여긔에서 양육되엇도다.[25]

니체는 초인이 활약할 신세계에서 숭배되어야 할 새로운 복음의 요체가 '약한 것은 악이며 강한 것은 선'이라고 강조했다. 도덕적으로 선하다는 것은 "위력의 느낌 위력을 욕망하는 그 마음을 높게 하는 일체의 것"이며, 악하다고 하는 것은 "약함으로부터 생기는 일체의 것"이다. 초인이 창조하려는 가치관의 혁명은 "선악표준의 전도(顚倒)"에 다름이 아니었다. 묘향산인은 "안전보다는 전투가 그의 역설"이며 "종래 도덕표의 총 개선이 그의 주장"이요 "초현상(超現狀)과 초현인(超現人)이 그의 이

상"이라고 설파했다.[26]

여기서 소춘과 묘향산인의 글을 포함하여 니체 철학에 관한 최초의 특별한 관심이 계몽주의 문화운동을 지휘했던 《개벽》을 중심으로 전개되었음에 주목할 필요가 있다. 동학 창시자 최제우의 '후천개벽' 사상에서 유래된 잡지 이름에 드러나듯이, 《개벽》은 낡은 세상의 종말과 새로운 가치관의 도래를 위한 근원적인 전환을 지향했다. 거칠게 비유하자면, 예수의 재림을 알리는 천사들처럼 니체는 천도교의 도래를 준비하는 사상적 융단을 깔기 위해 초대된 손님이었다. 니체의 나팔소리에 발맞춰 "세계적 독창인 인내천주의 창도자" 최제우가 무대 위로 화려하게 등장한다.

본능을 구가한 니체도 새 사람이며 이성을 부르지즌 톨스토이도 새 사람이다. …… 서양은 서양의 새 사람이 잇섯고 동양은 동양의 새 사람이 잇서왔다. …… 내가 이제 쓰고저 하는 새 사람은 먼 과거에 무텨인는 그들의 새 사람이 안이며 딸아서 정치, 문예, 학술, 군략으서의 새 사람도 안이오 가장 가깝고 가장 위대하고 그리하야 숭교적 사상으로 조선의 창인―안이 동양의 독창인―광의로 말하면 세계적 독창인 인내천주의 창도자―최수운 선생의 사상을 한 말로 널리 세계에 소개코저 함에 있다.[27]

니체가 '서양의 새 사람'이라면 천도교 창시자인 최제우는 '동양의 새 사람'이라는 비유법은 니체를 최수운 사상을 예비하는 조연급 사상가로 취급한다. 니체의 '사상적 영원윤회설'은 유불선교를 종합한 "통일 종주" 최수운의 등장을 예언한 "신비한 탁식(卓識)"이었으며, 니체가 주창한 "극단의 육체적 본능주의"가 기독교를 "허위의 사기사(詐欺師)"로 전락시킨 덕분에 기독교를 제치고 천도교가 일어설 수 있었다.[28] 다시 말해 이돈화는 니체가 파괴한 낡은 종교와 철 지난 가치관의 잿더미 속에서 종교-과학-철학이라는 삼위일체에 바탕을 둔 천도교가 불사조처럼 부활했다고 설명한 것이다.[29]

《개벽》은 한 걸음 더 나아가서 니체 사상의 요체인 '생명무궁주의'에 직접 접속하기 위해서는 민족적 차원의 개조와 혁신이 선행조건이라고 선언했다. "아일개체(我一個體)의 생명은 영구유전하야 타의 개체로 전환하면서 민족적 대생명이 파류(波流)에 부침하는 것 …… 민족적 공통 생명철리라 함은 무엇인가. 민족의 생시(生始)를 의미함이며 민족적 생의 발전을 의미함이며 민족적 초인주의를 의미하는 말이니."[30] 《개벽》의 발행인 이돈화는 개인을 매개로 유전하는 생명과 본능의 흐름이 다른 사람들에게 전이되고 확장되어 '국가의 힘이 최고'라는 민족주의로 수렴될 것으로 기대했다. '역만능주의'와 동의어인 초인사상을 사상적인 지렛대로 삼아 나약하고 패배의식에 젖은 민족을 일깨우고 민족정신을 개조할 수 있다고 믿었던 것이다. 이돈화의 글과 나란히 같은 지면(《개벽》 1922년 5월호)에 이광수의 〈민족개조론〉이 실렸다는 사실은 크게 놀라운 일이 아닐 수도 있다.

1920년대 조선 지식인들이 니체를 이해하기 위해 단골로 적용했던 잣대는 톨스토이와의 비교평가였다. 직접 인용하자면, "자기이냐? 자기 이상이냐? 개인이냐? 사회이냐? 예를 들어 말하면 '니체'의 주의(主義)이냐? '톨스토이'의 주의이냐? 이것이 우리의 궁극적인 선택의 문제가 될 듯하다."[31] 니체와 톨스토이의 사상을 개인주의와 사회주의, 본능주의와 금욕주의, 약육강식과 무저항주의 등과 같이 상반된 것으로 배치하여 소화하는 것이 당대의 지배적인 지적 풍토였다. "현대의 위대한 천재로서 상호 극단의 두 입장에 서서 반대의 이상(理想)으로써 일세를 경도(驚倒)케" 하는 "독일의 걸출(傑出) 니체"와 "러시아의 괴물 톨쓰토이"[32] 사이의 갈림길에 선 선택은 조선 지식인들에게 단순히 철학적인 취향 문제만은 아니었다. 식민지 조선에 남아 일본제국이 던져주는 먹음직한 근대화(서구화)를 섭취하는 충직한 개가 될 것인가, 아니면 중국과 만주로 망명하여 조선 독립을 위해 싸우는 사회주의에 합류할 것인가 하는 매우 절박하고도 현실적인 문제였을 것이다.

그렇다면 1920년대 식민지 조선 지식인들이 공유했던 니체관은 독창적인 지적 산물이었을까? 《개벽》에 실렸던 근대 서양사상가들에 대한 많은 글이 사실은 1915년 일본에서 출간된 《근대사상 16강(近代思想十六講)》의 내용을 발췌 번역하고 첨삭하며 재배열한 파생상품이었음이 최근에 밝혀졌다.[33] 니체와 톨스토이를 짝지어 이해하려는 조선 지식인들의 사고방식도 일본에서 훨씬 전에 발표되었던 〈유럽의 두 윤리사상의 대표자 니체와 톨스토이의 견해 비교〉(1893)와 〈톨스토이와 니-체주의〉(1909)에서 영향을 받았을 것으로 짐작된다. 중국 지식인들도 예외가 아니었다. 신문화운동의 기수인 천두슈(陳獨秀, 1879~1942)와 리다자오(李大釗, 1888~1927)도 일본 유학을 마치고 중국으로 귀국한 1915년을 전후로 해서 니체와 톨스토이를 비교하는 유사한 글을 각각 발표했다.[34] 20세기 초반의 조선과 중국 지식인들이 서양사상의 동아시아 전진기지이며 보급센터였던 일본 학계가 구성한 지적 프레임에 의존했음을 부정할 수는 없다.

이런 이유로 1920년대 조선 지식인들이 쓴 니체에 관한 글들을 일본학계의 표절물이며 불량품이라고 깎아내리면 그만인가? 1920년대 조선 지식인들이 일본 지식인들의 사상적 테두리를 넘어 서구사상의 주요 개념을 자기 것으로 다시 만들어 현실인식과 현실개조의 무기로 삼았다는 점을 과소평가해서는 안 될 것이다. 이들의 눈에 비친 니체는 기독교를 죽이고 천도교를 영접하는 서양의 새 인물이었고, '힘을 가진 민족만이 선한 민족이다'라는 메시지를 전달하는 민족주의 영웅이었다. 니체 사상의 핵심을 '힘-우선주의'와 '의지와 전투의 철학'으로 인식했던 식민지 지식인들은 '동도서기론'에 매달렸던 유학자들의 현상유지적인 자기기만의 사상체계를 비판했다. 민족의 정신을 근본적으로 개조할 수 있는 사상혁명의 불씨로 니체를 환영했던 것이다. 1920년대 조선 지식인들이 스케치했던 '니체의 식민지 조선에서의 생애'가 1930년대에 어떻게 다른 무늬와 패턴으로 변화되고 각색되며 짜깁기되는지 알아보자.

3. 1930년대 조선 좌·우파 지식인들의 니체 전유

1930년대 조선 지식층의 생태계는 여러모로 1920년대와 달랐다. 제1차 세계대전 직후의 10년이 외래사상의 도전 속에서 전통사상의 생존과 철학적 정체성을 모색하던 과도기였다면, 1930년대는 국내외 대학에서 철학을 전공했던 지식인들이 서양사상을 체계적으로 익힌 도제(徒弟) 기간이었다.[35] 1920년대에 니체를 조선에 소개·해설한 글들이 대부분 일본 저작들을 중역(重譯)한 일종의 중계무역품이었다면, 1930년대에는 몇몇 전문연구자가 원전을 읽고 자신의 생각을 덧붙인 일종의 가공품을 선보였다. 1920년대의 니체가 일부 지식인의 첨단적인 전유물이었다면, 1930년대의 니체는 '신여성'과 대학생을 포함한 교양지식인들의 지적 기호품으로 널리 전파되었다. 이 시기를 대표하는 대중잡지인 《삼천리》는 1941년에 "불란서 서(부)전선에 있는 독일 병사는 무엇을 읽고 있나"라는 질문을 던지고 "니체의 《쯔아라토쓰토라는 이렇게 말한다》"가 히틀러의 《나의 투쟁》과 함께 "매일 날개를 돛인 듯이 팔려 그건 잔고가 없"다고 밝혔다.[36] 세계대전이라는 극한상황에서 니체라는 극단의 예언가가 호출된 것이다.

1920년대에 유행했던 니체-톨스토이의 대비가 1930년대 들어 니체-마르크스라는 짝짓기로 교체되어 논의되었던 것도 변화된 지적 분위기의 산물이었다. 경성제대 법문학부 철학과 1회 졸업생 배상하(裵相河)는 철학의 대중화를 표방하며 1929년에 창간된 《신흥(新興)》에서 니체저서의 일부를 처음으로 원문 번역하고 마르크스와 니체 사상의 유사점에 유의함으로써 니체 연구의 전환점을 마련했다. 그의 관찰에 따르면, 마르크스 사상과 니체 사상은 겉으로 보기에 대립하는 듯하지만, 두 사람 모두 '혁명적 기상'을 밝혔다는 면에서 상호친화성을 갖는다.[37] 배상하는 개인의지와 계급이익에 부합되지 않는 현실의 모순과 투쟁하려는 관점에서 보면 마르크스와 니체 모두 혁명적인 사상가라는 "의미 있는 문제"를 독자들이 곱씹어보라고 권유했다.

맑쓰가 현대에 살어잇는이만큼, 네-체의 수명도 다하지는 안헛다. ……(맑쓰의) 대중주의와 다른 사람(니체)의 개인주의는 단지 외적(대상에 잇서서) 표면적 상위(相違)에 지나지 못하는 것이니, 그들의 근본정신, 즉 대중주의와 개인주의를 생기게 한 원동력인 **힘, 열정, 용기, 싸홈, 반역** 등 혁명적 기상에 잇서서는 양자가 매우 가짜옵다고 할 수 잇슬 것이다.[38]

비폭력 무저항주의 사상가 톨스토이가 사라지고, 그 빈자리를 전복적이며 급진적인 철학자 니체와 폭력적인 계급투쟁의 선동자 마르크스가 한 쌍을 이루며 1930년대 식민지 지식인들을 사로잡았던 것이다.

경성제대 철학과 후배이며 서양철학 전공자인 박종홍(朴鍾鴻)도 배상하의 견해에 동의했다. 마르크스와 니체 모두 "실천을 중시"한다는 측면에서 보면 유유상종의 사상가라는 것이다.

변증법적 유물론과 초인적 사상은 전자가 국제주의적이며 계급주의적임에 반하야 후자가 국민주의적이며 계급부정적인 점이 실로 절대적으로 상이하지만은 급기야 실천을 중시함에 있어서는 그 궤를 가티한다고 볼 수 있다.[39]

박종홍은 현대 유럽 철학의 족보를 만드는 길목에서 니체와 마주쳤다. 그는 현대 실존철학의 흐름을 헤겔 철학의 부흥, 하이데거의 존재론과 빌헬름 딜타이의 생철학, 역사유물론의 지속적인 발전, 초인사상의 재발견 등으로 추적하면서 니체 사상의 중요성을 두 가지 측면에서 부각시켰다. 하이데거 존재론의 철학적 기원을 '정신주의자'이며 '노력주의자'인 니체의 초인사상에서 찾을 수 있다는 점이 그 한 가지이고, 니체가 "불 지핀" 초인사상이 베니토 무솔리니와 같은 20세기 파시즘으로 결실을 보았다는 점이 두 번째 현재적 의의라고 평가했다.[40] 박종홍은 특히 일본제국이 호령하는 1930년대 식민지 조선 땅에도 불어닥치는 파시즘-나치즘의 사상적 괴수로 니체가 극우파적인 정치가와 지식인에게 호출되는 상황에 유의했다.

니체 철학을 둘러싸고 1930년대에 펼쳐졌던 해석과 논쟁을 이끈 대표적인 인물은 안호상(安浩相)과 김형준(金亨俊)이다. 안호상은 1920년대에 독일로 유학을 떠나 '본토'에서 서양철학을 공부하고 1930년대에 귀국하여 니체 철학을 "우리 대학에 체계적으로 소개한" 인물이다.[41] 그는 1935년 전후에 니체 사상이 인기를 얻는 이유를 당시에 유행하던 '문화관'에서 찾았다. 그는 현대과학기술의 부정적인 측면과 한계에 관한 우려와 의구심이 당대인들을 니체가 주창했던 주관주의적이고 파토스적인 세계관으로 끌어당겼다고 설명했다. "문화는 오성(悟性)적 과학가의 배후에서 생산되는 것이 아니라, 격정적이며 의지적 천재의 창조력으로 실현된다"는 니체의 문화관[42]이 제1차 세계대전이 파괴한 현대문명의 황무지를 살아가야 하는 사람들에게 단비 같은 희망의 메시지로 환영받았다는 것이다.

안호상은 니체 르네상스를 설명하는 또 다른 요인으로 니체가 삶에 남다른 애증을 보였다는 점을 꼽았다. 그에 따르면 1930년대의 경제공황과 또 다른 세계전쟁의 위협을 살얼음을 딛는 것처럼 건너야 했던 당대인들은 니체가 설파했던 "생은 곧 전쟁이며 전쟁은 항상 생으로부터 유래하는 것"이라는 '위기의 생(실존)철학'에 매료당했다.[43] 대중이 니체 사상의 핵심을 기존 가치관의 '파괴'와 '전복'이라는 지점에서 '문화'와 개인적인 '실존'의 차원으로 옮겨서 포용했다는 것이다. 다시 말해 니체 사상에 내재된 사상적 급진성을 순화시키고 전쟁 같은 일상생활을 치열하고 감성적으로 풍요롭게 살아가라고 권유하는 '현재주의의 우상'으로 섬기려는 욕망이 니체를 '우파적으로' 부활시킨 1930년대의 시대정신이었다.

1930년대 조선사상사에서 가장 두드러진 점은 철학 1세대의 대부분이 이른바 '데·칸·쇼(데카르트·칸트·쇼펜하우어)'로 약칭되는 독일관념론에 치우쳤다는 점이다. "선험적인 세계를 수납하는 성격"이 있는 독일관념론은 일본의 천황 신화 같은 지배원리의 도구로 이용되기에 맞춤한 사유양식이었던 것이다.[44] 박종홍과 안호상이 대변했던 우파적인 니체 해석도 예외가 아니었다. 중일전쟁이 일어나고 '조선사상범 보호관찰령'이 공표되었던 1936년을 전후로 현실참여적이고 실천적이었던 사상 연구가 퇴조하고 진리탐구의 외피를 쓴 추상적인 순수철학이 득세한 배경을 이들이 제공했다고 해도 크게 틀리지 않을 것이다.[45]

"니체의 초인사상의 품속에는 푸로레타리아적인 것도 있다."

식민지 조선 지식인들 중에서 드물게 니체 사상에 내포된 정반대의 정치적 성격을 포착했던 인물이 김형준이었다. 일본 니혼대학교 철학과 졸업생인 김형준은 김오성이라는 필명으로 문학평론가로 활약했다. 그는 니체 철학이 파시즘 같은 극우이데올로기에 동원되지만, "니-체의 초인사상의 품속에는 푸로레타리아적인 것도 있"기 때문에 "좌익 평론가들도 니-체를 절규하는 형편"이라고 파악했다.[46] 한편으로는 시민계급의 천박한 교양의식을 경멸하지만, 다른 한편으로는 '천민 본의의 평등주의'를 비웃는 니체의 이중적인 신랄함이 조선의 좌우 지식인 모두에게 관심을 받았다고 설명했다.

김형준은 1930년대 식민지 조선의 상황이 니체가 살았던 19세기 후반의 독일과 비슷하다고 생각했다. 그에 따르면 프로이센이 구축한 군국주의라는 낡은 가치관과 1848년 혁명기에 반짝 실험되었던 자유주의와 사회주의의 삼각파도에 내몰린 독일 제2제국과 유사하게, 식민지 조선 역시 양반(융커)계층이 부르주아 시민계급과 경쟁하고 하층민을 앞장세운 사회주의에 위협당하는 상황에 놓여 있었다.[47] 김형준은 1930년대의 조선이 비스마르크가 통치하는 독일보다 더 험악한 국제정세의 희생자가 될 것이라고 걱정했다. 그는 국제 평화를 조율해야 할 국제연맹은 오히려 국제 분열의 싸움터가 되었고, "극동몬로주의를 제창"하는 일본제국주의가 불러온 만주침략과 '태평양상의 풍운'은 "무서운 제2차 ××(대전)의 참화를 낳고야 말 것"이라고 예리하게 내다봤다.[48] 독일제국보다 더 절박한 국내외의 '한계상황'을 조선인들은 과연 어떻게 돌파할 것인가? 김형준은 이런 절체절명의 시대적 물음에 대한 답을 구하기 위해 니체의 역사관에 주목했다. 그는 천도교 계열의 대중교양 월간지인 《농민》에 발표한 3부작을 통해서 니체가 《반시대적 고찰》에서 주창했던 역사철학의 핵심주제를 독자들에게 주입하고자 애썼다.

> "비역사적인 것과 역사적인 것은 한 개인이나 한 민족
> 그리고 한 문화의 건강에 똑같이 필요하다."

"인간은 역사를 이해하는 동물인 동시에 역사를 망각하는 동물이다." 김형준은 이 명제를 니체 역사철학의 핵심으로 인식했다. "과거를 기억하여 과거와 현재를 연쇄적으로 고찰하는 데서 자기를 확인하려는" 점이 다른 동물들과 구별되는 인간의 "제1의 특징"이다.[49] 김형준은 현재를 과거의 결과로 파악하는 역사 인식을 가진 인간은 또한 과거를 미래지향적으로 잊어버리려는 망각 능력의 소유자라는 니체의 가르침에 밑줄을 그었다. 과거의 치욕과 영광을 잊지 않고 기억하려는 능력과 의지는 만물의 영장인 인간만의 특징이지만, 기억의 노예가 되기를 거부하

고 새로운 미래를 만들기 위해 기억의 탯줄을 미련 없이 끊어버리려는 용기도 인간의 또 다른 특징이다. 니체의 말을 직접 빌리면 "비역사적인 것과 역사적인 것은 한 개인이나 한 민족 그리고 한 문화의 건강에 똑같이 필요하다."[50]

김형준은 니체가 분류한 세 종류의 역사 인식—기념적 역사, 고물적 역사(古物的 歷史), 비판적 역사—이 조선 역사에 던지는 의미를 탐색했다. 수나라를 격파한 을지문덕 장군이나 임진왜란의 영웅 이순신을 '기념'하려는 것은 "과거의 위대한 행위를 모방하여 가지고 새로운 행위를 하는 대서 그 행위자는 역사를 더 새롭게 추진식히며 미화식히며 선화(善化)"시키는 효과를 갖는다.[51] 그러나 과거의 유물을 숭배하고 조상의 가르침을 단순히 계승·보존하려는 '호고적(好古的) 정신'에 매몰되어 새로운 것을 생산하지 못하는 고물적 역사에는 미래가 없다. 니체가 기념적·고물적 역사의 약점을 반성하고, 과거에서 해방되어 바람직한 미래를 꾀하는 '비판적 역사'가 절대적으로 필요하다고 강조하는 배경이다. 비판적 역사는 "인간이 역사에 봉사하는 것이 아니라 역사가 삶에 봉사하도록" 과거-현재-미래의 관계를 고쳐 쓰려는 시도이기 때문이다.[52]

"우리는 모두
역사 때문에 타락했다."

니체(와 그의 역사관을 요약하는 김형준)에 따르면, 역사가 삶에 끼치는 치명적인 폐해는 '역사의 과잉'에서 비롯된다. "근대의 인간들은 모든 것을 역사에 의하야 이해하며 역사 그것만이 가장 정직하고 위대한 것이라고 믿는 까닭"에 자기 인격과 자율적인 '생활의 힘'을 잃어버렸다. 김형준은 이런 니체의 역사철학적인 시각에서 조선시대 통치자들은 유교사상만 숭배하여 조선의 독창적인 사상을 '사문난적(斯文亂賊)'이라는 죄명으로 처벌함으로써 우리 민족의 자주적이며 진취적인 발전을 방해하는 결정적인 오류를 범했다고 비판했다.[53] 역사의 과잉이 동반하는 또 다른 치명적인 폐해는 "자기네의 시대가 맞치 인류의 고령시대며 자기들은 인류의 종말기아류(終末期亞流)이며 말손(末孫)인 것갓치 생각하게" 유도한다는 점이다.[54] 이런 사고방식은 개인과 집단을 현실순응적이며, 대안적인 미래를 꿈꾸지 못하도록 마취할 뿐만 아니라, 현실을 개조하려는 노력과 도전을 비웃는 냉소적인 인간을 낳는다. 김형준은 "모든 것을 역사에 의하야 이해하며" "현재를 과거에로 끌고 들어가"려는 사람들—니체가 '역사적 인간'이라고 부른 사람들—은 "역사병에 감염되어 시대의 묘굴을 파는 자"라고 맞장구쳤다.[55] "오호라, 우리는 모두 역사 때문에 타락했다."[56]

김형준의 해석에 따르면, 니체가 설파했던 이상적 인간형인 초인은 "역사적 동물로서 역사를 초월하야 새로운 역사를 지으려는 인간"이었다.[57] 초인은 관습이나 종교 같은 '역사적 조형력'의 무게와 압박을 극복하고, 역사의식의 과잉이라는 늪을 망각이라는 이름의 날개로 탈주하려는 새로운 인간이었다. 일부 사회주의 계열의 조선 지식인이 니체를 '귀족적 군국(영웅)주의자'라고 비난[58]했던 것과 달리, 김형준이 그를 '진보적 사상가'로 평가한 것은 니체의 역사철학을 낙후되고 반동적인 조선의 현실 인식을 개조할 좌표로 삼을 수 있다고 확신했기 때문이다.[59]

4. 니체를 탈식민적으로 다시 읽기 위하여

1920년대와 1930년대 조선 지식인들은 니체 인식에서 미묘하지만 중요한 차이점을 보인다. 1920년대에는 니체 사상을 '부정과 파괴의 철학'으로 인식하여 '강력주의', '개인본능주의', '의지와 전투의 철학', '생명무궁주의' 등으로 무장하여 천도교와 민족정신의 웅비를 위한 사상적 디딤돌로 수용했다. 니체 사상을 천도교와 민족주의라는 색안경을 끼고 투시했던 1920년대와는 달리, 1930년대 조선 지식인들은 니체 사상을 현대문명과 역사관의 위기라는 차원에서 평가하기 시작했다. 그리고 '조선학' 운동이 태동하고 지식인들이 좌우로 분열하기 시작한 1930년대에는 이른바 니체 좌파와 니체 우파로 나뉘었다. 보수적인 아카데미즘을 대표했던 박종홍과 안호상은 니체 철학의 요체를 실존주의와 문화철학에서 구함으로써 '능동적 인간의 철학자' 니체를 상아탑의 스승으로 화석화했다. 김형준은 이들에 맞서 니체의 역사관이 지향하는 반봉건적이고 현실개조적인 메시지를 능동적으로 받아들여 1930년대 식민지적 한계상황에서 탈주하고자 했다.

1920~1930년대 조선 지식인들이 펼쳤던 니체 담론의 역사적 성격과 지성사적 유산을 두 가지 시각에서 톺아보는 것으로 결론을 대신하고자 한다. 우선, 넓게는 서양 근대 사상, 좁게는 니체 철학을 둘러싼 당대 지식인들의 관심과 논쟁에는 사상혁명의 여명기를 지혜롭게 건너려는 시대적 고뇌가 담겨 있다. 본능충족적인 개인주의, 과거를 초극한 민족개조, 사회진화적인 투쟁, 봉건타파적인 반역사주의, 나치즘적인 행동철학……. 일제강점기 조선 지식인들은 니체 사상을 이처럼 다양하게 '조선식으로' 번역하고 혼방했다. '니체의 한국적 삶'은 이데올로기적으로

분열했을 뿐만 아니라 고급 니체와 저속 니체라는 아래위 등급으로도 분열했다. '통속 니체'의 계보학적 기원과 해방 후 남북한에서 진행된 니체 사상에 대한 이데올로기적 편 가르기의 관행은 식민시대에서 유래했던 것이다.[60] 김형준이 북한 문화선전부 부장을 역임한 반면, 안호상은 대한민국 초대 문교부 장관이었고, 박종홍이 박정희 유신정권의 이데올로그였음은 우연한 산물이 아닌 것이다.

일본 식민시대에 '조선식'으로 재창조된 니체 담론을 역사적으로 평가할 때 고려해야 할 또 다른 중요한 조건은 중국과 일본 사례의 비교·검토이다. 세 나라의 니체 인식을 관통하는 '동아시아담론'이 존재했는지, 공유된 시대정신이 무엇이었는지를 되짚어보는 작업이 필요하다. 우리는 20세기 초반 일본, 한국, 중국 세 나라가 니체를 키워드 삼아 사상사적으로 뒤엉킨 역사를 어떻게 서술할 것인가? 무엇보다도 유교·불교와 같은 동아시아 전통사상이 니체를 매개로 하여 서구 근현대 사상과 접속하고 교환되며 충돌하는 전파 경로와 내파(內波) 지점을 유심히 관찰할 필요가 있다. 왜 20세기 초의 일본 지식인들은 니체를 사무라이 문화가 심취했던 육체적 쾌락과 심미주의의 유혹자로 전유했고, 왜 1910년대의 중국 지식인들은 니체를 프래그머티즘의 전도사로 오해했으며, 왜 1920~1930년대의 조선 지식인들은 니체의 강력주의와 무궁생명주의를 민족개혁의 씨앗으로 소비했을까? 항일단체인 의열단 멤버였던 이육사가 〈광야〉에서 애타게 기다렸던 "천고(千古)의 뒤에 백마 타고 오는 초인"은 니체의 위버멘슈와 같은 사람이었을까? 한국 시인들이 부르짖었던 초인은 당대 중국과 일본 시인들의 초인과 얼마나 다를까?

우리는 이런 물음에 대한 실마리를 찾기 위해 일종의 동아시아 근현대 지성사를 공동으로 서술해야 할지도 모른다. 다윈-스펜서-니체-톨스토이-마르크스 등 서구의 유명 사상가들이 일본·중국·한국의 독특한 지적 토양과 기후에서 꽃피운 사상적 연쇄반응을 때로는 미시적으로 때로는 거시적으로 탐색할 수 있는 입체적인 3차원 지도를 만드는 어렵고도 도전적인 과제를 감당해야 할 것이다.

제6장

베버_근대성의 역설을 문화과학으로 진단한
영웅적 비관주의자

1862년	프로이센, 오토 폰 비스마르크를 수상에 임명.
1871년	프로이센의 빌헬름 1세가 독일제국의 황제로 즉위.
1875년	독일, 비스마르크와 가톨릭 사이의 문화투쟁 발생.
1883년	독일, 의료보험법안 통과.
1897년	프랑스, 에밀 뒤르켐, 《자살론》 출간.
1899년	트란스발공화국, 보어전쟁 발발.
1900년	독일, 게오르크 지멜, 《돈의 철학》 출간.
1902년	러시아, 블라디미르 레닌, 《무엇을 할 것인가》 출간.
1905년	독일, 알베르트 아인슈타인, 특수상대성이론 발표.
1908년	프랑스, 조르주 소렐, 《진보의 환상》 출간.
1909년	독일, 막스 베버·게오르크 지멜·베르너 좀바르트 주도로 독일사회학회(Deutsche Gesellschaft für Soziologie) 설립.
1910년	오스트리아, 라이너 마리아 릴케, 《말테의 수기》 발표.
1911년	영국, 국민보험법(National Insurance Act) 통과.
1912년	영국, 타이태닉호 침몰.
1915년	이탈리아, 베네데토 크로체, 《역사의 이론과 역사》 출간.
1918년	독일, 오스발트 슈펭글러, 《서구의 몰락》 출간. 독일, 바이마르공화국 선포.
1920년	독일, 막스 베버 사망.

1. 독일제국의 '조용한 부르주아 혁명'

독일 현대 사회학의 창시자들 가운데 한 명으로 손꼽히는 막스 베버(Max Weber, 1864~1920)는 20세기 전환기 유럽의 시대정신과 사상사의 위기를 대변했던 대표자이다. 한 전기작가가 말했듯이, 막스 베버의 생몰년도는 독일제국의 출범 및 흥망과 거의 일치한다.[1] 베버의 지적 편력과 그를 사로잡았던 학문적 화두가 19세기 후반부터 제1차 세계대전 종결 사이에 독일제국이 직면했던 정치적 난제와 사회경제적 변화 등과 밀접한 연관이 있다는 발언이다. 실제로 베버는 좌파 자유주의 정당의 멤버였고, 브레멘시와 하이델베르크 지방정부의 공직을 경험했으며, 바이마르공화국 헌법 제정에도 관여하는 등 자신의 학문적 전문성을 현실정치에서 구현하려고 노력했다. "학자인가 정치가인가?"라는 두 갈래 길에서 고민했던 베버를 이해하기 위해서는 그의 사유양식에 영향을 끼쳤던 독일제국 시기의 역사적 환경과 시대적 맥락을 간략히 짚어 볼 필요가 있다.

독일제국(1871~1918)은 흔히 민주주의적인 국민국가를 형성한 영국이나 프랑스와는 달리 나치즘을 향한 '특수한 길(Sonderweg)'을 닦은 비정상적인 근대국가로 평가된다. 다른 서유럽 국가들보다 늦게 통일된 민족국가의 건립, 늦춰진 산업혁명, 성공적인 부르주아혁명의 부재, 빈약한 의회주의 전통 등이 결합하여 독일제국은 봉건적 권위주의와 관료적 국가주의가 결합한 특수한 길로 나아갔다는 것이 전통적인 해석이었다. 그러나 최근의 수정주의적인 시각에 따르면, 독일제국은 19세기 말에 급속한 산업혁명과 개인주의적인 시민(Bürger)의 탄생과 공적 영역(Öffentlichkeit)의 등장 같은 특징을 가진 '조용한 부르주아 혁명(A Silent Bourgeois Revolution)'을 경험했다.[2] 그러므로 당대 지식인들이 공유했던 '문화적 페시미즘'은 근대화와 산업혁명에 뒤처진 독일제국의 실패가 가져다준 염세적 세계관이라기보다는 빠르고 눈부신 성공의 쓴 열매였다.

독일제국에서 진행된 부르주아혁명은 국가자본주의라는 형태로 나타나 후발 산업국가라는 약점을 '위에서부터의' 권위주의적인 산업정책으로 보강함으로써 프랑스를 위협하고 영국과 어깨를 겨룰 정도의 신흥 강대국으로 독일을 우뚝 세웠다. 특히 제국 초반의 정치적 갈등과 불안정이 해소되는 1895년을 기점으로 국가가 산업화와 경제발전에 적극 개입하여 제조업의 총생산액은 1873년 26조 6천억 마르크에서 1894년에는 45조 4천억 마르크로 늘었고, 1913년에는 100조 마르크 규모로 급증했다.[3] 빵과 일자리를 공급하는 데 정비례하여 독일제국의 인구도 1873년 4,160만 명에서 1895년에는 5,200만 명으로, 1913년에는 6,700만 명으로 늘어났다.

중앙정부의 개입과 조정에 의존하는 산업화는 대기업 중심의 '카르텔 자본주의'를 조장했고, 근대 기업의 성장은 관료제도의 팽창과 권력화를 가져왔다. 1907년에 실시된 직업 조사에 따르면, 이 시기 독일에서는 대략 120만 명의 공무원이 고용되어 240만 명의 부양가족을 먹여 살렸다. 이는 전체 인구의 4퍼센트에 해당하며, 인구 1만 명당 126명의 공무원 비율을 의미했다. 인구 1만 명당 113명의 공무원을 가진 미국과 73명의 공무원을 가진 영국과 비교하면 높은 숫자였다.4 평생연금 수혜와 공무원 신분의 법률적 보호라는 특혜의 우산 밑에서 융커를 포함한 구체제 귀족과 중상류층이 고위관료층을 독점했다. 독일제국 초반기에 진행된 자유민주주의적인 개혁운동이 좌절된 배경에는 "독일 황제나 수상보다 더 막강한 권력 집단"인 보수적인 관료제도의 방해가 있었음을 간과할 수 없다. 베버가 이성과 효율성이라는 거부할 수 없는 명분으로 정당, 대기업, 군대조직, 노동조합 등으로 확장된 관료제의 본질과 한계에 대해 주목하게 된 배경이다.

막스 베버는 공무원과 국회의원을 지냈던 아버지와 위그노 신앙인 어머니 사이에서 장남으로 태어났다.5 13세에 독일사에 대한 논문을 쓸 만큼 지적으로 조숙했던 그는 만 30세에 주목받는 대학교수로 학계에 데뷔했다. 당대의 유명한 역사가이며 후에 노벨문학상(1902)을 받은 테오도어 몸젠(Theodor Mommsen, 1817~1903)은 "곧 무덤에 갈 내가 들기에는 너무 무거운 이 (학문의) 창을 물려줄 사람은 매우 존경하는 아들 같은 베버뿐"이라는 말을 남겼다.6 인문사회학 분야에서 종횡무진으로 활약했던 그의 사상적 궤적을 편의상 그가 교수직을 사임하는 1899년을 경계로 초기 베버와 후기 베버로 나누어 관찰할 수 있다.

초기 베버는 중세 이탈리아 도시의 무역회사 조직에 관한 논문으로 1889년에 법학박사를 받고 베를린대학교 법학과에 잠시 근무하다가, 2년 뒤에는 고대 로마 농촌지역의 헌법과 민법에 관한 주제로 국가교수 자격을 얻어 프라이부르크대학교 경제학 교수가 되었다. 그는 하이델베르크대학교에 재직 중이던 1899년에 아버지 막스 베버 1세와 다퉜는데, 이 일이 있고 며칠 뒤 아버지가 사망했다. 이 사건으로 베버는 대학에 사직서를 낼 만큼 정신적인 충격을 받았으며, 신경쇠약으로 여러 해 동안 고통받았다.7 이후 스위스, 이탈리아, 네덜란드 등지를 여행하며 휴양했고, 1904년에 아내와 함께 미국을 방문한 후에 사회학자인 '후기 베버'로 돌아왔다.8

2. '문화과학'이라는 렌즈로 들여다본 서양 근대성의 역설

사상사적 관점에서 관찰하자면, 베버는 세기말의 유럽에 팽배했던 실증주의에 대한 반란과 신칸트주의로 상징되는 관념론의 부활이라는 경계선에 우뚝 선 인물이었다. 베버는 동시대인이었던 프랑스 철학자 앙리 베르그송과 이탈리아 역사가 베네데토 크로체(Benedetto Croce, 1866~1952) 등과 함께 한편으로는 실증주의의 도그마와 싸우고 다른 한편으로는 사회를 과학적으로 분석할 수 있다는 생각을 부정하는 독일관념론과도 맞서야만 했다.9 베버는 이런 지적 투쟁 과정에서 '만다린(Mandarins)'으로 지칭되는 독일의 전통적인 지식인상에서 벗어나려고 노력했다. 프랑스혁명과 나폴레옹에 맞서면서 1770~1830년에 형성된 독일 특유의 지적 전통은 근대화, 대중사회, 자유민주주의 같은 정치문화적인 변화를 영국과 프랑스에서 수입된 '통속적 물질주의'의 불량품으로 여기며 외면했다. 대부분의 독일 지식인은 독일의 심미적인 고급문화와 독일관념론에 뿌리를 둔 순결하고 정치에서 벗어난 사상의 우수함을 우상화하는 '통속적 이상주의(Vulgäridealismus)'의 성채로 도피

했다.[10]

그러나 독일제국 성립 이후 빠르게 전개된 산업화의 거친 파도에 멀미하던 독일 지식인들은 근대적인 삶이란 시대적으로 저항할 수 없는 실체이므로 체념하고 받아들여야 할지도 모른다는 위기의식과 불만에 휩싸였다.[11] 근대성과 합리성, 자연과학과 대비되는 문화과학, 가치중립의 객관성과 책임윤리·신념윤리 등 베버가 평생 부여안았던 학문적인 화두는 독일 지식인들을 옭아매었던 '통속적 이상주의'와 '통속적 물질주의' 중에 하나를 선택하라는 협박에서 도망치려는 지적인 독립선언에 다름이 아니었다. 상반된 두 가지 지적 전통 사이에서 팽팽하고도 독창적인 줄타기에 헌신했던 베버의 '영웅적 비관주의'야말로 베버가 남긴 "가장 매력적인 사상적 특징 가운데 하나"이다.[12] 베버가 선보였던 지적 모험의 세계 속으로 들어가서 그 매력의 정체를 알아보자.

"합리주의란 무수한 모순의 세계를 내포하고 있는
일종의 역사적 개념이다."

베버는 이성을 고정적이고 불멸하는 개념이 아니라 시대에 따라 의미가 변하는 당대의 복잡하고 상충된 이해관계가 상호작용한 결과물이라고 새롭게 정의했다. 프랑스의 계몽주의 철학자들이 보편적인 대문자로서의 '이성(Reason)'을 숭배했던 것과 달리, 베버는 "무수한 모순의 세계를 내포하고 있는 일종의 역사적 개념"인 '합리성(rationality)'[13]을 선호했다. 합리성은 근대의 배타적인 발명품이라기보다는 인류의 역사에 늘 존재했지만 시대에 따라 다른 의미를 가진 세계관이었다. 예를 들어 고대 그리스 시대의 합리성이 중용, 아름다움, 물질의 내재적 본성 같은 다양한 속성을 가진다면, 중세시대의 합리성은 신-자연-인간이라는 계서적인 존재의 사슬에서 벗어나지 않는 믿음체계를 지칭했다. 그리고 18세기의 계몽주의와 19세기의 실증주의가 추앙하는 합리성은 자유, 진보, 과학 등으로 구성된다. 영원불멸한 보편적인 합리성이란 존재하지 않고 특정한 시공간의 조건 속에서 만들어진다는 확신은 베버가 구상한 역사사회학의 토대가 되었다.[14]

베버 사상의 핵심 키워드인 합리성이란 무엇인가? 그는 근대 서구의 합리성을 구성하는 결정적인 요인을 '모든 사물과 현상은 계산 가능하다'는 신념으로 파악했다. 지속적인 학문의 진보가 동반하는 주지주의화(intellectualization) 덕분에 현대인들은 "우리가 원하기만 한다면 언제라도 우리의 삶의 조건들에 대한 지식을 얻을 수 있다는 것, 따라서 우리의 삶에서 작용하는 어떤 힘들도 원래 신비스럽고 예측할 수 없는 힘들이 아니라는 것, 오히려 모든 사물은—원칙적으로는—계산을 통해 지배될 수 있다는 것"을 확신하게 되었다.[15] "자연은 수학이라는 언어로 쓰인 책"이라는 갈릴레오 갈릴레이의 자연과학이 마침내 인문학과 사회과학에서도 "통계적으로 계산, 분석, 증명, 예측되지 않는 인간사는 없다!"라는 전지전능한 산술적 합리성으로 완성된 것이다.

베버에 따르면, 합리성과 주지주의를 양 날개로 비상하는 것은 "서구 근대문명의 피치 못할 운명"이다.[16] 사회가 합리적인 형식과 내용으로 발전한다는 것은 거스를 수 없는 시대정신이며, 역사 진보의 순방향으로 수용해야만 하는 것이다. 사회과학적인 인과론에서 벗어나는 신비스럽거나 깜짝 놀랄 미래를 허락하지 않는 합리성은 우리를 '탈주술화'된 세상으로 이끈다. 조상들이 낭만적으로 바라보며 술을 마셨던 '달나라 계수나무의 옥토끼'는 태양의 빛이 달의 계곡에 비친 그림자에 불과하다는 환멸을 동반한다. 더 참기 어려운 것은 첨단의 과학지식마저도 우리 삶의 지혜로운 길잡이가 되지 못한다는 사실이다. 과학은 '최대 다수의 최대 행복과 쾌락'을 위한 조건들을 해명하거나 우리가 신봉해야 할 절대적인 진실을 발견하지 못한 채, 개인이 직면해야 할 행위적·가치적 선택에 대한 '계산 가능한' 이해관계와 예측할 수 있는 결과의 대차대조표를 내밀 뿐이다. 과학과 진보가 해방과 자유를 보장해주는 대신에 오히려 현대인에게서 삶의 의미와 가치를 앗아갔다는 '합리화의 역설'이 성립하는 것이다.

"문화생활에 관한 절대적으로
'객관적인' 학문적 분석이란 없다."

19세기 말에 정점에 이르는 이성맹신주의와 과학만능주의에 대한 베버의 우려는 '문화과학(Kulturwissenschaften)'의 재발견으로 귀결되었다. 당시 독일 지식인들은 자본주의가 동반한 삭막한 경쟁원리와 사회적 불평등을 치유할 만병통치약으로 '문화'라는 개념에 집착했다. 이들은 인문사회과학을 통칭했던 이전의 '정신과학(Geisteswissenschaften)'이라는 고풍스런 이름을 버리고 '문화과학'이라는 이름을 선호했다.[17] 보편적인 일반법칙을 탐구하는 자연과학과 달리 문화과학은 "인간 생활의 제 현상들을 그것이 가진 문화의의의 관점에서 고찰"하므로 본질적으로 주관적인 가치판단이 개입되는 학문 분야이다.[18] 살아 있는 유기체처럼 변화무쌍한 현실사회를 연구하는 문화과학자들이 절대적으로 객관적인 사회법칙을 만들어내려는 생각은 위험한 야심이다. 자연과학은 발견된 지식이 보편타당하면 할수록 그에 정비례해서 더 중요하고 쓸모 있는 법칙으로 기록되지만, 문화과학은 본질적으로 다르다. 왜냐하면 사회문제에 관한 포괄적인 사회법칙은 오히려 현실세계의 풍부함과 특수성을 반영하지 못하는 피상적이고 빈약한 사회지식이기 때문이다. "문화적 현실에 대한 모든 인식은 항상 특정하게 선별된 관점들하에서 이루어지는 인식"이라는 베버의 신념[19]은 니체가 포용했던 관점주의와 유사해 보인다.

그렇다면 문화과학자는 자연과학자와 같은 '객관성'을 획득할 수 없는가? 이런 질문에 대답하기 위해서 베버가 만들어낸 방법론적 도구가 '이념형(Idealfigur)'이다.[20] 이념형은 자연과학적 모델을 적용할 수 없을 만큼 변화가 많고 주관적인 요소들이 개입되는 사회현상들을 '가능한 객관적으로' 분석하기 위해 마련된 구성물이다. 예를 들면 '도시화', '빈곤계층', '고령화사회' 같은 개념들이 이념형에 해당한다. 이들은 사회 현실을 실제적으로 묘사하는 범주라기보다는 연구대상을 가능한 과학적으로 이해하고 비평하기 위해 만들어진 가설적인 표상이다. 과거를 '진실한 사실'이나 '본질적인 실체'로 인식하는 대신, 사회과학적인 데이터를 수집하여 복잡하고 혼란스럽게 보이는 제도나 사건과 개인들의 다양한 행위의 '문화적 의미'를 파악하려는 의도로 만들어진 문화과학의 도구인 것이다.[21]

유의해야 할 점은 이념형을 대입하여 얻어낸 '기술적인 지식'은 특정한 정책을 자동으로 결정하지 못한다는 사실이다. 빈곤의 원인과 사회적 파급효과에 대한 사회과학적인 지식을 쌓았더라도 성장우선주의를 밀어붙일 것인지 복지제도와 최저임금 상승으로 해결할지의 여부는 대중과 정책입안자들의 가치판단에 달려 있기 때문이다. 그러므로 문화과학 분야의 객관성은 각 개인의 세계관에서 우러나는 신념과 윤리적인 선택이 수반하는 공동체의식의 다른 이름인 것이다.

3. 자본주의와 관료제가 건축한 현대문명의 '쇠우리'

1904년에 미국 여행에서 돌아온 후 발표한《프로테스탄티즘의 윤리
와 자본주의 정신(Die Protestantische Ethik und der Geistes des Kapitalismus)》
은 후기 베버의 출세작이며, 그의 지적소유권처럼 알려진 '합리화(의 역
설) 테제'를 다룬 문제작이다. 역사사회학자 베버의 눈에 비친 자본주의
는 근대적 경제활동의 가장 합리적인 생산양식이며, 종교개혁이 정신적
인 탯줄을 제공했다. 이 책의 주제를 단순하게 요약하자면, 가장 합리적
인 경제시스템인 자본주의는 마르틴 루터의 소명의식과 장 칼뱅의 예정
설이라는 프로테스탄티즘적 노동윤리의 합작품이었다. "일하지 않는 자
는 먹지도 말라"는 사도 바울의 명제는 수도원의 공동체 규율에 머물지
않고 "시간이 돈임을 명심하라"는 벤저민 프랭클린의 금언으로 번역되
어 세속적인 일상생활을 꾸려나가는 합리적인 직업 개념으로 다시 태어
났다.[22]

루터의 소명의식이 신에게 받은 일상적인 노동과 직업을 신성하고 고
귀한 것으로 승격시켰다면, 칼뱅의 예정론은 노동자와 직업인간이 한눈
팔지 않고 근검절약하면서 자본을 쌓아가도록 유도했다. 만약 신의 은
총을 받은 사람들은 태어나기 전부터 구원이 '예정'되어 있는 것이라면,
이 세상에 던져진 사람들은 자신의 구원받음을 증명하기 위해 충동적인
삶의 향락에 물들지 않고 자본을 끝없이 쌓아가는 '현세적 금욕주의'의
삶을 살아야만 한다. 이런 청교도주의적인 인생관은 수전노 같은 탐욕

에 불타는 유대인들의 천민자본주의와 구별되는 "시민계층적이고 합리적인 경제적 생활양식"으로서 "근대적 '경제인간'의 요람이었다."[23]

베버의 설명에 따르면, 청교도정신에서 탄생한 근대 자본주의의 역설은 직업 인간을 "정신없는 전문인, 가슴 없는 향락인(간)"으로 전락시켰다는 점이다.[24] "왜냐하면 금욕주의가 수도원의 골방에서 나와 직업 생활 영역으로 이행함으로써 세속적 도덕을 지배하기 시작했고, 또 공장제·기계제 생산의 기술적·경제적 전제 조건과 결부된 저 근대적 경제 질서의 강력한 우주를 건설하는 데 일조했기 때문이다."[25] 자본주의를 잉태한 청교도적인 에토스는 부의 축적과 이윤 추구를 신이 허락한 축복으로 환영하고, 노동(직업)을 신이 내려준 숙명적인 소명으로 수용하며, 자신의 구원받음을 스스로 검증하기 위해 한 치의 낭비가 없도록 일상생활을 합리적으로 조직하면서 사회경제적 불평등을 신의 섭리로 여기도록 한다. 베버는 이런 생각이 "마침내는 도저히 벗어날 수 없는 힘으로 인간을 지배하게" 될 것이라고 염세적으로 진단했다. "승리를 거둔 자본주의"는 모든 사회구성원이 소명의식과 금욕주의라는 마법에 걸려 '목구멍이 포도청'이라서 노동에 목을 매는 "직업 인간이 될 수밖에 없도록 만들었다." 루터와 칼뱅이 정신적으로 주조했던 근대 자본주의는 인간을 합리화의 막다른 골목인 어둡고 차가운 '쇠우리'에 감금시킨 것이다.[26]

> "관료제는 사실상
> 난공불락의 지배관계 형태다."

베버의 지배사회학에 따르면 사회의 조직과 운영에 가장 합리적인 제

도가 관료제이다. 자본주의와 국민국가의 기본적인 운영체제인 관료제
는 이전의 다른 사회조직체와 비교하면 "상품생산에 있어서 기계적 방
식과 비기계적 방식간의 관계"만큼이나 기술적으로 우월하다.[27] 근대
이전에는 개인관계와 감정적인 친분에 따른 지배-복종 방식이 우월했
다면, 근대 관료제는 전문적인 수련을 받은 사람들이 비인격적인 차원
에서 "행정업무를 순전히 객관적 기준에 따라 분할"하고 "계산 가능한
규칙들에 따라 처리"한다는 차별성을 갖는다. 상대방의 신분을 전혀 고
려하지 않는 객관적이고 합리적인 규정과 원칙에 따라 업무를 중립적이
고 정해진 방식으로 처리하는 '공무원-직업 인간'은 관료제의 효율성과
영속성을 보장한다. 관료제가 내포한 합리화의 역설 또는 비극은 "일단
한번 전면적으로 관철된 관료제는 가장 파괴하기 어려운 사회조직"으로
정착되어 "사실상 난공불락의 지배관계 형태"로 군림한다는 데 있다.[28]
원칙주의, 신분 보장, 업무분리주의, 권력적 위계질서 등 관료제를 원활
하게 운용하기 위해 설계된 조건들이 궁극적으로는 '피도 눈물도 영혼
마저도 없는' 철밥통 공무원들을 양산하고 무사안일주의와 행정편의주
의를 강화하기 때문이다.

　개혁은커녕 혁명으로도 파괴할 수 없는 관료제라는 또 다른 쇠우리에
감금된 현대인을 누가 탈출시켜줄 것인가? 베버는 '카리스마적 지도자'
에게 그 역할을 기대했다. 베버는 법학자이며 교회역사가인 루돌프 솜
(Rudolph Sohm, 1841~1917)이 "은총의 선물"이라는 뜻으로 처음 사용했던
'카리스마(charisma)'라는 단어를 관료제와 직업세계에 얽매이지 않은 현
대적 영웅이라는 문화과학적 개념으로 확장했다.[29] "항상 배우가 되어
버릴 위험"을 스스로 즐기며 "진정한 권력이 아니라 권력의 화려한 외관
만을 추구"하는 데마고그와 달리, 카리스마적 지도자는 전통적 권위나

도덕적 규범, 세습권력과 성문법의 바깥에서 자신의 신념과 대의에만 헌신한다.[30]

대중의 인기로 먹고사는 스타 연예인이나 포퓰리즘에 영합하는 선동가와 달리, 진정한 카리스마적 지도자는 자신이 확신하는 소명의식에 헌신함으로써 우호적이지 않은 대중에게도 지지를 받으며 자기 권력의 정당성과 합법성을 스스로 만들어낸다.[31] 독일황제와 교황의 위협에 정면으로 맞서 면죄부 판매의 부당성과 오직 믿음에 의한 구원이라는 신념을 결코 거두지 않았던 마르틴 루터는 종교개혁을 성공으로 이끈 카리스마적 인물이었다. 국방예산의 통과를 반대하는 제국의회에 맞서 "현실의 문제는 토론이 아니라 피와 철(鐵)에 의해 결정된다"고 선언했던 철혈재상 오토 폰 비스마르크(Otto von Bismarck, 1815~1898) 역시 베버가 주창한 카리스마적 지도자의 모델이었을 것이다.[32]

"만약 지금까지 불가능에 도전하는 사람들이
계속 나타나지 않았더라면, 인류는 아마
가능한 것마저도 성취하지 못했을 것입니다."

근대성이 설계한 '쇠우리'에 갇혀 일상생활을 살아야 하는 보통 사람들은 카리스마적 구원자만 하염없이 기다릴 수는 없다. "화석연료가 다 타서 없어질 때까지" 생산과 이윤 추구를 멈추지 않는 자본주의와 이를 후원하는 관료적 형식주의(red tape)의 거미줄에 걸린 현대인들은 어떻게 후견인에게 의존하지 않고 탈주할 용기를 발휘할 것인가? 합리성의 역설과 탈주술화라는 이중 장애물을 뛰어넘기 위해 포스트모던 인간은 무엇보다도 "삶의 현실에 대한 훈련되고 가차 없는 시각과 이 현실을 견디어내고 이것을 내적으로 감당해낼 수 있는 능력"을 가져야 한다. 그리고 "자기 자신이 제공하려는 것에 비해 자기 눈에는 너무나 어리석고 비열하게 보일지라도 이에 좌절하지 않고 그 어떤 상황에 대해서도 '그럼에도 불구하고!'라고 말할 능력"을 겸비해야 한다.[33] 그는 아폴론적인 계산능력과 디오니소스적인 격정을 유기적으로 조합하는 능력의 소유자로서 베버가 '문화인간(Kulturmenschen)'이라고 부르는 인간형이다. 문화인간은 "세계에 대해 의식적으로 자신의 입장을 정립하고 또 이 세계에 의미를 부여할 수 있는 능력과 의지를 가진" 사람이다.[34] 그는 종교적 위안을 바라지 않고, 영영 오지 않을 예언자에게 자신의 삶을 기탁하거나 삶의 무의미를 불평하지도 않으며, 다만 스스로 세운 신념과 세계관을 소박하고 성실하게 실천하는 작은 영웅이다.

문화인간은 현대문명의 하찮은 부품으로 기능하는 직업 인간으로 살아가기를 거부하고 공적 영역과 사적 영역을 자유롭게 넘나들면서 쇠우리에 균열을 내는 사람이다. 그는 자신의 취향과 소신에 맞는 단체나 동아리를 자발적으로 조직함으로써 관료제와 자본주의라는 쇠우리에 숨통을 뚫고 해방과 자유의 공기를 마시는 사람이다. 예를 들어 우리는 퇴근 후에 아마추어 마술사로 변신해 양로원의 외로운 노인들에게 벗이 되어주거나, 매 맞는 아동과 여성을 위해 시간제 돌보미로 활동하거나, 자신의 전문지식을 기부하여 노숙자들의 자존감을 높여주거나, 직업교육과 법률상담을 해줄 수도 있다. 이렇게 현대인은 돈으로 환산되지 않는 현실참여를 통해 (뒤에서 알아볼 베버의 추종자 죄르지 루카치의 개념을 앞당겨 사용한다면) 자신의 인격과 개성이 '화석화/사물화'로 녹슬지 않도록 갈고닦을 수 있다. 현대사회의 문화인간은 돈벌이군에 안주하지 않고 각종 시민단체에 소속되어 자신의 잠재력을 실험하는 멀티플레이어

(multi-player)이다.

그렇다면 문화인간에서 니체적 초인(위버멘슈) 또는 차라투스트라로 도약하기 위해 통과해야 할 마지막 좁은 문은 무엇일까? 베버는 이런 궁금증에 명시적으로 대답하지 않았지만, 짐작해보기는 어렵지 않다. 말년의 베버는 "직업으로서의 학문"이라는 제목의 강연(1917)에서 학자가 갖추어야 할 두 가지 내적 조건으로 열정과 소명의식을 꼽았다. 그리고 사망하기 1년 전 뮌헨에서 행한 "직업으로서의 정치"라는 제목의 강연(1919)에서는 전문정치가가 갖추어야 할 세 가지 품성으로 열정, 책임감, 균형감각을 열거했다. 프로 직업 인간으로 제 몫을 다하고 만족한 삶을 살기 위해서는 특출한 전문지식이나 냉철한 이성적 판단력이 아니라, 매우 주관적이고 측정하기 어려운 '열정'이 결코 생략할 수 없는 공통의 자격요건이라고 강조했다. 진정한 학자는 "어느 고대 필사본의 한 구절을 옳게 판독해내는 것에 자기 영혼의 운명이 달려 있다"고 확신하고, 진정한 정치가는 "하나의 대의 및 이 대의를 명령하는 자인 신 또는 데몬에 대한 열정적 헌신"을 보내야만 하는 것이다.[35] 열정은 학자와 정치인만의 성공비결이 아니다. 오늘날 우리는 밤이 아무리 깊더라도 새벽은 마침내 밝아온다는 희망과 열정으로 불가능한 과업에 도전을 멈추지 말아야 한다. 말하자면 열정이야말로 가짜-직업 인간과 좋은 시민-직업인을 구별 짓는 '지상의 척도(尺度)'이다.

4. '베버 르네상스' 다시 보기

무지개처럼 스펙트럼이 다양하고 두터운 막스 베버의 지적 편력을 선별적으로 읽고 그를 비판하는 학자들도 물론 있다. 청교도정신에서 근대 자본주의의 문화적인 기원을 찾음으로써 유교적 자본주의 등을 부정했던 그를 오리엔탈리스트나 제국주의자로 보는 시각이 단적인 사례이다.36 그렇지만 베버야말로 근대성과 합리화 그 자체를 학문적인 '아포리아'로 접근하여 가장 치열하게 고민했던 사상가라는 점에는 이견이 없다. 나는 베버가 "근대적 이성의 문제를 그 원래의 발생지인 계몽주의적 '철학'의 차원에서 '사회과학'의 차원으로 전치시킴으로써 근대성에 대한 '사회학적' 이해에 하나의 중요한 개념적 이론적 단서를 제공한 사상가"라는 평가37에 동의한다. 유사한 맥락에서 베버는 개인과 사회, 사실과 의미, 진보와 해방, 자유와 규율, 주관과 객관, 분석과 이해, 특수성과 보편성, 현실세계와 유토피아 등을 오가면서 양립할 수 없는 요소들을 중재하려고 애썼던 고전 사회학의 거물로 자리매김하고 있다.38 이런 관점에서 되짚어보면, 베버의 사상은 자신이 섬기는 데몬에게 복종하고, 대중마술사 같은 카리스마적 지도자를 섬기며, 이성보다는 열정에 호소함으로써 아이러니하게도 '새로운 비이성의 등장'으로 귀결되었다는 평가39도 흘려들을 수 없다.

베버는 폐렴이 악화되어 죽음을 앞두자 자신의 지적 편력을 회상하면서 "오늘날의 학자, 특히 철학자의 정직성을 가늠하는 기준은 그가 니체와 마르크스에 대해 어떤 평가를 내리는가 하는 것이다"라고 고백했다.40 그의 유언 같은 이 발언은 20세기의 서양 현대 지성사에서 발생하는 획기적인 변화를 예언한 것처럼 들린다. 자신이 던진 질문에 대해 베버는 "나의 사상을 감싸고 있는 아우라는 마르크스보다는 니체에 더 친화적인 것이었다"고 망설임 없이 대답했을 것이다.41 지금까지도 국내외 학계에서 꺼지지 않는 '베버 르네상스'는 베버를 니체와 더불어 합리적 근대성의 명암을 입체적으로 조망하여 포스트모던한 (불)가능성을 모색했던 포스트모더니즘 논쟁의 선구자로 보려는 현재진행형인 현상이다.[42]

하이델베르크대학교 교수 시절에 베버의 집을 사랑방으로 삼았던 '베버 서클'의 단골 멤버 가운데 한 사람이 죄르지 루카치였음을 기억할 필요가 있다. 자본주의의 토대에 집중했던 마르크스가 소홀히 취급했던 상부구조의 힘과 영향력을 분석했던 베버처럼, 서구마르크스주의의 이론적 창시자인 루카치와 그의 사상을 이어받은 프랑크푸르트학파도 현대인들이 보이지 않는 '쇠우리'에서 벗어날 생각조차 하지 못하도록 20세기 자본주의가 그들에게 주입했던 도덕과 지식의 권력을 폭로했기 때문이다.

포스트모더니즘의 또 다른 예언자로서 베버가 남긴 사상적 과제와 유산과 관련해 그의 육체담론에 대해 간략히 덧붙이고자 한다. 자본주의적 정신의 기본요소인 금욕주의가 수도원의 울타리를 넘어 시장의 저잣거리로까지 파급됨에 따라서, 근대인의 육체를 합리적으로 단련하고 그 에너지를 최대화하는 것이 세속 정부의 공적 업무가 되었다. 전염병을 없애 영아 사망률을 낮추고 영양학(dietics)이라는 과학적인 양생법으로 국민의 건강과 체력을 증진시켜 더 잘 싸우고 더 열심히 노동하는 후손을 재생산하도록 유도하는 신체정치(Body Politics)가 근대국가의 핵심적인 통치기술로 등장한 것이다.[43] 베버가 근대 자본주의가 낳은 마지막 인간인 "정신 없는 전문인, 가슴 없는 향락인"을 육체적으로 잘 규율된 인간으로 개조하여 독일의 '육체 민족주의' 육성에 기여했는지는 더 연구해봐야 할 것이다. 다만 베버가 근대적 육체를 수도원에서 벗어나 병원과 공장 같은 세속기관으로 확산되어 만들어진 인간과학의 훈육적인

산물로 본다는 측면에서 관찰하면 이 책의 마지막 장에서 다룰 푸코의
육체담론과 공유하는 지점이 있다.[44]

제7장

프로이트_무의식 세계의 탐험가

1867년 오스트리아-헝가리제국 출범.

1881년 오스트리아, 지크문트 프로이트, 의학박사 학위 받음.

1895년 오스트리아, 지크문트 프로이트와 요제프 브로이어, 《히스테리 연구》 발표. 반유대주의자 카를 뤼거, 빈 시장 당선.

1897년 스위스, 바젤, 제1차 시오니스트 총회 개최.

1900년 오스트리아, 지크문트 프로이트, 《꿈의 해석》 출간.

1901년 오스트리아, 문화부가 구스타프 클림트의 예술아카데미 교수직 선출 인준을 거부.

1903년 스위스, 카를 구스타프 융, 박사학위 논문인 〈이른바 신비현상의 심리학과 병리학에 대하여〉 출간.

1908년 오스트리아, 빈 정신분석학회(Vienna Psychoanalytic Society)가 출범하고, 잘츠부르크에서 제1회 국제정신분석학 회의 개최.

1910년 독일, 지크문트 프로이트 주도로 뉘른베르크에서 국제정신분석학회(International Psychoanalytic Association) 창립.

1911년 미국, 어니스트 존스 등의 주도로 미국정신분석학회(American Psychoanalytic Association) 창립.

1915년 독일, 프란츠 카프카, 《변신》 출간.

1921년 영국, 루트비히 비트겐슈타인, 《논리철학 논고》 출간.

1924년 독일, 토마스 만, 《마의 산》 출간.

1925년 독일, 아돌프 히틀러, 《나의 투쟁》 제1부 출간.

1929년 독일, 카를 만하임, 《이데올로기와 유토피아》 출간.

1933년 독일, 베를린에서 프로이트의 책을 포함한 유대인 저자들의 책 화형식.

1939년 영국, 지크문트 프로이트 사망.

1. 세기말 빈: '심리적 인간'을 품은 인큐베이터

엄격히 따지자면 지크문트 프로이트(Sigmund Freud, 1856~1939)는 오스트리아에서 태어났지만 오스트리아-헝가리제국(1867~1918)에서 성장하여 정신분석학자로 이름을 떨쳤고, 독일 국적을 가진 채 영국에서 사망했다.[1] 그가 가족과 함께 1860년부터 1938년까지 생애 대부분을 빈 시민으로 살았다는 점을 상기한다면, "프로이트를 만든 8할은 빈"이었다고 해도 과언이 아니다. 10대부터 60대까지 프로이트의 공식적인 조국이었던 오스트리아-헝가리제국은 정치적으로는 "서방의 입헌의회주의와 동방의 절대주의 사이에서 중간자적 태도"를 견지하고, 민족적·종교적으로는 11개 민족이 불안하게 동거하며, 자유주의, 사회주의, 범게르만주의, 반유대주의, 시온주의 등이 경쟁하는 '모순의 제국'이었다.[2] 황제 프란츠 요제프 1세(재위 1848~1916)는 '오스트리아 황제 겸 헝가리 왕'이라는 이중의 호칭으로 군림했고, 빈과 부다페스트에는 독립된 의회와 수상이 지휘하는 행정부가 각각 운영되었다. 오스트리아에서는 1906년에 남성보통선거권이 실시되었지만, 헝가리에는 이 제도가 도입되지 못했다는 사실이 이중제국의 복잡한 성격을 잘 반영한다.

"사회문제를 연구하는 데 빈만큼
좋은 도시는 독일에는 달리 없을 것이다."

'세기말 빈'은 극좌에서 극우까지 다양한 정치세력이 권력을 다투는
중심 무대였다. 1867년부터 1879년까지 정권을 잡고 자유주의적 개혁
을 실시했던 헌법정당(Verfassungspartei), 범게르만주의를 내세우며 1885
년에 출범한 독일민족연합, 마르크스주의자 빅토어 아들러(Victor Adler,
1852~1918)가 주도해 1889년에 창단한 사회민주당, 반유대주의를 선동
하면서 나중에 빈 시장에 당선되는 카를 뤼거(Karl Lueger, 1844~1910)가
1890년에 창단한 기독교사회당, 가톨릭 정통의 고수와 반유대주의를
내세우며 1895년에 창단한 극우파 가톨릭인민당[3] 등 일련의 정당들이
연출하는 '감정의 정치학'이 부글거리는 도시공간이 빈이었다. 빈을 중
심으로 재편된 새로운 정치 지형도는 유권자들을 이성적인 정견이나 합
리적인 프로그램이 아니라 환상과 증오의 도가니로 내몰았다. "정치학
이 심리학화되고 심리학이 정치화되는" 기이한 정치문화현상이 출현했
던 것이다.[4]

오스트리아-헝가리제국의 사상적 분위기와 문화·예술적인 환경은
어떠했을까? 단순히 열거하자면, 프라하 출신의 시인 라이너 마리아
릴케(Rainer Maria Rilke, 1875~1926)와 소설가 프란츠 카프카(Franz Kafka,
1883~1924), 부다페스트 출신의 철학자이자 문화비평가 죄르지 루카치
(György Lukács, 1885~1971) 등이 프로이트와 동시대인이었다. 제국을 관
통하는 사상적·문화적 특징은 개혁과 보수의 충돌이 아니라 오히려 이
양자 사이의 긴장된 통합에서 찾아야 한다는 과감한 평가[5]는 빈에서만
큼은 유효하게 적용된다. 세기말 빈은 17세기에 로코코 양식으로 건축

된 쉰브룬 궁전과 "예술에는 자유를"이란 구호를 이마에 달고 1897년에 건립된 아르누보 양식의 분리파 전시관(Wiener Secessionsgebäude)이 양립하는 공간이었다. 한편에서 에른스트 마흐(Ernst Mach, 1838~1916)와 루트비히 비트겐슈타인(Ludwig J. J. Wittgenstein, 1889~1951)이 철학과 언어학의 실증성을 강화했다면, 다른 한편에서는 구스타프 클림트(Gustav Klimt, 1862~1918)와 오스카어 코코슈카(Oskar Kokoschka, 1886~1980)가 관료적 전통예술에 반대하는 '분리파(Wiener Secession)' 운동을 이끌었다.6 한 분야의 보수적 성향을 다른 분야의 혁신으로 상쇄하면서 양자가 기묘하게 동거하는 양상이 세기말 빈의 사상적·문화예술적 풍경이었다.

칼 쇼르스케의 분석에 따르면, 정신분석학은 '모순의 제국'의 정치적·사회경제적 갈등과 세기말 빈의 혁신적인 지적 분위기가 함께 만들어낸 결과물이었다. 1848년 혁명 이후에도 부재지주·정부 관료·군 장교 등으로 변신하면서 살아남은 옛 귀족 출신의 상류층, 상업금융가와 산업사회의 관리경영자 등으로 발돋움한 부르주아지, 소매상인·사무실 노동자·서비스업 종사자 등으로 구성된 중하층계급, 맨 밑바닥에서 신분상승을 꿈꾸며 하루하루 먹고사는 노동자들……. 이들이 집단으로 연출하는 '비이성의 정치화(Politicization of the Irrationality)'는 '심리적 인간(homo psychologicus)'을 낳았다.7 소시민에서 노동계급으로 전락할지도 모른다는 불안과 공포에 시달리는 '억압된 자들(the Repressed)'과 고용주의 착취와 부르주아지의 '갑질'에 분노하는 '압제된 자들(the Oppressed)' 사이의 갈등과 폭력은 계몽주의가 지난 200년 동안 키운 '합리적 인간'을 절벽으로 내몰았다. 세기말 빈은 좌절과 배반, 분노와 히스테리 등으로 '심리적 인간'에게 자양분을 제공하는 인큐베이터였다. '가장 괴로운 인생의 학교'였던 빈에서 가난과 고독을 벗삼아 자유주의·사회주의·유

대주의에 대한 증오를 배운 '문제적인 심리적 인간' 가운데 한 명이 바로 '청년 히틀러'였다.[8]

**"내가 선택한 구원은
고수라는 직함이었다."**

프로이트는 자유주의적 개혁정책의 수혜자인 동시에 19세기 말 빈에 팽배했던 반유대주의 광풍의 희생자였다. 그는 여덟 살에 셰익스피어를 읽고, 아홉 살에 김나지움(중등학교)에 입학할 정도로 뛰어난 소년이었다. 김나지움 재학 시절에 즐겨 읽었던 그리스-로마 신화는 나중에 '나르시시즘'과 '오이디푸스 콤플렉스' 같은 정신분석학적 개념에 활용되었다.[9] 유대인들이 전문직에 진출할 수 있도록 허용한 관용적인 개혁법에 힘입어 열일곱 살에 빈 의학부에 입학한 프로이트는 볼테르와 칸트 같은 계몽주의 철학자는 물론이고 루트비히 포이어바흐(Ludwig Andreas von Feuerbach, 1804~1872)와 아르투어 쇼펜하우어(Arthur Schopenhauer, 1788~1860) 등에 심취했다.[10] 1880년 이후에 고개를 내민 반유대주의는 전문직업인이 된 프로이트의 시련기와 겹친다. 프로이트는 카를 뤼거가 1895년 빈 시장에 선출되면서 반동보수 바람이 거세지자 유대인이라는 약점 때문에 주류 사회에 들어가지 못하고 교수 임용에도 17년이나 걸렸다고 불평했다. 이런 아픈 상처에 앙갚음이라도 하듯이 '신앙심 깊은 반교회주의자'였던 그는 아프리카 태생의 셈계 혈통(유대인을 포함하는 고대 아프리카·아라비아의 민족)인 카르타고인으로 포에니전쟁에서 (먼 훗날 가톨릭교회의 본부가 되는) 로마를 능욕했던 명장 한니발(Hannibal Barca, 기원전 247~183/181)을 자신과 동일시하는 판타지에 빠졌다.[11]

프로이트는 정치적으로 자유주의 신봉자였다. 나폴레옹 1세를 중부 유럽을 봉건적 사슬에서 해방시킨 영웅으로 존경했고, 프란츠 요제프 1세가 김나지움을 방문했을 때 모자 벗기를 거부했을 만큼 권위와 특권에 저항했다. 그는 영국혁명의 영웅인 올리버 크롬웰(Oliver Cromwell, 1599~1658)을 본따 둘째 아들 이름을 '올리베르'로 지을 만큼 자유주의를 지지했지만, 참정권을 한 번도 행사하지 않았던 정치적 냉소주의자였다. 극우와 극좌를 오가고 게르만 민족주의 광기의 포로가 된 현실정치에서 한 걸음 떨어진 프로이트는 "내가 선택한 구원은 교수라는 직함"이라고 고백했다.12 반유대주의와 맞서지 못하고 현실과 타협했던 아버지에 대한 미움과 갑작스런 죽음도 프로이트를 정신분석학이라는 '내적 망명의 길'로 미끄러지게 했다. 프로이트를 무의식 세계로 이끌었던 많은 꿈의 사례가 자기 자신의 것이었다는 사실은 세기말 빈의 유대인-자유주의자-아웃사이더-늦깎이 교수였던 자신을 분석한 결과가 정신분석학의 발명으로 이어졌음을 보여준다. 프로이트는 "정치세계의 갈등을 인간 정신(psyche)의 갈등으로 바꿈으로써" 정치를 정신분석의 대상으로 환원시켜 "자기 자신을 희생자에서 주인으로 전환시켰다."13

2. 에고 정신분석학자에서 문명을 비평하는 메타심리학자로

의사이자 생리학자였던 프로이트가 정신분석학자로 변신하게 된 직접적인 계기는 히스테리 연구였다. 그는 1885년에 프랑스에서 유학하며 당대 정신병 분야의 최고 권위자인 장 마르탱 샤르코(Jean Martin Charcot, 1825~1893) 밑에서 짧지만 중요한 수련기를 보냈다. 샤르코는 생리학적 분석이나 물리적 수술이 아니라 최면술을 통해 환자의 의식 세계의 문지방을 넘어가서 정신병의 원인을 진단했다. 스승의 가르침에 깊은 인상을 받은 프로이트는 첫 아들 이름을 '마르틴'으로 지어 보답했다. 그는 "정신분석학의 형성사에 있어서 최면술이 갖는 의의는 아무리 높게 평가해도 지나치지 않다"고 회고했다.[14] 히스테리에 대한 관심은 귀국 후 빈의 의사 요제프 브로이어(Josef Breuer, 1842~1925)와의 공동작업으로 이어졌다. 이들은 "억제된 감정이 말(言)을 통해 빠져나가도록" 환자가 자신의 마음에 떠오르는 모든 것을 아무런 거리낌 없이 말하게 하는 '자유연상법'으로 히스테리 연구의 새로운 장을 열었다.[15] 이전의 통념과는 달리 히스테리는 여성의 생리적인 특징에서 오는 질병이 아니라 남녀 모두가 걸릴 수 있는 마음의 발작이며 신경쇠약(neurosis)이라는 것이 브로이어와 프로이트가 함께 집필한《히스테리 연구(Studien über Hysterie)》(1895)의 요지였다.

히스테리의 원인과 해결책을 설명하기 위해 프로이트가 1896년에 처음으로 사용한 개념이 '정신분석학'이었다. 브로이어와 프로이트는 히스테리가 정신적 에너지의 흐름이 억제되어 나타나는 증상이므로 잘못된 길에 갇혀 있는 감정을 정상적인 방향으로 유도하는 '감정정화' 방법으로 치유할 수 있다고 믿었다. 그러나 공동연구 이후 프로이트는 본능적 충동이 무의식 차원에서 강제로 억압되고, 자아가 그에 저항하는 과정에서 신경증이 발생하며, 자아를 짓누르는 본능적 충동의 정체가 성적 에너지라고 생각했다. 그러므로 무의식적으로 발동하는 성적 욕망을 제압하고 완화함으로써 히스테리 환자를 치유할 수 있다고 확신했다. "나는 이런 새로운 점을 고려하여 나의 연구 방법과 치료 방법을 더 이상 감정정화라 하지 않고 정신분석이라 불렀다."[16] 환자를 무의식적으로 괴롭히는 성적인 검열의 작동과정과 금지된 성적 판타지의 내용을 스스로 말하게 하여 증상이 해소되는 '카타르시스 정신요법'으로 "히스테리로 인한 비참함을 보통의 일상적인 불행 정도로 바꾸는"[17] 새로운 접근법을 '정신분석'이라고 명명했던 것이다.

프로이트는 자신이 창안한 정신분석학을 다음과 같이 백과사전식으로 정의한다. "'정신분석학'은 ① 어떤 다른 방식으로는 거의 접근할 수 없는 정신적 과정의 탐구를 위한 절차에 대한 이름이고, ② 신경증 질환을 치료하기 위한 방법의 이름이고, ③ 새로운 과학 분야 속으로 점차 축적되고 있는, 그러한 노선을 따라서 획득한 심리학적 정보 집합의 이름이다."[18] 종합하자면 프로이트는 '정신분석학이란 이성(의식)적으로 접근할 수 없는 무의식이라는 정신영역을 탐구하여 획득된 지식을 신경증 환자 치료에 적용하는 과학적인 심리학 분야'라고 정의하면서 정신분석학의 실용성과 과학적인 지향성을 강조했다. 그가 정신분석학과 유사개념으로 '심층심리학(a psychology of the depths)'이라는 용어를 거부감 없이 수용한 것[19]은 핵심적인 분석대상인 무의식이 의식의 표면 아래 깊숙한 곳에 똬리를 틀고 있다는 위치감각을 반영한 것이다.

> "정신분석학은 20세기와 더불어
> 탄생했다고 말할 수 있다."

프로이트가 히스테리를 연구함으로써 무의식 세계로 들어가는 쪽문을 살짝 열었다면, 꿈은 그를 무의식 세계의 한복판으로 이끈 왕도(王道)이자 무의식의 존재를 증명해준 리트머스 시험지였다. 우연하게도 니체가 사망하던 1900년에 출간된 《꿈의 해석(Die Traumdeutung)》은 프로이트가 확신에 찬 정신분석학자로 발돋움하는 결정적인 전환점이었다. 《꿈의 해석》은 '정신분석학자'라는 낯선 이름표를 가슴팍에 아로새긴 프로이트가 아들의 성공을 보지 못하고 사망한 아버지에게 헌정하는 자기증명이었을까? "정신분석학은 20세기와 더불어 탄생했다"는 프로이트의 회고는 자신의 첫 단독저서인 《꿈의 해석》을 진정한 학문적인 데뷔작으로 인정했음을 보여준다.[20]

장편소설처럼 길고 탐정소설처럼 미로 같은 《꿈의 해석》을 관통하는 핵심주제는 "꿈은 억압되고 억제된 소원의 위장된 성취이다"라는 한 문장으로 축약된다.[21] 프로이트는 예전에는 신이 점성술사에게 보내는 예언이나 초자연적인 징표로 인식되었고, 근대에는 과학자들이 "사소하고 무가치한 것으로 평가"했던 꿈을 "완벽한 심리적 현상"으로 재발견했다.[22] '의식(이성)'이라는 감시견이 긴장을 풀고 잠자는 틈을 타서 정신의 또 다른 구성물인 무의식이 스멀스멀 기어 나와 낮에 이루지 못한 소망들을 대리만족시키는 밤샘 작업의 흔적이 꿈이라는 것이다. 반유대주의와 반자유주의가 판치는 현실정치나 생활 일선에서는 감히 생각조차 하지 못했던 금지된 소망들을 압축·전위·상징 등의 다양한 방법으로 감춰서 대리충족시켜주는 꿈은 무의식의 작품이다. "프로이트는 무의식의 개념을 합스부르크제국의 관료주의에서 빌려왔다"는 해석[23]은 오스트리아-헝가리제국의 반동적인 정치 분위기 속에서 꿈의 해석을 통해 인간을 꽁꽁 동여맨 시대의 사슬과 마음속 깊은 곳에 숨겨둔 야망의 굴레로부터 프로이트 자신을 해방시켜주었다는 측면에서 시사점을 제공한다.

《꿈의 해석》으로 무의식 세계의 봉인을 해제한 프로이트는 의심 많은 과학자와 동료 의사에게 무의식의 존재를 재확인시켰다. 그는 다음 저서인 《일상생활의 정신병리학(Zur Psychopathologie des Alltagslebens)》(1901년 작성, 1904년 출간)과 《농담과 무의식의 관계(Der Witz und seine Beziehung zum Unbewußten)》(1905년 출간)를 통해 무의식이 꿈속에서만 모습을 드러내는 어두운 지배자가 아니라 벌건 대낮에도 활동을 멈추지 않는 것임을 강조했다. 그는 신경증 환자만이 아니라 건강한 사람들도 일상적으로 행하는 실없는 농담과 우연한 착각, 느닷없는 말 더듬기와 이름 까먹기 등과 같은 행위들은 무의식의 책략이 발현된 결과들이라고 해석했다. 인간의 마음은 절대로 실수하지 않으며, 다만 우리는 무의식의 작동을 알아채지 못할 뿐이다. 정신분석학이 학문으로 성립하기 위해 꼭 필요한 전제조건인 무의식의 존재가 마침내 증명되었다면, 프로이트가 수행해야 할 다음 과제는 무의식의 정체를 좀 더 구체적으로 밝히고, 그 활동범주를 추적하여 인간 정신의 지도를 새롭게 작성하는 것이었다. 프로이트가 이드, 리비도, 슈퍼에고 등 다양하고도 때로는 혼란스러운 이름표를 붙여주었던 무의식이란 대체 무엇인가?

"무의식은 우리 정신 속에
거주하는 원주민이다."

프로이트는 "무의식은 우리 정신 속에 거주하는 원주민"이라고 단언했다.[24] 무의식이야말로 우리 마음의 원래 주인이고, 의식은 무의식의 공간에 곁방살이하는 손님이나 하숙생이라는 비유법이다. 집(인간)을 운영하는 데 더 중요하고 결정적인 역할을 하는 것은 무의식이며, 의식은 그의 눈치를 봐야 하는 종속적인 지위에 있다는 설명이다. 그런데 무의식은 "동물의 본능과 흡사한 그 무엇"으로, "시간적인 순서에 따라 일어나는 것도 아니며" "'현실'과 거의 아무런 관련이 없이 쾌락원칙에 따라 움직인다."[25] 특히 '성적인 배고픔'이라고 할 수 있는 '리비도'라는 에너지는 무의식을 이리저리 뒤흔들며 운전하는 중추적인 동력이다. 리비도가 고삐 풀린 망나니처럼 뛰어다닌다면 인간의 마음의 집은 낭떠러지로 내몰릴 것이다. 사랑방의 점잖은 손님인 '의식'은 분별력 없는 주인장인 '무의식'과 함께 추락할 운명을 감수해야만 하는가? 인간은 어떻게 무의식의 전횡과 무한질주에 브레이크를 밟아서 의식과 더불어 사는 공동체를 이룰 수 있을까?

이런 절체절명의 질문에 직면한 프로이트는 인간 정신을 3층 구조로 다시 설계하여 각각 다른 기능과 의무를 부여했다. 유명한 에고(자아)-이드-슈퍼에고(초자아)의 모델이 그것이다. 에고는 "정신생활 속에서 이성과 사려 깊음을 대표"하면서 쾌락원칙을 제어하여 "보다 확실한 안전하고 더욱 큰 성공을 보장하는 현실 원리로 대체"하는 역할을 한다.[26] 프로이트가 이전에 막연히 '무의식'이라고 불렀던 것을 "니체의 언어 사용을 빌려와서 더 이상 오해의 여지가 없는 새로운 이름을 붙여"준 것이 '이드'이다.[27] 인간 정신의 "어둡고도 도달할 수 없는 부분"에 자리 잡은 이드는 "들끓는 흥분으로 가득 찬 주전자"처럼 "오로지 쾌락원칙에 따른 본능적 욕구충족을 위한 충동"으로 가득하다.[28] 슈퍼에고는 금지된 욕망을 만족시킬 기회를 호시탐탐 엿보는 이드를 제어하는 동시에 자아가 넘어서지 말아야 할 행동규범을 설정하여 양자 사이에서 팽팽하고도 아슬아슬한 균형을 잡는다. 슈퍼에고는 양심, 아버지, 죄의식, 자기성찰과 사회규범 등의 이름으로 작동한다.

"이드가 있었던 곳에
에고가 생성되어야 한다."

   그렇다면 에고-이드-슈퍼에고라는 '한 지붕 세 가족'이 불안하게 동거하는 마음의 집의 진짜 주인은 누구여야 할까? 인간 정신을 3층 건물로 디자인한 프로이트에 따르면, 정신분석학의 궁극적인 목표는 "자아를 강화시키고, 그 자아를 초자아로부터 독립적으로 만들어주고, 그의 지각 범위를 확장하고, 그 조직을 확대하여 이드의 새로운 부분을 자기 것으로 할 수 있도록 하는 것"이다.[29] 에고가 독립적이고 자율적인 인간 주체로 우뚝 서기 위해서는 한편으로는 슈퍼에고가 지나치게 옥죄는 열등감이나 양심의 가책에서 탈주하고, 다른 한편으로는 무의식과 의식 사이에 "병풍처럼" 서 있는 전의식이 규칙을 지키며 의식에 편입되도록 이드의 영토를 빼앗아야만 한다. 단도직입적으로 말하자면 "이드가 있었던 곳에 자아가 생성되어야 한다."[30] '원주민'이었던 이드를 추방하고 그 자리를 손님인 에고가 차지한 것은 서구가 '발견'한 신대륙에서 아메리카 원주민을 쫓아내고 그 빈자리를 이성과 문명의 이름으로 점령한 서구인의 논리구조와 상징적으로 비슷하다.

   쾌락원칙의 발전소인 이드의 경계를 줄이고, 현실원칙의 보급소인 에고의 활동영역을 넓혀야 한다는 주장은 성욕(리비도)에 집착했던 '전기 프로이트'가 '후기 프로이트'로 이행하는 변곡점이었다. 그가 초반에 애용했던 '리비도'라는 단어는 라틴어로 '욕망'이라는 뜻을 가진 용어에서 왔는데, 나중에 이를 대체한 '이드'는 라틴어의 중성대명사 'it(es)'에서 빌려온 개념이다. 프로이트의 설명에 따르면, 성적인 본능을 연상시키는 리비도를 버리고 이드를 채택한 이유는 "이러한 비인칭적인 용어는 정신 영역의 주요 특징인 자아와의 이질성(낯섦)이라는 특성을 표현하기에 특별히 적합한 것"이었기 때문이다.[31] 인간을 유아기부터 적극적인 성적 욕망의 주체로 규정하고 자아의 성장을 성적인 성장과 동일시했던 '성욕결정주의', '범성욕주의(Pansexualism)'의 오류를 인정하고,[32] 문명비평의 메타심리학자인 '후기(또는 말년의) 프로이트'가 출현한 것이다.

"문명은 에로스와 타나토스,
삶의 본능과 파괴 본능 사이의 투쟁이다."

프로이트는 자신이 정신분석학을 개척한 지 10여 년이 지난 1920년 초반까지도 여전히 "지성계의 주의를 끌지 못했으며, 우리 시대의 역사에서 한 자리를 확보하지 못했다"고 불만을 드러냈다.[33] 전통적인 (성)윤리관을 오염시키고 실증적으로도 검증되지 못한 사이비 학문이라는 오해와 편견에 맞서 정신분석학이 세계에 대한 이해를 심화시키는 데 기여하는 중요한 신생 학문임을 알리기 위해 70대 중반에 발표한 것이 《문명 속의 불만(Das Unbehagen in der Kultur)》(1930)이었다. 제1차 세계대전을 겪고 암과 투병하는 노인이 된 그는 현대문명의 본질과 한계는 무엇이며, 그 속에서 사는 개인은 과연 자유롭고 행복할 수 있는가를 탐구하는 근본적인 질문에 사로잡혔으리라. 그가 에고심리학과 집단심리학의 밀접한 관계를 지속적으로 강조했다는 점을 기억한다면,[34] 개인에 대한 정신분석을 확장하여 문명의 기원과 흥망성쇠를 가늠해보려는 것은 자연스러운 지적 진화라고 볼 수 있다. 《문명 속의 불만》은 정신분석학의 창시자인 프로이트가 사상가로 거듭나는 동시에 최초의 '정신분석

역사가(psychohistorian)'로 등극하는 문제작이었다.[35]

《문명 속의 불만》에서 제기된 주제의식은 낯설지 않다. 앞에서 살펴보았던 에고-이드-슈퍼에고 사이의 힘겨루기를 인류 역사에 확장한 버전으로 읽을 수 있기 때문이다. 프로이트는 에고와 이드, 현실원칙과 쾌락원칙의 틈바구니에 낀 것이 인간 정신의 숙명인 것처럼, 문명의 본질은 '에로스(Eros)'라는 삶과 사랑의 본능과 '타나토스(Thanatos)'라는 파괴와 죽음의 본능이 벌이는 결투라고 규정했다.[36] 에로스가 개인을 가족·종족·민족·국가·인류와 접착시키는 힘이라면, 타나토스는 개인을 탄생 이전의 "무기물 상태로 돌려보내려는 본능"이다.[37] 전자가 리비도에게 의존하여 삶을 보존하려고 애쓴다면, 후자는 "인간이 타고난 공격본능—만인에 대한 개인의 적개심과 개인에 대한 만인의 적개심"을 소환하여 에로스를 무력화한다. 그런데 사디즘·마조히즘에 사랑의 욕망과 파괴의 욕망이 섞여 있는 것처럼 에로스와 타나토스의 경계는 명확히 나뉘지 않고 서로의 배경과 이면에 숨어 있다.[38] 그러므로 문명을 지탱하는 두 기둥인 에로스와 타나토스 가운데 좋은 것만 남길 수도, 나쁜 것만 도려낼 수도 없다는 것이 인류 문명의 딜레마이다.

> "문명이 발달할수록 죄책감은
> 개인이 참을 수 없는 수준까지 이른다."

프로이트의 문명이론에 따르면, 문명은 인간이 자신의 본능을 단념함으로써 성립되는 타협의 산물이고 '영원히 화해할 수 없는 모순' 자체이다. 더욱 비극적인 측면은 문명이 발달할수록 그 품 안에 깃들어 사는 인간은 자유롭고 행복하기는커녕 점점 더 욕구불만의 신경증 환자로 전락한다는 사실이다. "문명이 더욱 발달하면, 죄책감은 개인이 참을 수 없는 수준까지 도달하게 될 것이다."[39] 인간은 질서와 정의(법적 지배)로 대변되는 문명이라는 보호막이 없으면 생존할 수 없지만, 우리 마음의 점령군 행세를 하는 슈퍼에고의 감시와 통제의 손아귀에서 벗어날 수도 없기 때문이다. 자유롭고 행복할 권리를 자발적으로 반납하고, 양심이나 죄책감, 자기 징벌 등을 내면화하여 고통과 불행을 최소화하려고 노력하는 것 외에 다른 대안이 없다는 것이 문명의 피할 수 없는 역설이다.[40] 니체의 개념을 빌리자면, 현대인은 '주인도덕'을 포기하고 '노예도덕'을 숭배할 각오를 해야만 간신히 일상을 맨정신으로 견딜 수 있는 부서지기 쉬운 존재인 것이다. 말년의 프로이트가 보여주는 염세적인 세계관이 투영된 침울하고도 비극적인 '심리적 인간'의 자화상이다.

3. 정신분석학의 논쟁적 유산: 프로이트는 후기계몽주의자인가

프로이트는 세속적인 기준으로 보면 성공한 유명학자로 생애를 마감했다. 《꿈의 해석》 이후에도 학계에서 주목받지 못해 "10년 동안 나는 정신분석학과 관련된 유일한 사람"이었다고 토로했던[41] 그는 이 신생학문이 국제적으로 학문적 시민권을 얻는 데 앞장섰다. 1910년에는 국제정신분석학회가 창립되었고 1913년에는 기관지인 《국제 의학정신분석학 잡지》가 창간되었다. 그리고 《문명 속의 불만》은 프로이트에게 '괴테상'을 안겨주었다. "자연과학의 엄격한 방법으로 …… 영혼을 움직이는 힘들에 다가가는 길"을 열어 의학뿐만 아니라 예술과 역사 및 "정신세계에도 자극을 주고 풍요를 안겨주었다"는 것이 수상 이유였다.[42] 미국정신분석학회와 프랑스정신분석학회의 명예회원으로 선정되었던 그는 80세가 되는 1936년에는 영국왕립학회의 객원회원이 되었다. 흥미롭게도 1921년의 노벨물리학상 수상자인 알베르트 아인슈타인(Albert Einstein, 1879~1955)도 프로이트의 80세 생일에 축하 편지를 보냈다. 아인슈타인은 '억압의 이론'을 주창하여 세계관에 커다란 영향을 끼친 위대한 스승 프로이트에게 존경을 표시했다.43 무의식의 세계로 이끄는 외나무다리(정신분석학)를 통해서만 의사(과학자)와 철학자가 소통할 수 있다는 프로이트의 오랜 소망이 정녕 실현된 것일까.

프로이트와 그가 창시한 정신분석학이 20세기 서양 사상사에서 차지하는 위상과 영향력 및 그 유산에 대해서는 아직 논쟁이 분분하다. 그는 계몽주의의 기본신념을 계승하여 발전시킨 임상의사이며 사상가인가, 아니면 반실증주의적인 이단자인가? 정신분석학은 20세기 초반에 정점에 도달한 현대 인간과학과 사회과학의 옹골진 열매인가, 아니면 증명되지 않는 사이비-유사 학문인가? 정신분석학자는 '실수로 의사들의 연례학회에 참석한 마법사'이며 정신분석학은 "고래(의학)와 코끼리(심리학)를 결혼시키려는 것처럼 어리석고 불가능한 수작"인가?44 이 책의 주제와 연관해 이런 의문들을 함께 풀어보자.

첫째, 프로이트 정신분석학의 최종목표는 이드와 슈퍼에고 사이에 끼여 질식당하는 에고의 건강한 자기보존과 자율적인 자기경영 능력의 회복이었다. 계몽주의의 가장 중요한 목표 가운데 하나가 '감히 스스로 알려고 하는' 근대적 개인성의 성취라면, 프로이트가 초점을 맞췄던 에고 정신분석학은 인종(민족)주의와 세계대전이라는 현대문명의 광기에서 개인을 구출하여 단련시키는 데 기여했다. 현대인을 먹구름처럼 휘감는 억압, 불안감, 자기부정 등의 기원을 따져서 그 무의식적인 유령들을 의

식세계의 투명한 광장으로 불러내 햇빛에 소독시킴으로써 개인은 자유로워지고 자기통제력을 회복할 수 있다. 이런 측면에서 보면, 18세기에 첫발을 뗀 계몽주의는 프로이트가 창안한 정신분석학과 함께 개인주의를 완성하는 위대하고도 최종적인 발걸음을 내디뎠다고 평가[45]해도 과장이 아닐 것이다.

둘째, 후기 프로이트가 형이상학적인 문명비판가로서 지향했던 목표역시 계몽주의의 궤도에서 어긋나지 않는다. 《문명 속의 불만》이 전달하려는 메시지는 문명이 동반하는 고독함을 '대양적 감정(oceanic feeling)'으로 비유되는 종교적 숭고주의나 시온주의가 약속하는 인위적인 공동체, 사회주의가 제시하는 유토피아 등의 외부적인 후견에 의존하지 않고 맨 정신으로 견뎌야 한다는 것이다. 자기파멸의 치명적인 유혹을 에고의 탄력성으로 상쇄하고, 헛되고도 오지 않을 구원을 세속적이고 실용적인 정신분석학적 치유법으로 대체하려는 프로이트의 야망은 인류를 신학에서 해방시키려는 계몽주의 프로젝트의 후속편이었다. 프로이트의 정신분석학이 에고심리학과 임상심리학의 이름으로 미국에서 가장 환영받으며 정착한 이유는 그것이 청교도적인 금욕주의와 "그래도 삶은 계속되어야 한다"는 프래그머티즘의 현실주의에 부응하는 신학문이었기 때문일 것이다.

셋째, 프로이트가 발명한 '심리적 인간'은 계몽주의의 의붓자식이다. 심리적 인간은 '합리적으로 생각하는 동물'도 아니고, '정신적으로 진화하는 동물'도 아니며, 정확히 꼬집어 말할 수 없는 욕망과 무의식으로 출렁이는 위험한 존재이다. 프로이트는 계몽주의가 가르친 이성과 진보정신을 북돋우는 근대적 인간의 근육질 아래 숨어 있는 미지의 존재, '내 안에 있는 또 다른 나'를 꿈길을 통해 호출함으로써 인간이 자신을 인식하는 사고방식을 혁명적으로 바꾸도록 요청했다. 인간은 선과 악, 이성과 비이성, 정상과 비정상, 현실과 환상, 의식과 무의식 등의 상반된 요소들이 위계질서와 뚜렷한 경계를 갖춘 존재가 아니라, 전자가 후자를 "참아줌으로써" 양자가 공존하여 구성되는 일종의 하이브리드 또는 경계인이었다. 폭발하려는 저급한 욕망들—이드와 리비도—에게도 '관용'을 베풀어 우리의 일부분으로 수용함으로써 인간 정신의 민주주의를 지향했던 프로이트는 지적 앙시앵레짐에 반발했던 계몽주의자들처럼 혁신적인 사상가였다.

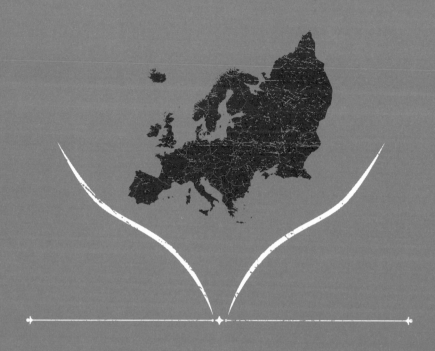

제3부

사상적 근대성의 해체

제8장

서구마르크스주의와 프랑크푸르트학파_비판이론의 태동

1916년   폴란드, 로자 룩셈부르크, 《사회민주주의의 위기》 출간.

1917년   러시아, 블라디미르 레닌, 《제국주의: 자본주의의 최고단계》 출간.

러시아, 2월혁명과 10월혁명 발발.

1918년   러시아, 소비에트 사회주의 공화국 연방(USSR) 선포.

독일, 카를 리프크네히트와 로자 룩셈부르크 주도로 스파르타쿠스단 창단.

1919년   베르사유 평화협정으로 제1차 세계대전 종결.

1920년   이탈리아, 토리노에서 안토니오 그람시가 이끄는 노동자 총파업 발생.

1921년   이탈리아, 안토니오 그람시, 이탈리아공산당(PCI) 창립.

1923년   독일, 프랑크푸르트대학교에 사회연구소 출범.

독일, 죄르지 루카치, 《역사와 계급의식》 출간.

미국, 맨해튼에서 사회과학연구협의회 창설.

1926년   영국, 영국방송협회(BBC)가 최초로 텔레비전 방송 성공.

1928년   독일, 베를린에서 베르톨트 브레히트의 희곡 《서푼짜리 오페라》 첫 공연.

1929년   미국, 존 듀이, 《확실성의 탐색》 출간.

1930년   미국, 브라운관 텔레비전 최초 시범 방송.

에스파냐, 호세 오르테가 이 가세트, 《대중의 반역》 출간.

1935년   독일, 뉘른베르크 반유대주의 법률 제정.

1936년   에스파냐, 내전 발발.

독일, 발터 벤야민, 《기술복제시대의 예술작품》 출간.

1945년   베트남, 호치민, 베트남민주공화국 선포.

1947년   네덜란드, 호르크하이머·아도르노, 《계몽의 변증법》 출간.

1949년   중국, 마오쩌둥, 중화인민공화국 선포.

1955년   인도네시아, 아시아·아프리카회의(반둥회의) 개최.

1961년   미국, 베트남전쟁 참전.

1966년   미국, 마틴 헤르츠, 《냉전의 시작》 출간.

1. '세기말 사회주의'의 위기와 러시아혁명

19세기 말에서 20세기 초반은 개혁적 사회주의의 성장기인 동시에 혁명적 마르크스주의의 수난기였다. 영국에서는 1884년에 창립된 페이비언협회를 중심으로 폭력적인 혁명이나 과격한 혁신이 아니라 점진적이고 실용적인 개혁을 주장하는 '일용할 사회주의(Gas and Water Socialism)'가 실현되었다. 프랑스에서는 장 조레스(Jean Jaurès, 1859~1914)가 대변하는 공화주의적 사회주의자들이 의회에 진출하여 '혁명적인 진전(revolutionary evolution)'의 발판을 마련했고, 1899년에는 알렉상드르 밀랑(Alexandre Millerand, 1859~1943)이 제3공화국 내각에 참여하여 개혁적 사회주의를 의회주의 내부에서 실험했다. 독일에서도 1890년에 반사회주의법이 폐지됨으로써 사회주의 세력이 빠르게 성장했다. 노동조합 사회주의자들은 임금인상과 노동조건 개선 등과 같은 실질적인 이익을 확보하는 데 애쓰면서 노동자들의 지지를 얻었다. 1890년에 독일 제국의회 의석의 19.7퍼센트를 차지했던 사회민주당(SPD)은 1898년에는 27.2퍼센트를 확보하여 현실적인 정치세력으로 자리 잡았다.

1905년 러시아혁명, 1914년 제1차 세계대전, 1917년 러시아 볼셰비

키혁명 등 일련의 세계사적 사건들은 마르크스주의에 획기적인 변화를 요청했다. 무엇보다도 서유럽 수정주의 마르크스주의자들이 집중했던 사회경제 이슈에 비해 소홀히 취급되었던 '정치문제'의 중요성이 부각되었다. 서구열강의 식민지 쟁탈전은 카를 마르크스가 생전에 예상하지 못했던 사회주의·민족주의·제국주의 사이의 연관성에 관한 높은 관심을 불러일으켰다. 특히 제국주의와 결합한 후기독점자본주의의 끈질긴 생존력과 성장비결을 파헤치려는 노력은 마르크스주의 연구의 중심축을 이전의 서유럽에서 '동쪽'으로 이동시켰다.[1] 러시아 출신의 블라디미르 레닌(Vladimir I. U. Lenin, 1870~1924)과 레온 트로츠키(Leon Trotsky, 1879~1940), 폴란드 태생의 로자 룩셈부르크(Rosa Luxemburg, 1871~1919) 등이 제2인터내셔널의 핵심적인 이론가이며 직업혁명가들이었다.

이오시프 스탈린(Joseph Stalin, 1878~1953)이 소련에서 정권을 장악하면서 혁명적 마르크스주의는 실질적으로 종말을 맞았다. 제3인터내셔널(코민테른)이 마르크스 사상에 내재된 "주관적 요소"와 "창조적인 혁명적 행위"를 고사시켰기 때문이다.[2] 부르주아혁명을 경험하지도 않은 후진국에서 탄생한 공산주의체제가 스탈린 개인숭배와 공산당 관료지배로 변질됨에 따라 마르크스 사상의 올바름에 근원적인 물음이 제기되었다. 보통선거제도로 상징되는 민주주의를 성취하고 타협적인 노동조합운동이 활발한 서유럽에서는 소련의 레닌-스탈린주의와 구별되는 어떤 마르크스주의를 (재)발견할 수 있을까? 일련의 서유럽 철학자들이 이런 질문에 답을 찾으며 잠시 '동쪽'에 쏠려 있던 사회주의운동의 무게중심을 다시 '서쪽'으로 옮겨 '서구마르크스주의'로 통칭되는 지적 운동을 태동시켰다.[3] 서구마르크스주의는 서유럽의 혁명 실패, 파시즘의 승리, 소련 공산체제의 스탈린-전체주의화라는 '세 겹의 패배감'에서 태어난

"일종의 패배의 마르크스주의"였다.[4]

서구마르크스주의는 레닌-스탈린주의에 의해 공식적으로 승인된 경직되고 상투적인 마르크스에서 벗어나 서구 유럽의 역사적 맥락 속에서 마르크스를 다시 읽고자 했다. 앞 세대와는 달리 전업혁명가가 아니라 학자에 더 가까웠던 카를 코르슈(Karl Korsch, 1886~1961), 죄르지 루카치, 안토니오 그람시 등이 초기의 핵심인물이었다. 이들은 계급투쟁과 자본주의 이행에 초점을 맞췄던 논의의 무게중심을 철학, 문화, 미학 등의 분야로 이동시켰다. 1920년대에 와서야 발견된 《1844년 경제학·철학 초고》같은 '청년 마르크스'의 저작들은 계급투쟁의 혁명적인 선동가가 아니라 인간의 '소외' 문제에 천착했던 휴머니스트로서 마르크스를 재조명할 실마리를 제공했다. 서구마르크스주의를 관통하는 가장 큰 특징은 착취와 경제결정론에 기울었던 '후기 마르크스'보다는 헤겔 좌파적 변증법에 매료되었던 '청년 마르크스' 사상에 다시 접근하여 현대자본주의 비판의 공간을 토대에서 상부구조로 옮겨놓은 것이었다.

2. 루카치·그람시와 서구마르크스주의

서구마르크스주의자들이 지향했던 핵심적인 문제의식은 루카치의 '화석화/사물화(Reification/Verdinglichung)' 개념과 그람시의 '헤게모니(hegemony)' 이론에서 착안한 것이었다. 헝가리의 부다페스트 태생인 죄르지 루카치(György Lukács, 1885~1971)는 독일에 유학하여 철학을 공부한 후 귀국하여 1918년에 헝가리공산당에 입당했고 1928년에는 당 서기로 선출되었다. 정치적 망명객으로 독일, 오스트리아, 소련 등지를 오래 떠돌았던 그는 제2차 세계대전이 끝나자 조국으로 돌아가 부다페스트대학교 미학과 교수직을 맡았다. 그는 흔히 "마르크스 이후의 첫 번째 마르크스주의 저서"라고 평가받는 《역사와 계급의식(Geschichte und Klassenbewußtsein)》(1923)을 발표하면서 '유럽마르크스주의(European Marxism)'의 첫 주자가 되었다.5

> "중요한 것은 이제부터는 질(質)이 아니다.
> 양(量)이 모든 것을 결정한다."

《역사와 계급의식》의 핵심주제는 19세기 말까지 과학주의와 실증주의의 갑옷에 갇혀 있던 마르크스주의를 "철학적인 차원에서" 재조명하는 것이었다. 루카치는 "마르크스주의의 문제에서 정통성이란 오로지 방법에만 관련"해 판단되어야 하는데, 역사유물론과 변증법적 유물론이 그 시금석이라고 밝혔다. 방법론을 먼저 깊이 이해하지 않고 사실주의적인 오류와 경험주의를 기준으로 마르크스 사상을 "극복하거나 '개선'하려는 모든 시도는 결국 천박화, 절충주의로 귀착되어왔고 또 그럴 수밖에 없었다."6 루카치는 이론과 실천, 현실과 이상, 사실과 당위, 주체와 객체, 개인과 사회 등을 변증법적으로 아우르는 '총체성(totality)'의 관점에서 마르크스주의를 다시 읽어보면 그것이 러시아혁명 이후에도 서유럽 체제비판에 유효한 진리체제임을 알 수 있다고 확신했다.7 마르크스 사상의 일부가 비록 경험적으로 틀렸다고 해도 역사를 해석하고 현실을 실천적으로 비판하는 방법론으로서의 마르크스주의는 갈고 닦아서 사용하기에 여전히 유용한 무기라고 옹호했던 것이다.

루카치는 마르크스주의 총체성의 핵심을 '화석화/사물화'라는 개념으로 포착했다. 청년 마르크스가 사용했던 '물신숭배(Fetishism)'라는 개념을 20세기 국가·소비자본주의에 포섭된 부르주아의 세계관에 적용하려는 의도로 만든 개념이 화석화/사물화이다. 자본주의 체제에서는 실존적이며 질적인 인간의 노동이 투입된 시간·자원 대비 산출된 물량과의 교환가치라는 양적인 계산으로 평가된다는 것이 마르크스가 주창한 물신숭배 사상의 요체이다. 생산물이 주인노릇을 하는 세계에서는 "시간이 전부이고 인간은 아무것도 아니며, 노동의 질보다는 양적인 결과가 모든 것"이다. 현대 자본주의는 이런 사유양식을 확장하여 인간관계를 양적으로 환산할 수 있는 물질관계로 '번역'하고, 역사변혁의 주체인 인간이 '가능성의 조건들'만 추구하도록 한정시킨다.8 물신화 현상이 사회경제적인 생산관계를 넘어 인식론과 문화로 전이되면, 양적으로 계산할 수 없거나 감각될 수 없는 추상적인 현상까지 구체적인 사물로 등치시켜 따져보려는 일종의 사고불능 상태에 이른다.9 물신화가 공장이나 생산현장을 떠나서 일상생활, 인간관계, 도덕관, 감정영역 등으로 스며들어 인간의 사유근육을 경직시킬 때 화석화/사물화가 발생한다는 것이다. 루카치의 화석화/사물화는 헤겔의 현상학, 마르크스의 물신화, 베버의 합리성 등을 응용해서 후기자본주의적인 병리학을 치유하려는 고차원적인 해법인 셈이었다.10

"우리에게 마르크스는 양들을 몰아가는 목자가 아니라
도덕과 정신적인 삶의 주인이다."

안토니오 그람시(Antonio Gramsci, 1891~1937)는 이탈리아공산당 창당 멤버로서 파시즘을 위협하는 "가장 위험한 두뇌"를 소유한 정치인이자 지식인이었다. 루카치가 마르크스를 자본주의 체제를 비판하는 총체적인 방법론을 닦은 사상가로서 재발견했다면, 그람시는 마르크스를 "신비주의자나 실증주의적인 형이상학자가 아니라, 과거의 모든 기록을 해석하는 역사가"로 재조명한다.[11] 마르크스는 역사가로서 아카이브 분석으로 진리나 과거에 관한 완벽한 사실을 탐구하고자 했던 것이 아니라, 노동(과 생산관계)이라는 특정한 인간 활동에 초점을 맞춰 그 시공간적인 변천과정을 밝히고자 했다. 그람시는 마르크스를 경제결정론적인 유물론자가 아니라 인간의 의식적인 활동이라는 관점에서 역사에 접근하여 소외와 착취 같은 이념들을 추적한 '사상의 역사가'로 재평가하는 작업이 마르크스 탄생 100주년을 기념하는 1918년의 과제라고 확신했다. 그의 눈에 비친 마르크스는 "인간의 역사와 의식의 영역으로 걸어들어온 선구자"이며 "양들을 몰아가는 목자가 아니라 도덕과 정신적인 삶의 주인(master)"이었다.[12]

그람시의 주요 사상은 그가 무솔리니의 탄압으로 1927년에 투옥되어 1937년에 사망할 때까지 감옥에서 써 내려간《옥중수고(Quaderni del Carcere)》에 집약되어 있다.[13] "마르크스가 예견했던 프롤레타리아혁명은 어째서 선진 자본주의 국가에서 일어나지 않는가?"라는 시대적인 질문과 대면한 그는 "지배계급이 헤게모니를 장악하여 혁명의 가능성을 무력화하기 때문이다"라고 대답했다. 19세기 말의 (옛) 마르크스주의와 20세기에 펼쳐질 (후기) 마르크스주의를 가르는 분수령에 선 그람시는 오랫동안 버려졌던 상부구조의 중요성을 재조명하고, 정통 마르크스주의에서 약한 고리로 남겨졌던 지식인의 사회적 역할을 제기한 "20세기의 가장 독창적인 마르크스주의 사상가"로 평가된다.[14] 덧붙이자면, 그람시는 한국의 지식인들이 박정희가 지휘했던 군사독재체제인 '겨울공화국'이 해체되고 국민이 대통령을 직접 뽑는 '형식적 민주주의'를 성취한 1980년대 이후에도 좌파적 혁신의 동력과 방향을 잃어버리지 않기 위해 열광했던 사상가이다.

"가장 현대적인 실천철학의 핵심요소는
역사적-정치적 개념인 '헤게모니'이다."

그람시는 "가장 현대적인 실천철학의 핵심요소는 역사적-정치적 개념인 헤게모니"이며, 그것은 기계적이고 숙명적인 경제결정론을 제거할 수 있는 묘약이라고 말한다.15 러시아 마르크스주의의 아버지로 불리는 게오르기 플레하노프(Georgi V. Plekhanov, 1856~1918)가 처음 사용하고 레닌이 '프롤레타리아의 권력 주도'라는 특정한 의미로 계승한 개념을 그람시가 후기자본주의 사회에 일반적으로 적용하기 위해 독특하게 응용한 것이 헤게모니 이론이다. 헤게모니는 피지배계급의 동의에 기반을 둔 정치적·문화적 리더십이며, 지배계급의 가치관과 세계관을 피지배계급이 자발적이고 능동적으로 내면화하도록 유도한다. 그리고 헤게모니 계급은 "이데올로기적 투쟁과 도덕적·문화적·지적 지도력을 이용해서 다른 사회집단들의 이해관계를 자신의 것으로 명확히 규정할 능력이 있는 집단"이다.16 헤게모니 계급은 경찰이나 군대, 사법권력 같은 합법적인 물리력—푸코의 표현으로는 '화려하고 뽐내는 권력'—에 의존하기보다는, 여론조사와 대중문화에 호소하며 은밀하고도 부드럽게 다스린다. 의회나 법원 같은 '정치사회'에서 아래를 향해 발산되는 공권력이 아니라, 시민단체, 노동조합, 여론기관 등으로 구성되는 '시민사회'의 좌우와 위아래를 횡단하면서 작동하는 헤게모니는 혁명으로도 파괴할 수 없는 후기자본주의 국가권력의 모세혈관이다.

그람시는 마키아벨리가 주창했던 권모술수적인 권력을 현대적 헤게모니의 원조라고 생각했다. '현대의 군주(modern prince)'는 채찍이나 기요틴 같은 무력시위와 강제력을 동원하지 않고 여론선동, 통계조작, '국가의 품격' 같은 세련된 방식으로 "권력 냄새가 나지 않은 권력"을 요술처럼 부리는 사람이다.[17] 제1장에서 살펴보았듯이 베이컨이 마키아벨리를 도덕적 명제나 기독교적인 교리와는 다른 문법으로 움직이는 정치세계의 더러운 속살을 냉정하게 분석한 리얼리스트로 존경했다면, 그람시는 마키아벨리를 정의와 법치라는 예쁜 상표로 포장된 권력의 외관 아래에서 숨 가쁘게 협상되고 교환되며 파열되는 힘의 민낯을 파헤친 인물로 재발견했다. 현대 후기자본주의 권력의 생리적인 비밀을 푸는 열쇠말로 마키아벨리즘이 소환된 것이다.

그람시는 현대 권력이 갖는 헤게모니적 특징에 맞춤하게 그에 맞서는 전략도 새롭게 수립되어야 한다고 호소했다. '기동전'이 빠르고 집결된 힘으로 진격하여 적의 심장인 정치사회를 단번에 타격하여 권력을 빼앗는 전략이라면, '진지전'은 이곳저곳에 흩어져 있는 적의 요새와 보루인 시민사회를 집요하게 공격하여 서서히 점령하는 전략이다. 러시아에는 차르로 대표되는 권력의 심장부가 있지만 시민사회가 성숙하지 못했기 때문에 볼셰비키 정당이 10월혁명이라는 기동전으로 정권 탈취에 성공했다. 그러나 서유럽 국가들에는 각종 시민사회가 탈중앙집권적으로 발달해 있기 때문에 인내심을 가지고 진지전을 펼쳐야 한다. 후기(소비)자본주의 시대에는 부르주아지와 프롤레타리아트 사이의 계급투쟁이 더는 가능하지 않기 때문에 진지전의 승패 결과가 더욱 결정적이다.[18]

그람시는 진지전의 선봉장으로 지식인을 불러낸다. 깃발을 들고 "나를 따르라!"라는 호령으로 무지한 민중을 계몽하고 이끄는 '전통적 지식인'이 아니라, 자기가 발 디디고 있는 생활공간에서 경험하고 얻은 전문지식으로 지배층의 헤게모니를 허물려는 노동자-지식인을 포함하는 '유기적 지식인'이다.[19] 이들은 서로 다른 헤게모니들이 충돌하고 경쟁하는 시민사회 현장에서 지배계급의 권력문법을 해체하고 자신들이 만들어낸 대항 헤게모니로 대체하려는 싸움꾼이다. 칸트가 구분했던 이성의 사적인 사용과 공적인 사용의 경계를 무너트리고 사적 영역과 공적 영역을 오가는 새로운 종류의 사회조직가들이 유기적 지식인이다.

요약하면, 루카치와 그람시는 "자본주의는 카멜레온처럼 20세기의 변화된 환경에 적응하면서 번성하는 반면에, 노동계급은 왜 저항하지 않고 더욱 행복하다고 착각하는가?"라는 질문에 각각 '화석화/사물화'와 '헤게모니'로 답했다. 두 사람은 지배층이 민중의 독자적이고 전복적인 사고방식을 기꺼이 버리고 지배층의 세계관에 순응하도록 만드는 도덕과 문화, 정치사상 등 상부구조의 중요성에 주목했던 문화적 마르크스주의의 쌍두마차였다. 방법론에서 루카치와 그람시에게 신세를 진 서구 마르크스주의자들은 마르크스 사상을 실존주의, 소비사회이론, 대중문화론, 대중매체론, 정신분석학, 포스트모더니즘 등과 같은 당대의 다른 지적 운동 및 사회이론 들과 접목하여 흥미롭고 독창적인 하이브리드를 창출했다. 앞으로 좀 더 상세히 살펴보겠지만, 프랑크푸르트학파의 문화산업 비판, 마르쿠제의 정신분석학적 후기산업사회 비판, 푸코의 담론과 미시권력론 등은 루카치의 화석화/사물화와 그람시의 헤게모니 개념에서 파생된 사상적 후손들이다. 화석화가 잉태한 현대인의 전형이 '1차원적 인간'이었으며, 헤게모니적 권력망은 푸코의 미시권력으로 진화되고 확산된다.

3. 프랑크푸르트학파의 도전: 소비사회를 분석하라

프랑크푸르트학파는 프랑크푸르트대학교 부속으로 1923년에 창설된 '사회연구소'를 모태로 하여 출범했다. 부유한 곡물상인의 기부금으로 1924년에 연구소 건물을 완공하여 공식적으로 문을 연 사회연구소의 초대 소장은 오스트리아 마르크스주의의 아버지로 불리는 빈대학교 법사학과 교수 카를 그륀베르크(Carl Grünberg, 1861~1940)가 맡았다.[20] 프란츠 노이만(Franz L. Neumann, 1900~1954), 레오 뢰벤탈(Leo Löwenthal, 1900~1993), 막스 호르크하이머(Max Horkheimer, 1895~1973), 테오도어 아도르노(Theodor W. Adorno, 1903~1969), 발터 벤야민(Walter Benjamin, 1892~1940), 헤르베르트 마르쿠제(Herbert Marcuse, 1898~1979) 등이 주요 멤버였다. 구성원들을 구속하는 명시적인 사상의 지표는 없었고, 당대의 특정한 정치적 운동과도 연관이 없었다. 개방적이며 느슨하고도 유연한 조건이었는데도 구성원 대부분은 유대인 부르주아지 출신이며 한때 마르크스주의자였다는 공통분모를 갖는다. 이들은 "권위주의가 팽배한 20세기 현대국가에서도 혁명은 여전히 가능한가?" 그리고 "후기자본주의에서도 개인은 자율적인 자의식과 주체성을 유지할 수 있는가?"라는 두 화두를 부여안고 고민했다. 아도르노가 1960년대에 어느 아웃사이더가 회고적으로 붙여준 '프랑크푸르트학파(Frankfurt School)'라는 명칭을 환영한 것은 자신들이 공유했던 현대문명에 대한 비판사회학적 문제의식을 자랑스럽게 생각했기 때문이다.[21]

프랑크푸르트학파가 형성되는 과정과 그들이 어떤 철학을 추구했는지 이해하려면 먼저 유대인 지식인들이 왜 미국으로 이주했는지, 어떻게 법인자본주의와 소비사회가 등장했는지 살펴볼 필요가 있다. 법인자본주의가 성공적으로 이루어낸 대중소비사회의 본거지인 미국에 망명 객 신분으로 내던져진 독일계 유대인이라는 특이점이 프랑크푸르트학 파의 사상적 하비투스(habitus)이기 때문이다.

아돌프 히틀러가 주도했던 반유대인 정책과 반지성주의적 공포정치 는 유럽 지식인들이 목숨과 자유를 지키기 위해 해외로 대거 망명하도록 내몰았다. 나치즘의 등장과 함께 미국으로 망명했던 유럽 지식인들 가 운데 국적별로는 독일인이 절반을 넘었고, 민족적으로는 유대인이 3분 의 2 정도였다. 다양한 학문적 배경과 예술적 재능을 가진 독일 유대인 출신 지식인들의 망명은 '상전벽해(Sea Change)'라고 불릴 정도로 20세기 후반에 발생했던 "가장 중요한 문화적 사건"이었다.[22] 프랑크푸르트학 파의 핵심 일원인 호르크하이머, 아도르노, 마르쿠제 등도 미국으로 이 주한 대표적인 독일-유대인 망명 지식인이었다. 갈릴레오 갈릴레이에 대한 종교재판이 근대 초 유럽 지성계의 중심이 이탈리아에서 영국과 프랑스로 옮겨간 전환점이 되었던 것처럼, 나치즘의 협박과 위험을 피 해 많은 유럽 지식인이 미국 학계로 활동공간을 옮긴 것은 20세기 후반 에 미국이 과학기술 분야뿐만 아니라 인문사회과학 분야에서도 세계 지 성계의 새로운 중심으로 우뚝 서게 된 결정적인 요인으로 작용했다.

독일 지식인들이 미국으로 이주하면서 그들의 사유체계와 철학적 콘 텐츠에도 근본적인 변화가 일어났다. 앞 장에서 살펴보았듯이, 전통적 인 독일 지식인들은 어느 정도는 헤겔-칸트를 계승한 사변적인 형이상 학의 숙련공들이었다. 그런데 미국이라는 대중·소비·예능사회에 던져 진 프랑크푸르트학파의 일원들은 어려운 관념론적인 사상을 교양인들 이 이해할 수 있는 눈높이와 언어로 '문화번역'하는 도전적인 과제와 씨 름해야 했다. 그 과정에서 이들은 니체와 부르크하르트가 견지했던 '귀족주의적인' 대중사회비판과는 다른 차원에서 미국식 대중사회를 분석하고 비판하는 문제의식을 단련할 수 있었다. 프랑크푸르트학파는 물질적 풍요에 탐닉하는 대중의 천박한 통속성과 하향평준화를 엘리트주의적으로 꾸짖는 대신에, 개인을 소외시키고 사물로 취급하는 후기산업사회의 문화적 착취에 초점을 맞추었다.[23] 막스 베버의 지배사회학으로도 포착되지 않았던 부드러운 지배양식에 대한 예민한 감수성은 프랑크푸르트학파가 미국 망명 시절에 획득한 귀한 지적 자산이었다.

프랑크푸르트학파가 미국 사회에서 마주한 거대한 현실은 '국가/법인자본주의(state/corporate capitalism)'와 '대량소비사회(mass consumer society)'였다. 자유방임자본주의와 독점자본주의 단계를 넘어 흔히 자본주의의 세 번째 단계로 불리는 법인자본주의는 국가가 경제활동에 적극 관여함으로써 자본주의의 모순들을 순화하여 사회주의적 혁명이 일어날 가능성을 막았다.[24] 시장(市場)이 아니라 국가와 거대기업이 가장 중요한 경제적 행위자로서 경영을 장악하는 반면에, '샐러리맨'으로 불리는 새로운 노동계급은 상관이 내린 명령을 충실히 수행하는 하층민(서발턴)으로 강등되었다. 국가자본주의는 피고용자들에게 더 많은 임금과 휴가 및 고용안정을 보장해주는 대신 저항 없는 지지를 얻었다. 20세기 중반 전후에 모습을 드러낸 이른바 '수정된' 자본주의가 앞에서 언급했던 그람시의 '헤게모니'를 거머쥔 첫 번째 주인공이었다.

중하층 노동자와 화이트칼라가 자본시장에서 잃어버린 능동성은 (장보드리야르의 말을 빌리면) '소비적 자아'가 누리는 '미덕으로서의 소비'로 대체된다. 19세기 자본주의가 생산의 합리화와 최대화를 지상의 목표로 삼았다면, 20세기 법인자본주의의 생명력은 소비를 극단적으로 창출하는 데 의존한다. 프랑크푸르트학파가 망명한 1920~1930년대의 미국은 '시민'이나 '노동자' 같은 주체적 용어들이 익명의 '소비자(consumer)'라는 집단명사로 삼켜지고, '사치(luxury)'라는 용어가 부러움을 사는 긍정적인 의미로 바뀌며, '좋은 삶(A good life)'이 '물질적으로 풍요로운 삶'과 동일시되는 소비시대였다. '사용가치'에 따라 소비하는 게 아니라 특정한 물건과 생산품이 욕망의 대상이자 사회적 신분을 나타내는 기호로서 상징적으로 소비되는 새로운 시대가 온 것이다. 다시 말하면, 대기업과 광고업체가 친절하게 가르쳐주는 취향과 유행을 소비자들이 수동적으로 쫓아가는 "소비를 학습하는 사회", "소비에 대한 사회적 훈련을 하는 사회"가 된 것이다.[25] 1919~1929년 사이에 미국 가정에서 라디오를 보유한 비율은 1퍼센트에서 무려 40퍼센트로, 진공청소기는 4퍼센트에서 20퍼센트로, 자동차는 26퍼센트에서 60퍼센트로 급증했다.[26] 청빈과 근면을 강조하는 칼뱅주의적인 독일을 등지고 미국으로 이주한 아도르노와 호르크하이머는 이제 코카콜라, 캠벨 수프, 아이보리 비누가 고속도로변에 늠름하게 서 있는 광고판의 주인공이 된 소비 천국(또는 지옥)에서 '철학적으로 사색'하는 망명객 신세가 된 것이다.

4. 호르크하이머·아도르노: 비판이론과 문화산업

프랑크푸르트학파의 전매특허처럼 따라다니는 '비판이론'이란 개념은 호르크하이머가 1937년에 발표한 〈전통이론과 비판이론〉에서 나왔다. 그는 19세기 실증주의와 공리주의가 대변하는 '전통철학'과 구별하여 프랑크푸르트학파가 주창하는 사상을 '비판이론'이라고 불렀다.[27] 전자가 경험적 검증과 가치중립적인 명분으로 기존사회의 체제 유지와 재생산에 기여했다면, 후자는 사실과 객관성이라는 이름으로 은폐된 사회 모순을 고발함으로써 사회개혁을 요청한다. 비판이론은 진보, 문명, 노동 분화 등이 역사발전의 '자연적인' 경로이며 '필연적인' 단계임을 역설하는 전통철학을 부정한다.[28] 통념적인 지식을 부정하는 데서 출발하여 그 지식의 뿌리와 형태가 흔적도 없이 해체될 때까지 부정을 또다시 부정하는 과정을 통해 실증주의와 실용주의 철학이 삼켜버렸던 비판적인 사유를 회복시키려는 것이 비판이론의 목표이다. 비판이론은 인생의 근원적인 질문에 영원불멸한 대답을 제공한다는 의미에서의 '철학'도 아니고, 사회문제에 인과론적이며 이성적인 해결책을 제공해준다는 의미에서의 '과학'도 아니다. 실존하는 리얼리티의 한계를 초월하는 내일의 다른 가능성을 "상상하는 것"이 비판이론의 요체이다.[29] 니체의 표현을 빌리면, 순수하고 초월적인 '진리를 향한 의지'에 헌신했던 전통이론과 대조적으로, 비판이론은 세상의 모든 지식을 지배계급의 '힘을 향한 의지'가 생산한 사회적 구성체로 재인식한다.

비판이론의 이중적인 본질은 앞부분의 '비판'뿐만 아니라 뒤의 '이론'에 방점을 찍을 때 더 잘 드러난다. 비판이론의 해방적 잠재력은 "아니다!"와 "반대한다!"라는 부정성에만 있는 것이 아니라, 실천으로 수렴되지 않는 이론, 실천과 분리되지만 실천을 전제로 하는 이론, 유용성이나 응용성과는 별개로 자율적으로 존재하는 이론 그 자체에 있다. 베이컨이 '피가 되고 살이 되는' 실용적인 지식을 탐구했고, 그 기본정신을 계승한 실증주의도 유용하고 현실적인 이론에만 천착했다는 점을 떠올릴 필요가 있다. 프랑크푸르트학파는 전통이론의 도구적이고 목적지향적인 사상에 반대하여 "진정한 혁명적 실천은 사회가 사유를 경직시키는 수단인 의식 부재 앞에 쉽게 굴복하지 않는 '이론'에 달려 있다"고 강조한다.[30] "올바른 이론이란 세계의 변혁을 지향하는 실천의 자각"이라는 마르크스의 명제에 맞장구친 것이다.

호르크하이머와 아도르노의 설명을 종합하자면, 철학의 존재 이유는 진실에게 안식처를 제공하거나 인간에게 위로나 구제를 약속하는 것이 아니라, "단지 끝까지 철학을 뒤쫓는 개념운동으로서 희망의 가능성을 말할 뿐이다."[31] 부정적인 사유를 불가능하게 하려는 후기자본주의 사회에서는 생산력과 진보사상에 통폐합되지 않는 '이론' 그 자체를 올곧이 지키려는 용기야말로 값지다. "감히 생각하는 것만으로도 이미 비판적이며, 삐딱하게 생각하는 것에는 현실을 바꾸려는 의지적인 실천이 이미 내포되어 있다"는 명제가 성립하는 것이다.

> "우리는 어째서 성숙한 '계몽된 시대'가 아니라
> 오히려 반인간적인 새로운 야만시대로 퇴행했는가?"

호르크하이머와 아도르노의 합작품인 《계몽의 변증법(Dialektik der Aufklärung)》은 프랑크푸르트학파의 사상적 지향성을 잘 보여주는 역작이다. 《계몽의 변증법》은 그들이 캘리포니아에 거주하던 1941년에 쓰기 시작해서 1944년에 끝내고, 1947년에 네덜란드 암스테르담에서 독일어로 출간된 문제작이다. 한 세대 동안 독일에서조차도 잘 알려지지 않았던 이 책은 1972년에 영어로 번역된 이후 순식간에 고전 목록에 들어갔다. 두 사람은 이 책에서 "우리는 계몽주의운동 이후 200년이 지난 20세기 중반에 어째서 성숙한 '계몽된 시대'가 아니라 오히려 반인간적인 새로운 야만시대로 퇴행했는가?"라는 근본적인 물음을 제기한다. 호르크하이머와 아도르노는 이 질문에 답을 구하기 위해서 근대 유럽의 사상적 토대이며 출발점이었던 18세기로 거슬러 올라가 계몽주의의 뿌리와 몸통에 새겨진 야만성을 날카로운 논리로 캐낸다. 이들이 고쳐 쓴 계몽주의의 계보학은 17세기부터 상승하여 18세기에 정점에 이르렀다가 19세기 내내 하향곡선을 그렸고, 나치즘과 전체주의로 얼룩진 20세기 중반에는 거꾸로 마이너스 정점을 찍었다.

"수학적 방식은 사유를 사물로, 즉 도구로 만드는 것이다."

호르크하이머와 아도르노에 따르면, 서양 근대사상의 원료가 되었던 과학혁명에는 이론을 실용보다 낮춰 보는 위험한 사상이 숨어 있었다. 갈릴레이는 '자연은 수학이란 언어로 서술된 세계'라고 설파함으로써 세상 만물을 수학적으로 계산할 수 있다는 메시지를 근대 철학자들에게 주입했다. 그가 주창했던 '자연(법칙)의 수학화'는 '계산해서 알 수 없는 것은 없다'라는 계량적인 주지주의 경향을 가속화했다. 갈릴레오를 섬겼던 베이컨은 사물을 관통하는 이론적인 지식을 탐구하는 데는 관심이 없었다. 그는 "자연과 인간을 완전히 지배하기 위해 자연을 이용하는 법"에만 관심이 있었고, "실용적 생산성이 없는 인식의 기쁨은 창녀와 같은 것"이라고 믿었다.[32] 베이컨이 지식을 '타자(자연)를 다스릴 수 있는 방법'과 권력의 도구로 파악했다면, 수학적 사고방식의 숭배는 사유하는 행위를 특정한 목적을 달성하는 도구로 종속시켰다. "지식으로 전락한 사유는 중화되거나, 특수한 노동시장에 쓰이는 단순한 전문지식이 되거나, 개인의 상품 가치를 높이기 위한 수단으로 전락한다."[33]

도구적 이성만 커진 계몽주의는 체제유지의 이데올로기인 '전통이론'

으로 흡수되었다. "자기 자신마저 돌아보지 않는 계몽", "'사유를 사유하라'는 요청을 무시하는 계몽"은 성찰적 이성이 결핍된 반쪽짜리 불량품이었다. 호르크하이머와 아도르노는 "18세기에 뻔뻔스러운 자(기독교도)들에게 죽음과 공포를 심어주었던 철학"이었던 계몽주의는 19세기의 실증주의로 이어지며 "'실천'에 맹목적으로 이끌려 다니는" 하인으로 전락했고, "콩트의 변명적인 학파는 비타협적인 백과전서파로부터 승계권을 빼앗아 와서는 이들이 저항했던 모든 것(부르봉 복고 왕정과 복권된 귀족과 성직자)과 손을 잡았다"고 한탄했다.[34] 자유와 해방이 아니라 기득권의 협조자가 되어 체제순응적으로 타락한 계몽주의의 비판정신을 어떻게 부활시킬 것인가? 호르크하이머와 아도르노는 프랑스 계몽주의 철학자들이 단단히 다져놓은 '객관적 이성(objective reason)'의 철옹성을 해체하고 독일적 변증법으로 유연하게 만든 '주관적 이성(subjective reason)'이 개입할 공간을 확보해야 한다고 주장했다.[35] 두 사람에 따르면 다음 장에서 살펴볼 마르쿠제의 '리비도적·에로스적 합리성'과 유사한 개념인 주관적 이성은 도구가 아니라 그 자체가 목적인 이성이고, 사물화되지 않은 이성이며, 주체적인 이성이다.

"문화산업은 하자 없는 규격품을 만들듯이
인간들을 재생산하려 든다."

현재의 관점에서 되짚어보면, 《계몽의 변증법》 중에서 가장 예리한 부분은 '대중 기만으로서의 계몽'이라는 부제를 붙인 〈문화산업〉이다. 호르크하이머와 아도르노가 이 책에서 처음 사용하기 시작했던 '문화산업'이라는 명칭은 대중문화와 고급문화의 구별 없이 상부구조에서 작동하는 문화상품의 힘과 영향력에 주목한다.36 호르크하이머와 아도르노는 "오늘날 왜 혁명이 발생하지 않는가?"라는 그람시의 질문에 "후기 자본주의 시대 대중은 문화산업이 초대한 잔치에 최면이 걸려 혁명 따위를 거들떠볼 여력조차 없다"고 대답한다. 호르크하이머와 아도르노는 현대인의 사고방식을 사물화하고 비판적 사고방식을 앗아가는 지배계급의 가장 빛나는 헤게모니적인 무기가 바로 문화산업이라고 지목했다.

"문화산업이라는 필터를 통해 걸러진" 세상을 사는 보통 사람은 "생각한다, 고로 나는 존재한다"는 데카르트적 인간으로서의 주체를 박탈당한 인물이다. 이들은 1초에 24프레임으로 움직이는 영화 필름의 속도에 쫓겨 사유의 호흡이 짧아지고, 이들의 일상적인 감수성은 주어진 외부 현실에 찰나적으로 반응하면서 '하자 없는 규격품'으로 재생산된다.37 '말썽(반품) 없는' 인간을 생산하기 위해 문화산업이 첨가하는 조미료(또는 방부제)는 사이비 개성과 일상생활의 예능화이다. "구레나룻, 프랑스적 억양, 음탕한 여자의 깊은 저음" 같은 가짜 개성으로 변장하여 해피엔딩으로 달음박질치는 드라마 출연자들을 흉내 내는 스크린/브라운관 바깥의 시청자들은 가상현실 속을 횡보한다. 이들은 '주관적 이성'을 스스로 용기 있게 사용하여 "성공 따위로 삶을 정당화할 필요가 없는 사회"38를 위해 싸우는 대신, 24시간 뉴스 채널이 토해내는 정치, 사회, 경제, 문화 뉴스의 격자 안의 복제인간으로 안주한다.

문화산업의 체에 걸린 일상생활은 심각한 철학 토론이나 논쟁적인 주제를 실격시키며 인생을 웃음바다에 익사시킨다. 문화산업이 기만적으로 연출하는 예능프로그램을 팝콘처럼 가볍게 즐기는 시청자들은 "현존하는 고통을 쾌활한 거세로 대체"하는 데 익숙하다. '길거리 픽업'으로 하루아침에 유명해진 인기 스타-신데렐라가 주인공인 드라마에 영혼을

뺏긴 편의점 아르바이트생은 최저임금에도 못 미치는 시급에 분노하지 않는다. 이들은 '아프니까 청춘'임을 몰래 삭이고 저항과 혁명의 불가능성을 헤픈 웃음으로 위장함으로써 해방과 "'부정성'을 의미하는 사유로부터" 도망친다.[39] 즐긴다는 것은 항상 무엇인가를 더는 생각하지 않는 것, 고통을 목격할 때조차 회피해버리려는 무력감을 의미한다. 그러므로 웃음바다로 도피하는 행위는 잘못된 현실이 아니라 마지막 남아 있는 저항의식에서 도피하는 것일 뿐이다. 문화산업은 엄숙하고 진지한 과학자, 정치가, 지식인, 저널리스트, 페미니스트 모두를 댓글과 시청률에 울고 웃는 예능인으로 만들어버림으로써 그 위대한 과업을 성취한다.

호르크하이머와 아도르노는 독일 전통지식인들과 막스 베버의 사상적 후예이면서 동시에 이단자였다. 프랑크푸르트학파는 프랑스 계몽주의의 안티테제인 독일관념론(헤겔 좌파)과 문화주의를 포용하면서 맹목적으로 실용을 좇는 계몽주의를 비판했다. 차가운 근대화의 쇠우리에서 지적 소명의식으로 '합리성의 역설'을 견뎠던 베버와 달리, 프랑크푸르트학파의 비판이론은 계몽주의를 원천적으로 부정하는 게 아니라 정상화를 지향했다. 칸트가 "더 많은 빛을!"이라는 유언을 남겼다면, 호르크하이머와 아도르노는 나치즘과 전체주의로 병든 계몽주의를 치유하고 더 강건하게 단련시키기 위해서 "더 올바른 계몽주의를!" 요청했다. 아우슈비츠의 정문 위에 걸린 "노동이 너희를 자유롭게 하리라"라는 문구에서 간신히 살아남아 미국으로 이주했던 프랑크푸르트학파는 이제 "소비가 너희를 자유롭게 하리라"라는 또 다른 시대정신과 싸워야만 했다. 20세기 후반에 진일보한 자본주의의 후기산업사회에서 마르쿠제가 어떻게 더욱 강력해진 새로운 우상들과 대적했는지가 다음 장의 줄거리이다.

제9장

마르쿠제_후기산업사회의 '위대한 거부자'

1940년	영국, 앨런 튜링, 독일군의 암호 기계 에니그마의 규칙을 해독.
1941년	미국, 프랭클린 루스벨트 대통령, 과학연구개발원의 창립을 승인.
	미국, 에리히 프롬, 《자유로부터의 도피》 출간.
1945년	미국, 원자폭탄을 전쟁에 처음으로 사용.
1946년	영국, 로빈 콜링우드, 《역사학의 이상》 출간.
1950년	한국전쟁 발발.
1951년	미국, 한나 아렌트, 《전체주의의 기원》 출간.
1952년	미국, 최초의 수소폭탄 실험 성공.
1953년	영국, 제임스 왓슨과 프랜시스 크릭, 유전자(DNA) 구조 규명.
1956년	미국, 라이트 밀스, 《파워 엘리트》 출간.
1957년	소련, 최초의 인공위성 스푸트니크 발사 성공.
1959년	쿠바, 피델 카스트로의 주도로 쿠바혁명 성공.
1961년	서양 20개국, 경제협력개발기구(OECD) 결성.
1963년	미국, 마틴 루서 킹 목사, 워싱턴 D.C.에서 인종차별 반대 대행진 진행.
	미국, 베티 프리단, 《여성의 신비》 출간.
1964년	미국, 캘리포니아대학교 버클리캠퍼스에서 학생운동 발생.
	미국, 뉴욕 할렘에서 흑인 봉기.
	미국, 헤르베르트 마르쿠제, 《일차원적 인간》 출간.
1966년	중국, 마오쩌둥, 문화대혁명 선포.
1969년	미국, 아폴로 11호 달 착륙.
	베트남, 호치민 국가 주석 사망.
	미국, 인터넷의 원형인 아파넷(ARPAnet) 등장.
1972년	미국, 리처드 닉슨 대통령, 중국과 소련 방문.
1980년	미국, 앨빈 토플러, 《제3의 물결》 출간.

1. 뜨거운 전쟁과 차가운 전쟁을 헤쳐나간 사상적 망명객

제2차 세계대전 중에 미국으로 망명했던 프랑크푸르트학파의 많은 사상가가 전쟁이 끝난 이후에도 독일로 돌아가지 않고 미국에 남았다. 분단된 조국의 한쪽인 서독으로 돌아가 1951년에 유대인으로서는 최초로 프랑크푸르트대학교 총장이 된 막스 호르크하이머와 고향으로 돌아가 1958년에 사회연구소 소장 직위를 이어받은 테오도어 아도르노는 예외적인 사례였다. 다른 멤버들은 각자의 능력과 인맥을 활용해 제2의 조국인 미국에 새로운 지적 둥지를 틀었다. 이 '잔류파' 가운데 한 명이 20세기 후반 미국 현대 사상계에 큰 영향을 끼친 헤르베르트 마르쿠제다.¹ 그는 앞 장에서 살펴봤던 호르크하이머·아도르노와 함께 프랑크푸르트학파의 삼총사라고 불릴 만큼 핵심적인 인물이었다.

1934년에 뉴욕으로 망명한 마르쿠제는 국제사회연구원(International Institute of Social Research)으로 이름을 바꾼 컬럼비아대학교 부속 연구소의 전임연구원 신분으로 생계를 이었다. 이후 미국 정부가 망명한 외국 학자들에게 지급하는 특별비상기금이 고갈되자 1943년 미국의 해외정보기구인 전략정보국(OSS: Office of Strategic Services, CIA의 전신)에서 일했다. 그가 배치된 조사분석국(Research and Analysis Branch)의 책임자는 나중에 미국역사학회 회장이 된 외교사 전문가 윌리엄 랭어(William Langer, 1896~1977)였고, 존 페어뱅크(John K. Fairbank, 1907~1991), 헨리 스튜어트 휴스(Henry Stuart Hughes, 1916~1999), 배링턴 무어(Barrington Moore, 1913~2005), 칼 쇼르스케(Carl Schorske, 1915~2015), 노먼 브라운(Norman Brown, 1913~2002) 등 이후 미국 학계의 중진으로 유명세를 치른 소장학자들이 소속되어 있었다.[2]

제2차 세계대전이 끝나고 국무성으로 자리를 옮긴 마르쿠제는 중부 유럽국 조사부 책임자로 승진한 후 1951년에 퇴직했다. 그는 '전략정보국 졸업생들'이 냉전체제를 학술적으로 후원하기 위해 만든 '지역학(Area Studies)'의 전문가 자격으로 컬럼비아대학교와 하버드대학교의 러시아연구소를 오가면서 학계를 기웃거렸다. 그러다가 50대 중반인 1954년에 브랜다이스대학교 교수로 취임함으로써 제도권 학자로 제2의 삶을 시작했다. 1955년에는 카를 마르크스와 지크문트 프로이트를 접목하여 현대사회를 비판적으로 진단한 《에로스와 문명(Eros and Civilization)》이라는 문제작으로 미국 지성계에 정식으로 데뷔했다. 1964년에는 출세작인 《일차원적 인간(One-Dimensional Man)》을 발표하면서 신좌파(New Left)[3]와 68혁명의 철학적 우상으로 화려하게 떠올랐다.

마르쿠제가 미국 학계에 던진 파문과 영향력을 진단하기 위해서는 1950~1960년대 미국의 사회적·경제적 구조와 이데올로기적인 풍경을 먼저 이해할 필요가 있다. 종전 이후 미국의 사상적 분위기는 과학주의와 실용주의, 반지성주의, 반공산주의 등으로 요약된다. 우연하게도 프랑크푸르트학파의 사회연구소와 같은 해인 1923년에 록펠러재단의 기금으로 창립된 사회과학연구협의회(SSRC: Social Science Research Council)

는 사회과학은 물론 인문학 분야에도 과학주의를 전파하는 전도사 역할을 했다.[4] 사회과학연구협의회는 미국 자본주의에 대한 비판을 자제하는 중도적인 정치학자와 병리적인 사회현상을 통계적으로 분석하여 실용적인 해결책을 제시하는 경제학자·사회학자에게 풍부한 연구기금을 제공했다. 이에 힘입어 1930~1940년대 미국 학계는 도구적 실증주의와 행동주의(Behaviorism)가 주류를 이루었고, 그 연장선에서 1950~1960년대에는 미국 특유의 '군산학(軍産學) 복합체'가 탄생했다. 원자폭탄을 만들기 위해 비밀리에 조직된 '맨해튼 프로젝트'는 정부기관, 산업제조업체, 대학연구소, 과학기술자 등이 긴밀하게 엮인 종합적 산업체계의 위력을 과시했다.[5] 캘리포니아대학교 로렌스버클리 방사선연구소와 캘리포니아공과대학의 제트추진연구소 등이 대표적이다. 1964년에 미국의 모든 과학자와 엔지니어의 5분의 3과 1969년에 과학과 공학을 전공하는 대학원생의 3분의 1이 연방정부의 재정지원을 받았다.[6] 프랜시스 베이컨이 구상했던 '솔로몬 학술원'이 3세기 만에 미국 땅에서 국가-산업체-연구기관의 협동체로 진화한 것이다.

현대 미국문화를 관통하는 또 다른 특징은 지식(인)을 경시하는 반지성주의와 '빨갱이'를 반사적으로 거부하는 반공산주의적인 대중 정서였다. 특히 1950년대의 정치적 혼란기를 거치면서 "반지성적(Anti-Intellectual)이라는 용어는 미국의 자기평가에서 가장 중심적인 표현으로 부각"되었다.[7] 미국의 보통 사람들은 지식인과 대학교수를 '달걀 머리(egghead)', '고상한 척하는 먹물(highbrow)' 등 경멸적인 이름으로 부르며 존경의 대상이 아니라 분노와 의심의 대상으로 인식했다. 또한 미국은 서유럽과 달리 '예외적으로' 좌파 정당과 노동조합운동이 약한 국가였다. 미국 사회당(American Socialist Party)은 1936~1952년에 겨우 1퍼센트이하의 전국득표율을 기록했고, 전체 고용 노동자의 15~16퍼센트만 노동조합원이었다.8 러시아혁명 이후 형성된 '적색 공포(Red Scare)'와 1950년대를 휘몰았던 매카시즘은 '지식인=공산주의 동조자'라는 편견을 퍼트리는 데 결정적으로 기여했다. 반지성주의와 반공산주의는 짝을 이루면서 더욱 효과적으로 보통 사람들의 집단정신을 형성했다. 말하자면, 당시 미국은 행동적 실용주의가 지배적인 사상적 좌표였고, 국가-산업체-대학연구소가 협력하여 거대한 산업체계를 운영했으며, 공산주의를 무작정 혐오하고 지식인을 의혹의 눈초리로 째려보는 위태로운 나라였다. 마르쿠제는 프랑크푸르트학파의 이념을 담금질해야 할 가혹한 운명을 짊어진 채 후기산업사회의 거친 땅바닥으로 던져졌던 것이다.

2. 프로이트 좌파에서 신좌파의 우상으로

마르쿠제는 1941년에 《이성과 혁명(Reason and Revolution)》을 발표했다. 이 책은 프랑크푸르트학파 멤버가 영어로 쓴 첫 번째 책이었다. "호르크하이머와 사회연구소에게"라는 헌정사가 말해주듯, 마르쿠제는 이 책에서 프랑크푸르트학파가 지향했던 문제의식을 잘 대변했다. 그는 19세기 후반 유럽에서 전개된 사회과학의 발전은 헤겔 사상의 본질인 '부정적인 철학(negative philosophy)'을 '긍정적인 철학(positive philosophy)'으로 대체했다고 지적했다.9 마르쿠제는 데카르트의 기계론적 철학, 홉스의 유물론적 정치철학, 스피노자의 수학적 윤리 등에 사상적인 뿌리를 둔 계몽주의와 이를 계승했던 실증주의가 합작하여 이성을 '기정사실(the established fact)의 권위'에 종속시킴으로써 헤겔 철학의 아킬레스건인 '부정성'을 제거했다고 진단했다. '긍정적인 철학'의 선봉장이었던 콩트는 초월적인 이성에 간섭받지 않는 사실의 독자성을 강조했고, 경험을 지식의 가장 높은 기준으로 올려놓았으며, 과학적인 관찰로 증명할 수 없는 모든 목표를 무효화했다. 마르쿠제는 콩트가 자신의 철학체계에 '실증주의(Positivism)'라는 명칭을 붙인 것은 복고왕정기의 반혁명적인 시대정신에 저항하지 말고 기존의 질서를 '긍정적으로(positively)' 수용할 것을 당대인에게 교육시키려는 의도 때문이었다고 힐난했다.[10]

> "처음부터 죽을 때까지
> 마르쿠제는 마르크스주의자였다."

마르쿠제는 보수적 국가주의와 전체주의적 파시즘을 후원한다는 오해에서 헤겔 철학을 구출하는 한편, 헤겔 좌파 시기의 청년 마르크스 또한 재평가했다. 마르쿠제는 1954년 〈보충적인 에필로그〉라는 형식으로 《이성과 혁명》의 말미에 덧붙인 글에서 청년 마르크스가 모색했던 인간의 자유와 해방은 여전히 해결하지 못한 시대적 과제임을 재확인했다. 마르크스가 살아생전에 예상하지 못했던 자본주의 체제의 변화—"자유방임적 자본주의에서 조직된 자본주의로의 이전"—때문에 이성의 부정적인 저항력은 더욱 교묘하게 '중성화'되고, 소비사회에 흡수된 개인의 자유는 '관리 문제'로 변질되며, 사회 발전은 '진보된 억압'이라는 역설적인 형태로 구현된다.[11] "현실적인 것은 이성적이고, 이성적인 것은 현실적"이라고 설파했던 '이성'의 철학자 헤겔을 비이성적인 현실을 급진적으로 개혁하려는 '혁명'의 실천가 마르크스와 화해시키려는 것이 《이성과 혁명》의 궁극적인 의도였으리라. 청년 마르크스의 출발점인 헤겔로 돌아가 인본주의자인 마르크스의 사상에서 찢어지고 성긴 부분을 더 나은 방향으로 재건축하기 위해 평생 노력했다는 측면에서 "처음부터 죽을 때까지 마르쿠제는 마르크스주의자였다"는 평가[12]는 크게 틀린 것이 아니다.

'프로이트에 관한 철학적 질의'라는 부제를 단 《에로스와 문명》은 프로이트가 《문명 속의 불만》에서 던진 질문—인류 문명을 구성하는 '천상의 권력'인 에로스가 불멸적인 존재인 타나토스와의 투쟁에서 과연 이길 것인가?—에 대한 마르쿠제의 답이었다. 제1차 세계대전의 폭력과 파괴성을 목도한 프로이트가 억압과 불만이 없는 현대문명의 가능성을 염세적으로 보았다면, 마르쿠제는 유대인 학살과 원자폭탄으로 상징되는 제2차 세계대전이 남긴 암흑 속에서도 인류 해방과 에로스적인 재통합을 희망적으로 갈구했다. 특기할 사항은 그가 초기작 《이성과 혁명》에서 마르크스의 헤겔적 뿌리를 찾아 거슬러 올라갔다면, 《에로스와 문명》에서는 마르크스가 자본주의 비판을 위해 창안한 주요 개념들을 패러디하여 후기자본주의 비판의 도구로 삼았다는 점이다. 한때 프랑크푸르트학파의 동료였던 에리히 프롬이 러시아식 사회주의를 반대하는 '개인주의적 민주주의'의 옹호자로 방향을 바꾸었다면,[13] 마르쿠제는 미국적 후기산업주의를 비판하는 프로이트 좌파의 노선을 지켰다.

> "수행원칙의 지배 아래서 육체와 정신은
> 소외된 노동의 도구로 바뀐다."

마르쿠제의 관찰에 따르면, '불만 없는 문명'의 실현을 방해하는 두 요소는 '과잉억압(surplus repression)'과 '수행원칙(performance principle)'이다.

과잉억압은 문명을 탈 없이 존속시키기 위해 지나친 성욕과 공격본능을 최소 수준으로 누르는 '기본억압'을 넘어서서 특정한 지배체제를 굳히기 위해 인류에게 가해지는 불필요한 추가적인 억압을 일컫는다.[14] 예를 들면, 무분별하고 집단적인 성적 야합을 막기 위해 일부일처제를 도입할 필요는 있지만, 자손 생산을 목적으로 하지 않고 쾌락을 추구하는 모든―동성이거나 변태적인 성행위를 포함한―성행위를 제3자인 교회와 국가가 나서서 간섭하고 금기시하는 것은 과잉억압이다. 청소년들이 건강한 시민으로 성장하는 것을 방해하고 다음 날 학교에서 학업 집중력을 떨어뜨릴 자위행위를 금지하는 것도 과잉억압의 일종이다. 노동자가 투입한 노동량에 미치지 못하는 적은 임금을 지급하면서 생긴 차액으로 축적되는 잉여가치(surplus value)가 자본주의 성장의 비밀이라고 고발했던 마르크스를 패러디하여, 마르쿠제는 지배계급이 자본주의의 생산성을 더 높이고 자신들의 이익을 최대한 확보하기 위해 현실원칙이라는 미명으로 "본능의 조직에 과잉억압을 첨가한다"고 폭로했다.[15]

수행원칙은 프로이트가 자아(에고)의 관할권에 두었던 현실원칙을 마르쿠제가 후기자본주의라는 사회경제적 환경에 응용하기 위해서 이름을 바꾼 새로운 개념이다. 국가자본주의 시대의 현대인은 수행원칙에서 한 치도 어긋나지 않도록 정사각형으로 깎이고 단련된다. 쾌락원칙을 반납하고 현실원칙을 체념적으로 수용해야만 했던 프로이트의 심리적 인간들이 신경증 환자가 되었다면, 머리부터 발끝까지 수행원칙이 주입된 후기산업주의 시대의 현대인들은 투입 대비 산출이 높은―가성비가 좋은―'소외된 노동의 도구'로 전락했다.[16] '최대 다수에게서 최대한 생산력'을 짜내는 것을 존재 이유로 삼는 국가(법인)자본주의는 피고용인들이 분별없이 쾌락에 탐닉함으로써 노동에너지를 낭비하지 않도록 그들의 일상생활을 효율적으로 관리한다. 인간의 육체가 소유한 생산수단들이 행여 병들거나 고장이 나지 않도록 리비도의 활동영역을 온몸에서 성기로 축소시키고 쾌락의 지속시간도 방사의 절정 순간에 한정시킨다. 그리고 심심하게 혼자 내버려둔 노동자들이 "억압의 현실로부터 해방될 수 있는 가능성"을 사색하지 않도록 갖가지 오락거리를 투입하여 내일의 출근을 준비하도록 재충전의 프로그램을 제공한다.[17] "(무조건) 하면 (결국은) 된다!"라는 수행원칙의 절대성에 의문을 품거나 그 결과물의 효능을 요모조모 따지는 비판의식—내가 하는 이 작업은 대기오염의 원인이 아닌가?—을 잠재우기 위해 승진, 보너스, 유급휴가 등의 달콤한 보상이 미끼로 사용된다.

《에로스와 문명》에서 제시했던 일부 개념이 마르쿠제의 임상적 미숙함으로 잘못 묘사되었다는 비판을 받긴 하지만, 이 책은 마르크스의《자본론》에 버금가는 프랑크푸르트학파의 "가장 독창적이고 중요한" 저서 가운데 하나로 꼽힌다.[18] 마치 마르크스가 헤겔의 관념론을 유물론으로 물구나무 세웠듯이, 마르쿠제는 프로이트의 비관적인 정신분석학을 뒤집어 리비도와 에로스의 억압이 아니라 표출이 인류 문명의 평화와 공존의 열쇠라고 주장했다. 인간의 궁극적인 행복과 사회정의의 실현은 본능과 변태적 성충동을 생산성과 성취원칙의 속박에서 해방시킴으로써 가능하다고 확신한 마르쿠제는 마르크스보다 20세기에 더 절실하고 더 어울리는 혁명적인 사상가로 프로이트를 꼽았다. 1960년 후반에 유럽과 세계를 휩쓸었던 급진적이고 진보적인 단체들이 외친 "전쟁 말고 섹스를 하라!(Make Love, Not War!)"는 구호는 마르쿠제가 주창한 '에로스의 정치학'에 맞장구를 치는 새로운 사회운동이었다.

1964년에 출간된《일차원적 인간: 선진산업사회의 이데올로기 연구

(One-Dimensional Man: Studies in the Ideology of Advanced Industrial Society)》
는 마르쿠제를 68세대의 사상적 아이돌로 만든 출세작이었다. 이 책은
마르쿠제가 철학적 사색 단계에서 정치적 행동주의로 변신하는 신호탄
이며, 정신분석학(프로이트)에서 정치학(마르크스)으로 회귀한 전환점이
었다.[19] 타나토스의 손아귀에서 탈주하지 못하는 에로스의 무기력한 투
쟁을 응원하려는 것이 《에로스와 문명》이었다면, 상아탑의 울타리 안
에서 서성거리던 철학(이론)을 거리와 광장의 정치로 불러내려는 것이
《일차원적 인간》의 목표였다. 아도르노와 호르크하이머가 후기/소비자
본주의 시대를 사는 대중의 비판의식을 마비시키는 원흉으로 문화산업
을 지목했다면, 마르쿠제는 후기산업주의 시대를 지배하는 '기술적 이
성(technical reason)'에 내포된 전체주의적 사고방식에 주목했다. 라디오
와 텔레비전, 합성수지와 트랜지스터 등으로 대변되는 제3차 산업혁명
이 가져다준 경이로운 경제성장과 풍요로운 일상생활이라는 열매를 누
리는 1960년대에 현대과학기술에 내포된 디스토피아(dystopia)를 고발한
《일차원적 인간》은 당대 독자들에게 충격적인 저서였다. 18세기 말 제1
차 산업혁명 당시 기계에게 일자리를 빼앗긴 영국 숙련공들이 기계파괴
운동에 돌입했다면, 마르쿠제는 20세기 후반 선진산업사회에서 군림하
는 기술적 결정주의의 폭력에 대항하는 사상투쟁을 선언했다.

"기술적 합리성은
정치적 합리성이 되었다."

후기산업주의 시대에 절정을 이룬 과학기술은 인간해방과 행복의 복
음인가, 아니면 베버가 우려했듯이 쇠우리보다도 더 견고하고 촘촘한

인간 통제의 블랙박스인가? 마르쿠제의 명제에 따르면, "기술적 합리성은 정치적 합리성이 되었다."[20] 현대인의 사고능력을 '사물화'시켜 비판의식은커녕 생각하는 근육 자체를 무력화시키는 가장 결정적인 원천이 테크놀로지 안에 배태되어 있기 때문이다. 현대기술이 설계하고 대량생산한 물질문명에 편안히 파묻혀서 현실을 소비하는 인간기계 또는 좀비의 시대가 온 것이다. 현대기술은 경합하는 다른 기술적인 대안과 선택 가능성마저도 효율성과 표준성의 명분으로 막아버림으로써 이른바 '민주적 전체주의(democratic totalitarianism)'의 수립을 도와준다. 예를 들면, 우리가 오늘날까지도 윙윙거리는 소음이 나는 냉장고를 사용하게 된 것은 기술적으로 더 우월한 경쟁업체의 냉장고 모델을 억누르고 대량생산과 대량판매의 산업네트워크를 독점한 대기업 제너럴일렉트릭(General Electrics)사의 기술이 업체의 표준으로 채택되었기 때문이다.[21] 재벌기업과 정치권력의 담합이 우수한 제품을 발명한 중소기업을 파산시키고 기술적 다양성이 원천적으로 허용되지 않는 전체주의적 기술사회로 몰고 가는 것이다.

후기산업주의 시대에 전지전능한 권능을 발휘하는 테크놀로지는 인간을 '가짜욕구(false needs)'와 '잉여욕망(surplus desire)'의 피조물로 재창조한다.[22] 마르크스의 '가짜의식(false consciousness)'과 '잉여가치(surplus value)'를 패러디한 두 개념은 '소비가 미덕'이라는 후기자본주의의 가치관을 복창하면서 '존재'가 아닌 '소유'의 늪에 빠진 현대인의 심리상태를 잘 묘사한다. 대형 자동차, 5G 스마트폰, VVIP 신용카드 등 더 많고 더 크며 더 빠른 첨단제품의 과시적인 소비는 그들에게 가짜자유와 가짜해방을 제공한다. 지상파 채널 다섯 개를 가졌던 텔레비전 시청자가 정보기술의 혁신 덕분에 500개의 채널을 시청할 수 있게 되어 선택권이

100배나 넓어졌다는 착각 속에서 현대인들은 '저녁이 있는 삶'을 '바보 상자'와 함께 보낸다. 중산층의 필수품이라고 광고하는 각종 가전제품을 구입한 주부들은 과연 힘든 가사노동에서 해방되어 창조적인 여가생활을 만끽하는가? 식기세척기와 진공청소기는 요리와 청소 같은 집안노동에서 해방시켜주는 것처럼 보이지만, 실제로는 오히려 여성을 더욱 감정적으로 착취—"세탁기만 돌리면 되는데 온종일 뭘 했어?"—한다. 가짜욕구로 구입한 첨단의 가전제품은 여성들에게 씌웠던 '가정의 수호천사'라는 전통적인 역할을 강화시킬 뿐이었다.23

"기능화되고 요약되고 통합된 언어는
1차원적 사유의 언어이다."

'1차원적 인간'은 수행원칙을 지키면서 노동하고, 가짜욕구와 과잉욕망으로 소비하며, 자신의 원초적 욕망을 억압적으로 승화하는 인물이다. 후기산업주의 시대의 새로운 인간형인 그는 기존 질서와 생활양식에 철저히 동화되고 기술적 이성의 충직한 노예가 되어 반항적, 이질적, 초월적인 사유를 할 수 없는 단세포생물이다.24 정치적으로는 전체주의적인 관료체제에 순응하는 '관리된 개인(administered individual)'이고, 이데올로기적으로는 과학기술적 합리성이 자신의 행복과 자유를 보장해줄 것이라고 믿으며, 일상생활에서는 문화산업이 쉴 틈 없이 제공하는 소비와 웃음의 잔치에 자신의 '생각의 도끼'가 썩는지를 모르는 사람이다. 막스 베버가 근대적 합리화의 역설적인 산물인 '가슴 없는 전문인'과 '머리가 없는 향락인간'을 경계했다면, 그들보다 더 퇴행적이고 더 비극적인 무기질 인간, '레디메이드 인생'이 마르쿠제가 명명한 1차원적

인간이었다.

1차원적 인간은 "기능화되고 요약되고 통합된 언어"인 1차원적 사유의 언어 사용자이다.[25] 그는 철학적이며 형이상학적인 언어와 문법을 배워 복잡하게 사유하지 못하고, 가볍고 감각적이며 가시적으로 형상화하기에 쉬운 이미지 언어를 선호한다. '에스 라인', '쭉쭉 빵빵' 같은 육감적인 언어가 넘쳐나고 이모티콘이 씽씽 달리는 소셜네트워크서비스(SNS)의 고속도로에서는 독창적이거나 발칙한 상상력은 '왕따(또는 무플)'의 황무지로 배제된다. 지배권력이 현상유지를 위해 만들어서 퍼트리는 1차원석인 언어는 대중이 상식적인 수준에서만 세상을 읽도록 유도한다. "적이 말하는 것은 프로파간다"이며, 자신들이 행사하는 폭력과 반인권적인 범죄행위는 반사회적인 세력을 처벌하여 법과 질서를 바로 세우려는 행위라고 정당화한다. '학생운동'이라는 단어는 노동자와 기성세대를 그들에게서 고립시키려는 언어적 전략이며, '도미노이론'은 더럽고 전염성이 있는 적들을 고엽제와 소이탄(燒夷彈)으로 깡그리 태워버리는 야만행위를 정당화하려고 냉전체제가 만든 시사용어이다.[26] 그 연장선에서 '싱크탱크(think tank)'라는 신조어는 대학교와 지식인을 국방산업에 동원해 견고한 군산학복합체를 조직하려는 꼼수이고, '녹색성장'은 개발지향적인 자연파괴를 미화하려는 뻔뻔하고 모순적인 용어이다.

그러므로 1차원적 사유방식에서 해방되려면 지배권력이 조작하는 '정치적 언어학'의 시커먼 이면을 밝히고 전복적인 담론으로 대체해야 한다. 마르쿠제가 보기에 "철학이란 오로지 모든 사람이 용인하는 것을 말한다"는 분석철학과 "말할 수 없는 것에 관해서는 침묵해야 한다"는 루트비히 비트겐슈타인의 논리실증주의는 "기성의 현실을 건드리지 않고 모든 이론을 포기한다"[27]는 점에서 전통이론의 현대적 버전일 뿐이다. 20세기까지 이어지는 신실증주의가 이끄는 언어게임에서 이기기 위해서는 백인우월주의를 상징적으로 뒤집는 "검은 것이 아름답다"는 흑인인권운동의 구호처럼 의미 반전의 싸움이 필요하다.[28] 신문의 선정적인 헤드라인, 블록버스터 영화의 멋진 대사들, 베스트셀러 책들의 음란한 제목들을 흉내 내는 복화술사가 1차원적 인간이라면, 정치적 언어학이 꾀하는 전체주의적 사고방식에서 어긋나는 복잡하고도 철학적인 메타언어로 더듬거리며 고뇌하는 언어적 이단자가 2차원적·3차원적 인간이다.

후기산업사회를 횡보하는 인간 아닌 인간 또는 인간-좀비에게 누가 어떻게 사유의 입김을 불어넣어주고 저당 잡힌 비판의식을 되찾아줄 것인가? 마르쿠제는 교조적인 마르크스주의자들이 사회혁명의 훼방꾼이라고 멸시했던 프티부르주아지(소시민)와 부르주아 계급의 기생충이라고 업신여겼던 룸펜프롤레타리아트가 이 시대의 혁명적 전위대가 되리라고 기대했다. 왜냐하면 후기산업사회와 법인자본주의에 포섭된 소시민과 샐러리맨들은 중상류층으로의 신분상승을 꿈꾸며 20세기형 '민중의 배반'의 핵심계층이 되었기 때문이다. 이들과는 대조적으로 "국외자, 추방자, 다른 종족이나 다른 유색인종에게서 착취당하고 박해받는 자들, 실업자들과 채용할 수 없는 자들이라는 전 하층민들"은 잃을 것이라고는 아무것도 없는 '새로운 역사적 주체'이다.[29] 마르쿠제는 반문화의 불씨를 지피는 히피, 도시 슬럼가의 흑인집단, 아마추어 학생운동가들, 보헤미안 방랑자들—안토니오 그람시가 '서발턴'이라고 불렀던 이들 사회주변인들이야말로 지배계급의 헤게모니를 위대하게 거부하는 20세기 후반의 '새로운 노동계급'이며 혁명적 전위대가 되어야 한다고 격려했다.

"새로운 질서를 위한 이념들은
통상적으로 유토피아적이다."

　말년의 마르쿠제는 '거부하는 몸짓'만으로는 후기자본주의와의 싸움에서 이길 수 없음을 깨달았다. 《일차원적 인간》을 극복하려는 속편 (Beyond One-Dimensional Man)"이라는 임시 제목으로 집필했던 《해방론 (An Essay on Liberation)》(1969)에서 그는 유토피아를 향한 동경과 미학적인 힘의 중요성을 강조했다. 마르쿠제는 1937년에 발표한 〈철학과 비판이론〉이라는 에세이에서 "새로운 질서를 위한 이념들은 통상적으로 유토피아적이다"[30]라고 선언했는데, 한 세대 후에 그 초월적인 의지를 '미학적인 감수성'으로 다시 호출했다. 그는 지배계급이 부와 성공을 뽐내기 위해 사들이는 장식품이나 수집품은 만들지 않겠다고 선언한 초현실주의 같은 아방가르드운동이 지향했던 예술적인 실험정신과 반골주의야말로 급진적인 상상력과 유토피아적 꿈을 키우는 터전이 될 것이라고 보았다.[31] 마르쿠제의 신념을 확장하여 21세기에 적용한다면, 동성애자를 포함한 성소수자, 정치적 박해와 종교적 차별을 피해 세상을 떠도는 난민들, 월급과 넥타이로 목을 졸라매는 샐러리맨보다는 미니멀한 삶을 의도적으로 선택한 청년백수, 국경선을 넘나드는 디지털 자본주의 시대에 일거리를 찾아 왕래하는 제3세계 (지식)노동자 등이 '위대한 거부자'의 명단에 첨부될 것이다. 이들이야말로 수행원칙과 가짜욕망을 초월하는 '새로운 감수성(new sensibility)'을 담금질하려는 유토피아주의자들이기 때문이다.[32]

3. 상상력에 권력을!: 68혁명의 목소리가 되다

마르쿠제의 제자이자 동료였던 뤼시앵 골드만은 《에로스와 문명》과 《일차원적 인간》이 "선진산업사회에서 전개되는 반대세력을 위한 계획을 세운 최초의 저서"라는 점에서 중요하다고 평가했다.[33] 두 책에서 논의된 견해들을 종합하면, 수행원칙을 부추기는 과잉억압을 제거함으로써 에로스를 현실원칙의 구속에서 해방시키는 것이 자유를 향한 첫걸음이다. 그다음 단계는 현대인이 자발적으로 구속당하는 가짜·과잉욕망을 중화시켜 노동과 생산력의 사슬에서 풀어주는 것이다. 마르쿠제의 최종목표는 물질적 결핍과 심리적 억압에서 동시에 해방되어서 나(I)와 너(Thou), 나의 노동과 생산물, 인간과 자연 등의 삼각관계를 재조정하는 '새로운 유형의 존재'를 창출하는 것이었다.[34] 진보사관을 맹종하지 않고, 도구적 이성과 기계적 합리성에 굴복하지 않으며, 에로스로 구성된 '육체적인 주체성(a corporeal subjectivity)'을 섬기는 신인류가 새로운 유형의 존재이다. 노동기계로 퇴락한 육체를 쾌락의 장소로 복권시켜야만 하는 것이다. 또한 죽음이나 파괴의 본능과 반대로 생명을 보호하는 특성을 갖는 여성 육체의 재발견은 평화시대를 여는 열쇠이기도 하다.

> **"현실은 상상력을 뒤쫓고 이것을 추월한다."**

마르쿠제는 이성-감성의 전통적인 이분법을 해체하고 양자관계를 뒤바꿔 그 기능을 모두 높이기 위해 '리비도적인 합리성(libidinal rationality)'이라는 새로운 개념을 제안했다. 이성은 원초적인 감각과 광기를 통제·

억압할 권한이 있는 우월한 지각이 아니다. 오히려 따뜻하고 육감적인 감성이 사물화되어 병든 이성을 어루만져 치유할 힘을 발휘한다. 이성과 감성이 서로 배척하는 대신에 각각의 장점을 어루만져주면서 고양된 리비도적인 합리성 또는 '에로스적인 합리성(eroticized rationality)'으로 승화된다.[35] 니체가 아폴론적 요소는 과잉생산·공급되는 반면에 디오니소스적 요소는 고갈되던 19세기 말 실증주의 전성시대의 파국적인 종말을 예언했던 것처럼, 마르쿠제는 20세기 중후반 후기자본주의가 일으키는 현실원칙과 수행원칙의 소용돌이 속에서 잃어버리고 물거품으로 흩어진 원초적인 욕망과 위험한 상상력의 부활을 독촉했다. 항상 '현실에 뒤쫓기고 추월당하는' 상상력[36]이 갖는 현실개조의 진보적인 힘을 되살림으로써 비판이론을 실천하려는 그의 의도는 "상상력에 권력을!" 부여하려는 68혁명의 함성으로 계승되었다.

68혁명 이후 마르쿠제가 보여주었던 주목할 만한 변신은 '여성'주체의 (재)발견이다. 1974년 그는 스탠퍼드대학교의 초청을 받아 "마르크스주의와 페미니즘(Marxism & Feminism)"이라는 제목의 공개강좌를 했다. 마르쿠제에 따르면, 여성의 해방은 성욕의 대상이며 자녀생산의 도구로 취급받던 약자의 해방이라는 차원을 넘어 수행원칙이라는 억압적인 노동윤리에 묶인 현대인의 자유 획득이라는 이중적인 성격을 갖는다. 마르쿠제는 "여성들과의 집중적이고, 조심스러운, 때로는 열띤 논쟁"을 통해서 "오늘의 여성해방운동이야말로 가장 중요한 운동이며 또한 잠재적으로 가장 급진적인 정치운동"이라는 통찰을 얻었다.[37] 사회주의적 페미니즘은 "모든 남자와 여자를 위한 보다 나은 사회에로의 전환을 위하여 필수적이고 중대한 단계"이며 가부장적인 관습과 자본주의의 못된 속성을 치유해서 "질적으로 새로운 사회를 건설하는 데 결정적인 요소"

라고 고백했다.[38] 70대 중반에 인생을 마감하면서 고립된 지적 망명객이던 자신의 지적 동반자이며 후원자였던 조강지처(들)에게 바치는 감사와 작별의 인사였을까.[39] 애인의 순애보 덕분에 이성을 포용하는 감성의 균형감각에 눈뜬 콩트나 늦은 결혼으로 여성해방의 공리주의적 당위성을 역설했던 밀처럼, 마르쿠제도 여성 동반자와의 만남으로 페미니즘에 뒤늦게 (미완성이긴 하지만) '눈뜬' 것이다.

현대 서양 지성사의 측면에서 보자면, 마르쿠제의 비판이론은 넓게는 포스트모더니즘, 좁게는 미셸 푸코의 사상과 유사점이 많다. 계몽주의 이래 실증주의와 공리주의가 계승했던 보편적인 인간-주체성의 메타이론을 '위대하게 거부'했다는 점에서 마르쿠제와 포스트모더니즘은 서로 통한다. 선후관계를 엄밀히 따지자면, 마르쿠제가 주창했던 비판이론은 포스트모더니즘 철학자들이 천착했던 (육체)담론과 허구적인 사회진리 체제에 대한 비판이론을 자극하고 예견했다.[40] 마르쿠제와 푸코는 인간의 주체성을 자연스럽고 본질적인 그 무엇이 아니라 외부에서 주입되는 인위적인 구성물로 파악했다는 점에서 특히 닮았다. 이들은 정신과 육체, 이성과 감성, 현실과 유토피아 등의 이분법적인 경계로 이간질해서 항상 전자─정신·이성·현실─의 집합체로 "인간이란 무엇인가"를 규정했던 근대주의자들에 맞서서 그 안티테제인 육체·감성·유토피아적 요소들의 불안전한 혼합물로 현대 인간을 새롭게 정의했다. 마르쿠제는 도덕, 성숙, 문명, 생산성, 수행원칙의 이름으로 억압되고 거세된 현대인의 슬픈 운명을 혁신하는 데 헌신했다. 그렇다면 포스트-계몽주의 시대의 새로운 주체성은 어떻게 훈육되고 제조되며, 해방의 가능성은 과연 여전히 존재하는가? 디지털 시대의 꼭두새벽에 푸코가 직면했던 또 다른 물음에 대답하려는 것이 다음 장의 과제이다.

제10장

푸코_현대 지식권력의 계보학적 역사가

1946년   프랑스, 장 폴 사르트르, 《실존주의는 휴머니즘이다》 발표.

1951년   벨기에 브뤼셀, 유럽석탄철강공동체(European Coal and Steel Community) 결성.

1953년   러시아, 이오시프 스탈린 사망.

1955년   프랑스, 레몽 아롱, 《지식인들의 아편》 출간.

1956년   헝가리혁명이 발발하자 소련이 침공.

1961년   알제리, 프란츠 파농, 《대지의 저주받은 자들》 출간.

            프랑스, 미셸 푸코, 《광기의 역사》 출간.

            독일, 베를린 장벽 건설.

1962년   알제리 독립.

            캐나다, 마셜 매클루언, 《구텐베르크의 은하》 출간. '지구촌'이라는 개념 등장.

1965년   프랑스, 루이 알튀세르, 《마르크스를 위하여》 출간.

1967년   벨기에 브뤼셀, 유럽공동체(EC) 출범.

1970년   프랑스, 장 보드리야르, 《소비의 사회》 출간.

1975년   베트남전쟁 종식.

            프랑스, 미셸 푸코, 《감시와 처벌: 감옥의 탄생》 출간.

1979년   이란 혁명 발발.

            프랑스, 장 프랑수아 리오타르, 《포스트모던의 조건》 출간.

1981년   미국, IBM사에서 호환형 개인용 컴퓨터(PC) 출시.

1986년   우크라이나, 체르노빌 원전 사고 발생.

1989년   독일, 베를린 장벽 붕괴.

1991년   소비에트 사회주의 공화국 연방 해체. 독립국가연합 출범.

1. 푸코와 68혁명: '진리의 정치'에 침을 뱉어라

프랑스 지방 도시 푸아티에에서 의사 집안의 손자이자 장남으로 태어난 미셸 푸코(Michel Foucault, 1926~1984)는 가업을 이을 것이라는 아버지의 기대와는 달리 글쓰기와 역사-철학 공부에 열정을 가졌다. 어머니의 남다른 교육열에 힘입어 재수 끝에 1946년 프랑스 엘리트 양성소인 파리고등사범학교에 입학했다. 청년-대학생 푸코의 세계관에 영향을 끼친 가장 중요한 사건은 자신이 동성애자임을 '발견'한 것과 니체 철학과의 만남이었다. 성정체성의 혼란과 반발은 두 차례의 자살 미수사건으로 이어졌다. 공산당으로 도피했던 선택은 "나치즘을 허용하고 나치즘 앞에서 몸을 팔았"던 기성세대와는 "근본적으로 다른 사회를 창조해야 할 긴급성과 필요성" 때문이었다.[1] 선배인 루이 알튀세르(Louis Althusser, 1918~1990)의 권유로 1950년 프랑스공산당에 들어갔지만, 스탈린 숭배와 동성애를 부르주아 퇴폐로 취급하는 데 환멸을 느껴 1953년에 탈당했다.[2] 푸코는 마르크스주의가 제공해주지 못했던 "전통적 철학의 속박에서 벗어날 수 있었던 기회"를 니체 사상에서 찾았다. "나는 일종의 '니체주의적' 공산주의자였습니다!"라고 그는 고백했다.[3] 푸코는 신의 죽음과 위버멘슈의 도래를 선언함으로써 인간을 진보주의의 미친 열차에서 끌어내려 영원회귀의 쳇바퀴를 돌리게 한 니체에게서 낡은 주체와 결별하고 새로운 '다른 자아'를 만나는 비법을 배웠다.[4]

20대의 푸코를 사로잡았던 것이 니체와 공산당이었다면, 40대의 대학 교수 푸코의 사상적 변화를 촉발한 사건은 68혁명이었다. 1966~1968년에는 튀니스대학교에서 재직하고 있었기 때문에 파리 대학생들이 주도했던 '5월사건'에서 비껴 있음을 늘 아쉬워했던 푸코는 68혁명이 갖는 세계사적인 의미를 과소평가하지 않았다. 탈식민주의 시대를 맞아 국제질서가 바뀌면서 프랑스도 강대국의 지위가 약해졌고, 소련이 체코슬로바키아를 침공한 사건은 '좌파=공산당=평등과 정의'라는 순진한 등식을 무너뜨렸다. 1968년을 전후해 "사물들은 막 무너지기 시작했는데, 이 과정을 표현해줄 수 있는 적절한 어휘는 존재하지 않았던 것"임을 푸코는 누구보다도 예민하게 깨달았다.[5]

푸코는 68혁명을 관통하는 핵심 문제가 전통적인 정치의 종말과 통치성의 위기라고 진단했다. 새로운 사회운동의 주역이었던 여성, 대학생, 히피, 반전주의자, 탈식민주의자 등이 외쳤던 반국가주의, 반권위주의, 반가부장주의, 반제국주의, 반자본주의, 반공산주의 등 온갖 종류의 안티-이즘(anti-ism)의 파도는 지배계급의 통치적 합법성을 위협했다. 우파의 부패한 언어를 거부하는 동시에 좌파의 낡은 개념에도 의존하지 않으면서 어떤 문법과 어휘로 낡은 사물의 질서를 대체할 새로운 세계관을 설계할 것인가? 푸코는 '진리의 정치학(the Politics of Truth)'이라는 새로운 개념으로 이 질문에 접근했다. 68혁명은 푸코에게 이성, 건강, 정상성(normalité) 등 이전과는 전혀 다른 방식으로 작동하는 새로운 권력을 해부할 결정적인 계기를 제공해준 것이다. "진리의 정치에 침을 뱉

어라!" 이것이 푸코의 모토였다.

2. 인간의 죽음과 응시·규율·생명권력

파리고등사범학교를 졸업하고 철학교수 자격을 얻은 뒤에도 프랑스 학계에 자리 잡지 못하고 스웨덴, 폴란드, 독일 등지에서 프랑스문화원 원장을 전전하던 '유배자 푸코'는 1960년에 클레르몽페랑대학교 심리학과 전임교수로 취임하면서 프랑스로 돌아왔다. 이듬해에는 스웨덴에 머무는 동안 집필했던 〈광기와 비이성: 고전주의 시대 광기의 역사(Folie et Déraison: Histoire de la folie à l'âge classique)〉로 박사학위를 받았고, 1966년에는 출세작이 된《말과 사물(Les mots et les choses)》을 출간하여 학계의 주목과 기대를 한 몸에 받았다. 학문의 역사와 사상사 방법론에 대한 매우 난해한 이 책은 2,000부쯤 팔리면 다행이라는 푸코의 예상과는 달리 초판 3,500부가 단숨에 매진되었고, 1989년까지 총 100만 부가 발행될 정도로 철학 저서로는 예외적으로 베스트·스테디셀러를 기록했다.6 이 책은 아웃사이더이자 풍운아인 푸코가 1971년 프랑스 지식인들에게는 명예의 전당인 콜레주드프랑스에 '사유체계의 역사' 교수로 임명되는 도약판이 되었다.

> "최근의 발명품에 지나지 않는 인간은
> 이제 그 종말이 가까워지고 있다."

《말과 사물》에서 푸코가 제기한 가장 급진적인 명제는 '인간의 사망'

선언이었다. '프랑스의 니체'라는 별명에 걸맞게 니체가 신의 죽음을 선언한 지 200년도 채 되지 않아 인간 주체의 죽음을 선포한 것이다. 푸코의 설명에 따르면, 18세기 계몽주의의 출현으로 신의 존재를 이성의 이름으로 의심하고 부정하기 전까지만 해도 인간은 없었다. 신의 피조물에 불과했던 인간은 《성서》의 가르침을 모든 앎의 근원으로 숭배했고, 자신을 자연과 우주의 중심으로 자각하지 못했다. 18세기 후반부터 출현하는 '인간과학' 덕분에 인간은 점차 이성적인 인식주체로 승급되었다. 그러나 19세기 후반~20세기에 등장한 범죄학, 성의학, 정신분석학 등은 자율적으로 사유하고 행동하는 계몽주의적 인간을 정상-비정상, 광기-이성 등과 같은 이분법적 범주로 분류하고 관찰하며 진단해야 할 '문젯거리'로 전락시켰다. "마치 해변의 모래사장에 그려진 얼굴이 파도에 씻겨가듯이" 출생신고 후 2세기가 채 지나기도 전에 인간은 소멸의 위기에 처했다.[7] 푸코는 근대적 지식의 특징 또는 고질병 가운데 하나인 인간중심적인 강박관념—"인류학적인 잠"—에서 깨어나기 위해 인간의 죽음이라는 극약을 처방한 것이다.

인간이 철학적 인식의 가장 오래된 주제도 아니고 가장 확고한 주체도 아니라는 《말과 사물》의 주제는 장 폴 사르트르(Jean-Paul Sartre, 1905~1980)의 실존주의적 휴머니즘을 정면으로 비판하는 것이었다.[8] 사르트르는 주체 없는 앎과 사유의 가능성을 주창하는 푸코가 역사적 성찰의 불가능성을 조장할 뿐이라고 비난했다. 사르트르의 지적 동반자인 시몬 드 보부아르(Simone de Beauvoir, 1908~1986)도 푸코가 인간을 말살하고 실존자로서의 역사적인 현실참여(앙가주망)를 부정함으로써 "부르주아 의식에 가장 좋은 알리바이를 제공해주고" 있다고 맞장구쳤다. 실존주의적 마르크스주의의 대부·대모의 이런 다그침(또는 시샘)에 대해서 푸코는 "삶과 정치와 실존에 열정을 가지고 있는 용감하고도 덕성 스러운 (사르트르) 세대"와 달리 포스트-68세대는 인간이 아니라 "'체계 (système)'라는 다른 것에 대한 열정"을 가진다고 밝혔다. 그리고 "나는 역 사를 죽인 것이 아니라, 관념적 필연성과 연속성 및 개인 자유의 확장 등을 당연시하는 철학자들이 만든 '가짜이며 신화로서의 역사'를 죽였 을 뿐"이라고 항변했다. 자신을 역사를 부정하는 인물이라고 비난하는 사람들은 "다른 사람들이 이미 만들어놓은 대로 역사를 사용하는 역사 의 소비자"일 뿐이고, "나는 역사 이외에는 아무것도 하지 않았"다며 기 존의 역사학자들을 비꼬았다.9

콜레주드프랑스 취임 이후를 거칠게 '후기' 푸코로 구분한다면, '담론 (discours, savoir/pouvoir)'이야말로 후기 푸코가 가장 애용했던 키워드이다. 그는 훗날《담론의 질서》라는 책으로 출간된 콜레주드프랑스 취임 강연 에서 "담론이란 단지 투쟁들이나 지배의 체계들을 번역하는 것일 뿐만 아니라, 사람들이 그를 위해, 그를 가지고 싸우는 것, 사람들이 탈취하고 자 하는 그 권력"이라고 정의했다.10 덧붙여서 설명하자면, 담론은 각 분 야의 전문가들이 생산한 "사회적·정치적 힘을 가진 언어·텍스트의 집 합체"로서 성담론·문명담론·근대화담론 등이 이에 해당한다. 이들 담 론은 때로는 독자적으로 때로는 연합으로 개인적 행위와 사회적 실천에 개입하고 영향력을 행사한다.11 권력자들이 건강, 정상, 합리성이라는 "진리의 정치학"으로 타자를 결박하여 자기 손아귀에서 쥐락펴락하도록 합법성을 부여하는 원천이 담론이다. 무엇인가를 '진리'로 만드는 것은 '사실'이 아니라 '권력'이며, 담론의 생산자들은 자신의 제품에 과학적인 지위를 부여함으로써 그것을 진리로 탈바꿈(라벨 갈이)시킨다. 예를 들 면 인류학자, 언어학자, 골상학자, 인종생리학자 등이 각각 채집·축적·

비교·융합한 동양에 대한 전문지식들은 '오리엔탈리즘'이라는 이름의 담론으로 집결되어 궁극적으로 "동양인을 어떻게 효과적으로 지배할 것인가?"라는 제국주의적인 무기와 전략으로 사용된다.

> "내가 지식과 힘의 관계에 대해 질문한다는 사실이야말로
> 내가 양자를 동일시하지 않는다는 점을 분명히 밝혀준다."

권력은 근본적으로 지식을 밑천으로 삼아 만들어진다는 푸코의 담론 이론은 "아는 것이 힘이다"라는 베이컨의 명제를 뒤집는 아르키메데스의 지렛대였다. 마치 마르크스가 관념철학자 헤겔을 거꾸로 세워 역사유물론을 수확했듯이, 푸코는 베이컨의 명제에 스며 있는 근대지식의 부정적인 성격을 폭로함으로써 '진리/지식을 향한 의지'에 의존하고 있는 현대권력의 급소를 짚었다. "16세기로부터 17세기로의 전환기에, 특히 영국에서 …… 관찰 가능한, 측정 가능한, 분류 가능한 대상들의 평면을 도안했던 지식에의 의지가 그리고 인식하는 주체에게 어떤 위치를, 어떤 시선을 그리고 어떤 기능을 부여했던 지식에의 의지가 …… 출현했다."[12]

영국 경험주의 철학의 선구자 베이컨이 자연을 감각적이고 이성적으로 관찰하고 비교분석함으로써 배양했던 '지식을 향한 의지'는 18세기 이후 과학자들의 실험실에서 복제되었고, 절대왕정이 후원하던 대학과 아카데미에서 승인받은 후 전파되었다. 니체가 주장한 '권력을 향한 의지'를 패러디한 푸코는 '진리를 향한 의지'라는 시스템을 장착한 현대권력이 어떻게 '진리의 정치학'으로 변주되는지에 관심을 갖는다. 그는 "진실한 담론의 성취가 서구의 근본적인 문제들 가운데 하나"라고 지적

하면서, 이들의 역사를 추적하는 작업이야말로 역사가들이 탐험해야 할 미답(未踏)의 영역이라고 확신한다.[13]

푸코는 지식-권력의 역학관계에 대해 베이컨과는 정반대로 생각한다. "아는 것이 힘이다"라는 베이컨의 명제에서는 과학적인 지식이 무지한 인간들을 신의 협박에서 해방시켜주고 자연의 궁핍에서 윤택을 약속해주는 긍정적이며 고마운 선물이었다. 그러나 푸코는 "진리가 너희를 자유롭게 하리라"는 《성서》 구절에서 권위를 빌린 '지식을 향한 의지'는 인간에게 자유와 행복이 아니라 오히려 그(녀)를 감시하고 처벌할 수 있는 부정적이지만 달콤한 설탕 같은 권력 자체라고 파악한다. "'아는 것이 힘이다' 또는 '힘은 아는 것이다'라는 표어를 읽을 때마다 나는 웃기 시작하는데, 왜냐하면 …… 내가 지식과 힘의 관계에 대해 질문한다는 사실 자체야말로 내가 양자를 동일시하지 않는다는 점을 분명히 밝혀준다."[14] 권력의 하수인이 된 지식, 지식으로 창출되는 권력, 즉 분리되어서는 결코 성립할 수 없이 한 몸뚱이가 된 지식·권력이 합작해서 벌인 반-휴머니즘에 대한 사례연구가 바로 1975년에 출간된 《감시와 처벌: 감옥의 탄생(Surveiller et punir: Naissance de la prison)》이다.

《감시와 처벌》은 푸코를 유명인사로 만들어준 출세작이며, 스스로도 자랑스럽게 생각하는 대표작이다. '감옥의 탄생'이라는 부제가 반영하고 있듯이 겉으로는 근대 감옥이 등장하는 역사적 배경과 공간의 성격에 관한 이야기이지만, 실제로는 감옥으로 상징되는 '지식/권력'—특히 미시권력과 생명권력—의 생성과 전파 및 효과에 관한 흥미로운 르포이다. 심리학이나 생리학, 범죄학 등과 같은 인간과학의 탄생과 발전은 어떤 명분과 경로로 제도화되어 권력의 새로운 모델 수립에 기여하는가? 이런 의문들을 밝히기 위해 푸코는 근대 감옥이 휴머니즘적인 개혁의 산물이 아니라 수감자들을 좀 더 효과적이고 경제적으로 교화하려는 새로운 권력의 발명품이었음을 증명한다. 푸코에 따르면 벤담이 프랑스혁명 직후에 발명한 파놉티콘은 앙시앵레짐에서 실행되었던 범죄자(의 신체)에 대한 잔인하고도 비인간적인 처벌이 감시와 규율이라는 "정신적인 구타"로 대체되는 근대권력의 놀라운 변신을 과시하는 새로운 모델이었다.

"권력은 하나의 소유물로서가 아니라 하나의 전략으로서 이해되어야 한다."

푸코는 파놉티콘을 고안한 벤담을 "권력 테크놀로지의 가장 모범적인 발명가들 가운데 한 명"이며, 이런 '응시권력' 시스템이야말로 "인류 사상사의 한 사건"이라고 경탄했다.[15] 파놉티콘은 간수가 중앙에 자리 잡은 어두컴컴한 감시탑에서 원형으로 배치되어 환한 불빛에 노출된 감방을 한눈에 감시할 수 있는 일망타진적인 시선의 권력이다. 푸코는 중죄인을 칠흑 같은 지하감옥에 고립시켜 엄벌하는 18세기 이전까지의 사법권력과는 달리, 합리적이고 에너지 효율적인 공간배치와 건축설계를 통해 구현되는 권력은 이제 왕이나 귀족 같은 출생의 특권을 가진 개인들의 소유물이 아니라 아무도 독점할 수 없는 '기계' 또는 '시스템'으로 진화했음에 주목했다. 이런 근대권력의 혁신적인 성격을 대변하는 파놉티콘은 "권력은 소유되기보다는 오히려 행사되는 것이며, 지배계급이 획득하거나 보존하는 '특권'이 아니라, 지배계급의 전략적 입장의 총체적인 효과"임을 과시했다.[16] 전쟁이나 무력으로 정복하거나 고문이나 참수형을 사용하는 무지막지하고 피비린내가 진동하는 권력이 아니라,

정치공학적인 배열, 조작, 전술 등으로 작동되는 새로운 권력의 본보기가 파놉티콘이다.

한편, '응시성(visibilité)'이라는 특징을 가진 근대권력은 '지식의 빛'으로 어둠과 미신의 장막에 깃든 앙시앵레짐을 개혁하려는 계몽주의 프로젝트와 상응하는 측면이 있다. 푸코가 파놉티콘은 모든 사람의 응시에 평등하게 노출된 투명한 사회를 건설하려는 루소의 꿈을 실현한 발명품이라고 냉소적으로 평가하는 이유이다.17 그러나 프랑스혁명 기간에 로베스피에르로 대변되는 루소주의자들의 야망이 공포정치를 잉태했던 것과 마찬가지로, 근대적 응시권력은 개인의 게으른 육체와 엉큼한 욕망을 투명하게 드러내어 조절하고 통제하려는 '규율권력(disciplinary power)'과 악수한다. 규율권력은 개인이 자발적이고 지속적으로 복종하도록 만들기 위해 "신체에 대한 작업과 신체의 요소, 몸짓, 행위에 대한 계획된 조작"을 담보로 삼는 정치해부학이다.18

규율권력은 성적 순서대로 책상을 배열하는 위계적인 공간 창출, 한 치의 오차도 없이 피아노 교습이나 직업 현장실습으로 뱅뱅 돌리는 일정 짜기 등의 전략을 동원해서 개인을 자신들이 의도하는 육체와 능력의 소유자로 단련시킨다. 전근대적 권력이 "저놈의 목을 베고 사족을 멸하라!"고 외치는 '과도하고 초월적인 위력을 뽐낼 수 있는 의기양양한 권력'이었다면, 근대적 규율권력은 "지금 열심히 공부하면 미래 배우자의 얼굴이 달라진다"고 청소년들을 꾄다. 학벌지상주의를 부추기는 규율권력은 은근하고 집요한 방식으로 작동하지만, 효과는 더 우월하고 현실에 무섭게 잘 부합한다.

"권력관계는 무엇보다도
생산적인 것이다."

　푸코가 강조하는 지식/권력의 가장 중요한 특징은 '생산적'이라는 점
이다. 현대권력은 이제 "'배제한다', '처벌한다', '억누른다', '검열한다',
'고립시킨다', '숨긴다', '가린다' 등의 부정적인 표현"으로 자신의 힘을
과시하지 않는다. "조심성 있고 의심 많은 (현대)권력"은 "현실적인 것을
생산하고, 객체의 영역과 진실에 관한 의식을 생산하는" 방식으로 증식
한다.[19] 현대권력은 안토니오 그람시가 주창했던 헤게모니가 작동하는
방식과 유사하게, 금지나 배척, 거부 등과 같이 부정적인 양태로 작동하
는 것이 아니라 좋은 것, 섹시한 것, 효율성 높은 것 등과 같이 긍정적인
부호를 뿜어내며 세포분열을 한다. 푸코는 '진리를 향한 의지'라는 양의
탈을 썼지만 본질적으로는 사자의 발톱을 감춘 지식/권력의 야누스적
인 성격을 다음과 같이 묘사했다. "권력은 나쁘고, 추하고, 빈곤하고, 메
마르고, 단조롭고 죽은 것이다. 그러나 권력이 실행되는 대상은 옳고, 좋
으며, 풍부하다."[20]
　요약하자면《감시와 처벌》은 범죄자들이 치러야 할 '죄와 벌'에 관한
보고서가 아니라, '감옥 담장 바깥의 죄수 아닌 죄수' 신세인 현대인들
이 일상적으로 노출된 미시-규율권력과 그것에 저항할 가능성을 탐색
하는 동성애자 푸코 자신의 '경험-책'이다. 파놉티콘으로 상징되는 전방
위적인 응시권력은 골칫덩어리인 '비정상인들'―이주자, 정신병자, 사
이코패스, 변태성욕자, 종교적·인종적 소수자 등―을 적은 비용으로 편
리하게 '처리'하기 위해 제4차 산업혁명의 리듬에 발맞춰 전문화된다.
"나는 네가 숨어서 하는 짓과 욕망을 다 알 수 있다"라는 파놉티콘의 기

본개념을 응용하고 확장하며 개선한 지식/권력은 병원기록부, 보험기록부, 학생기록부, 교통카드, 신용카드, CCTV 등 다양한 방식으로 학교, 회사, 병원, 휴양소를 활보한다. 빅데이터로 환산되고 측정되는 '진리의 정치학'이 주입하는 (건강)의학담론, 신용(불량)담론, 반사회적 인물 색출 담론 등은 품행이 방정한 복종적 주체와 응시권력을 내면화하여 스스로 삼가는 자동제어 인간을 만든다. 이런 인간형―마르쿠제가 말한 '1차원적 인간'―이야말로 푸코가 지목했던 인간 종말의 대상이었다.

> "우리의 문명은 모든 사람이 자신의 성에 관해 털어놓는 속내 이야기를 담당자들이 주의 깊게 들어주고 보수를 받는 유일한 문명이다."

후기 푸코를 이해하는 데 생략할 수 없는 또 다른 키워드는 '생명권력(bio-power)'이다.[21] 《감시와 처벌》에서도 등장했던 이 용어는 좁은 의미에서는 인간 육체를 매개로 작동하는 미시-규율권력을, 넓은 의미에서는 인구(특정 계층이나 특정 인종)의 출산과 번식을 조정하고 통제하려는 민족주의·제국주의 권력을 가리킨다. 푸코의 마지막 저서인 《성의 역사(Histoire de la sexualité)》 시리즈는 생명권력의 계보학적 연구물이다. 이 책은 섹슈얼리티의 장기지속적인 역사 또는 성행위의 변천사가 아니라 유럽사회에서 고대부터 현재까지 진행되는 '성과 진리 탐구의 관계'에 대한 이야기이다. 푸코는 '지식의 의지'라는 부제를 붙인 《성의 역사》 제1권(1976)에서 "왜 어떤 경로를 통해서 서양문명은 권력의 남용으로 성(육체와 욕망)에 대해서 큰 잘못을 저질렀을까?"라는 도발적인 질문을 제기한다.[22] 그는 서양문명에서 성은 종족의 보존이나 가족문제 또는 쾌락에 관한 끈적끈적한 이슈가 아니라 지식/권력관계가 만들어지는 데 꼭 필요한 결정적인 조건이며 그 자체라고 확신한다. 그러므로 "(성적) 금지에 관한 사회사를 서술하는 것이 아니라 진리 생산의 정치사를 쓰려는 것"이《성의 역사》의 궁극적인 목표라고 밝혔다.23

푸코의 진단에 따르면, 성을 생명권력의 도구로 동원하려는 새로운 현상은 근대 시기에 출현했다. 18세기 무렵부터 "성에 관해 말하라는 정치적, 경제적, 기술적 선동"이 두드러졌고, 그에 정비례해서 '성 문제'는 "계량적 또는 인과론적 탐구의 형태"로 취급되어 "공권력의 소관"이 된다.24 성생활은 이제 사적 영역에 방치되거나 도덕적 이슈로 주변화되지 않고 출생률과 사망률, (비)합법적 출생, 임신과 피임, 성병과 인구증가 등과 연결된 중요한 공적 현안이 되었다. 예를 들면, 18세기 초 유럽에서 청소년의 자위행위가 심각한 문제로 떠오른 것은 팔팔한 성적 욕망을 억압하여 노동(생산)에너지를 최대한 확보하려는 정치경제적 필요성 때문만은 아니었다. 청소년은 근대적 공공 영역이 형성되는 이 시기에 성인, 교육자, 인구정책가, 군대 징집 관리인 등에게 매우 중요한 업무적 교차로에 서 있는 집단이며 권력의 관할영역이었다. 청소년들이 오랫동안 해오던 자위행위를 반사회적인 악덕으로 규정함으로써 금지시키려는 교육자와 입법자의 진정한 의도는 이들의 섹슈얼리티에 틈입하여 성-권력의 씨앗을 뿌리고, 그것이 성장하는 과정을 관찰하여 그 육체적 공간을 점령하는 것이었다. 근대 이전까지만 해도 단지 종교적·사법적 제재 대상에 불과했던 동성애자를 19세기에 성과학(scientia sexualis)이 이들의 성장배경이나 생활양식, 생체구조 등을 총체적으로 조사해 비정상적인 '하나의 종(種)'으로 분류한 것도 생명권력의 또 다른 사례이다.25

"쾌락과 권력은 서로 뒤쫓고
서로 겹치며 서로 활성화한다."

쾌락과 권력의 관계는 육체를 감시하고 처벌하는 권한이 가톨릭 성직자에게서 성과학자로 이동한 이후 어떻게 변했을까? "너의 성적 판타지를 고백한다면, 나는 네가 누구인지 말해줄 수 있다"는 생명권력이 노리는 진짜 목표는 무엇일까? 이런 의문에 대해서 푸코는 현대사회의 '성생활 포화(飽和)'와 성적 관용은 권력이 침투하고 지배할 수 있는 관할 구역을 넓히는 '권력의 관능화(官能化)'로 이어졌다고 논평했다.[26] 예를 들면, 권력은 포르노그래피 유포나 반윤리적인 성행위(부부 스와핑 등)를 처벌한다는 명목으로 성적 이탈자들을 불러내 그 야릇한 행위에 대해 질문하면서 금지된 욕망을 어루만지고 짜릿한 쾌락을 훔치면서 혼절한다. 말하자면 권력과 욕망은 금지와 저항이라는 숨바꼭질을 하며 서로를 희롱하고 더듬으며 비정상적인 성욕을 욕망할 만한 행위로 재구성한다. 푸코의 표현을 빌리면, "더 많은 권력의 중심, 더 많은 명백하고 수다스러운 관심, 더 많은 접촉과 순환적 관계, 강렬한 쾌락과 집요한 권력이 더 멀리 퍼져 나가기 위해 서로에게 불을 붙이는 더 많은 아궁이가 존재한 적은 결코 없었다."[27]

3. 포스트-휴머니티 시대 주체의 재발명

푸코는 사망 직전인 1983년에 "2세기 전에 무심코 제기된 '계몽이란 무엇인가?'라는 질문에 대답하기 위한 사상적 여정이 19~20세기 철학이었다"고 회고했다.[28] 자신도 예외 없이 칸트가 〈계몽이란 무엇인가에 대한 답변〉에서 제기했던 이성의 힘과 인간의 자율성, 사상(가)과 시대, 개인과 권력 등을 곱씹어보는 데 평생을 보냈다는 고백이었다. 푸코는 계몽주의가 선사한 전능한 보검인 이성의 사적·공적 사용법을 구별했던 칸트의 견해를 반박하면서 비판력이야말로 이성의 힘에 복종할 때와 저항할 때를 구별해주는 나침판이라고 말했다. 칸트가 이성을 보편적이고 초월적인 '물자체'로 인식했다면, 푸코는 인간이 왜 그리고 어떻게 이성의 주인이자 하인으로 만들어지는지 '감히 알려고' 따지려는 비판력을 "계몽이 낳은 이성의 안내서"로 꼽았다. 그리하여 푸코는 계몽이란 이성이라는 형이상학적인 가치를 섬기라는 정언(定言)이 아니라, 이성을 사용(안)할 때를 자유롭게 분별하여 역사적 산물로서의 인간 자신의 한계와 가능성을 끝까지 밀고 나가려는 "정치적인 문제"로 파악했다.[29]

**"현대인은 그 자신을 발명하려고
애쓰는 사람입니다."**

푸코는 '비판으로서의 계몽시대'를 현재에 실현하기 위해서는 우선 '계몽의 협박'에서 벗어나야 한다고 주문한다.[30] 그가 콕 꼬집어 이름을 언급하지는 않았지만, '계몽에 찬성하든지 반대하든지 둘 중 하나를 선택하라'는 으름장의 거부는 프랑크푸르트학파의 '비판이론에 대한 비판'이었다. 푸코는 "계몽의 합리주의 전통에 남아 있든지 계몽을 비판하며 합리성에서 빠져나오든지" 또는 "계몽주의의 긍정적인 유산인 '성찰적 이성'을 강화하거나 아니면 부정적인 요소인 '도구적 이성'에 탐닉하라"처럼 양자택일을 강요하는 것은 이성·진보·문명으로 대변되는 '좋은 계몽'을 맹목적으로 숭배하기 위해 광기·퇴폐·야만을 폭력적으로 제거하려는 권력에게 정당성을 부여한다고 우려했다. 그는 이성과 합리주의를 비판적으로 성찰하는 프랑크푸르트학파의 방향에 기본적으로는 동의했지만, 성찰적 이성과 합리주의 이외에는 다른 대안이 없으며, 그 바깥에는 오직 홀로코스트만 있다고 겁박하는 태도는 거부했다.[31] 푸코는 특히 인간 주체에 대한 신뢰를 포기하지 않았던 프랑크푸르트학파의 '순진한 면'을 신랄하게 비판했다.

푸코는 계몽주의를 휴머니즘과 동일시하는 견해에도 반대했다. 기독교 휴머니즘, 르네상스 휴머니즘, 계몽주의 휴머니즘, 실존주의 휴머니즘 등이 인간을 '위한' 사상운동이 아니라 오히려 '권력을 향한 (인간의) 욕망을 차단하고 금지하기 위한 것'이었다고 폭로했다. 그러므로 푸코는 "계몽과 휴머니즘을 혼동하는 것은 위험한 일일 뿐만 아니라 역사적으로도 부정확한 것"이라고 정정했다.[32] 이미 살펴보았듯이 근대 이전까지 육체에 가해지던 잔인한 형벌이 부드러운 응시의 권력으로 대체된 것은 계몽주의적 인본주의가 발전한 '결과'가 아니라 좀 더 효율적이고 조용하게 인간을 감시하며 규율하려는 새로운 권력을 발생시킨 '원인'이었다.

푸코는 17세기 이후 인간과학과 사회과학에 기대어 "인간 개념을 채색하고 정당화하는 기능"을 수행하면서 "일련의 예속적 주권 형태들을 발명"한 것이 휴머니즘의 역사적 역할이었다고 꼬집었다.[33] 예를 들어 푸코는 건강/다이어트담론이나 동성애담론이 지시하는 '진리라는 이름의 질서'에 인간을 예속시키는 짓이 지난 3세기 동안 휴머니즘이라는 아름다운 이름으로 진행되었다고 야유했다. 그가 학문적인 전 생애를 통틀어 광기의 역사, 감옥의 역사, 성의 역사 등을 서술하며 증명했듯이 이성의 확장과 과학기술의 발달이 반드시 개인 주체의 성장과 해방을 보장하지는 못했던 것이다.

그렇다면 인간은 '계몽의 협박'과 '휴머니즘이라는 가면을 쓴 계몽'이라는 이중의 사슬에서 어떻게 해방되어 자유로운 인격체로 거듭날 수 있을까? 이것이 현대적 권력문법의 해설자였던 후기 푸코가 주체의 재발견자라는 말기 푸코로 변신하면서 마주했던 마지막 질문이었다. 인간의 종말을 선언하고 권력/지식의 테크놀로지에 초점을 맞췄던 푸코는 '안티-휴머니스트'라고 비난받았다. 사실상 푸코가 평생 추구했던 최종목표는 근대적 인간과학과 사회과학이 진리/과학이라는 이름으로 구성했던 '낡은/가짜 휴머니즘'을 끝장내고 그것을 '새로운/진정한 휴머니즘'으로 대체하는 것이었다. 사회학자와 정치경제학자가 대학에서 위계적으로 설계하고 정신임상학자와 범죄심리학자가 실험실에서 배양한 근대인은 이들이 구축하는 과학적 담론을 위한 '일용한 양식'이며 앎의 대상일 뿐이었다. 복잡한 권력 시스템의 톱니바퀴로서 "자신을 넘어서는 사물들의 네트워크 내에 위치"된 인간은 애초부터 예속된 자아로 구축되었다. "오늘날 우리는 인간이 사라져버린 빈 공간에서 사유할 수밖에 없다"[34]는 것이 푸코가 전달하려는 역설적인 메시지였다. 인간이 소멸된 빈자리에서 피닉스처럼 (미네르바가 아니다!) 부활해야 하는 것은, 그의 마지막 저서《성의 역사 3》의 부제목 '자기 배려(Le souci de soi)'가 암시하듯, 자신의 '불안한 눈길'과 '금기시된 신체'를 스스로 용서하고 이것들과 화해한 새로운 주체이다.

4. 철학의 종말과 '특정한 지식인'의 의무

예순의 문턱을 넘지 못하고 후천면역결핍증(AIDS)으로 삶을 마감할 때까지 푸코는 문화-지식권력가의 꽃길만 걷지는 않았다. 당대의 지식인들은 좌파와 우파를 가리지 않고 그를 '신보수주의자', '강단 허무주의자', '신무정부주의자' 등으로 부르며 비난했다. 그들의 비판을 정리해보자면 ① 푸코는 선진자본주의의 상황을 묘사하고 비판하지만, 개혁을 위한 구체적인 대안을 제시하지 못함으로써 결국 현실질서와 가치관을 강화한다. ② 모든 지식을 '진리를 향한 의지'로 의심하고 무효화한다면 객관적인 진리탐구가 불가능하므로 푸코는 '철학의 종말'을 부추긴다. ③ 푸코는 권력의 속성을 지배계급의 소유물이 아니라 비물질적인 전략으로 접근하고, 지역적이고 미시적인 성격을 부각시킴으로써 권력의 정복과 재탈환의 불가능성을 부채질한다.[35]

푸코에게 쏟아지는 이런 꾸지람들은 "디지털 시대에 호응하는 지식인의 의무와 역할은 무엇인가?"라는 물음으로 우리를 데려간다. 그는 자신의 입장을 다음과 같이 변호했다.

> 나는 오늘날 지식인의 역할이 규칙을 설립하거나 해결책을 제안하거나 혹은 이런저런 예언을 하는 데 있다고 보지 않습니다. …… 나의 역할은 문제들(일상생활과 관련된 성, 광기, 범죄 등)을 효과적이자 현실적으로 설명하는 것입니다.[36]

푸코는 당대의 특정한 정치적 이슈나 사회문제를 해결하기 위해 앞장서서 "내 견해와 처방이 올바르므로 좌고우면하지 말고 나를 믿고 따르

라!"고 외치는 사르트르와 같은 '일반적 지식인(General Intellectual)'의 현
실참여 방식을 거부했다. 그 대신 자신이 가장 잘 알고 있는 특정한 분
야에서 작동하는 특정한 권력의 문법을 대변인 없이 직접 설명하고 변
경함으로써 "다른 사람들을 위해서 그리고 그들 위에서 말하는 예언가
와 입법자 들이 침묵하도록 만들고자" 애쓰는 '특정한 지식인(Specific
Intellectual)'임을 자부했다. 푸코는 자신의 지적 위상과 책임감에 대해
"나는 특정한 분야에서 작업하지만, 세상의 이론을 생산하지는 않습니
다"[37]라고 선을 그었다.

> "우리가 투쟁하는 것은 '의식을 일깨우기 위해서'가 아니라
> 권력을 무너뜨리고 탈취하기 위해서입니다."

'특정한 지식인'이라는 푸코의 정체성은 그람시가 제시했던 '유기적
지식인'과 비슷하다. 각자가 직업적으로 수행하는 특정 분야에서 다양
한 형태와 복잡한 전략으로 작동하는 권력에 맞서 그 현장에서 곧바로
저항해야 한다는 푸코의 확신에는 그람시가 주창했던 '진지전'을 펼치
기 위해 질주하는 투사의 모습이 투영된다. 세계화와 신자유주의 시대
에 국경을 가로지르며 종횡무진 움직이는 제국들의 미시권력·규율권
력·생명권력 등을 까부수는 작업은 대중을 '위하여' 그들의 깜깜한 (계
급)의식을 '위에서' 계몽하려는 지식인의 '노블레스 오블리주'가 결코 아
니다. 그것은 지식노동자라는 입장에 성실하려는 직업적인 숙명 또는
소명의식이었다. 푸코의 표현을 빌리면, "지식인의 역할은 다른 이들(대
중과 노동자들)의 정치적 의지를 만들어내는 데 있지 않고, 자명해 보이
는 원리들에 대해서 새롭게 질문하고, 행위와 사고의 방식 및 습성을 흔

들어놓으며, 상투적인 믿음을 일소하고, 규칙과 제도 들을 새롭게 파악하는" 것이다.[38] 푸코는 "'지식', '진리', '의식', '담론'의 영역에서 권력의 대상이자 도구로 변환시키려는 권력의 여러 형태와 맞서 싸우는 것"[39] 이야말로 오늘날 특정한 지식인의 피할 수 없는 운명이라고 강조했다.

푸코는 진리라는 탈을 쓴 담론의 비밀을 폭로하면서 함께 산화하기를 두려워하지 않았다. 그는 베이컨처럼 근대학문의 설계자나 벤담과 밀처럼 공리주의적인 입법자, 니체와 베버처럼 예언가 행세를 하지 않았다. '진리와 정의의 스승'이 아니라 이 세상 이곳저곳을 어슬렁거리는 권력/지식에 대한 경계경보의 호루라기를 부는 역사가가 푸코의 진면목이었다. 그의 언술을 패러디하자면 포스트-휴머니티 시대의 새로운 인간형 또는 '특정한 지식인'은 "그 자리에서 그대로 있으라"는 명령을 비웃으며 "자유를 향한 견딜 수 없는 갈망"으로 스스로를 (재)발명하는 사람이다. 과거에게서 상속받은 자신을 체념적으로 사랑하기보다는 '영원한 현재'와 치열하게 투쟁하면서 '지나간 미래'를 다시 쓰는 일종의 박탈당한 영웅인 것이다.

푸코와 (탈)식민주의: 지식의 지정학을 찾아서●

1. 푸코가 쓴 '경험-책' 다시 읽기

미셸 푸코가 20세기 후반을 풍미했던 '포스트-이즘(post-ism)'을 대표하는 세계적인 사상가라는 데는 이론의 여지가 없을 것이다. 스웨덴, 폴란드, 독일, 튀니지 등 프랑스 바깥을 떠돌던 '디아스포라 지식인' 푸코는 40대 중반에 콜레주드프랑스의 교수가 되면서 프랑스 학문권력의 중심에 자리 잡았다. 담론, 인간의 죽음, 에피스테메(épistémè), 규율권력과 생명권력, 통치성과 주체화 등의 키워드로 대변되는 푸코의 사상은 그가 사망한 이후에도 다양한 분야에 영향을 미치고 있다. 국내 학계에서도 푸코 열풍은 예외가 아니다. 그의 저서 대부분이 (다시) 번역되었을 뿐만

● 이 글은 〈푸코와 (탈)식민주의: 공간·지식·역사〉라는 제목으로 《한국사학사학보》 제36집(한국사학사학회, 2017. 12.)에 게재되었던 논문을 이 책의 주제의식에 맞춰 축약·수정한 것이다.

아니라, 생전의 인터뷰 내용과 콜레주드프랑스 강의록이 연달아 번역되어 철학, 정치학, 역사학, 여성학, 사회학 등 분과를 가리지 않고 학문적 영감의 밑천이 되고 있다.

30년에 걸친 푸코의 학문적 편력의 (불)연속성과 사상적 변천은 연구자들에게 논쟁의 대상이다. 지식의 고고학에서 계보학으로 도약한 1960년대의 '초기 푸코', 일상적 미시권력에서 통치적 거시권력으로 관심을 이동한 1970년대의 '중기 푸코', 주권과 전쟁담론에서 주체(와 자기 배려) 문제로 돌아온 1980년대의 '말기 푸코' 중에서 누가 진짜인지에 대한 논란이 지속되고 있다.[1] '망치를 든 철학자' 니체가 19세기 후반을 지배했던 진보사관과 실증주의·공리주의를 파괴하면서 반시대적 고찰에 헌신했다면, '프랑스의 니체'인 푸코는 냉전시대, 제3차 산업혁명, 신자유주의가 그리는 삼각파도의 거친 너울에 맞서서 불꽃처럼 산화했다.

"나는 이론가라기보다는
실험하는 사람입니다."

1968년 미셸 푸코는 지난 10년 동안의 자기 학문세계를 되돌아보며 "내가 몰두했던 주제는 담론의 개별화 문제였다"고 요약했다.[2] 고대의 의학담론에서부터 근대의 정신의학(psychiatry)담론까지 각 학문 분야에서 창출되고 변화되며 숙성된 담론의 질서와 실행을 해부하는 데 열중했지만, 자신은 결코 하나의 담론에 집착하거나 고착되지 않는 담론의 다원주의자라고 밝혔다. '승리한 이성 드러내기'라는 관점에서 '서양의 역사적-초월적인 운명'을 고수하려는 반동적인 정치와 싸웠던 푸코는 스스로를 '이론가라기보다는 실험가(expérimentateur)'라고 자리매김했다.3 그는 개별적인 담론이 만들어지는 역사적인 조건과 전략 들을 까밝힘으로써 현실을 개혁하려는 진보적인 정치를 위한 학문노동을 지속할 것이라고 약속했다.4 이런 관점에서 관찰하면, 초기·중기·말기 푸코의 사상적 변천은 사실상 "완벽하게 연속적이고 일관된 것"으로, "그의 이론화 작업에서 갱신되거나 정정되어야 할 것은 아무것도 없"다. 그러므로 이 글의 문제의식은 후배 학자들은 "그의 직관을 연장하는 것만으로도 충분"하다는 주장5에 동의하면서 출발한다.

푸코가 추구했던 담론의 개별화 작업 목록에 식민(주의)담론이 포함되는지 여부는 분명치 않다. 대부분 (탈)식민주의 연구자들은 푸코의 사유체계에서 제국주의/식민주의담론이 빠지거나 주변으로 밀려났다고 지적한다. 예를 들면, 탈식민주의 연구의 개척자로 꼽히는 에드워드 사이드(Edward W. Said, 1935~2003)는 푸코가 권력의 불가피성을 인정함으로써 지배적인 지식/권력의 내부에서 작동하는 서발턴 집단의 저항을 과소평가했다고 비판했다.6 가야트리 스피박(Gayatri C. Spivak, 1942~)도 푸코가 단일한 서구적인 주체를 보존하려는 욕망으로 유럽적 지정학 '바깥'의 아시아·아프리카를 투명인간으로 취급함으로써 규율-생명 권력의 정체를 "좀 더 광범위한 제국주의 서사"로 읽지 못했다고 지적했다.7 위 두 사람과 함께 탈식민주의 이론의 삼인방으로 불리는 호미 바바(Homi Bhabha, 1949~)는 다소 예외적으로 푸코가 《말과 사물》에서 언급했던 역사적 '서사의 여럿함'이라는 구절에서 "탈식민적인 조짐을 발견"한다. 바바는 유럽 지식인들이 공고화했던 공리주의와 진보사관 같은 거대담론의 성공은 "같은 시간에 다른 공간에서 역사가 없는 사람들이 되고 있었던 타자들(여성, 원주민, 피식민자, 노예계약자)을 희생함으로써 획득"되었다는 점을 상기함으로써 "푸코가 잊었던 지점에서 탈식민적

텍스트를 위한 출발점"을 삼아야 한다고 권유했다.[8]

푸코 사상에서 식민주의가 차지하는 빈약하고도 주변적인 위상에 대한 비판과 달리, 그의 사상을 (탈)식민주의 논의 전개를 위한 지렛대로 삼을 수도 있다는 의견도 제기되었다. 사이드–스피박–바바 이후의 탈식민주의 이론과 실천의 종합 버전을 마련했다고 평가받는 로버트 영(Robert J. C. Young, 1950~)은 식민담론은 의학담론과 달리 시간적·지리적 측면에서 몹시 분산된 담론이므로 푸코가 하나의 보편적인 권력체제로 분석하기가 매우 어려웠을 것이라고 짐작했다. 그렇지만 감시와 규율, 지식/권력의 테크놀로지, 미시/생명권력 등과 같은 푸코의 개념들은 19세기 제국주의가 행사했던 억압적이고 폭력적인 권력이 탈식민시대에는 어떻게 생산적이고 부드러운 권력으로서 일상생활에 스며들었는지를 추적하는 유용한 도구가 될 수 있다고 기대했다.[9] 이는 푸코 사상에서 '여릿한 서사'에 비치는 '환영(phantasm)'을 재조명하여 (탈)식민주의담론을 일종의 유령학으로 포착하자는 제안에 다름 아니다.

이 글의 기본목표는 푸코가 빠뜨리거나 주변으로 밀어낸 식민(주의)담론을 재조명하여 그 '불완전한' 성격과 잠재적인 유용성을 탈식민주의 관점에서 비평적으로 검토하는 것이다. 이를 위해 2절에서는 푸코가 스케치한 공간권력의 지형학에서 '다른 공간'의 일종으로 배치된 식민지의 기능과 성격을 인종(주의)정책과 연결해서 추적한다. 3절에서는 비서구 사회를 통치하기 위해 서구가 창안한 지식의 지정학과 식민성을 폭로하며 '공간투쟁'을 선언한 디페시 차크라바르티(Dipesh Chakrabarty, 1948~)와 월터 미뇰로에 초점을 맞춰 '글로벌 이론'에 저항하는 '로컬 지식'의 성격을 분석한다. 결론에 해당하는 4절에서는 '앎의 규율화'가 탄생시킨 근대적 분과학문인 역사학을 해체하려는 '대항역사'와 '역사적 앎의 새로운 주체'가 등장할 가능성을 진단한다. 요컨대, 오늘날에도 세계 곳곳에서 사라지지 않고 어슬렁거리는 (탈)식민주의라는 유령의 흐릿한 정체를 더듬기 위해 푸코를 전유하고 연장하며 (재)사용하려는 것이 이 글의 궁극적인 의도이다.[10]

위와 같은 주제의식을 펼치기 위해 이 글은 푸코가 남긴 인터뷰와 각종 강연 자료를 우선적인 분석대상으로 삼는다. 유럽학 연구자인 푸코가 저서에서 식민주의 이슈를 소홀히 취급했으므로, '글'이 아니라 '말'로 기록된 파편적인 단상에 투영된 (탈)식민주의의 이면에 접근하려는 고육책이다. 그러나 강연 노트가 단순히 저서 집필을 위한 사색적 스케치가 아니라 푸코의 변덕스럽고도 번득이는 사유의 편린을 잘 반영하는 별도의 가치를 가진다는 점에 주목해야 한다. '진리-책(livre-vérité)'이나 '논증-책(livre-démonstration)'이 아니라 '경험-책(livre-expérience)'을 저술하며 카멜레온처럼 변신하는 푸코의 사유체계[11]의 특징은 그의 '말'을 통해 더 잘 드러난다. 푸코와 (탈)식민주의의 연관성에 천착한 국내외 선행 연구들이 매우 빈약하고 '역사학의 공간적 전환'에 관한 구체적인 사례연구도 부족하다. 이런 연구 공백을 메우고 추후 연구를 자극하는 데 미력하나마 기여하려는 것이 이 글의 또 다른 의도이다.

2. 공간의 역사에 비친 식민지와 인종주의 담론

푸코는 1966년 9월부터 1968년 10월까지 아프리카 북단의 옛 프랑스 식민지인 튀니지[12]에서 철학과 교수로 근무했다.《광기의 역사》로 학계의 주목을 받고《말과 사물》로 학계의 기대와 명성을 얻은 그가 '암흑의 대륙'으로 자발적인 망명을 떠난 이유는 무엇이었을까? 푸코는 현지 일간지《튀니지 프레스》와의 인터뷰에서 "프랑스 대학에 근무하면서 가졌던 근시안적인 시각과 거리를 두고 사물에 대한 더 좋은 관점을 재구성하기 위해서"라고 밝혔다.[13] 그는 강의와 교육에만 몰두하지 않고 튀니지 대학생들의 반정부시위를 후원하다가 폭력에 노출되었고 결국은 강제로 출국해야 했다. 현실정치에서의 쓴 경험은 푸코가 지식인-교수로서 '행동'에 눈뜨는 계기가 되었다.

푸코는 2년 동안 튀니지에 머물면서 얻은 것은 "약간 쓸쓸한 정치적 경험"과 "매우 사변적인 약간의 회의주의"라고 회고했다. 그가 옛 식민지 튀니지에서 추수한 '생각할 만한 회한거리'는 무엇이었을까? 다소 길지만 푸코의 입을 직접 빌려 그 복잡한 심사를 엿보도록 하자.

나는 튀니지 학생들이 맑스주의자가 되는 방식과 프랑스나 폴란드 같은 유럽에서 맑스주의자가 작동하는 방식 간에 얼마나 큰 차이가 있는지를 깨닫고, 매우 큰 환멸과 실망을 느꼈습니다. …… 나를 바꾼 것은 프랑스에서의 1968년 5월(파리 소르본 대학생들의 시위)이 아닙니다. 나를 바꾼 것은 제3세계에서의 1968년 3월이었습니다.[14]

푸코가 튀니지에서 마주친 정치현장은 프랑스와 정반대였다. 그의 조국에서 마르크스주의가 '찬밥 신세'인 것과는 대조적으로 제3세계 청년들은 마르크스를 열광적으로 호명했다. 그러나 그들이 마르크스를 이해하는 방식이 낯설었기 때문에 푸코는 이론(마르크스주의)의 변화무쌍함과 정치적 실천의 무거움 사이의 거리를 확인하고 쓸쓸한 감정에 빠졌으리라. 푸코가 마르크스를 버리고 니체를 영접하는 결정적인 계기가 마련된 것으로 볼 수도 있다.

푸코가 튀니지에 머무는 동안 발표했던 흥미로운 주제는 '공간성의 역사(history of spatiality)'였다. 그는 1966년 12월에 '프랑스-문화(France-Culture)' 라디오 방송에서 "헤테로토피에(Les hétérotopies)"라는 제목으로 강연했고, 1967년 3월에는 건축연구회 초청으로 "또 다른 공간들(Des Espaces autres)"이라는 제목으로 건축가들에게 강연했다. 유사한 내용으로 구성된 두 강연은 당시 푸코를 사로잡았던 화두가 시간적 차원에서 공간적 차원으로 확장됨을 보여준다. 푸코는 19세기까지만 해도 지식인 대부분이 시간적인 차원에서 위기·순환·진보·퇴행 등으로 묘사되는 역사주의에 사로잡혔지만, 20세기에는 이민·이주 및 해방과 탈식민화로 인한 공간의 분할과 (재)배치 문제가 세계사적인 관심사로 부상했다고 진단했다.[15]

공간에 대한 푸코의 관심은 일시적인 것이 아니었다. 잠복기를 거쳐 10년 뒤인 1976년에 진행되었던 인터뷰에서 푸코는 공간연구의 중요성을 다시 끄집어냈다. 그는 현대 유럽의 철학자 대부분이 '시간'을 삶, 풍요, 생식 등의 긍정적인 이미지와 동일시하는 반면에 '공간'은 고정되고 정체되었으며 변증법적이지 않은 죽은 요소로 오랫동안 천시해왔음을 상기시켰다. 인류 역사를 의식의 발전이나 유기적이고 진화론적인 연속성으로 파악하는 데 익숙한 역사학자들도 시간의 흐름에 민감한 것과는 대조적으로 공간적인 비유나 개념 사용을 '반역사적인' 것으로 보는 태도를 보였다고 지적했다. 그리고 푸코 자신도 공간과 지리에 관한 질문들을 '허공에 뜬 변덕스러운 연결점들'로 하찮게 취급했음을 반성했다.[16] 푸코는 19세기 말~20세기 초반에 등장하는 국가인종주의의 주요 현안이 인구를 재배치하기 위한 공간적인 모색이었다고 보았다. 이렇게 해서 후기 푸코를 사로잡았던 사유의 싹은 공간의 정치학이라는 영토에 파종된 것이다.

"우리는 순백의 중립적인
공간 안에서 살지 않는다."

이 글의 주제와 관련해서 우리가 주목해야 할 장소는 '안의 공간(espace du dedans)'과 대비되는 '바깥의 공간(espace du dehors)'이다. 장소 바깥의 실제 장소이며 현실공간에 대항하는 '일종의 반공간(contre-espaces)'으로 묘사되는 '다른 공간'/'헤테로토피에'가 그것이다.[17] 휴양소와 사창가 등으로 대변되는 헤테로토피아를 동경하는 것은 "모든 인간 집단의 변하지 않는 상수 같은 것"이다. 그리고 통상적인 현실풍경에서 벗어나 낯선 시공간으로 이동하는 여행의 저쪽에는 식민지가 있다. 식민지는 "다른 모든 공간에 대해 이의를 제기"하고 "나머지 공간에 대해 어떤 (다른) 가능"을 수행하는 공간이다.[18] 근대 유럽이 지리적 경계의 '바깥'에 개척한 식민지는 정치적 혼란과 종교적 갈등으로 찢어진 '본국'과는 대조적인 기능을 수행하는 "주도면밀하고 정돈된 또 다른 현실 공간"이었다. 예를 들면 영국 청교도가 북아메리카에 건설한 식민지는 영국혁명의 혼란에서 비켜 있는 '완벽한 사회'의 모델이었고, 공화주의 실험으로 분열된 프랑스 제3공화국이 건설한 인도차이나 식민지는 "위계질서가 잘 잡혀 있는 병영사회"였다.[19] 말하자면, 식민지는 '실질적인 위치를 가지는 유토피아들(utopies localisées)'이라고 푸코는 이해했다.

푸코는 유럽 본국에 제공하는 막대한 경제적 유용성에 못지않은 '상상적 가치들'이 '다른 공간'인 식민지의 진정한 기능이라고 덧붙였다.

예를 들어 예수회 수도사들이 남아메리카 파라과이에 만든 공동체는 "가장 완벽한 공산주의 체제"가 실험된 "경이로운 식민지"라는 점에서 도덕적인 가치를 뽐냈다. 모든 토지와 가축이 공동소유물이며, 마을 전체가 기능에 따라 공간이 나뉘고, 인디언 거주민들의 일상생활(노동, 종교, 성생활 등)이 세심한 시간표로 통제되는 이쪽의 '다른 공간'은 '저쪽 공간(제국)'이 실패한 신세계를 현실세계에서 구현했다는 "고유한 위광"을 뽐어낸다.20 그렇다면 '안의 공간'에 세워진 감옥, 매음굴, 정신병원 같은 일탈의 헤테로토피아와 '바깥의 공간'에 설계된 식민지에서 작동하는 지식권력의 유사점과 차이점은 무엇인가? 매음굴과 식민지는 같은 종류이며, "두 가지 극단적인 유형의 헤테로토피아"일 뿐이라고 인식했던 푸코는 왜 매음굴은 '교활한 헤테로토피아'인 반면에 식민지는 '순진한 헤테로토피아'라고 분류했을까? 이런 질문들을 남긴 채 푸코는 튀니지에서의 교수생활을 청산하고 콜레주드프랑스 교수로 화려하게 학계에 복귀했다.

푸코는 파리에서 학술활동으로 바쁘게 지내면서도 공간담론에 대한 관심을 끄지 않았다. 1976년에 마르크스주의 학술지인 《에로도트(Hérodote)》와의 인터뷰를 계기로 권력과 공간의 연관성에 대한 관심이 부활했다. 당시 인터뷰어는 푸코의 주요 저작들에 '필드', '영토', '군도(群島)' 같은 공간개념이 자주 등장하는데, 지식의 고고학/계보학에서 지리학이 차지하는 몫이 어느 정도인지 물었다.21 인터뷰어의 공격적인 질문은 푸코가 권력의 지정학(geopolitics of power) 문제를 다시 고민하도록 만들었다. '진리를 향한 의지'로 위장한 권력이 '다른 공간'으로 이동·전파·전유·변질되는지를 파악하기 위해서는 지리학의 모델과 방법론을 참조하지 않을 수 없었다. 사실상 푸코는 인터뷰 이전에 출간한 《감시와 처벌》에서 공간의 정치학 문제를 다음과 같이 제기했다.

규율은 '독방', '자리', '서열'을 조직화함으로써 복합적인 공간을, 즉 건축적이면서 동시에 기능적이고 위계질서를 갖는 공간을 만들어낸다. 그것은 자리를 고정시키면서, 또한 순환을 허용하는 공간이다.22

공간이야말로 권력이 실질적이고 경험적으로 배치·보급·분리·교환·금지·반발되는 전쟁터라는 사실을 새삼스럽게 깨달은 푸코는 "지리학은 정녕 필연적으로 나의 관심사의 핵심"이므로 식민지 같은 공간에 관해 향후 연구하고 싶다고 덧붙이며 인터뷰를 마무리했다.23

식민지 공간을 지식/권력의 잣대로 탐구하고 싶다는 푸코의 소망은 아쉽게도 실현되지 않았다. 그 대신 1970년대 후반 들어 인종주의라는 또 다른 주제에 골몰했다. 푸코는 1975~1976년에 콜레주드프랑스에서 열린 "사회를 보호해야 한다"라는 제목의 공개강좌에서 인종(전쟁)담론의 역사를 토론했다. 푸코의 시대구분에 따르면, 1630년 영국혁명 전후에 처음으로 모습을 드러낸 근대 인종담론은 프랑스 루이 14세 시대로 이어졌고, 양자는 '내적 인종주의'라는 공통점을 갖는다.24 게르만/앵글로색슨/라틴/프랑크족 등 유럽 내부 인종들의 투쟁은 19세기 말~20세기 초에 이르러 의학적·생물학적 기술과 국민국가에 기반을 둔 중앙집권적 권력과 결합하여 '국가인종주의'로 확장되었다. 언어나 관습, 기질적인 차이에 근거한 근대적 인종주의가 과학이 증명하고 국가가 후원하는 고정적이고 현대적인 인종주의로 진화한 것이다.25

> *"공간은 모든 권력 행사에서 근본적입니다."*

　푸코 사상에서 인종주의담론은 규율권력이 생명권력으로 옮겨가는 교차로에서 형성되었다. 절대왕정이 휘둘렀던 생살여탈권이 개별 신체를 죽이고 살리는 '칼의 권리'라면, 규율권력은 개인을 품행이 방정한 '정사각형' 몸과 마음을 가진 인간으로 제조하려는 권력이다. 그리고 '생명정치(bio-politics)'는 인구라는 더 큰 범주에서 출산·번식·죽음에 이르는 일정에 개입하여 각 단계를 보호·통제·최적화하는 권력으로서 '통치성'과 연결된다. 국가인종주의는 19세기 후반~20세기 초에 등장한 신생 학문인 생물학, 진화론, 우생학 등이 제공하는 과학적인 지식과 짝을 이루면서, 자기 종족의 건강-위생-기대수명을 늘리고 다른 인종의 배제와 절멸을 정당화하는 식민주의와 악수했다. "인종주의는 **무엇보다 우선** 식민지화와 더불어, 즉 식민지화에 의한 인종 학살과 더불어 발전"했고 "주권적 권력을 행사하기 위해 인종을, 인종의 제거를, 인종의 정화를 이용할 수밖에 없는 국가의 기능과 연결"되었다.[26] 푸코는 표면적으로는 인종담론을 식민담론과 한 뭉치의 지식/권력 바구니에 담았다. 그러나 서구 열강이 아시아·아프리카에서 펼쳤던 제국주의적인 모험과 야만적인 노예제도 같은 역사적 조건과 환경을 가볍게 언급하는 데 그쳤다는 비판도 받았다.[27]

　한 걸음 더 나아가, 푸코는 유럽의 '바깥 공간'에 이식된 인종적 식민주의 정책이 '내부 공간'에 동반할 변화와 권력효과에 대해서 경고했다. "식민지화가 그 정치적·법적 기술 및 무기와 더불어 유럽의 모델을 다른 대륙에 분명히 이식시켰음을, 그러나 식민지화가 (거꾸로) 서구의 권력 메커니즘에, 권력의 장치·제도·기술에 다수의 반사 효과를 끼쳤음도 잊어서는 안 됩니다."[28] 푸코는 '바깥 공간'이 기계적으로 나뉘는 별개의 공간이 아니라, 타자를 배척하고 구별하기 위해 인위적으로 만들어진 '내부의 주름' 같은 것이라고 설명한다.[29]

이런 시각에서 관찰하면, 서구제국이 서인도와 아메리카 같은 '다른 공간'에서 실행했던 노동착취나 인구정책 등은 일방적인 것이 아니라 예상치 못한 식민지의 역습으로 되돌아와 본토에 앙갚음된다. 푸코는 영국이 아프리카 보어전쟁에서 발명한 강제수용소 같은 것이 서구로 되돌아온 식민지 모델이며, 이것이 유대인 대학살이라는 '내부적 식민주의'의 무기가 되었을 개연성을 인정했다.[30] 프랑크푸르트학파의 해석과는 달리, 나치의 유대인 대량학살은 계몽주의가 타락한 결과가 아니라는 주장이다. 푸코는 홀로코스트의 본질은 독일제국이 아프리카에서 자행했던 흑인학살의 예행연습이 더욱 세련된 방식으로 본국에서 연출된, '제국이 식민지에 던진 부메랑의 역습'이라고 분석했다.

3. 종속된 지식 vs 투쟁하는 지식

인종주의와 식민주의를 짝짓는 푸코의 사유체계에서 '아련한 서사'로 방치되거나 누락된 중요한 매듭이 지식문제이다. 모든 담론의 배후에는 '진리를 향한 의지'라는 가면을 쓴 지식이 있다고 확신하는 푸코가 인종주의와 식민주의가 함께 만들고 보급한 지식-제품에 대해 직설적으로 언급하지 않은 까닭은 무엇일까? 푸코가 1976년 1월 이탈리아 강연에서 제기했던 '종속된 지식'이라는 신개념을 통해 대답의 실마리를 찾아보자. 푸코는 자신이 지난 15년 동안 때로는 비틀거리고 때로는 좌충우돌하며 수행했던 연구의 궁극적인 목표는 "글로벌, **전체주의적 이론**들의 억압적인 (권력)효과"에 대항하는 "비평의 **로컬적인 성격**"의 복권이었다고 토로했다.[31] 푸코는 사상계에 군림하는 기득 세력들의 승인을 전제로 하지 않는 로컬 지식을 '종속된 지식'이라고 불렀다.

푸코의 '종속된 지식'은 이중적인 의미를 갖는다. 제1유형의 종속된 지식은 "기능주의자들의 일관성이나 형식적인 체계화에 매장되고 감춰진 역사적 콘텐츠들"이다. 제2유형은 "과학적 인지의 요구 수준 밑에 있거나 위계질서 저 아래에 위치한 소박한 하급의 지식들"이다. 앞의 종속된 지식이 엄격하고 박학한 전문지식에서 온 파생물이라면, 후자는 아마추어나 시정잡배가 생산하고 공유하는 '통속적 지식(le savoir des gens)'으로도 불리는 불량품이다.[32] 이런 차이가 있기는 하지만, 이들 종속된 지식들은 고급·공식 지식으로서 특권의식을 뽐내는 글로벌 담론에 반란을 꾀하는 '**투쟁하는 역사적 지식**'이라는 공통점을 갖는다.[33] 푸코야말로 계몽주의, 실증주의, 공리주의 같은 과학적인 보편담론에 깔려 지하창고에 처박혔거나 싸구려로 '땡처리'된 로컬 지식 또는 작고 하찮거나 미성년(minority) 지식의 해방을 위해 학문적 경력을 걸고 처절하게 싸운 인물이었다.

1970년대 중반까지 푸코가 복원하려고 애썼던 종속된 지식들의 목록에는 이성이 복속시켰던 광기와 정상화의 범주에서 실격 처리된 정신병과 동성애에 관한 담론들이 먼저 포함된다. 그는 종속된 지식의 범주에 제3세계 식민지에서 생산되어 통용되는 로컬-하류 지식들도 포함되는지에 관해서는 명시적으로 언급하지 않았다. 탈식민주의자들이 그를 식민주의 담론의 까막눈이라고 비난하는 빌미를 제공했던 것이다. 푸코가 숙제로 남긴, 글로벌 지식의 편향성과 허구성을 폭로하고 서양 주류지식인들이 쓸데없는 지식나부랭이로 경멸하고 용도를 폐기했던 로컬 지식(종속된 지식)을 위한 지식투쟁에 누가 어떻게 나설 것인가?

디페시 차크라바르티가 주창한 '유럽 지방화하기 프로젝트'는 위 질문에 대한 하나의 대답이다. 그는 자유와 이성, 근대성 같은 거대담론이 유럽의 독점적인 발명품이 아니라 비서구 사회의 희생과 협력의 공동작품이라는 점을 환기시킨다. 그는 근대 세계체제론에서 서구가 차지하는 핵심적인 역할은 '필요불가결'하지만 동시에 '부적절'하다고 비판하면서, 유럽의 과거를 비서구권에서 창출된 또 다른(번역할 수 없는) 로컬 지식과 나란히 세워야 한다고 주장했다.[34] 그런데 이 과제는 서구사회가 이미 설치해놓은 학문적인 위계질서—주인담론과 노예담론의 위계화 및 글로벌 지식과 로컬 지식의 경계 나누기—에 어긋나기 때문에 현재의 '학문적 프로토콜' 내에서는 실현할 수 없다. 근대적 역사학의 출생신고서에는 그의 고향과 부모는 물론 배우던 학교와 뛰어놀던 운동장에 '메이드 인 유럽'이라는 붉은 직인이 찍혀 있기 때문이다. 우리는 모든 근대적 분과학문의 출발 항구인 유럽이라는 "집으로 돌아가지 않고", 문화상대주의와 토착주의라는 사이렌의 유혹에도 빠지지 않으면서 어떻게 제국에 종속된 식민지 지식들을 주체화할 수 있을까?

> "우리는 여전히 공간의 실질적인
> 탈신성화에는 도달하지 못했다."

위와 같은 '차크라바르티의 딜레마'를 곱씹으며 탈식민적인 지식투쟁과 공간투쟁을 선언한 사람이 라틴아메리카 출신의 '푸코주의자' 월터 미뇰로이다. 그는 서구 지식인들이 유리하게 선점했던 '인식적 위치 (epistemic location)'를 뒤집고 '발언의 장소(enunciation location)'를 탈취함으로써 로컬 지식의 주체성을 확보할 수 있다고 믿는다. '유럽 지방화하기 프로젝트'가 아직도 미완인 것은 유럽에서 유래한 '영토적 사유'가 지난 5세기 동안 (헤겔적인) 근대적 이성과 (막스 베버적인) 합리성의 바깥에 위치한 로컬 지식들을 종속하고 무효화하는 데 성공했기 때문이다. 그러므로 종속된 지식의 반란은 무엇보다도, 차크라바르티가 뒤늦게 동의했듯이, "사상이 장소와 어떻게 관계를 맺었는지에 대해서 질문"함으로써 "자신의 (식민지적) 역사의 지형을 전치(傳置)"하도록 애쓰는35 공간투쟁으로 전개되어야 마땅하다.

미뇰로가 깨려는 '지식(생산)의 지정학'은 지도상의 모든 공간과 그에 부여된 이름들이 '자연적으로' 또는 '과학적으로' 주어진 것이 아니라, 특정한 권력의 의도에 따라 만들어진 것임을 지적하는 개념이다. '제1세계' 서구가 '제3세계'를 옭아매려는 지식의 지정학이라는 권력의 포승줄에서 벗어나기 위해서는 두 가지 조건이 충족되어야 한다. 첫째, 지식의 지정학에 각인된 인식론적 폭력을 무장해제하여 로컬 지식이 꽃피는 역사지리적인 영점 좌표를 확보해야 한다. 근대적 인종주의는 피부 색깔만 심문했던 것이 아니라 대륙의 공간적인 (재)배치와 이름 짓기라는 양식으로도 작동했다. 예를 들어 유럽은 '아메리카'와 '서인도제도'—세계사에 뒤늦게 합류한 새내기 지리 공간—를 새로운 동쪽 경계로 삼음으로써 유럽-아시아-아프리카라는 낡은 삼각형 세계지도를 최신 버전으로 바꿔 자신을 세계지도의 중심에 우뚝 세웠다.36 지식생산의 지정학이라는 관점에서 보면, '동남아시아'라는 이름은 연합국이 제2차 세계대전 때 일본제국과 싸우기 위해 이 지역에 창설한 동남아 사령

부(Southeast Asia Command)에서 유래했다.[37] 그리고 '인도차이나'라는 지정학적 이름은 프랑스 제3공화국이 오늘날의 라오스-베트남-캄보디아(중국과 인도의 사이 공간) 지역에 부여한 제국주의적 잔존물이다. 이 지역의 국가들이 영토적·국제법적으로는 식민지에서 벗어나 독립국가가 되었지만, 여전히 서구가 부여한 시대착오적인 공간명칭을 벗어던지지는 못했다. "우리는 여전히 공간의 실질적인 탈신성화에는 도달하지 못했다"는 푸코의 한탄[38]은 탈식민시대에도 여전히 유효한 명제이다.

"우리는 변경에
위치해야 합니다."

공간의 탈신성화를 실현하기 위해 꼭 필요한 조건은 주체적인 발언 위치를 쟁취하는 것이다. 푸코의 표현을 다시 빌리자면, 우리는 "균질적이고 텅 빈 공간"에 거주하는 것이 아니라 온갖 권력이 작동하는 공간에 사로잡힌 신세이다. 제1세계가 아시아-아프리카-라틴아메리카를 글로벌 지식을 창출하기 위한 필드워크 공간으로 대상화하는 것을 거부하고, 이들 지역이 연합해서 제1세계가 주입한 지식의 지정학을 해체시키려는 발언의 장소로 거듭나야 하는 것이다.[39] 다시 말하면, 제3세계는 "단지 연구되는 장소"가 아니라 이질적인 공간적 사유들이 모색되고 생성되는 자율적인 공간으로서 '트리콘티넨털(Tricontinental)'이라는 새로운 깃발 아래 연합해야 한다. 거들먹거리는 제1세계 출신 인류학자에게 하청을 받아서 현장조사에 값싸게 투입되는 제3세계 '지역 인류학자(anthropologian)'[40]는 기존의 계약관계를 뒤집어야 하는 것이다.

지식의 지정학이라는 자장(磁場)에서 탈주했다면, 다음 목표는 식민성이라는 벽돌로 지어진 지식의 진지 격파이다. 지식/권력의 **식민성**이 문제시되는 것은 **식민주의**가 피식민지의 해방·독립과 함께 자동으로 끝나지 않고 '정신적인 멍에'로 남아 있기 때문이다. 미뇰로는 식민성과 식민주의를 다음과 같이 구별한다.

> '식민주의(colonialism)'가 특정한 역사적 시기와 장소에서 발생했던 제국적 지배를 가리킨다면, '식민성'은 16세기 이후 대서양 경제와 정치를 차례로 장악했던 스페인, 네덜란드, 영국에서부터 거의 지구 전체를 지배하고 경영하는 미국의 식민 지배의 논리 구조를 의미한다. …… 식민주의가 지리 역사적으로 다양하게 드러난 제국주의의 구체적인 물증이었다면, 식민성은 일반적인 원리의 역할을 하는 근대성의 논리적 보완이었다. 식민주의 이데올로기를 실행하는 것은 식민성의 지배논리이다.[41]

식민주의는 가도 식민성은 "지리적·시간적 실체에서 심리적 범주로" 털갈이하며 옛 식민지 땅에서 질기게 생존할 뿐만 아니라 더욱 매혹적인 것이 되기까지 한다. 정신적·문화적 식민성은 포르투갈·에스파냐, 영국·프랑스, 소련·미국의 순서로 주인을 바꿔가며 식민주의보다 더 오래 살아남았다. 그러므로 식민주의가 남긴 종속체제를 완전히 청산하기 위해서는 그 구조 속에 깃들어 있는 식민주의적 근성을 탈색시켜야 한다.[42]

21세기 제국권력은 이제 근대성의 내부 공간(서구 본토)이나 외부 공간(식민지 지방)에서 작동하지 않고 '무-장소(no-place/non-place)' 또는 '아무 장소'에서 군림한다.[43] 안토니오 네그리와 마이클 하트를 인용하면, "우리는 전 지구적 국경이 제국적 권력이라는 열린 공간으로 변형되는 첫 번째 국면을 경험하고 있는 중이다."[44] 식민지라는 영토를 잃은 제국주의가 20세기 후반 이후에는 탈영토화되고 탈중심화된 네트워크 권력이라는 형태로 바뀌고 있다. 이제 우리는 로컬 지식/종속된 지식이 서구가 글로벌 지식/보편 지식이라는 내부를 만들기 위해 의도적으로 '내부에서 만들어진 바깥'일 뿐이라는 출생의 비밀을 깨달아야 한다. 그래야만 비로소 '다른 사유/경계사유'가 작동하는 공간을 확보할 수 있다. 미뇰로가 지적인 탈식민지화를 수행하기 위해 이름을 지은 경계사유는 "지배할 의도도 굴욕당할 의도도 없는 사유양식"이며 "성취 지향적이지 않기 때문에 타문화 말살적이지 않은 사유양식"이다.[45]

'장소 아닌 (무)장소'에서 유령처럼 출몰하고 사라지는 제국의 힘에 맞서는 현장은 변경이다. 푸코는 이성의 공적·사적 사용을 구분하는 칸트가 작성한 계몽주의 매뉴얼의 오류를 지적하면서 이성의 비판적인 힘은 "내적-외적 양자택일을 넘어서 변경지대에 있어야 한다"고 항변했다.[46] 그곳은 "내가 생각하는 곳이 바로 나"인 탈식민지적인 주체가 감춰진 모습을 드러내는 접촉지대이며, 국경을 횡단하여 탈식민시대의 인식론적 바리케이드가 설치되어야 할 '사이공간(In Between)'이다.

4. 탈식민시대의 대항역사: 식민 주체는 말할 수 있는가?

푸코에 따르면, 유럽 내부에서 인종투쟁이 본격화하는 17세기 말에 이르러 귀족, 제3신분, 부르주아지 같은 새로운 역사적 주체가 등장했다. 이들은 그동안 왕이 독점했던 "권력이 자기 자신에 관해 말하는 이야기"이며 "권력이 자기 자신에 관해 말하게 만드는 이야기"에 불과했던 역사에 도전하여, 자신들이 스스로 "역사 속에서 발언하고 역사를 들려줄" 권리를 요구했다.[47] 누가 역사를 말할 자격이 있으며, 무슨 주제를 선별하거나 침묵시키고, 어떤 현재적 교훈을 가르칠 것인가 등을 둘러싼 역사전쟁이 일어난 것이다. 역사를 말하는 주체의 자리바꿈 또는 '마이크 쟁탈전'은 역사적 앎의 진위를 판정하는 권력개입을 초래했다. 이런 배경에서 17세기 무렵부터 방대한 행정기록을 보관하는 관행이 시작되었는데, 공공 아카이브가 지향하는 "엄청나게 중요한 수집 기술"이 근대적 역사기술의 중요한 무기로 등장했기 때문이다. 프랑스에서 궁정정치 아카이브인 재무도서관이 1760년에 처음으로 문을 열었고, 공문서보관서가 1763년에 창립되었다는 사실은 역사담론 만들기와 역사지식의 규율화가 동시에 진행된 공범관계임을 잘 보여준다.[48]

푸코의 판단에 따르면, 18세기 계몽주의야말로 '공인된 (역사)지식'의 독점시대를 열었다. 자연과학을 흉내 낸 인간과학과 사회과학의 탄생은 이들에게 과학적인 방법론이라는 권위를 부여함으로써 미신적이거나 민중적인 종속된 지식들을 깔아뭉개도록 허용했다. 예를 들어 프랑스 계몽주의가 자랑하는 업적인 《백과전서》는 ① 쓸모없고 경제적 비용이 부담되는 '작은 앎들'의 자격을 박탈하고, ② 분산된 앎을 교환 가능한 물건으로 규범화하며, ③ 앎을 그 속성과 규모에 따라 위계적으로 분류하고, ④ 앎을 기술적 테크놀로지 차원에서 중앙통제와 중앙집중화가 가능하도록 만들었다.[49] 서양 근대의 철학적인 출범을 이끌었던 계몽주의는 인간해방과 사회진보를 알리는 햇불이 아니라 근대적인 '앎의 규율화'를 촉진시킨 반동적인(!) 운동이었던 것이다. 푸코가 "계몽주의는 감히 알려고 하는 용기를 갖는 것"이라는 칸트의 정언을 비웃으며, 계몽주의는 "지식과 무지 사이가 아니라 서로 대립하는 앎들 사이"의 거대한 싸움이라고 고쳐서 정의하는 이유이다.[50]

"역사란 당신이 역사를 협상 가능한 결정요소로 보느냐
혹은 사실로 보느냐에 달려 있습니다."

근대 역사학도 '앎의 규율화'의 자식이었다. "역사란 하나의 이야기를 기록하기 위해 다른 이야기들을 누락시키는 것을 정당화하는 장치"[51]에 다름이 아니었다. 서구가 독점적으로 서술했던 진보-근대화-국민국가로 이어지는 '하나의 이야기'는 "18세기까지만 해도 역사 없이 잘 지낼 수 있었던 나라"였던 비서구 지역의 식민지 국가들의 '다른 이야기들'을 잡아먹었다. 전 세계의 어린이와 청소년이 오늘날까지도 역사 과목을 의무적으로 배워야 하는 까닭은 그것이 식민주의 세계관을 이들에게 주입시키는 결정적인 도구이기 때문이다. 서구의 근현대 문명이 대변하는 국민국가, 의회제도, 자본주의 등과 같은 이데올로기를 비서구인들이 의심 없이 내면화하도록 〈서양문화사〉와 〈근현대 서양의 전개와 발달〉 같은 과목들이 교양필수 커리큘럼으로 지정되었다. 이런 관점에서 되짚어보면, 역사를 사실과 객관성이라는 명분으로 치장한 실증사학에서 빼내어 '협상 가능한 그 무엇'으로 개혁해야 한다는 스피박의 문제의식은 탈식민시대 역사교육 현장에 꼭 필요한 것이다. "역사에 대해 무슨 말을 하고 싶으세요? 굉장히 짧게 답할게요. 역사란 당신이 역사를 협상 가능한 결정요소로 보느냐 혹은 사실로 보느냐에 달려 있습니다."[52]

제2차 세계대전 이후 아시아·아프리카에서 동시다발적으로 진행되었던 피식민지 국가들의 독립은 '역사적으로 올바른' 방향으로 행진하지 못했다. 신생국가들의 탄생은 "권력의 식민주의성이 애초의 식민지 국가에서의 실행에서 국민국가에서의 새로운 실행형태로 전환"한 것에 불과했기 때문이다.[53] 식민성이라는 정신적인 흉터는 제국의 영토에서 해방된 옛 식민지의 땅으로 공간을 이동해, 제대로 청산되고 치유되기는커녕 마치 상속받은 위대한 유산처럼 숭배되었다. 일본제국의 충성스러운 식민지 '자원병'이었던 박정희가 건설했던 제3공화국·유신정권의 사례야말로 식민사관이 〈국민교육헌장〉으로 부활하여 '국민학교'에서 복창되는 아이러니를 잘 보여준다. 역사교육학적으로 말하자면, 탈식민적인 교육을 받아야 할 친일 부역자들이 일본제국의 모델을 모방하며 압축적인 서구화·근대화운동의 이념으로 국가중심의 진보사관을 부르짖은 것이다. 식민성이라는 집단기억의 트라우마를 성찰적으로 극복하려는 골치 아프고 자기 목을 찌르는 위험한 절차를 건너뛰고 국가(독재자)가 가르치면 국민이 받아 적고 암기하는 '닥치고 역사교육'이 계속된 것이다.

푸코는 대항역사의 전제조건으로 '공식담론'이 추방했던 '재야담론'을 복권하라고 요구했다. 종속된 지식들로 구성된 재야담론은 "영광을 갖지 못한 사람들의 담론"이며 "오랫동안 어둠과 침묵 속에서 이제야 자신들을 발견하는 사람들의 담론"이다. 그러므로 탈식민시대에 집필되어야 할 새로운 역사는 서구 역사주의의 "비밀을 탐지하고 계략을 뒤집는 역사"이며, "곡해되거나 파묻혀진 앎을 재전유하려는 역사"이다.[54] 이런 대항역사를 수행하기 위해서는 '처치 곤란한 아카이브'를 떳떳이 책상에 펼쳐놓고, '역사화에 저항하는 과거들'을 발굴하여 강단 역사학이 봉인한 목소리들을 말하게 해야 한다. 진보, 이성, 근대화, 국민국가 등의 보편거대서사에 수렴되지 않는 '역사주의 없는 미분적인 역사 쓰기'를 실천해야 하는 것이다. 그렇다면 역사 프로토콜에 어긋나는 방자하고도 '나쁜 역사들'에게 어떻게 발언공간과 마이크를 마련해줄 것인가?

"푸코는 우리 시대의 가장 위대한
역사가들 가운데 한 명이다."

역사가로서 푸코의 뛰어남은 '현재'라는 지점에서 역사를 쓰기 시작했다는 점이다.[55] 진보사관에 뿌리를 둔 역사주의는 현재를 과거에서 이어진 사슬이자 바람직한 미래가 오면 저절로 사라지는 시간으로 취급했다. 푸코는 이처럼 현재를 과거의 최고점이나 과거의 완성으로 인식하려는 사고방식을 "우리 사회의 가장 해로운 습관들 가운데 하나"라고 불렀다. 19세기 예술지상주의자들이 '예술을 위한 예술'에 심미적으로 탐닉했던 것과 마찬가지로, 실증주의 역사학은 현재의 이해관계에 눈을 감고 '과거를 있는 그대로 기록'하려는 '역사를 위한 역사'에 탐닉했다는 꾸중이다. 이런 경향에 맞서 니체의 영원회귀설이 '두터운 현재'를 재발견한 것처럼, 푸코는 현재를 "보편적인 것이 실제적인 것 속으로 진입하는 가장 충만한 순간"으로 정의했다.[56] 그러므로 대항역사는 과거청산이나 미래예견으로 딴전을 부리지 말고 "진실이 작렬하는 순간"이자 "어둠이나 잠재적인 것이 백일하에 드러나게 될 순간"인 현재(의 모순)를 엄정히 심문해야 한다. '현재에서 과거로' 거슬러 오르며 지금 우리를 억압하는 역사담론의 전략들을 까발리는 것이 대항역사의 본질이다. 푸코는 역사가들이 '역사 없는 역사주의'라는 빈 껍질을 깨고 '현재 속으로' 다시 나오는 작업에 헌신해야 한다고 확신했다.

대항역사의 서술은 새로운 역사적 앎의 주체를 동반해야 완결된다.

역사에 도전하는 역사가들—"사실에 굴복하는 대신에 사실에 군림하는 역사가들"[57]—로 거듭나기 위해서는 '주체의 희박화'에서 빠져나오는 용기를 내야 한다. 푸코에 의하면, 공식담론이 재야담론을 종속시키는 비결은 "그가 어떤 조건들을 만족시키지 못한다면 혹은 그가 처음부터 그러한 자격을 갖추고 있는 것이 아니라면, 담론의 질서 속으로 들어가지 못할 것"이라고 으름장을 놓는 문지기의 위력에 있다.[58] 문지기(Gate-Keeper)가 애용하는 '희박화하기(raréfaction)' 전략은 일련의 의무와 규칙을 강제함으로써 역사를 말하려는 주체들을 '위대하고 자명한 대문자 역사'와 차단하는 일종의 떼어내기 수법이다.[59] 예를 들어 공문서를 대접하고 사적인 기록들을 무시하기, (외국) 박사학위가 없는 사람들의 역사서술을 '야사(野史)'로 평가절하하기 등의 방식으로 다른 이야기를 진술하려는 주체들을 미세한 그물로 걸러내거나 아예 벙어리로 만드는 식의 매우 은밀한 방해공작이 대표적이다.

푸코에게 '말할 수 없는 서발턴(종속된 주체)'이란 존재하지 않는다. '희박한 주체'는 발언의 기회를 애원하며 권력자의 바지저고리에 매달리기보다는 자기 자신을 대항역사의 주체로 (재)발명하려고 애쓰는 사람이기 때문이다. 그래서 푸코는 서발턴의 목소리를 대리 전달해주려는 '지식인의 사명'을 비웃는다. 그는 이른바 '억압된 것(계급)의 귀환'도 인정하지 않는다.[60] 소시민이나 프롤레타리아트처럼 역사를 초월하여 존재하는 집단을 믿지 않기 때문이다. '현재' 이 세상에서 살고 아파하며 사랑하는 개인들이야말로 '자기 생애를 주체적으로 말하고 쓰는 각자의 역사가'인 것이다. 콜레주드프랑스의 직장동료로서 푸코가 사망할 때까지 학문적으로 교류했던 역사인류학자 폴 벤(Paul Veyne)이 그를 '완성된 역사학' 그 자체이며, "의심할 여지없이 우리 시대의 가장 위대한 역사가들 가운데 한 명"이라고 꼽은 것은 결코 빈말이 아니었다.[61] 푸코를 철학가라기보다 대항역사라는 신천지를 개척한 매우 독창적인 역사가로 대접했던 것이다.

결론적으로, 탈식민시대의 새로운 세계사 서술은 극동·동남아시아·라틴아메리카 등의 지정학적 명칭에 각인된 서구중심적인 공간권력을 벗겨내어 중심이 없거나 모든 로컬이 중심이 되는 새로운 역사공간을 창출하는 데서 비롯된다. 푸코(와 이상)를 흉내 내 다소 멋을 부려 말하자면, 한국·베트남·인도네시아 등 '내가 지금 있는 공간'에 발을 딛고 탈식민주의적인 '경험-책'이 초대하는 다른 역사적 차원으로 비약하기에 좋은—"불현듯이 겨드랑이가 가려운"—강렬하고도 엄숙한 현재(정오)이다.

맺음말

1

17세기 과학혁명에서 20세기 말 포스트모던 시대에 이르는 4세기 동안 유럽의 사상적 근대성은 상향하는 일직선이 아니라 뒤엉킨 곡선을 그리며 오르락내리락하는 행보를 보였다. 자연과학을 이 세상의 으뜸 학문으로 승격시킨 베이컨과 그의 후예인 계몽주의 철학자들이 협력하여 이성과 진보의 두 바퀴 위에 근대적 사상의 수화물들을 싣고 전진했다. 생시몽이 "제일 숫자가 많지만 가장 가난한 계층의 물질적·지적·도덕적 향상"을 부르짖으며 '인간과학'과 '산업주의'의 초석을 닦았다면, 그의 비서 출신인 콩트는 프랑스혁명이 남긴 정치경제적 무질서와 도덕적 퇴폐를 사회과학적인 방식으로 재조직하기 위해 실증주의 깃발을 휘날렸다. 영국 해협 저편에서 이들과 지적으로 교류했던 벤담이 쾌락과 고통의 플러스마이너스라는 셈법으로 최대 다수의 최대 행복을 위한 입법을 주장했다면, 밀은 통계적으로 환산되지 않는 '정의' 같은 사회적 가치를 공리주의에 삽입하여 민중을 '돼지우리'에서 휴머니즘의 정원으로 이끌었다.

세계박람회와 근대올림픽으로 대변되는 '국제화'와 서구에 의한 비서구 국가들의 '문호개방'이 정점을 찍었던 19세기 말은 계몽주의에 대한 의구심이 제기되었던 사상적 전환기였다. 볼테르가 파괴하려고 했던 '파렴치범'인 신(학)이 최종적으로 사망했음을 선언한 니체는 '신이 된 인간'을 위해 불경한 복음서를 새로 썼다. 그가 창출한 새로운 인간의 전범인 차라투스트라 또는 위버멘슈는 이성과 광기 사이를 위험하게 오가면서도 일상생활의 작은 행복에 탐닉할 줄 아는 자신의 온전한 주인이었다. 문화과학자 베버는 사랑도 구원도 없는 차디찬 자본주의와 관료주의라는 쇠우리에 유폐된 근대인을 구출해줄 카리스마적 지도자를 기다렸다. 프로이트는 인간 정신의 미개척지였던 무의식 세계를 탐험하여 성욕, 에로스, 타나토스 등의 원초적 본능이 현대인을 움직이는 또 다른 동력임을 '정신분석학적'으로 증명했다. 19세기 말~20세기 초반 유럽을 지배했던 지적 풍토가 진화론, 인종주의, 제국주의, 문명화 사명 등으로 묘사된다면, 니체·베버·프로이트는 이런 시대정신을 거슬러 날아오르려고 애썼던 닮은꼴의 안티-계몽주의 삼형제였다.

20세기 전반기 유럽의 지적 지각변동에 가장 큰 영향을 끼친 양대 사건은 1917년 러시아혁명과 1930년대 나치-파시즘이었다. 19세기 후반부터 제도권으로 진입했던 서유럽 수정사회주의가 레닌주의-볼셰비즘의 파도를 만나 좌파 전체주의로 변질되었다면, 보통남자선거권을 손에 쥔 '대중의 반란'은 인종적 민족주의와 악수하며 우파 전체주의라는 괴물을 만들었다. 서구마르크스주의의 이론가 루카치가 '화석화/사물화' 개념을 창출하여 자본주의 체제가 부추기는 획일적 사고체계를 비판했다면, 그람시는 '헤게모니'라는 이름의 정치적·도덕적 올바름으로 지배층이 피지배층의 자발적인 동의와 협력을 얻어내는 권력의 비밀을 해부했다. 프랑크푸르트학파 지식인들은 법인·소비자본주의가 대중문화와 같은 상부구조에 집중해서 성찰적 이성을 어떻게 마비시키는지를 고발한 대표주자였다. 호르크하이머와 아도르노는 유대인 학살로 민낯을 드러낸 20세기 버전 계몽주의의 야만성과 무비판주의("하면 된다!")에 맞서 부정적인 비판력과 실용으로 환산되지 않는 '이론'적인 힘의 회복을 촉구했다.

20세기 후반 유럽 지식계는 68혁명을 매개로 전개되었다. 마르쿠제는 현실원칙과 성취원칙이 고갈시킨 에로스를 부활시키고, 노동자·프롤레타리아트에 가려 역사 무대에 서지 못했던 '기타 여러분'—여성, 대학생, 히피, 이주민, 룸펜 부르주아 등—을 역사변동의 주체로 호명함으로써 68세대의 사상적 아이돌이 되었다. 포스트모더니스트 '역사가' 푸코는 베이컨 이후의 유럽 사상가들이 인간과학과 사회과학이라는 두 개의 조각칼로 조탁하고 성장시켰던 인간이 멸종위기의 벼랑에 섰다고 선언했다. 푸코는 사회의 정상화와 인간의 건강과 번영을 보장한다는 '진리의 정치'라는 이름으로 행사되는 응시권력과 생명권력, 미시권력에 투과된 현대인들은 개성과 개별성을 빼앗긴 채 텅 빈 껍데기만 남았다고 경고했다. 계몽주의가 인간해방과 자유를 위해 파종한 '지식의 빛'이 3세기 후에는 반휴머니즘적인 '권력의 지식' 나무로 추수되었다는 놀라운 이야기가 유럽 근현대 지성사의 역설적인 결말이다.

2

이 책을 관통하는 핵심적인 주제이며 동시에 풀어야 할 과제를 다음과 같이 세 가지로 정리할 수 있다. 첫째, 근현대 유럽의 지식인들이 결성했던 지적 운동의 특징과 한계는 젠더와 인종이라는 관점에서 재평가될 필요가 있다. 굳이 페미니즘과 탈식민주의라는 거창한 잣대를 들이대지 않더라도, 18~19세기 유럽 지식인들의 의식에 스며 있는 가부장주의와 오리엔탈리즘을 포착함으로써 유럽 근현대 지성사를 좀 더 균형감각 있고 옹골지게 이해할 수 있을 것이다. 여성의 권리에 우호적이었던 진보적 사상가 콩도르세는 유럽중심적인 '식민지 계몽주의'를 정당화했고, 질적 공리주의자 존 스튜어트 밀은 타자(비유럽 유색인)에 대한 문명화 사명을 정당화했던 '자유주의적 제국주의'의 지지자였음을 기억해야 한다. 누구에 의한, 누구를 위한 유럽 근현대 사상의 역사였는지를 되물어봐야 하는 것이다.

둘째, 서양 지성사의 왕좌를 오랫동안 차지했던 '로고스중심주의'가 깔아뭉개 질식시켰던 육체담론을 복권해야 한다. 유럽 지성사는 고대·중세·근현대를 막론하고 중용, 영혼, 미덕, 이성, 진보 등으로 그 이름을 바꿔가면서 형이상학적인 가치의 족보와 갈래를 헤아리는 작업에 골몰해왔다. 로고스(아폴론)적인 질서에 어긋나는 인간의 육체—맛난 음식을 탐하고 예쁜 육체에 동물적으로 반응하는 형이하학적인 물질—는 '지성의 역사' 범주 바깥의 허접한 사안으로 천시되었다. "건강한 육체에 건전한 정신이 깃든다"는 서양 속담은 육체가 오로지 올곧은 정신을 담는 그릇일 뿐이라는 오래된 고정관념을 강화한다. 이런 관점에서 따져보면, 수사학이나 웅변술과 같은 중세대학의 커리큘럼을 지우고 체육과 화장술 같은 인간육체에 관한 지식을 근대 지식체계에 포함한 베이컨은 육체담론의 근대적인 기안자이다. 푸코의 마지막 책은 교회권력과 성과학이 합작하여 육체의 쾌락을 어떻게 성공적으로 금지했는지를 추적한

《성의 역사》였다. 근본적인 사상의 차이가 있긴 해도, 푸코는 베이컨이 초안을 닦았던 육체담론의 속편을 서술한 계승자였다.

셋째, 기존의 유럽 근현대 지성사 대부분이 '인간중심주의'라는 격자에서 벗어나지 못하고 서술되었음을 깨달아야 할 결정적인 시간이다. 베이컨이 자연을 과학적으로 관찰함으로써 인간을 자연의 지배자로 조련하는 것을 목표로 삼았던 것처럼, 콩도르세는 사회과학의 정밀한 톱니바퀴 궤도를 따라 '인간'의 역사가 진보하도록 헌신했다. 생시몽이 주창했던 '산업주의'는 인간을 물질적 결핍에서 해방하려는 프로젝트였으며, 벤담과 밀이 지지했던 공리주의적 개혁도 인간의 행복과 쾌락을 보듬기 위함이었다. 또한 니체가 신을 죽인 것도 인간의 새로운 전범이 되어야 할 위버멘슈의 생존공간을 확보하려는 의도였고, 프로이트가 무의식 세계를 해부한 것도 인간을 알 수 없는 공포에서 치료하기 위해서였다. 푸코가 '인간의 죽음'을 걱정했던 까닭은 인간존재의 계보학을 더듬어 감시와 처벌의 대상으로 전락한 자기 자신과 화해하여 '현재의 인생'을 만끽하기 위함이었다. 말하자면, 유럽 근현대 지성사는 인간중심의 역사가 괴롭히고 착취하고 파괴했던 자연·동물·생태계의 역사에는 침묵했던 일방적인 자기 독백의 역사였음을 잊지 말아야 할 것이다.

3

21세기 새벽을 통과하는 지금, 이른바 제4차 산업혁명의 성공 여부에 따라 신인류의 미래가 좌우된다는 또 다른 시대정신이 어슬렁거리고 있다. 인공지능과 사물인터넷으로 상징되는 디지털혁명의 끝은 '생각하는 동물로서의 인간'의 종말을 동반하는가? 컴퓨터 소프트웨어를 인간 육체에 이식하여 탄생시킨 '기계-인간(사이버네틱스)'은 베이컨이 꿈꾸었던 근대적 인간의 궁극적인 모델인가? 푸코의 암울한 진단처럼, 신이 칭칭 동여맸던 견고한 껍데기를 힘겹게 깨고 세상에 나온 인간은 자신이 진보시킨 인간과학과 사회과학이 설치한 권력의 매트릭스와 정보의 빅데이터 저편으로 희미하게 사라지는 투명인간으로 전락하는가? 나는, 우리는, 자연은, 고양이는, 어디서 와서 어디로 흘러가며, 무엇이 되어 다시 만날 수 있을까? 이런 근원적인 물음들을 보채는 포스트-휴머니티 시대의 '마지막 인간'으로 생존하기 위해 우리가 취해야 할 지적 태도를 모색해보자.

베이컨으로 다시 돌아가서 말하자면, 새로운 시대에는 새로운 사상과 세계관이 필요하다. 신세계를 준비하는 신지식인이 되기 위해서 우리는 더 많은 지식을 배우고 더 높은 진리의 꼭대기를 향해서 진격해야만 하는가. 사방팔방에서 쏟아지는 작업지시, 건강검진, 진학상담, 보상휴가 등으로 변장한 '선한' 권력들마저 위대하게 거부해야 할 것인가. 인간과 기계의 구분이 흐려지고 자연과 인간의 경계마저 점점 흐릿해지는 이상한 세상에서는 '(이성적·합리적으로) 생각하는 인간'만으로는 부족하다. 지배계급이 선사하는 헤게모니에 맞서 저항하고 비판하는 것으로도 충분하지 않다. 내 손아귀를 떠난 플라스틱의 세계적인 항해를 따라가 보았는가? 고양이는 영혼이 없다고 누가 감히 말할 수 있는가? 사이보그의 매력은 수학적인 정확성인가 아니면 가없는 사랑인가? 이런 어리석고도 쓸모없는 질문을 던질 수 있는 용기야말로 새로운 시대가 요구하는 지적 미덕이다.

질문하지 않는 학생·기자·실업자·공무원·소비자·샐러리맨·과학기술자는 '인간'이라고 할 수 없다. 질문을 던지는 것은 대답을 얻기 위해서가 아니라 꼬리에 꼬리를 무는 또 다른 질문을 구하기 위해서이다. 아는 것이 힘이 아니라면, 지식은 누구의 무엇을 위한 욕망인가? 그렇다. 멸종위기에 처한 인간은 '질문하는 동물'로 다시 살아남아야 한다. 어린아이같이 순박하고 길 잃은 질문이야말로 뻔하고 잘못된 정답을 늘 이기기 때문이다. 푸코의 용어를 비틀어 이 책의 마침표를 찍자면, '투쟁하는 물음'은 '종속적인 대답'을 항상 패배시킬 것이다.

전통 사상사를 넘어 트랜스내셔널 지성사를 향하여[•]

I. 초창기 사상사의 학문적 기원과 형성

사상사가 정확히 언제부터 누구에 의해 시작되었다고 보는지는 그 기준에 따라 의견이 분분하다. 멀리 거슬러 올라가면 17세기 영국의 경험주의 철학자 프랜시스 베이컨에게서 근대 사상사의 시초를 찾을 수 있다는 견해가 있다. 베이컨은 역사학의 분야를 자연에 관한 것, 시민사회에 관한 것, 종교에 관한 것, 문필(literary)활동에 관한 것 등으로 구분했는데, 문학과 예술의 역사를 포용하는 네 번째 영역은 넓은 의미에서 사상사에 속한다고 볼 수도 있기 때문이다.[1] 프랑스 계몽주의 철학자 볼테르가 주창했던 유명한 명제―"역사는 철학적으로 서술되어야 한

[•] 이 글은 이 책의 밑바닥에 흐르는 방법론을 독자들에게 설명하기 위해 나의 논문 세 편을 수정·보완한 것이다. 〈지성사의 위기와 새로운 문화사〉, 《역사와 문화》 창간호, 문화사학회, 2000. 3.; 〈지성사에서 관념의 사회사로: 칼 베커에서 로버트 단턴까지, 1930년~1980년〉, 《서양사학연구》 제20집, 한국세계문화사학회, 2009. 6.; 〈트랜스내셔널 지성사(지금) 다시 쓰기: 중심의 이동 혹은 물구나무 서기〉, 《역사와 문화》 제23권, 문화사학회, 2012. 5.

다(Il faut écrire l'histoire en philosophie)"—를 사상사의 원형과 동일시하려는 시각[2]도 있다. 1765년에 '철학의 역사(philosophie de l'histoire)'라는 용어를 창안했던 볼테르[3]야말로 인간의 창조적인 정신활동을 역사발전의 결정적인 동력으로 인식했다는 점에서 사상사 연구의 선구자였다는 주장이다.

분명한 이름표조차 부여되지 않았던 사상사는 19세기 유럽에서 두 개의 다른 방향으로 부침했다. 한쪽에서는 실증주의와 자연과학의 발달과 함께 사회의 모든 제도와 현상을 과학적이고 사실적으로 분석하려는 경향이 사상사의 입지를 심각하게 위협했다. 특히 이념이나 사상을 정치경제적 토대의 반영으로 파악했던 마르크스주의의 영향력은 19세기 후반에 사상사를 허약하고 피상적인 학문영역으로 전락시켰다.[4] 다른 한쪽에서는 19세기 말에 범유럽적 현상으로 진행된 과학과 실증주의에 대한 회의와 반란이 '문화(인간)과학'의 가치를 재발견함으로써 고사(枯死) 위기에 몰렸던 사상사를 구원했다. 예를 들면 야코프 부르크하르트는 과거 연구에서 사상을 포함한 넓은 의미에서의 문화가 그 자체로 중요하다고 강조함으로써 사상사의 숨길을 터주었다. 그 연장선에서 빌헬름 딜타이(Wilhelm Dilthey, 1833~1911)는 과거 연구에 비물질적인 요소인 이념과 형이상학이 차지하는 중요성을 부활시킴으로써 '현대 사상사의 아버지'로 기록되기도 했다.[5]

이 글의 기본목표는 흔히 사상사 또는 지성사로 불리는 '인간의 지적인 활동을 연구하는 분야'[6]가 지난 100년 동안 어떻게 부침과 변화과정을 겪었는지 사학사적으로 소개하고 비평하는 것이다. 연구의 출발점을 20세기 초반으로 삼은 것은 사상사가 1900~1920년대의 "비체계적이고 거의 전문적이지 못"한 단계를 거쳐 1930~1940년대에 이르러

서야 역사학계의 독립적인 연구 분야로 정착되었다는 평가7에 동의하기 때문이다. 2010년대를 종착점으로 삼은 것은 '초창기 지성사(Primitive Intellectual History)'가 1950~1960년대 후반에는 '정통 지성사(Proper Intellectual History)'로 정착되고, 1970~1980년대에는 '새로운 문화사'의 도전으로 위기에 처했다가, 21세기를 전후로 탈식민주의적인 트랜스내셔널 지성사로 재정립되는 과정을 장기지속적인 관점에서 총체적으로 파악하기 위해서이다. 논의의 중심을 미국 학계로 한정한 것은 사상사· 지성사라는 개념이 공식적으로 빈약했던 유럽과 비교하면, "지성사야말로 미국의 독자적인 장르이며, 지성사라는 딱지를 붙인 사람이 다름 아닌 우리 미국인"이라는 논평을 반영한 것이다.8

1. 미국적 지성사의 파이오니아: 베커와 브린턴

유럽의 지적 전통에 뿌리를 두었던 사상사가 마침내 '지성사'라는 이름을 달고 독자적인 학문영역으로 등장한 곳은 미국이었다. 제임스 로빈슨(James H. Robinson, 1863~1936)과 찰스 비어드(Charles A. Beard, 1874~1948) 등이 주도했던 소위 '신사학(New History)'이 사상사 탄생의 탯줄을 제공했다. 신사학파 역사가들은 레오폴트 폰 랑케(Leopold von Ranke, 1795~1886)의 정치사 중심주의에 반발하여 사회사와 사상사를 쌍두마차로 하는 새로운 역사서술의 가능성을 실험했다. 이런 학문적 분위기에서 로빈슨은 1904년에 콜롬비아대학교에서 '유럽의 지식계층사(History of the Intellectual Class in Europe)'라는 과목을 개설하여 고등교육기관에서 사상사를 처음으로 선보였다.9 그리고 버넌 패링턴(Vernon L. Parrington, 1871~1929)은 사상사의 효시로 꼽히는 저서 《미국사상의 주류(Main Currents in American Thought)》를 1927년에 출간했다. 미국산 지성사의 출현과 관련해서 주목할 점은 사회사와의 태생적 친화성이다. 로빈슨이 개설했던 최초의 지성사 과목 명칭이 '(유럽) 사상 그 자체에 대한 역사'가 아니라 '사상을 잉태한 지식계층에 대한 역사'였음에 유의할 필요가 있다. 애초부터 '사회 속의 사상' 연구를 지향했던 미국 학계에서 초창기에 '사회사(social history)'와 '사회-지성사(social and intellectual history)'를 유사한 개념으로 혼용했다는 것은 놀라운 일이 아니다.[10]

1930년을 전후하여 지성사가 미국 역사학계에서 전문영역으로 출범하도록 산파 역할을 담당했던 핵심인물들 가운데 한 사람이 칼 베커(Carl L. Becker, 1873~1945)였다. 엄격히 따지자면 베커는 주류적 신사학파에 속하지는 않았지만, 컬럼비아대학교 석사과정 시절 스승이었던 로빈슨의 영향 아래 상대주의·현대주의 역사관의 관점에서 지성사의 존재 이유를 옹호하는 데 앞장섰다.[11] 원래는 미국정치사 전공자로 출발했던 베커—그의 박사학위 논문 주제는 뉴욕 지역의 정당 발전사였다—가 18세기 유럽의 계몽주의 연구[12]로 학문적 명성을 얻게 된 것은 자연스러운 결실이었다.

베커는 1926년 미국역사학회 연례발표회에서 "역사적 사실이란 무엇이며, 그것은 어디에 존재하는가?"라는 도발적인 질문을 제기했다. 그는 "역사적 사실이란 이미 사라진 사건 자체가 아니라 그 실존성을 상상적으로 긍정하고 재구성하는 우리 마음속에서 일종의 상징으로 존재한다"고 자문자답함으로써 '역사적 사실=마음의 산물'이라는 1차 방정식을 명쾌하게 제시했다.[13] 그의 설명에 따르면, 랑케적 실증주의자들이 신봉하는 '기록과 사료 속(in the records, in the sources)'에서 발견되는 역사적 사실은 '죽은 사실(dead facts)'일 뿐이다. '과거에 실제로 발생했던' 사건이나 행위라고 하더라도 그것이 '어떤 사람의 마음에서' 현재적으로 기억되지 않는다면 결코 역사적 사실로 환생될 수 없기 때문이다. 이런 확신은 그의 유명한 1931년 미국역사학회 회장 취임사 "각자는 그 자신의 역사가이다(Everyman His Own Historian)"에서도 표출되었다.[14] 그는 "역사란 궁극적으로 모든 사람이 말하고 행한 것들에 대한 기억"이라는 요지의 연설을 통해 역사적 사실의 상대성을 재확인하는 한편, 기억이라는 회로를 통해야만 접속되는 '과거=인간의 의식'이라는 또 다른 1차 방정식을 선언했다. 베커는 "모든 역사는 사상사"라고 해석할 수 있는 여지를 제공했던 것이다.

칼 베커가 뿌린 여린 씨앗이 사상사라는 과실을 맺을 수 있는 묘목으로 자라도록 보호자 역할을 담당했던 가장 중요한 인물들 가운데 한 사람이 클래런스 크레인 브린턴(Clarence Crane Brinton, 1898~1968)이다. 그는 프랑스혁명 시기의 '자코뱅주의'라는 추상단어를 이해하기 위해서는 이 사상을 구현하고자 신념을 가지고 행동했던 일반 당원들에 대한 '정치적 심리학(political psychology)' 접근법이 필요하다고 강조함으로써[15] 역사학과 사회과학적 연구방법론의 접목을 선구적으로 역설했다. 그 연장선에서 근현대 유럽에서 일어난 네 개의 혁명을 일종의 사회과학적 이념형의 사례로 진단한 작품이 1938년에 발표한 《혁명의 해부(The Anatomy of Revolution)》이다.[16] 브린턴은 1640년대의 영국혁명, 1776년의 미국독립혁명, 1789년의 프랑스혁명, 1917년의 러시아혁명의 특이성을 파악하여 각각 '권리혁명(Rightist revolution)', '영토적-국가주의혁명(territorial-nationalist revolution)', '실패한 혁명(abortive revolution)' 등의 개념 틀로 유형화했다. 혁명이라는 정치경제적 사건과 이데올로기의 합작품에 대한 일종의 사회-지성사를 서술했던 것이다.

지성사가로서 브린턴의 학문적 신념이 잘 요약된 작품은 1950년에 발간된 《사상과 인간(Ideas and Men)》이다. 이 저서에서 그는 "사상들이 어떻게 이 세상에서 작용하는가를 살펴보고 …… 사람들의 말과 실제 행동 사이의 관계를 규명"하는 작업이 지성사가의 본령이 되어야 한다고 역설했다.[17] 또한 위대한 철학자나 유명한 지식인의 저서에 한정하려는 연구 경향을 비판하고 "훌륭한 사상뿐만 아니라 조야한 사상에도, 그리고 세련된 사상뿐만 아니라 흔히 있는 여러 편견에도 관심을" 가지라고 촉구했다.[18] 브린턴은 지성사의 영역을 '위에서부터 밑으로' 넓히기 위해서는 "서재와 실험실에서부터 시장, 클럽, 가정, 입법회의, 법정, 회의장, 전장" 등지에서 일상적이며 사회적인 사상의 조각들을 수집하고 그 여정이 추적하는 "사회사가라 불리는 전문가들"의 도움을 받아 일종의 '의견의 역사(history of opinions)'를 서술할 것을 제안했다.[19]

2. 러브조이와 관념사

초창기 사상사의 개척자로서 생략할 수 없는 또 다른 인물이 존스홉킨스대학교 철학과 교수였던 아서 러브조이(Arthur O. Lovejoy, 1873~1962)이다. 그는 신사학파가 지향했던 역사적 상대주의에 반대하여 사상사를 좀 더 실증적인 영역에 수립하려는 의도로 1923년에 '관념사 클럽(History of Ideas Club)'을 창립했다. 관념사는 "일반적인 철학적 개념, 윤리적 사상, 미학적 유행 등의 발전과 영향"을 연구한다.[20] 역사가가 이끌었던 지성사를 철학자의 시선으로 재조직하려는 관념사는 무엇보다도 사상의 겉모습 뒤에 숨어 있는 '단위관념(unit-ideas)'에 주목했다. 단위관념은 "공동경험의 특정한 측면에 대한 사상, 묵시적이거나 명백한 가

정들, 범할 수 없는 신조들과 표어(標語)들, 특정한 철학적인 정리(定理) 또는 다양한 학문의 포괄적인 가설들, 일반화 또는 방법론적 가정들" 등을 가리킨다.[21] 본질을 훼손하지 않고 쪼갤 수 있는 가장 작은 기본단위라는 측면에서 집단적인 '이즘(-ism)'이나 '운동(movement)'과는 구별된다. 단위관념이 당대의 다른 사상이나 믿음체계를 만나서 충돌, 소멸 또는 합성하는 '방랑의 역정(歷程)'을 추적하는 것이 관념사이다.[22] 러브조이는 단위관념이 그리는 삶의 궤적을 따라가면 한 시대를 풍미했던 사상이 왜 다른 시대의 다른 사람들에게는 매력을 잃어버리게 되었는지 그 원인과 과정을 이해할 수 있다고 믿었다.

관념사의 치명적인 약점은 지성사에 비해 '덜 역사적'이라는 점이다. 시공간을 초월해서 존재하는 단위관념의 영속성과 절대성을 강조하는 관념사는 사상과 권력, 사상과 행위, 사상적 신념과 사회경제적 구조 사이의 상호관계성과 같은 '역사적인 물음들'에 소홀하다.[23] 사상 자체의 역동성을 과장함으로써 인간의 주체적인 행위와 사회경제적 영향력을 역사변동의 종속변수로 과소평가하는 경향이 강하기 때문이다. 또한 다른 차원의 시공간에 거주하는 다양하고도 복잡한 사상을 인위적으로 통합하려는 관념사의 과욕은 때로는 1차원적이며 시대착오적인 일반화로 귀결될 우려가 있다. 러브조이 스스로 관념사를 '시행착오의 역사(a history of trial-and-error)'라고 부른 것[24]은 단순한 학문적 겸양의 표현이 아니라 이 분야가 갖는 한계에 대한 고백에 다름 아니었다. 모든 공식사상의 바탕에 깔린 단위관념을 찾아내고 그 이동 경로를 공시적·통시적으로 추적하는 관념사는 위대한 철학자의 사상을 배타적으로 연구하는 철학사보다 더 포괄적이지만, 민속과 관습, 신화 등과 같은 대중의 믿음체계를 포용하는 문화사와 비교하면 상대적으로 편협하다는 약점이 있다.[25]

II. 정통 지성사에서 관념의 사회사로

사학사적으로 따지자면, 1930~1940년대는 서양에서 초창기 사상사
가 학문으로 정착하는 시기이다. 최초의 지성사 전문학술지인《사상·
과학사 연감(Lychnos: Årsbok för idé och lärdomshistoria)》이 1936년에 스
웨덴에서 발간되었고, 이 학술지의 편집자인 요한 노르드스트룀(Johan
Nordström)이 1933년 웁살라대학교에서 개설된 강좌 "사상과 학문의 역
사(History of Ideas and Learning)"의 주임교수로 부임했다.26 미국에서는
1940년에《사상사학보(Journal of the History of Ideas)》가 간행되어 지성사
분야에서 가장 독보적이고 권위 있는 학술지로 자리 잡았다.

1. 내재적 관념사에서 외재적 지성사로: 휴스와 매뉴얼

앞에서 살펴보았던 '초창기 지성사'는 러브조이 유형의 관념사가 가
지고 있는 한계를 넘어서려고 노력하면서 '정통 지성사'로 한 차원 높게
도약했다. 관념사라는 이름의 허공에서 헤매는 사상사를 '인간(행위자)'
과 '사회(콘텍스트)'라는 이중밧줄로 엮어 구출해야 할 새로운 임무가 후
배 학자들에게 주어졌다. 노년의 브린턴은 1963년 미국역사학회 회장
취임사에서 사상을 시공간과 유리된 채 진공상태를 떠다니는 유령으로
숭배하지 말고 개인적 욕구와 사회적 환경의 관계망에 대입하여 재성찰
할 것을 요청했다. 그는 미국 역사가들이 좀 더 역점을 두어야 할 세 분
야를 비교사, 입법사(nomothetic history), 역사철학(philosophy of history)이
라고 열거하면서, 특히 마지막 분야가 아직도 가장 열악한 상태에 머물
고 있으므로 소장학자들이 지성사 저술에 힘을 기울여 역사가의 집을

튼튼하게 재건축하는 데 기여해달라고 호소했다.27

하버드대학교의 스승이었던 브린턴의 학문적 유산은 헨리 스튜어트 휴스와 프랭크 에드워드 매뉴얼(Frank Edward Manuel, 1910~2003)에 의해 두 갈래 양상으로 계승되었다. "사상사에 있어 사회적 차원의 장기적이고 지속적인 강화"를 지지했던 헨리 휴스는28 1958년에 출세작《의식과 사회(Consciousness and Society)》를 통해 이런 신념을 실천했다. 제목과 부제("Social Thought")에서 잘 드러나듯이, 휴스는 "사회과학자들이 재구성이라고 부르는 방법을 서슴없이" 사용하면서 19세기 말을 전후로 위기를 맞은 실증주의의 정체성을 시대적 맥락 속에서 종합적으로 서술했다.29 그는 베버, 크로체, 프로이트, 소렐, 딜타이, 슈펭글러 등 다양한 분야의 사상가들이 암묵적으로 공유했던 시대정신을 반계몽주의적인 지적 혁명성으로 수렴시켰다. 인물, 시대, 사상을 함께 엮어 이들을 관통하는 지적 기상도를 제공하려는 휴스의 접근법은 한 시대를 '시대(국가)정신', '정신적 습관(mental habit)', '마음의 틀(frame of mind)' 같은 범주로 묘사하려는 유행에 일조했다.

프랭크 매뉴얼은 휴스와 문제의식을 공유하면서도 그와는 다른 형식으로 브린턴의 가르침을 실행했다. "경제-정치-외교사의 튼튼한 토양에서 벗어나 지성사-심리사의 어두침침한 환경으로" 전향한 것이 그의 지적 세계였다.30 그는 특히 사상가의 지적 세계를 성장배경이나 지적 네트워크, 당대의 정치적 이데올로기와의 상관성 같은 좌표에 투사해서 입체적으로 서술하는 '지적 전기(intellectual biography)' 분야에서 두각을 나타냈다. 프랑스혁명 이후 정치적 혼란기를 반영하여 산업주의나 세속 종교주의처럼 19세기가 잉태한 거의 모든 사회사상을 개인의 사상체계 속에서 구현했던 생시몽에 관한 지적 전기가 그의 대표작이다.31 당시 영국과 프랑스의 역사학자 대부분이 오랫동안 지속되는 사회경제적 구조 같은 물질적 요소를 더 중시함으로써 개인과 사건의 역사를 가볍게 여겼다는 사실과 비교하면, '역사적 인물의 사상적 전기'라는 미국 지성사의 독창적인 하부 장르를 개척한 매뉴얼의 업적을 과소평가할 수는 없다.32

브린턴에게서 비롯되어 휴스와 매뉴얼로 이어지면서 1950~1960년대에 역사학의 신데렐라로 전성기를 구가했던 '정통 지성사'는 최소한 두 가지 측면에서 관념사와 구별된다. 첫째, 위대한 철학자의 고전에서 반복해서 드러나는 단위관념의 생애에 초점을 맞춘 관념사와는 달리, 보통 사람들의 세계관을 만들어낸 비전형적인 믿음과 암묵적 가정 등도 연구주제에 포함한다. 이른바 '고급/상층 지성사(high-brow intellectual history)'에서 '저급/하층 지성사(low-brow intellectual history)'로 내려온 것이다. 둘째, 지성사는 사상가의 위대한 저술에 각인된 사상 자체의 흐름과 해석을 파고드는 관념사에 비해 특정 사상을 낳은 외부의 조건과의 연관성에 예민한 관심을 기울인다. 사회적 환경의 자장권 안에서 작용하는 사상의 영향력 등을 분석하여 "역사적 감각"을 부여하는 것이야말로 관념사와 구별되는 전통 지성사 고유의 특징이다.33 단순화의 위험을 감수하며 다시 말하자면, 내(재)적 관념사(intrinsic/internal history of ideas)에서 외(재)적 지성사(contextual/external intellectual history)로 무게중심이 바뀐 것이다.

2. 관념의 사회사: 게이와 단턴

20세기 중반을 풍미했던 지성사는 1960년대 중반부터 기세가 꺾이고, 1970년대에 이르면 위기를 하소연하는 목소리가 학계에 팽배했다. 무엇보다도 '아래에서부터의 역사학', '사회사에서 사회(전체)의 역사로' 같은 새로운 기치와 방법론을 앞장세운 사회사의 과감한 행보가 지성사를 위협했다.[34] 사회사는 여성사, 예술·과학사, 풍속사 등 이전에는 사상사의 고유영역에 속했(다고 믿었)던 분야를 왕성하게 점거해 갔다. 20세기 초엽에 신사학이라는 하나의 태반에서 쌍둥이로 태어났던 사상사와 사회사가 이제는 학문영역의 팽창을 놓고 제로섬 게임에 뛰어들었다. 아울러 1968년 혁명을 전후로 팽배했던 반지성주의(anti-intellectualism)와 반전·민권운동으로 대변되는 신사회운동도 지성사의 입지를 줄이고 사회사의 지평을 넓히는 데 기여했다. 사상사의 학문적 경계와 정체성에 대한 이런 도전들에 직면하여 새삼스럽게 '사상사란 무엇인가'라는 질문에 대답하는 작업이 이제 "이 세상에서 가장 어려운 문제들 가운데 하나"가 되었다는 고백[35]은 결코 엄살이 아니었다.

　지난 반세기 동안 면면히 이어져 한때 미국 역사학계를 호령했던 지성사는 과연 멸종위기에 직면한 것인가? 지성사가 사회사의 거센 공격과 팽창 앞에서도 생존할 묘수는 없을까? 막다른 골목에 쫓긴 지성사의 새로운 활로를 제시한 사람은 피터 게이(Peter Gay, 1923~2015)였다.[36] 그리고 그가 조제한 특단의 비방(秘方)은 '관념의 사회사(social history of ideas)'였다. 그의 설명에 따르면, 관념의 사회사는 "관념은 많은 차원을 갖기" 때문에 "모든 측면에서 포착해야" 한다는 간단한 명제에서 출발한다.[37] 사상가가 모순적인 인격을 가진 한 개인인 동시에 복잡한 사회적 산물인 것처럼, 그가 잉태한 사상도 당대의 사회시스템과 지배적인 이데올로기의 산물인 동시에 그것들을 주조(鑄造)하고 변화시키는 요소라는 점에 주목해야 한다는 것이다. 이처럼 사상과 사회가 상호작용하는 이중성격에 유의하여 "문명을 통해 사상을 이해할 뿐만 아니라 사상을 통해 문명을 이해"하려는 것이 관념의 사회사의 목표이다.[38] 관념의 사회사는 사상과 인간, 사회와 사상, 문명과 이데올로기 사이의 역동적이고 변증법적인 상호관계를 부각시킴으로써 선행했던 관념사나 지성사와는 다른 제3의 방법론을 타진했다.

지성사의 구원투수로 자원했던 피터 게이는 계몽주의를 새롭게 해석함으로써 자신이 명명했던 관념의 사회사의 유용성을 시범적으로 선보였다. 그는 에른스트 카시러(Ernst Cassirer, 1874~1945)와 칼 베커가 대변하는 전통적인 계몽주의 해석[39]이 그 핵심용어인 '자연'과 '이성' 같은 개념들이 시공간의 흐름에 따라 각기 다른 의미를 가진다는 점을 간과하여 '사이비 영속'에 빠졌다고 비판했다.[40] 게다가 계몽주의 철학자들 사이에 존재하는 철학적 갈등과 이질감을 '이성의 시대'라는 포괄적인 단일개념으로 동질화하려는 또 다른 잘못을 범했다고 덧붙였다. 그는 "역사를 인물의 일대기쯤으로 축소하여 …… (계몽주의 사상의) 통일성 앞에 다양성을 희생시키"는 선행연구에 반발하여 "지성사에서 사회사로 관심을 바꾸게 되었"다고 밝혔다.[41] 게이는 카시러와 베커가 추종했던 관념사적·지성사적 오류를 동시에 극복하기 위해서는 계몽주의를 나르시시즘적인 자폐증에서 '사회 바깥으로' 끌어내어 수평적·수직적 차원에 대입해 입체적으로 파악해야 한다고 주창했다.[42]

피터 게이가 초석을 닦은 관념의 사회사를 더욱 세련되게 발전시킨 인물이 로버트 단턴(Robert C. Darnton, 1939~)이다. 그는 위대한 사상가의 저술을 독서카드식으로 분석하는 데만 의존하는 기존의 계몽주의 연구의 한계를 극복하고자 출판업자와 검열관, 인쇄업자와 서적상인, 저자와 독자 등이 남긴 다양한 사료를 분석하여 보통 사람들의 세계관에 접근했다. 볼테르와 루소의 저작물을 읽는 것만으로는 계몽주의 시대를 살았던 일반인들의 지적 삶을 이해하는 데 충분하지 않다는 신념으로 단턴은 '아래에서부터의 계몽주의'를 개척했다. 그는 계몽주의 같은 고급사상이 정치적 포르노그래피 같은 통속장르로 바뀌어 대중적으로 소비되고, 그것이 혁명적인 집단정신자세(mentalité)로 되새김되는 과정을 명쾌하게 묘사하는 책을 발표했다.[43] "철학적인 논저(論著)의 체계적인 사상을 연구하는 사상사", "비공식적인 사상, 여론의 분위기(climates of opinion), 문예운동 등을 연구하는 엄격한 의미의 지성사", "이데올로기와 사상의 전파를 연구하는 관념의 사회사" 등이 합쳐져서 넓은 의미의 지성사를 구성한다고 단턴은 자신의 학문적 지향성을 공개했다.[44]

요약하자면, 관념의 사회사는 정통 지성사와 구별되는 두 가지 특징을 갖는다. 첫째, 관념의 사회사는 '사회-사상'을 한 뭉치로 취급했던 전통 지성사의 방법론적인 위험성을 지적했다. 성·계층·지역과 같은 집단적인 범주를 연구대상에 투입하는 사회사의 자장(磁場)에서 벗어나지 못했던 전통 지성사는 '시대정신'이나 '지적 풍토(Intellectual Climate)'와 같은 통합적인 범주에 집착하여 정교하지 못한 사상의 지도를 그렸다는 약점이 있다.[45] 예를 들어 아메리카 식민지 초기 뉴잉글랜드 지역의 '청교도 정신'이나 19세기 후반 영국의 '빅토리아 기질(the Victorian Frame of Mind)' 같은 묘사는 백인중산층의 가치관을 반영한 것일 뿐이라는 비판을 받았다. 둘째, 사상의 전파와 전유과정에 주목했던 관념의 사회사는 '아래에서부터의 사회사'와 공존할 수 있는 우호적인 환경을 만들었다. 관념의 사회사는 관념사와 전통 지성사가 으뜸으로 쳤던 '고전'과 '위대한 사상가'를 무대 뒤로 퇴장시키고, 일상적으로 실행되는 '비-지성인(non-intellectual)'의 사유세계에 주목했다. 이런 관점에서 보면 아동과 가족의 역사, 젠더와 섹슈얼리티의 역사, 몸짓의 역사, 의식주의 역사 등도 관념의 사회사의 새로운 연구대상으로 편입된다. 아이러니하게도 '새로운 문화사'라는 이름의 또 다른 장르가 관념의 사회사를 밀어내고 1980년대에 화려하게 등장하게 되는 배경이다.

III. 새로운 문화사의 도전과 트랜스내셔널 지성사의 과제

1. 새로운 문화사의 등장과 지성사의 위기

역사서술의 새로운 풍운아로 등장한 '새로운 문화사'라는 명칭에 묻어 있는 '문화'라는 용어는 이전의 그것과 의미가 달랐다. 문화가 정치·외교와 사회·경제의 다음 순서로 오는 문화 일반이라는 좁은 의미의 하위 장르가 아니라, 인간활동과 사유양식 전반에 스며들어 적용된다는 것이 새로운 문화사 성립의 전제조건이었다.[46] 국가통치, 경제행위, 사회계층, 남녀관계 등 과거의 제도와 행위는 포괄적인 관점에서 문화적 생성물이라는 것이 새로운 문화사의 특징이었다. 개인의 정치적 선택은 당대 '정치문화'의 영향을 받으며, 사회경제의 불평등을 해결할 제도적 개선책도 부와 재화(財貨)를 바라보는 당대의 문화인식에서 벗어나지 못한다는 주장이었다. 새로운 문화사는 이런 문어발식 확장을 통해 이전에는 지성사의 고유영역에 속했던 연구주제를 잠식하기 시작했다. 예를 들어 프랑스혁명의 '지적' 기원을 고전적으로 연구하는 경향은 줄어들고 '문화적 기원'을 탐색하는 경향이 늘어났다. '위대한 사상가들'이 쓴 '위대한 저서들'이 계몽된 여론을 형성하여 혁명의 사상적 기반이 되었다는《프랑스혁명의 지적 기원》(1933)의 테제는 "전통적인 사상사를 넘어서서 …… 믿음과 감수성의 변화"라는 관점으로 접근한《프랑스혁명의 문화적 기원》(1990)으로 수정되었다.[47] 사회사의 인기에 밀려서 천덕꾸러기 역사로 전락했던 지성사는 엎친 데 덮친 격으로 1980년대를 전후로 밀려온 '새로운 문화사'의 공격에 더욱 위태로운 구석으로 내몰렸던 것이다.[48]

새로운 문화사가 선행했던 문화사와 두드러지게 다른 점은 역사적 인과관계에서 '문화'가 차지하는 위상을 높였다는 점이다. 지리적·생물적 환경에서 출발해 인구와 사회적·경제적 여건과 정치적 조건 등을 거쳐 맨 마지막으로 문화적 요소를 부록처럼 덧붙이는 "역사적 설명에서의 명확한 계서화"를 무너뜨리고, 늘 꼴찌에 있던 문화의 힘과 영향력을 역사적 인과론의 맨 꼭대기로 올려놓은 것이 새로운 문화사의 성공비결이었다.[49] 일단의 역사가는 프랑스혁명기에 나타난 문화적 상징물들을 당시의 정치적·경제적 상황을 수동적으로 반영하는 종속변수로 취급하는 대신에, 혁명의 성격과 진로를 결정하는 능동적인 원동력으로 해석함으로써 새로운 문화사의 장점과 실험정신을 과시했다.[50] 1990년대 이후 새로운 문화사는 민중의 문화사, 육체의 문화사, 책과 독서의 문화사, 맛과 냄새의 역사, 감성과 노스탤지어의 역사, 박물관의 역사 등 다양한 주제를 섭렵하면서 주도적인 역사학으로 자리를 굳혔다.

그렇다면 새로운 문화사는 기존의 지성사를 대체할 수 있는 미래 역사서술의 대세인가? 아이러니하게도 새로운 문화사의 파급을 억누르는 가장 위험한 요소로 문화적 만능주의 또는 문화적 결정주의를 꼽을 수 있다. 새로운 문화사가 모든 역사문제의 배후에는 문화(해석)적 차원이 개입되어 있으며, 이를 규명하지 않는 한 과거에 대한 진실을 말할 수 없다는 옹고집에 빠질 염려가 있다. 문화가 자동차의 운전대를 잡고 있다고 백 보 양보하더라도 자동차를 움직이는 힘은 결국 사회적·경제적 생산물이 아닌가? 사회(구조)와 경제(노동)의 역할을 과소평가하고 역사 변혁의 원천이자 핵심으로 문화만 숭배하는 것은 '맹물로 가는 자동차'의 출현을 소망하는 것만큼이나 어리석다. 새로운 문화사가 '지적 알코올리즘'에 도취할 수도 있다는 지적도 들어볼 만하다. 원인과 결과, 언어와 경험, 텍스트와 콘텍스트 사이에 명확하게 금 긋기를 꺼리는 새로운 문화사는 과거를 역사가의 마음대로 쓸 수 있는 백지수표를 위임받은 것으로 착각하지 말아야 한다는 경고이다. 새로운 문화사의 등장으로 얻은 것은 의미의 다양성이요, 잃은 것은 이들 의미의 구슬들을 꿰는 역사적 맥락이라는 항변51에 귀를 기울일 필요가 있다.

이제 1990년대 이후 본격적으로 고개를 내민 탈식민주의와 트랜스내셔널 지성사가 새로운 문화사의 약점을 극복하고 지성사를 부활시키는 데 기여할지에 대해서 알아보자.

2. 트랜스내셔널 지성사 쓰기: 중심의 이동 또는 물구나무 서기

21세기의 어둑새벽을 통과하는 지난 10년 동안 넓게는 학문 세계, 좁게는 역사학계를 지배했던 키워드 가운데 하나가 '세계화(globalization)'이다. 지속적인 정보기술의 발달, 베를린장벽 붕괴 이후 냉전체제의 해체와 신자유주의의 팽배, 디아스포라 이민사회와 다문화사회의 성장, 국경 없는 인권과 환경문제 등이 촉발한 세계화 물결은 과거-현재-미래를 분석하고 진단할 새로운 역사관을 요청했다. 1990년대 중반에 이르면 '글로벌'이라는 용어가 한 시절의 학문적 첨단유행을 이끌었던 '포스트모던'이라는 형용사를 몰아내고 학문권력을 장악했다는 평가가 과장이 아니다.[52] 다소 도식적으로 말하자면, 1980~1990년대를 주름잡았던 '새로운 문화사'라는 문턱을 넘어 바야흐로 '지구적 전환'이 21세기 역사학의 뜨거운 화두로 등장한 것이다.

다른 한편, 유감스럽게도 '세계화 시대의 지성사 (다시) 쓰기' 프로젝트는 여전히 초보단계에 머물고 있다. 글로벌 역사학을 마중하기 위해 2006년에 창간된 《글로벌 역사저널(Journal of Global History)》에 실린 논문 목록을 대충 훑어보면, 국제위생과 질병, 기후와 환경, 노예무역과 노동이주, 국제기아와 국제난민, 해적과 국제법, 설탕·커피·석유와 같은 물질문화의 국제적 보급과 무역 등이 주류를 이루고, 상인과 유목민, 선교인과 국제이주노동자 등이 그 주인공이다. 국경선을 넘나들던 사상(가)의 교류(비교)사에 관한 글은 유감스럽게도 단 한 편도 이 신생 학술지에 실리지 않았다. 특히 서양과 비서양국가라는 서로 다른 문명권 사이에서 얽히거나 교배된 사상과 그 과정에서 동반된 지적 운동을 지구적 차원에서 조명한 사례연구들은 매우 빈약하다. 뒤늦게나마 '글로벌 전환'이라는 시각을 좀 더 능동적으로 수용하여 트랜스내셔널 지성사를 서술하려는 방법론을 모색하고 고민하는 책들[53]이 출간된 것은 매우 고무적인 일이다.

아리프 딜릭(Arif Dirlik, 1940~2017)과 미셸 롤프 트루요(Michel-Rolph Trouillot, 1949~2012)의 주장을 타산지석으로 삼아 아직도 실험단계인 트랜스내셔널 지성사의 방향을 점검하고 문제의식을 조탁해보자. 터키 출신인 딜릭의 주장에 따르면, 주로 인도 출신 학자들이 이끌었던 탈식민주의가 강조하는 문화·역사·사상의 '혼종성(hybridity)'은 대개 제1세계와 (옛) 식민지 사이의 잡종성에 국한되어 제3세계의 내부적 교류와 경계 넘기는 간과되었다. 또한 딜릭은 탈식민주의가 세계화에 저항하는 전략으로 앞세운 '지역성'과 '정체성의 정치학(politics of identity)'이 탈역사적 맥락 속에서 '차이와 파편의 물신화'로 전락했다고 우려했다.[54] 이런 비판적 입장에서 그는 "과연 어떻게 제3세계(의 지식인)는 그 자신의 역사(또는 지성사)를 스스로 서술할 것인가?"라는 질문들을 다른 차원에서 되짚어본다.

딜릭의 문제적 논문인 〈유럽중심주의 이후 역사는 존재하는가?〉의 요지는 "19세기부터 오늘날까지 글로벌 모더니티의 기원이고 동력이자 전파자였던 서구중심주의의 역사적 실체를 과소평가하거나 부정하는 것은 근대적 역사 자체에 대한 거부와 다름없다"는 것이다.[55] 근대성과 서구중심주의는 세계 근현대사의 전개 과정과 실체를 구성하는 데 꼭 필요하고, 서로 나뉠 수 없는 동전의 양면이기 때문이다. "유럽-미국적 모더니티가 (비서구적인) 다른 세계에서 오랫동안 내면화되어왔으므로, 비유럽 세계는 물질적으로나 사상적으로나 (이미) 유럽-미국의 내부에 존재하는 것이다."[56] 서양의 바깥에서 거주하는 '타자'도 서구중심주의가 잉태하고 양육한 자식이라는 '서구중심주의의 역설'이 성립하는 것이다.

딜릭은 우리가 보편적으로 수용하는 근대사(학) 자체도 서구중심주의의 핵심적인 프로젝트이자 그 산물임을 환기한다. 오늘날의 역사가 대부분이 의심하지 않고 사용하고 있는 동양·서양, 신대륙, 제1세계·제3세계 같은 시공간적 범주와, 과학혁명과 민족·제국시대 같은 핵심개념은 근대 역사학을 지탱하는 튼튼한 두 기둥이다. 서양인들은 자신들이 정복한 변경지역(민)들에 자기 멋대로 이름을 붙이고 토착민들의 전통과 역사를 과학이성이라는 잣대로 가지치기했다. 그리고 발전주의·진보주의의 경로에 맞춰 실험되었던 유럽과 미국의 과거 경험을 '인류의 운명'이라는 거창한 명분으로 포장했다. 딜릭은 좋든 싫든 서구의 근대성이 지구적 근대성으로 확장된 현실을 직면한다면, 제3세계에서 과거를 쓰는 작업은 서양이라는 중심축 없이는 홀로 설 수 없는 허수아비 만들기라고 비판한다.57 만약 서양과 근대성의 '바깥'에 거주할 수 없다면, 제3세계 또는 하위주체들은 어떤 관점에서 자신의 이야기를 누구에게 말할 수 있는가?

딜릭의 제안에 따르면, 전 지구적 유산이 되어버린 '근대화의 지옥'을 인정하고 서구중심주의의 내부나 바깥이 아니라 그 '접촉지대(contact zone)'에서 발생하는 '모호한 혼종적인 경험'을 새로운 세계사(지성사)의 밑천으로 삼아야 한다. 그 자신이 "중국의 마르크스주의를 비판적으로 연구하고, 동시에 중국 마르크스주의라는 입장에서 마르크스주의를 비판적으로 연구"했던 것처럼, 사상의 원산지와 수입·가공지역을 오가면서 특정 사상이 다른 시공간에서 번역되고 응용되며 변질되는 과정과 결과를 관측하라고 요청한 것이다. 한편으로는 특정 사상의 기원과 전파 경로를 망원경으로 멀리서 바라보면서, 다른 한편으로는 그것이 토종사상과 뒤섞여 전유되는 맥락을 현미경으로 면밀히 관찰하는 '지역에 기반을 둔 역사서술'을 주문한다. 딜릭은 지역적 관계와 네트워크에 기반을 둔 '수많은 세계사'가 궁극적으로 근대성(야만 대 문명)이라는 흑백논리의 잣대로 작성되었던 헤게모니적인 세계사를 대체할 것으로 기대했다.58

근대성과 서구중심주의를 부정하는 것은 '비역사적'이라는 현실적인 한계 속에서 접촉지대에서의 세계사 쓰기를 모색했던 딜릭과 달리, 아이티 출신의 역사인류학자이며 카리브해 지역 전문가인 트루요는 좀 더 급진적인 관점에서 기존의 세계사를 뿌리부터 뒤흔든다. 그는 "1800년 이전에도 서구는 역사를 가지고 있었는가?"라는 도발적인 물음을 던지며 '서양'이라는 개념의 역사적 불완전성을 고발한다.[59] 트루요는 서양과 근대성이 고작 지난 2세기 전부터 등장한 발명품이라면, 이 허술한 집에서 (하숙인으로) 동거하기를 꿈꾸기보다는 그것을 위태롭게 지탱하고 있는 기둥을 흔들고 작동 비밀을 폭로하는 작업이 먼저 있어야 한다고 확신한다. '역사란 무엇인가?'라는 사변적인 질문보다는 '역사는 어떻게 작동하는가?'라는 실천적인 물음이 그에게는 더 시급하게 해결해야 할 중요한 과제였던 것이다.[60]

트루요에 따르면, 서구의 근대적 역사서술은 '침묵시키기'와 '기념하기'라는 두 기둥에 얹힌 '권력효과'의 산물이었다. 서양 역사가들은 미리 정해놓은 이야기의 시말(始末)과 서사구조에 맞지 않는 1차 사료들을 '하찮거나 삭제되어야 할' 자료로 분류하여 아카이브라는 다락방에 꽁꽁 감춰놓는다. 아울러 일관된 역사서사의 흐름에 방해되거나 모순되는 사건들은 '사건이 아닌 사건(non-event)'이라는 꼬리표를 붙여 억압하고 침묵시킨다. 그러므로 "'사실'이라고 명명하는 것 자체는 순진함을 가장한 권력의 서사"임을 간과하지 말아야 한다고 강조한다.[61] 또한 의도된 역사적 의미를 만들어내고, 그것을 공식기억으로 가공하기 위해 수많은 인물과 사건 중에서 일부만 집중적으로 발굴하고 제조하며 조작하여 공식 역사의 기념전당에 헌정한다. 예를 들어 미국은 보잘것없이 짧은 건국 역사에 극적이고 오래된 신화를 덧칠하기 위해 1792년에 콜럼버스 기념비를 세웠고, 신대륙 발견 400주년을 즈음한 1893년에는 '콜롬비아' 시카고세계박람회를 열어 제노바 출신의 뱃사람을 '양키의 영웅'으로 승격시키는 데 성공한다.[62] 미국은 엄격히 따지자면 '앵글로

아메리카'의 탄생과 무관한 콜럼버스를 국가공휴일의 주인공으로 탈바 꿈시킴으로써 다양한 인종과 문화로 구성된 국민의 일체감을 동원하고 강화했다.

만약 오늘날까지 세계사의 중심축으로 행세하는 백인 남성과 아메리 카 같은 역사개념들이 과거 침묵시키기와 기념비적인 신화 만들기의 인 공적인 합작품이라면, 우리는 트랜스내셔널 지성사를 어떻게 다시 쓸 수 있을까? 이런 난감한 물음에 대해 트루요는 기존의 세계사가 쓰레기 로 분류한 '삭제된 사실', '실패한 서사' 또는 '감히 생각조차 할 수 없는 사건이나 사상' 등을 다시 수습하여 복권시키기를 권유한다. 기존의 역 사-권력의 앙시앵레짐 체제에서 "산만하게 흩어져 있는 각주들"로 취급 받았던 내용들을 이제는 본문으로 이동 또는 자리바꿈하여 중심 자체 를 재조정해야 한다는 것이다. 서구중심주의를 '돌이킬 수 없는 우리의 과거 자체'로 용인하고 더 많은 중심을 관용해줄 것을 호소한 딜릭과 대 조적으로, 트루요는 중심의 허구성과 가변성을 강조함으로써 외부와 내 부, 주류와 비주류, 전통과 근대 등의 이분법적 사고방식에 근본적으로 의문을 던진 것이다.

이상으로 20세기 초반에 학문의 둥지를 튼 후에 한 세기 동안 다양 한 지적 자극과 도전을 마주하며 부침했던 지성의 역사를 간략하게 되 돌아보았다. 영국의 역사철학자 로빈 콜링우드(Robin G. Collingwood, 1889~1943)가 1933년 "모든 역사는 사상이다"라고 천명한 이후 "이제 는 모든 역사가가 지성사가가 되었기 때문에 지성사가가 더는 필요 없 다"는 자조적인 탄식이 나올 만큼, 지성사는 이웃 학문 분야와 교류하고 경쟁하면서 그 지평을 넓혀왔다. '피 흘리지 않는 사상'은 소란스러운 혁명을 직접 만들지는 않을지라도 그를 호출한 시대와 불화하면서 '현재와는 다른 현재'를 전망한다. 이 철학자가 논증하는 사물의 질서와 세상의 이치에는 어떤 '권력을 향한 의지'가 숨어 있는가? 저 순결하고 논리적인 사상의 가면 밑에는 어떤 야비한 정치경제적 의도와 사회문화적 훈육이 감춰져 있는가? 세계화시대 탈식민적인 트랜스내셔널 지성사 다시 쓰기는 우리가 이제까지 배웠던 거의 모든 역사지식을 털어버리는 인식론적인 물구나무서기부터 시작해야 할 것이다.

감사의 글

이 책은 '근대화(≠서구화)'라는 화두 아닌 화두를 부여안고 맴돌던 내가 수확한 세 번째 열매이다. 첫 책《책과 독서의 문화사》(2010)는 부제 "활자 인간의 탄생과 근대의 재발견"이 암시하듯이 개인적·사색적·자율적·이성적인 근대(활자)인간이 만들어낸 종교개혁·과학혁명과 계몽주의·프랑스혁명 등 19세기 말에 이르는 반란의 역사를 추적했다. 두 번째 책《혁명의 배반 저항의 기억: 프랑스혁명의 문화사》(2013)에서는 산업혁명과 함께 근대 서양을 이끈 양대 혁명의 하나로 추앙되는 1789년 혁명이 '자유·평등·우애'라는 깃발을 휘날리며 행사한 가부장적이며 인종주의적인 정치문화의 명암을 비평했다. 유럽의 사상적 근대성이 그려낸 일그러진 초상화를 더듬으며 그 역사적 유산과 과제를 곱씹어본 이 책으로 마침내 문화·정치·사상이라는 세 개의 키워드로 근대성을 재조명한 3부작을 마무리했다. 내 흥에 겨워 스스로 짊어졌던 무거운 짐을 내려놓아 홀가분한 기분이다. 독자들의 따뜻한 격려와 따끔한 질정을 기다릴 뿐이다.

세 번째 책이 빛을 보기까지 많은 빛을 졌다. 비교문학 전공을 마음에 두었던 내가 사상사로 첫걸음을 떼도록 해준 학부 지도교수 로버트 새 켓(Robert Sackett)과 퇴폐청년이 학문에 뜻을 두도록 보살펴준 콜로라도 시절의 작은아버지 고 육종윤(John Y. Yook MD., 1938~2013)과 작은어머 니 현영애께 지각 인사를 드린다. 시애틀에서 보낸 10년간의 대학원 시 절 지도교수 존 태입스(John Toews)와 레이먼드 조나스(Raymond Jonas) 교 수의 염려와 친구 폴 메츠너(Paul Metzner), 앤 르바(Ann Le Bar)의 도움으 로 무사히 졸업을 했다. 귀국 후 운 좋게 학계에 자리를 얻어 직업으로 서의 학문의 길을 즐겁게 갈 수 있도록 비켜주거나 응원해준 여러 선후 배·동료에게노 고개 숙여 감사를 드린다.

지난 20여 년 동안 중앙대학교에서 함께 수업하면서 내가 무엇을 모 르는지 가르쳐준 학부·대학원생에게도 이번 기회를 빌려 고마움을 전 한다. 최영태, 김우민, 이경래 박사와 박현주, 마정윤, 유진홍, 이화신, 김보배, 김민애(사학과), 남영 박사와 신혜영(대학원 협동과정 과학문화학 과), 김설하, 안민영, 김종철, 전은기(대학원 협동과정 문화연구학과), 김윤 영, 정춘아, 강규현, 김정원, 홍보람, 김종윤(교육대학원), (고) 홍순용, 김 수민, 김만중, 이로빈(역사학과) 등의 이름을 불러본다. 스승으로 남지 못하고 논문지도교수로서만 이들과 스쳐갔다면 그것은 순전히 내가 무 정한 탓이다. 그리고 휴머니스트 출판사의 호의 덕분에 이 책이 세상으 로 나왔다.

부끄러운 이 책을 지난 30년 동안 곁을 지켜준 아내 이현숙에게 바친 다. 등산하고 술 마시며 공부(만)할 수 있도록 참아주고 배려해준 그녀 에게는 부족한 선물이다. 고애자(孤哀子) 사위를 끝까지 보듬어준 강석 필(1936~2016) 장모님의 명복을 빈다. 이기적인 내가 글-지식 노동자로 늙어갈 동안 함께 자라며 홀로서기에 애쓰는 동우와 비달에게도 이 책이 자랑스럽기를 바란다. 만약 이것이 마지막 작품이 아니라면, 그것은 내가 기록해야 할 '지나간 미래'와 그리운 얼굴들이 아직도 남아 있기 때문이리라.

주석

참고문헌

찾아보기

[주석]

서론

1 관념사(History of Concepts)의 관점으로 본 '근대'의 어원과 의미의 역사적 변화에 관해서는 한스 울리히 굼브레히트, 《코젤렉의 개념사 사전 13: 근대적/근대성, 근대》, 원석영 옮김, 푸른역사, 2019, 28~47쪽; 나인호, 《개념사란 무엇인가》, 역사비평사, 2011, 177~183쪽 참조.

2 프랭클린 보머, 《유럽 근현대 지성사》, 조호연 옮김, 현대 지성사, 1999. 원제는 *Modern European Thought: Continuity and Change in Ideas, 1600-1950*, Macmillan Pub Co., 1977.

3 야나부 아키라, 《번역어의 성립》, 김옥희 옮김, 마음산책, 2011, 67~72쪽.

4 크레인 브린튼, 《서양사상의 역사》, 최명관·박은구 옮김, 을유문화사, 1984. 원래 제목은 *Ideas and Men: The Story of Western Thought* (1950년)이다.

5 원제는 Jacob Bronowski and Bruce Mazlish, *The Western Intellectual Tradition: From Leonardo to Hegel*, Harper & Row, 1960. 개정판은 1970년에 미국 보스턴에서 출간되었다. 차하순이 개정판을 번역해서 1986년에 학연사에서 출간했다.

6 원서는 1977년 뉴욕에서 출간되었고 국내 번역서는 조호연 옮김, 현대지성사, 1999.

7 국내 학계에서 서양 근현대 사상사의 개척자로 평가받는 차하순의 이 책은 서강대학교 퇴임 기념으로 이전에 발표했던 논문들을 수정 보완하여 1994년에 탐구당에서 간행한 '학문의 결산'이다.

8 《서양의 지적 운동》 제1권은 1995년에, 제2권은 1998년에 지식산업사에서 각각 출간되었다.

9 프랭크 터너, 리처드 로프트하우스 엮음, 《예일대 지성사 강의》, 서상복 옮김, 책세상, 2016. "감정과 의지, 이성으로 풀어 쓴 정신의 발전사"라는 호사스러운 부제를 단 이 번역서의 원제는 *European Intellectual History from Rousseau to Nietzsche*로, 2014년에 예일대학교 출판부에서 간행되었다. 이 책은 저자 사망 이후 제자 리처드 로프트하우스가 주도

하여 터너의 강의록을 바탕으로 엮은 것이다. 터너는 보머의 예일대학원 제자이기도 하다. 서상복이 책세상에서 2016년에 번역·출간한 최신작이다.

10 이런 방법론적 이향에 대한 사학사적인 의의에 대해서는 육영수, 〈지성사에서 관념의 사회사로: 칼 베커에서 로버트 단턴까지, 1930~1980년〉, 《서양사학연구》 제20호(2009. 6.) 참조. 이 논문은 이 책의 부록에 축약·첨부되었다.

제1장. 베이컨_근대 유럽의 사상적 설계자

1 뇌물 사건에 대한 상세한 이야기는 헬무트 빈터, 〈정치권력에 무릎 꿇은 지식인 프란시스 베이컨〉, 크리스티안 마이어 외, 《누가 역사의 진실을 말했는가》, 이온화 옮김, 푸른역사, 1998, 178~182쪽 참조.

2 이런 모순적인 이중성에 초점을 맞춘 대표적인 프랜시스 베이컨 전기로 Catherine Drinker Bowen, *Francis Bacon: The Temper of a Man*, Fordham University Press, 1993 참조. 베이컨은 절대왕정을 무조건 숭배하는 사람이 아니라 의회와 헌법으로 왕권을 제한하자는 입헌주의자에 더 가까웠다는 주장에 대해서는 조기 세이빈·토머스 솔슨, 《정치사상사 1》, 성유보·차남희 옮김, 한길사, 1997, 674쪽 참조.

3 베이컨은 1592년에 이모부에게 보낸 편지에서 다음과 같이 토로했다. "제가 공무에서 추구하는 목표의 온건함에 비해, 제가 연구에서 추구하는 목표는 실로 방대한 것임을 말씀드리고 싶습니다. 저는 모든 지식을 제 영역이라고 생각해왔습니다. …… 설령 각하(엘리자베스 1세)께서 저를 기용하지 않으신다 해도 …… 저는 모든 공직을 포기하고 …… 깊은 곳에 놓여 있는 진리의 광맥을 뒤지는 참된 선구자가 될 것입니다." 이종흡, 〈해제: 왜 다시 프랜시스 베이컨인가?〉, 프랜시스 베이컨, 《학문의 진보》, 이종흡 옮김, 아카넷, 2002, 499~500쪽. 재인용.

4 Maurice Cranston, "Bacon, Francis", *The Encyclopedia of Philosophy* vol. 1, Paul Edwards ed., Macmillan Publishing Co. & The Free Press, 1967, p. 236.

5 프랜시스 베이컨, 《학문의 진보》, 465~467쪽.

6 프랜시스 베이컨, 《신기관》, 진석용 옮김, 한길사, 2001, 82쪽.

7 프랜시스 베이컨, 《신기관》, 34쪽.

8 이종흡, 〈해제: 왜 다시 프랜시스 베이컨인가?〉, 《학문의 진보》, 530쪽 각주 52 참조.

9 프랜시스 베이컨, 《신기관》, 48~51쪽.

10 프랜시스 베이컨, 《학문의 진보》, 485쪽.

11 프랜시스 베이컨, 《학문의 진보》, 425쪽, 485쪽.

12 프랜시스 베이컨, 《신기관》, 87~89쪽.

13 프랜시스 베이컨, 《신기관》, 137쪽.

14 프랜시스 베이컨, 《신기관》, 39쪽.

15 프랜시스 베이컨, 《신기관》, 77쪽. 베이컨은 자연을 관찰, 조사, 비교, 실험한 지식을 종합하여 만유인력과 같은 일반법칙을 수립하는 데 집중하는 대신에 그 이론을 성급하게 응용하여 곧바로 산출되는 이익과 성과를 얻으려는 행위는 "아탈란타가 황금사과를 줍느라고 한눈을 팔다가 코앞에서 승리를 놓치는 것과 다를 바가 없다"고 경계했다.

16 흔히 베이컨의 동시대인 르네 데카르트와 '인성 백지론(tabula rasa)'을 주창한 존 로크(John Locke, 1632~1704)는 근대적 심리학의 선구자로 꼽힌다. 베이컨적인 경험주의를 인간의 정신구조에 대입하려는 '경험심리학'은 독일 학계에서 출현했는데, 이 주제의 최초 학술지는 《경험심리학지》(1783~1793)이다. 리하르트 반 뒬멘, 《개인의 발견》, 최윤영 옮김, 현실문화연구, 2004, 144~145쪽.

17 프랜시스 베이컨, 《학문의 진보》, 390쪽.

18 윌리엄 M. 레디, 《감정의 항해》, 김학이 옮김, 문학과지성사, 2016 참조.

19 프랜시스 베이컨, 《학문의 진보》, 165~167쪽.

20 John F. Tinkler, "Bacon and History", *The Cambridge Companion to Bacon*, Markku Peltonen ed., Cambridge University Press, 1996, p. 242; 프랜시스 베이컨, 《학문의 진보》, 177쪽.

21 르네상스 시기의 마키아벨리즘에서 20세기 나치즘에 이르는 수용사적인 변천사에 대해서는 Felix Gilbert, "Machiavellism", *Dictionary of the History of Ideas: Studies of Selected Pivotal Ideas*, vol. III, Philip P. Wiener ed., Charles Scribner's sons, 1973, pp. 116~126 참조.

22 "오늘날같이 역사적 실례들이 풍부한 시대에는 오히려 과녁이 사실적일 때 더 효과적으로 목표를 향할 수 있을 것이다. 따라서 사적·공적인 일이라는 이 광범위하고 변화무쌍한 주제를 다룸에 있어 가장 적합한 문체는, 마키아벨리가 현명하고 적절하게도 정치 문제를 위해 선택한 문체, 즉 역사나 실례에 의거한 담론이라고 할 수 있겠다. 내 생각에는, 개별 사례들로부터 생생하게 얻은 지식이야말로 다시 개별 사례들로 향하는 최상의 길을 알려주는 것이다. 또한 그런 지식은 실례가 담론에 종속될 때보다는 담론이 실례에 종속될 때 실천을 위해 한층 큰 생명력을 갖는다." 프랜시스 베이컨, 《학문의 진보》, 418~419쪽.

23 프랜시스 베이컨, 《학문의 진보》, 246쪽.

24 "나는 전적으로 신체일 뿐, 그 밖의 아무것도 아니며, 영혼이란 신체 속에 있는 그 어떤 것에 붙인 말에 불과하다. …… 형제들이여, 너희들이 "정신"이라고 부르는 그 작은 이성 역

시 너의 신체의 도구, 이를테면 너의 커다란 이성의 작은 도구이자 장난감에 불과하다." 프리드리히 니체,《차라투스트라는 이렇게 말했다》, 정동호 옮김, 책세상, 2000, 51쪽.

25   프랜시스 베이컨,《신기관》, 237쪽.

26   프랜시스 베이컨,《신기관》, 107~108쪽.

27   프랜시스 베이컨,《새로운 아틀란티스》, 김종갑 옮김, 에코리브르, 2002, 50쪽, 72쪽.

28   프랜시스 베이컨,《신기관》, 86쪽.

29   프랜시스 베이컨, 〈식민에 대하여〉,《베이컨 수상록》, 권오석 옮김, 홍신문화사, 1990, 174쪽.

30   이종흡, 〈베이컨에 대한 페미니스트들의 비판과 베이컨의 수사학〉,《수사학》 제4호, 한국 수사학회, 2006, 3.; 샌드라 하딩,《페미니즘과 과학》, 이재경·박혜경 옮김, 이화여자대학 교 출판부, 2002, 149~150쪽 참조.

31   이블린 폭스 켈러,《과학과 젠더》, 민경숙·이현주 옮김, 동문선, 1996, 48~49쪽.

32   Antonio Pérez-Ramos, "Bacon's Legacy", *The Cambridge Companion to Bacon*, pp. 328~329.

33   프랜시스 베이컨,《신기관》, 127쪽, 132쪽.

34   볼테르, 〈재상(宰相) 「베이컨」에 관하여〉,《철학서한》, 박영혜 옮김, 삼성미술문화재단 출 판부, 1978, 62쪽.

35   Maurice Cranston, "Bacon, Francis", p. 235. 재인용.

제2장. 계몽주의_근대 유럽의 사상적 뼈대

1   피터 게이,《계몽주의의 기원》, 주명철 옮김, 민음사, 1998; 이영석,《지식인과 사회》, 아 카넷, 2014; 장세룡,《프랑스 계몽주의 지성사》, 길, 2013 참조.

2   Margaret C. Jacob, *The Enlightenment: A Brief History with Documents*, Bedford/St. Martin's, 2000, p. 2.

3   호르스트 슈투케,《코젤렉의 개념사 사전 6: 계몽》, 남기호 옮김, 푸른역사, 2014, 25~27 쪽, 30~31쪽 참조.

4   프랑코 벤투리,《계몽사상의 유토피아와 개혁》, 김민철 옮김, 글항아리, 2018, 26쪽. 원서 는 케임브리지대학교 출판부에서 1971년에 간행되었다.

5 볼테르, 〈데카르트와 뉴턴에 관하여〉,《철학서한》, 박영혜 옮김, 삼성미술문화재단 출판부, 1978, 85쪽.

6 Margaret C. Jacob, *The Enlightenment: A Brief History with Documents*, p. 2. '사과 낙하 사건'에 대해서는 볼테르, 〈인력의 체계에 대하여〉,《철학서한》, 98쪽.

7 피터 해밀튼, 〈계몽주의와 사회과학의 탄생〉, 스튜어트 홀 외,《현대성과 현대문화》, 전효관 외 옮김, 현실문화연구, 1996, 64쪽.

8 Dorinda Outram, *The Enlightenment*, Cambridge University Press, 1995, p. 59. 케임브리지대학교 출판부가 기획한 'New Approach to European History' 시리즈의 제7권이다.

9 Dorinda Outram, *The Enlightenment*, p. 65.

10 나인호,《증오하는 인간의 탄생: 인종주의는 역사를 어떻게 해석했는가》, 역사비평사, 2019, 36쪽, 348쪽.

11 인쇄술의 근대적 혁명이 창출한 18세기 대중독서의 내용과 특징에 대해서는 육영수,《책과 독서의 문화사》, 책세상, 2010, 30~35쪽 참조.

12 매튜 그린,《런던 커피하우스, 그 찬란한 세계》, 김민지·박지현·윤지영 공역, 경북대학교 출판부, 2016 참조.

13 이영림, 〈정치의 문학화, 문학의 정치화—아카데미 프랑세즈의 탄생을 중심으로〉,《프랑스사 연구》제31호, 한국프랑스사학회, 2014. 8., 36쪽.

14 육영수,《책과 독서의 문화사》, 102~103쪽; Robert Darnton, *The Literary Underground of the Old Regime*, Harvard University Press, 1982 참조.

15 부제로 사용된 'science'라는 프랑스어는 독일어의 'wissenchaft'와 마찬가지로 지식 일반을 통칭하는 용어이다. 이 단어가 '자연/우주현상에 대한 과학적인 연구'를 뜻하게 된 것은 1830년대 이후부터였다. 또한 프랑스어 'art'의 원뜻은 '기술(technology)'과 유사한 개념으로 18세기까지 통용되었다.

16 김미성,《〈백과전서〉: 철학자들이 꿈꾼 지식의 나무》, 강민구 외,《세계의 백과사전》, 한국문화사, 2016, 156~157쪽. 재인용.

17 Denis Diderot, "Encyclopedia", Margaret C. Jacob, *The Enlightenment*, p. 157.

18 《백과전서》출판의 역사적 배경과 간략한 차례 소개 등은 마들렌 피노,《백과전서》, 이은주 옮김, 한길사, 1999 참조.

19 Raymond Birn, "Encyclopédie", *Encyclopedia of the Enlightenment*, vol. 1, Alan Charles Kors ed., Oxford University Press, 2003, p. 403.

20 Nicholas Cronk, "Voltaire", *Encyclopedia of the Enlightenment*, vol. 4, Alan Charles Kors ed., Oxford University Press, p. 237.

21 칼라스 사건의 상세한 내막은 이동렬, 〈이성과 관용 정신: 볼테르의《관용론》고찰〉,《인문논총》제52호, 서울대학교 인문학연구원, 2004, 193~195쪽 참조.

22 "중국 역사상 가장 지혜롭고 너그러운 통치자인 옹정제(청나라의 제5대 황제)가 예수회 선교사들을 추방했던 것은 사실이다. 그러나 그것은 이 황제가 신앙의 자유를 허락하지 않았기 때문이 아니다. 예수회 선교사들이 박해를 받은 이유는 반대로 이들 선교사들이 신앙의 자유를 부정했다는 데 있었다. …… 일본인은 신앙에 대해 세상에서 가장 너그러운 국민이다. 일본에는 12개의 온화한 종교가 이미 뿌리내리고 있었고, 이 나라에 들어간 예수회는 그들의 13번째 종교가 되었다." 볼테르,《관용론》, 송기형·임미경 옮김, 한길사, 2001, 61~63쪽.

23 김응종,《관용의 역사》, 푸른역사, 2014, 12~13쪽.

24 볼테르,《관용론》, 70~71쪽, 187쪽.

25 Voltaire, "Tolerance", *Philosophical Dictionary*, *The Portable Voltaire*, Ben Ray Redman ed., Penguin Books, 1968, pp. 212~213.

26 Ben Ray Redman, "Editor's Introduction", *The Portable Voltaire*, pp. 24~27.

27 Nicholas Cronk, "Voltaire", *Encyclopedia of the Enlightenment*, vol. 4, pp. 237~238.

28 팡테옹의 역사와 이곳에 묻힌 프랑스혁명의 영웅들에 대해서는 하상복,《빵떼옹: 성당에서 프랑스 공화국 묘지로》, 경성대학교 출판부, 2007 참조.

29 Lynn Hunt and Margaret Jacob, "Enlightenment Studies", *Encyclopedia of the Enlightenment*, vol. 1, p. 423.

30 니콜라 드 콩도르세,《콩도르세, 공교육에 관한 다섯 논문》, 이주환 옮김, 살림터, 2019 참조.

31 마르퀴 드 콩도르세,《인간 정신의 진보에 관한 역사적 개요》, 장세룡 옮김, 책세상, 2002, 71쪽.

32 Keith M. Baker, *Condorcet: From Natural Philosophy to Social Mathematics*, The University of Chicago Press, 1975, Ⅷ. 콩도르세는 민중을 무지와 편견에서 해방시키고 사회과학적 사고방식을 높이려는 의도로 에마뉘엘 조제프 시에예스와 함께 1793년 6월에《사회교육저널(Journal d'instruction sociale)》을 창간하고 6호까지 출간했다. 1792년 당시 교육개혁안의 키워드로 발명된 '사회과학'이라는 용어에는 리버럴리즘의 득세로 입지가 좁아진 '평등'을 지지한다는 의미가 함축되었다는 점에 유의할 필요가 있다. 이치노카와 야스타카,《사회》, 강광문 옮김, 한림대학교 한림과학원 기획, 푸른역사, 2015, 183~185쪽 참조.

33 Keith M. Baker, *Condorcet*, p. 343.

34 마르퀴 드 콩도르세,《인간 정신의 진보에 관한 역사적 개요》, 21쪽.

35 '완성가능성'이라는 단어는 원래 장 자크 루소가 1755년부터 사용하던 신조어로, 계몽주의 철학자들 사이에서 유행하다가 1789년에는 프랑스 학문용어사전에 정식으로 게재되었다. 라인하르트 코젤렉·크리스티안 마이어, 《코젤렉의 개념사 사전 2: 진보》, 황선애 옮김, 푸른역사, 2010, 59~60쪽.

36 Keith M. Baker, *Condorcet*, pp. 376~377, p. 381.

37 Condorcet, "On the Admission of Women to the Rights of Citizenship", *The French Revolution and Human Rights: A Brief Documentary History*, Lynn Hunt ed. & trans., Bedford/St. Martin's, 1996, pp. 119~120.

38 Condorcet, "On the Admission of Women to the Rights of Citizenship", pp. 120~121.

39 콩도르세와 구즈의 관계에 대해서는 육영수, 《혁명의 배반 저항의 기억: 프랑스혁명의 문화사》, 돌베개, 2013, 265쪽 참조. 구즈가 주창한 페미니즘과 〈여성과 여성시민의 권리선언〉의 내용에 관해서는 문지영, 〈여성혁명가 구즈, 200년 만에 부활하다〉, 박준철 외, 《서양 문화사 깊이 읽기》, 푸른역사, 2008, 218~249쪽 참조.

40 임마누엘 칸트, 〈계몽이란 무엇인가에 대한 답변〉, 《칸트의 역사 철학》(개정판), 이한구 편역, 서광사, 2009, 개정판 13쪽. 강조는 원문. 인용문 중 괄호 안의 영어 문장은 저자.

41 릴라 간디, 《포스트식민주의란 무엇인가》, 이영욱 옮김, 현실문화연구, 2000, 59쪽.

42 피터 게이, 《계몽주의의 기원》, 9쪽.

43 호르스트 슈투케, 《코젤렉의 개념사 사전 6: 계몽》, 20~21쪽, 25~27쪽, 30~31쪽 참조.

[톺아 읽기 1] 식민지 계몽주의: 제국주의 문명화 사명의 도구

1 Th. W. 아도르노·M. 호르크하이머, 《계몽의 변증법: 철학적 단상》, 김유동 옮김, 문학과지성사, 2001 참조. 원서는 1947년에 네덜란드 암스테르담에서 독일어로 출간되었다.

2 Daniel Carey and Lynn Festa eds., *The Postcolonial Enlightenment: Eighteenth-Century Colonialism and Postcolonial Theory*, Oxford University Press, 2009, p. 8~9.

3 Sebastian Conrad, "Enlightenment in Global History: A Historiographical Critique", *American Historical Review*, 117-4, October, 2012.

4 Sebastian Conrad, "Enlightenment in Global History", p. 1011, p. 1002.

5 Dorinda Outram, *The Enlightenment*, Cambridge University Press, 1995, p. 3, p. 12.

6   아리프 딜릭,《포스트모더니티의 역사들》, 황동연 옮김, 창비, 2005; 미셸-롤프 트루요, 《과거 침묵시키기》, 김명혜 옮김, 그린비, 2011 참조.

7   Lynn Hunt, *Writing History in the Global Era*, W. W. Norton & Company, 2014, pp. 69~70, p. 77 참조.

8   린 헌트,《인권의 발명》, 전진성 옮김, 돌베개, 2009, 27~28쪽, 86쪽.

9   린 헌트,《인권의 발명》, 131~132쪽.

10 마들렌 피노,《백과전서》, 85쪽; Dorinda Outram, *The Enlightenment*, 6장 참조.

11 Jean-Jacques Rousseau, "Duties of Women", *The Portable Enlightenment Reader*, Isaac Kramnick ed., Penguin Books, 1995, p. 569, p. 571.

12 이 용어는 원래 18세기 영국에서 출현했던 일단의 여성 지식인·문필가 집단을 경멸적으로 지칭하는 '블루스타킹 서클(Bluestocking Circle)'에서 유래되었다. 상세한 내용은 이진옥,〈영국 "블루스타킹" 써클(Bluestocking Circle)의 성격〉,《한성사학》제13호, 한성사학회, 2001. 9.;〈18세기 영국의 블루스타킹 서클: 여성은 주변인인가?〉,《역사와 경계》제72호, 부산경남사학회, 2009. 9. 등 참조.

13 이 이슈에 관해서는 Peter Gay, *The Party of Humanity: Essays in the French Enlightenment*, W. W. Norton & Company, 1964, 제3장 "Voltaire's Anti-Semitism", pp. 97~108 참조.

14 Immanuel Kant, "The Difference Between the Races", *The Portable Enlightenment Reader*, pp. 637~638.

15 마르퀴 드 콩도르세,《인간 정신의 진보에 관한 역사적 개요》, 장세룡 옮김, 책세상, 2002, 74쪽. 강조는 저자.

16 Lynn Festa and Daniel Carey eds., "Some Answers to the Question: 'What is Postcolonial Enlightenment?'", *The Postcolonial Enlightenment*, p. 1.

17 외르크 피쉬,《코젤렉의 개념사 사전 1: 문명과 문화》, 안삼환 옮김, 푸른역사, 2010, 103~105쪽, 138~139쪽.

18 월터 D. 미뇰로,《라틴아메리카, 만들어진 제국》, 김은중 옮김, 그린비, 2010, 152쪽.

19 Rudyard Kipling, "The Whiteman's Burden", *Sources of the West: Reading in Western Civilization II, From 1600 to the Present*, Mark A. Kishlansky ed., Longman, 2008, pp. 226~227 참조.

20 디페시 차크라바르티,《유럽을 지방화하기》, 김택현·안준범 옮김, 그린비, 2014, 53~55쪽.

21 외르크 피쉬,《코젤렉의 개념사 사전 1》, 13~14쪽.

22 Dorinda Outram, *The Enlightenment*, p. 79.

23 '식민적 권력 매트릭스'는 근대 서구가 제국통치를 합법화하기 위해 식민지에 주입하는 권력의 전략으로서 16~17세기에는 기독교 복음화, 18~19세기에는 세속적 문명화 사명, 20세기에는 근대화와 민주주의, 21세기에는 세계화와 신자유주의 등으로 이름을 바꿔가 며 여전히 작동하는 중이다. 월터 D. 미뇰로, 《라틴아메리카, 만들어진 제국》, 8쪽.

24 계몽주의가 서구중심적인 식민주의로 변질된 것은 18세기 말의 현상이며, 그 이전 까지는 유럽의 많은 계몽주의 철학자와 보통 사람들이 '아시아'를 동경했고 그 문화 와 사상을 긍정적으로 배우려고 했다는 최근의 해석에 대해서는 Jürgen Osterhammel, *Unfabling the East: The Enlightenment's Encounter with Asia*, Robert Savage trans., Princeton University Press, 2018 참조.

25 미셸-롤프 트루요, 《과거 침묵시키기》, 141쪽; 이 주제에 관해서는 육영수, 《혁명의 배반 저항의 기억: 프랑스혁명의 문화사》, 돌베개, 2013, 1부 3장 〈유색인을 위한 프랑스혁명 은 없다: '흰 제국'과 '검은 인권'〉; 로런트 듀보이스, 《아이티 혁명사》, 박윤덕 옮김, 삼천 리, 2014 등 참조.

26 David Scott, *Conscripts of Modernity: The Tragedy of Colonial Enlightenment*, Duke University Press, 2004, pp. 98~99, p. 195.

27 David Scott, *Conscripts of Modernity*, p. 106, p. 129.

28 David Scott, *Conscripts of Modernity*, p. 170.

29 David Scott, *Conscripts of Modernity*, pp. 113~115.

30 디페시 차크라바르티, 《유럽을 지방화하기》, 45쪽.

31 월터 D. 미뇰로, 《라틴아메리카, 만들어진 제국》, 159쪽.

32 시드니 민츠, 《설탕과 권력》, 김문호 옮김, 지호, 1998, 131~132쪽, 137~138쪽.

33 월터 D. 미뇰로, 《라틴아메리카, 만들어진 제국》, 23쪽.

34 월터 D. 미뇰로, 《라틴아메리카, 만들어진 제국》, 123쪽, 159쪽.

35 월터 D. 미뇰로, 《라틴아메리카, 만들어진 제국》, 124~126쪽.

36 월터 D. 미뇰로, 《라틴아메리카, 만들어진 제국》, 114~116쪽.

37 월터 D. 미뇰로, 《라틴아메리카, 만들어진 제국》, 160쪽.

38 Partha Chatterjee, *Our Modernity*, Vinlin Press, 1997, p. 20. 이 소책자는 차터지가 1994 년 9월 3일 인도 콜카타에서 벵골어로 한 강연을 후에 영어로 옮긴 것이다. 강연 원본에 수정 보완한 개정판이 "Talking about our Modernity in Two Languages"라는 제목으로 *The Partha Chatterjee Omnibus* (Oxford University Press, 1999)에 실렸다.

39 Partha Chatterjee, "Our Modernity", *The Partha Chatterjee Omnibus*, p. 281.

40 라나지트 구하,《역사 없는 사람들》, 이광수 옮김, 삼천리, 2011, 107~111쪽.

41 Shmuel Noah Eisenstadt, "Multiple Modernities", *Daedalus*, vol. 129, The MIT Press, Winter, 2000, pp. 2~3.

42 '지방적인 근대'라는 개념은 영국에서 신좌파적인 문화연구를 개척한 자메이카 출신의 학자 스튜어트 홀(Stuart Hall)이 창안한 용어인 '지방의 계몽주의(Vernacular Enlightenment)'를 내가 임의로 비튼 것이다.

43 Sebastian Conrad, "Enlightenment in Global History", p. 1008.

44 대표적으로 John James Clarke, *Oriental Enlightenment: The Encounter Between Asia and Western Thought*, Routledge, 1977 참조. 국내에는 《동양은 어떻게 서양을 계몽했는가》(장세룡 옮김, 우물이 있는 집, 2004)라는 제목으로 번역 소개되었다.

45 미셸 푸코, 〈계몽이란 무엇인가〉, 《모더니티란 무엇인가》, 김성기 엮음, 민음사, 1994, 350쪽. 문장 일부 수정.

46 David Scott, *Conscripts of Modernity*, p. 4, pp. 118~119.

47 이런 문제의식은 육영수, 〈서양 선교사가 주도한 근대 한국학의 발명과 국제화, 1870년대~1890년대〉, 《역사민속학》 제55호, 한국역사민속학회, 2018. 12. 참조.

제3장. 생시몽과 콩트_인간과학과 실증주의의 창시자

1 Henri Saint-Simon, "Letter from an Inhabitant of Geneva to His contemporaries", *Henri Saint-Simon(1760-1825): Selected Writings on Science, Industry and Social Organization*, Keith Taylor ed. & trans., Routledge, 2015, p. 77.

2 Henri de Saint-Simon, "On Social Organization", *Henri de Saint-Simon: Social Organization, The Science of Man and Other Writings*, Felix Markham ed. & trans., Harper Torchbooks, 1964, p. 78.

3 오귀스트 콩트,《실증주의 서설》, 김점석 옮김, 한길사, 2001, 98~99쪽.

4 오귀스트 콩트,《실증주의 서설》, 95~96쪽.

5 오귀스트 콩트,《실증주의 서설》, 94~95쪽.

6 생시몽에 관한 가장 완성도가 높은 전기는 Frank E. Manuel, *The New World of Henri St. Simon*, University of Notre Dame Press, 1963; Olivier Pétré-Grenouilleau, *Saint-Simon: L'Utopie ou la raison en actes*, Biographie Payot, 2001 참조.

7   생시몽은 미국독립전쟁에 참전한 경험이 직업군인이라는 경력에 그치지 않고 "인간 정
     신의 행진을 공부하여 궁극적으로는 문명의 진보를 위해 일하기 위해서" 헌신하리라 다
     짐하는 전환점이 되었다고 밝혔다. 그는 귀족 같은 특권층도 없고 봉건적 잔재도 없을
     뿐만 아니라 근본적으로 "평화를 사랑하며, 근면하고, 경제적인(절약하는)" 신생국 미국
     의 문명은 "새로운 정치적인 시기의 출발"로서 늙은 "유럽인과는 아주 다른 발전경로를
     따를 것"이라고 예언했다. Saint-Simon, "Letters to an American: Second Letter", *Henri
     Saint-Simon(1760-1825)*, pp. 162~163.

8   Pierre Musso, *Saint-Simon et le Saint-Simonisme*, Presses Universitaires de France, 1999, p.
     15.

9   Henri Saint-Simon, "Introduction to the Scientific Studies of the 19th Century", *Henri
     Saint-Simon(1760-1825)*, p. 93, p. 94. 콩도르세와 생시몽(의 선대 조상)은 피카르디
     (Picardy)라는 같은 고향 선후배로서 1791~1792년경에 서로 만났다는 기록이 남아 있
     나. Keith Taylor ed. & trans., *Henri Saint-Simon(1760-1825)*, p. 305, Note 4 참조.

10   Henri Saint-Simon, "Extract on Social Organisation", *Henri Saint-Simon(1760-1825)*, p.
     84.

11   Henri Saint-Simon, "Introduction to the Scientific Studies of the 19th Century", p. 93,
     "Second Prospectus for a New Encyclopaedia", *Henri Saint-Simon(1760-1825)*, p. 106.

12   Henri Saint-Simon, "Second Prospectus for a New Encyclopaedia", pp. 105~106.

13   Frank E. Manuel, *The New World of Henri St. Simon*, p. 194. 재인용. 원문은 생시몽이
     1817년에 출간한《산업(L'Industrie)》의 설립 취지문이다.

14   Henri Saint-Simon, "Letter from an Inhabitant of Geneva to His contemporaries", *Henri
     Saint-Simon(1760-1825)*, p. 77.

15   Henri Saint-Simon, "Considerations on Measures To Be Taken To End the Revolution",
     Henri Saint-Simon(1760-1825), pp. 211~222.

16   Henri Saint-Simon, "Fragments on Social Organisation", *Henri Saint-Simon(1760-1825)*,
     p. 266.

17   생시몽이 'industriel'이란 용어를 처음으로 사용한 것은 1815년에 집필된 "Aux Anglais
     et aux Français qui sont zélés pour le bien public"이다. Keith Taylor ed. & trans., *Henri
     Saint-Simon(1760-1825)*, p. 307, Note 44 참조. Henri Saint-Simon, *Du système industriel*,
     1820~1822, Henri Saint-Simon, *Catéchisme des industriels*. 1823. 12.~1824. 6.

18   Henri Saint-Simon, "Declaration of Principles", *Henri Saint-Simon(1760-1825)*, p. 160;
     "Letters to an American: 6th Letter", p. 165.

19   생시몽은 프랑스혁명이 휘날렸던 '자유주의'라는 명칭은 ① 모호하고 감상적인 무엇을

의미하며, ② 기존의 정부와 질서를 무너뜨리려는 목표로 인해 평화와 안정에 반대되는 이미지를 갖고 있고, ③ 프랑스는 물론이고 영국과 에스파냐 등지의 현실정치에서 패배한 무언가 잘못되고 나쁜 것과 연루되었다는 혐의에서 자유롭지 못하다고 분석했다. Saint-Simon, "The Failure of European Liberalism", *Henri Saint-Simon(1760-1825)*, pp. 257~258.

20 Pierre Musso, *La Religion du monde industriel: analyse de la pensée Saint-Simon* (Paris, 2006), p. 86.

21 Alan B. S. Spitzer, *The French Generation of 1820*, Princeton University Press, 1987 참조.

22 콩트가 1818년에 막역한 친구인 피에르 발라(Pierre Valat)에게 보낸 편지 내용의 일부. Frank E. Manuel, *The New World of Henri St. Simon*, p. 206. 재인용.

23 생시몽의 첫 번째 비서이며 가장 가까운 지적 동반자였던 콩트는 스승이 사망한 직후인 1827년에 생시몽주의자들과 결별함으로써 10년 가까운 지적 교류를 청산했다.

24 생시몽과 마찬가지로 콩트에 관한 전기는 국내에서 출간되지 않았다. 다만 신용하, 《사회학의 성립과 역사사회학: 오귀스트 콩트의 사회학 창설》, 지식산업사, 2012, 제1장에서 콩트의 생애와 지적 배경 등에 관한 지식을 얻을 수 있다.

25 이 이슈에 관한 좀 더 상세한 내용은 육영수, 《혁명의 배반 저항의 기억: 프랑스혁명의 문화사》, 돌베개, 2013, 20~24쪽 참조.

26 콩트가 실증주의적 인간 정신의 발전단계로 평가한 1789년 프랑스혁명에서 1848년 혁명까지의 역사적 특징에 대해서는 오귀스트 콩트, 《실증주의 서설》, 426~429쪽 참조.

27 Nicola Abbagnano, "Positivism", *The Encyclopedia of Philosophy*, vol 6, in Paul Edwards ed., Macmillan Publishing Co. & The Free Press, 1967, pp. 414~415.

28 콩트가 살던 시대에 'physics'라는 용어는 물리학이라는 현대과학을 특정하지 않고 단순히 '~의 성격에 관한 연구'라는 일반적인 뜻을 가졌다. 그러므로 'social physics'는 '사회조직의 본질과 성격에 관한 학문'이라는 의미로 이해되어야 한다. Jonathan Turner, "The Origins of Positivism: The Contributions of Auguste Comte and Herbert Spencer", *Handbook of Social Theory*, George Ritzer & Barry Smart ed., Sage Publications, 2001, p. 31, p. 40 Note 4 참조. 최근 연구 결과에 따르면 'sociology'라는 용어를 문헌상 최초로 사용한 사람은 1789년 혁명 발발 직전에 《제3신분이란 무엇인가》라는 팸플릿을 발표했던 에마뉘엘 조제프 시에예스였다.

29 오귀스트 콩트, 《실증주의 서설》, 88~89쪽.

30 Jonathan Turner, "The Origins of Positivism", p. 33.

31 오귀스트 콩트, 《실증주의 서설》, 165쪽.

32 오귀스트 콩트, 《실증주의 서설》, 243~245쪽.

33 오귀스트 콩트,《실증주의 서설》, 436~437쪽.

34 여성 생시몽주의자들의 활약상과 여성신문 출간과 제호의 변경 등에 관한 추가 정보는 육영수, 〈생시몽주의의 페미니즘—3가지 모델〉,《역사학보》제150호, 역사학회, 1996. 6., 295~297쪽 참조.

35 존 스튜어트 밀,《존 스튜어트 밀 자서전》, 최명관 옮김, 창, 2011, 171~172쪽, 175쪽. 콩트와 편지 교류를 통해 지적 토론을 지속했던 밀은 "콩트 사상의 좋은 점과 나쁜 점을 가려내는 일"에 착수하여 1865년에《오귀스트 콩트와 실증주의(Auguste Comte and Positivism)》를 출간했다.

36 Ronald Hilton, "Positivism in Latin America", *Dictionary of the History of Ideas: Studies of Selected Pivotal Ideas*, vol. III, Philip P. Wiener ed., Charles Scribner's Sons, 1973, pp. 539~545.

37 Martin U. Martel, "Saint-Simon", *International Encyclopedia of the Social Sciences*, David L. Sills and Robert K. Merton eds., Macmillan, 1968. 나는 온라인(https://www.encyclopedia.com)으로 이 글을 읽었다. (접속일: 2019년 8월 16일)

38 Frank E. Manuel, *Shapes of Philosophical History*, Stanford University Press, 1965, pp. 111~114.

39 Robert A. Nisbet, "The French Revolution and the Rise of Sociology in France", *American Journal of Sociology*, vol. 49, No. 2 (Sep. 1943), The University of Chicago Press, p. 161.

40 오귀스트 콩트,《실증주의 서설》, 438~439쪽.

제4장. 벤담과 밀_공리주의의 개혁가

1 이영석,《공장의 역사: 근대 영국사회와 생산, 언어, 정치》, 푸른역사, 2012, 157쪽.

2 Walter E. Houghton, *The Victorian Frame of Mind, 1830-1870*, Yale University Press, 1957, P. 111.

3 에드먼드 버크,《프랑스혁명에 관한 성찰》, 이태숙 옮김, 한길사, 2008, 90쪽.

4 에드먼드 버크,《프랑스혁명에 관한 성찰》, 122~123쪽.

5 R. K. Webb, *Modern England: From the Eighteenth Century to the Present*, Harper & Row, 1980, 2nd Edition, p. 157.

6 Raymond Boudon and François Bourricaud, *A Critical Dictionary of Sociology*, Peter

Hamilton trans., The University of Chicago Press, 1989, p. 419.

7   제러미 벤담,《도덕과 입법의 원리 서설》, 고정식 옮김, 나남, 2011, 29쪽.

8   Douglas Long, "Bentham, Jeremy", *Encyclopedia of the Enlightenment*, vol. 1, Alan Charles Kors ed., Oxford University Press, 2003, p. 138.

9   제러미 벤담,《도덕과 입법의 원리 서설》, 20쪽.

10 데이비드 흄(David Hume, 1711~1776)은 그의 저서《도덕 원리에 관한 탐구(An Enquiry Concerning the Principle of Morals)》에서 "공적인 효용성(public utility)이 정의의 유일한 원천인가?"라는 질문을 제기하며 '공리'라는 개념을 처음으로 사용했다. 그의 후배인 제러미 벤담은 1809년 친구에게 보낸 편지에서 '공리주의(utilitarianism)'라는 용어를 사용했다. 또한 존 스튜어트 밀은 자신이 읽었던 한 책(*Annals of the Parish*)에서 착안하여 'utilitarian'이란 형용사를 최초로 사용했다고 주장했다. George Kateb, "Utilitarianism", *The Encyclopedia of Philosophy*, vol. 7, Paul Edwards ed., Macmillan Publishing Co. & The Free Press, 1967, pp. 207~208.

11 제러미 벤담,《도덕과 입법의 원리 서설》, 29쪽.

12 마이클 샌델,《정의란 무엇인가》, 이창신 옮김, 김영사, 2010, 51~54쪽.

13 제러미 벤담,《파놉티콘》, 신건수 옮김, 책세상, 2007, 19~20쪽.

14 에드워드 파머 톰슨,《영국 노동계급의 형성》 상권, 나종일·김인중 외 옮김, 창작과비평사, 2000, 498쪽.

15 국내에 소개된 밀의 전기는 W. 토머스,《존 스튜어트 밀: 생애와 사상》, 허남결 옮김, 서광사, 1997 참조. 아버지 제임스가 아들 존에게 주입했던 조기교육과 둘 사이의 사상적 유사성과 차별성 등에 대한 좀 더 상세한 이야기는 Bruce Mazlish, *James and John Stuart Mill: Father and Son in the Nineteenth Century*, Hutchinson & Co., 1975 참조.

16 J. S. Mill, *On Liberty*, Alburey Castell ed., AHM Publishing Corporation, 1947, pp. 52~53.

17 프랭크 터너, 리처드 로프트하우스 엮음,《예일대 지성사 강의》, 서상복 옮김, 책세상, 2016, 99쪽.

18 존 스튜어트 밀,《자유론》, 서병훈 옮김, 책세상, 2016, 128~129쪽.

19 밀이 친구의 부인이었던 해리엇 테일러와 1851년에 결혼했을 때 쏟아졌던 빅토리아 시대풍의 도덕적 비난과 가족적·사회적 편견에 시달렸던 경험이 여론과 다수의 횡포에 대한 예민한 반응의 배경이 되었다는 견해에 대해서는 프랭크 터너,《예일대 지성사 강의》, 98~99쪽 참조.

20 Isaiah Berlin, "John Stuart Mill and the Ends of Life", *Four Essays on Liberty*, Oxford University Press, 1969, p. 183.

21 존 스튜어트 밀, 《존 스튜어트 밀 자서전》, 최명관 옮김, 창, 2010, 122쪽, 152쪽.

22 존 스튜어트 밀, 《자유론》, 105쪽.

23 이치노카와 야스타카, 《사회》, 강광문 옮김, 한림대학교 한림과학원 기획, 푸른역사, 2015, 232~233쪽.

24 노명식, 《자유주의의 원리와 역사: 그 비판적 연구》, 민음사, 1991, 224쪽, 227쪽. 밀은 후반기 자신의 사상적 변모를 다음과 같이 회고했다. "내 사고방식에 일어나고 있던 오직 하나의 혁명은 이때에 이르러 이미 완성되고 있었다. …… 사상 면에서 장차 있을 유일한 중요한 변화는 정치에 관한 것이었다. 그것은 한편으로는 인류에 대한 궁극적 전망에 있어서 **수정된 사회주의**에 더욱 접근한 것이었고, 다른 한편으로는 순수한 민주주의로부터 **수정된 민주주의**로 옮아간 것이었다. 이 수정된 민주주의는 내 저서 《대의정치에 대한 고찰》에 제시되어 있다." 존 스튜어트 밀, 《존 스튜어트 밀 자서전》, 198쪽.

25 존 스튜어트 밀, 《공리주의》, 서병훈 옮김, 책세상, 2007, 125~126쪽.

26 존 스튜어트 밀, 《공리주의》, 123쪽.

27 존 스튜어트 밀, 《존 스튜어트 밀 자서전》, 265쪽.

28 존 스튜어트 밀, 《여성의 종속》, 서병훈 옮김, 책세상, 2006, 160~163쪽.

29 Susan M. Okin, "John Stuart Mill, Liberal Feminist", *Women in Western Political Thought*, Princeton University Press, 1979, p. 197.

30 존 스튜어트 밀, 《여성의 종속》, 187쪽.

31 Mary Lyndon Shanley, "The subjection of Women", *The Cambridge Companion to Mill*, John Skorupski ed., Cambridge University Press, 1998, p. 398, p. 405.

32 Mary Lyndon Shanley, "The subjection of Women", p. 413, p. 419.

33 이태숙, 〈《급진주의는 위험하지 않다》—제러미 벤담의 급진주의자 면모〉, 《영국 연구》 제26호, 영국사학회, 2011. 12., 98~101쪽; 밀이 다수가 지배하는 민주주의를 반대했던 엘리트주의자가 아니라 '참된 민주주의자'였다는 주장에 대해서는 김기순, 〈J. S. 밀의 민주주의론〉, 《영국연구》 제40호, 영국사학회, 2018 참조.

34 마이클 샌델, 《정의란 무엇인가》, 73쪽.

35 로버트 J. C. 영, 《포스트식민주의 또는 트리컨티넨탈리즘》, 김택현 옮김, 박종철출판사, 2005, 158쪽.

36 존 스튜어트 밀, 《자유론》, 33~34쪽.

37 존 스튜어트 밀, 《자유론》, 133쪽; 서병훈, 〈존 스튜어트 밀의 위선?—선의의 제국주의〉, 《철학연구》 제98권, 철학연구회, 2012. 9., 161쪽. 재인용.

38 서병훈, 〈존 스튜어트 밀의 위선?─선의의 제국주의〉, 159쪽, 162쪽.

39 이와 유사한 해석은 마르크 페로, 〈서문: 식민주의, 식민화의 이면〉, 《식민주의 흑서 상 권: 16~21세기 말살에서 참회로》, 고선일 옮김, 소나무, 2008, 36~37쪽 참조.

40 Isaiah Berlin, "John Stuart Mill and the Ends of Life", p. 189.

41 존 스튜어트 밀, 《자유론》, 115~117쪽.

제5장. 니체_'세기말' 유럽의 포스트모더니스트

1 주강현, 《세계박람회, 1851~2012》, 블루&노트, 2012, 175쪽.

2 스티븐 컨, 《시간과 공간의 문화사 1880~1918》, 박성관 옮김, 휴머니스트, 2004, 42쪽.

3 Maurice Mandelbaum, *History, Man and Reason: A Study in Nineteenth-Century Thought*, Johns Hopkins University Press, 1971, p. 42.

4 최영태, 〈부르크하르트의 19세기 대중사회 비판〉, 《세계 역사와 문화 연구》 제1호, 한국 세계문화사학회, 1998. 1.; 최영태, 〈부르크하르트의 시민사회 비판의 문제점과 한계〉, 《대구사학》 제78호, 대구사학회, 2005 등 참조.

5 이 이슈에 관한 좀 더 본격적인 토론은 호세 오르테가 이 가세트, 《대중의 반역》, 황보영 조 옮김, 역사비평사, 2005 참조. 1930년에 출간된 이 책에서 가세트는 20세기 대중사회 의 역기능에 초점을 맞춰 비판하지만, '시민에서 대중으로의 전락'은 서유럽에서 이미 19세기 말부터 시작되었다고 볼 수 있다.

6 라인하르트 코젤렉·크리스티안 마이어, 《코젤렉의 개념사 사전 2: 진보》, 황선애 옮김, 푸른역사, 2010, 126~127쪽, 141쪽.

7 외르크 피쉬, 《코젤렉의 개념사 사전 1: 문명과 문화》, 안삼환 옮김, 푸른역사, 2010, 204 쪽, 213쪽.

8 마샬 버먼, 《현대성의 경험》, 윤호병·이만식 옮김, 현대미학사, 1994 참조.

9 J. P. 스턴, 《니체》, 이종인 옮김, 시공사, 1998, 21쪽, 166쪽.

10 프리드리히 니체, 《비극의 탄생·반시대적 고찰》, 이진우 옮김, 책세상, 2005, 50쪽.

11 프리드리히 니체, 《비극의 탄생·반시대적 고찰》, 88쪽, 97쪽.

12 프리드리히 니체, 《비극의 탄생·반시대적 고찰》, 98쪽.

13 프리드리히 니체, 《비극의 탄생·반시대적 고찰》, 100쪽, 111쪽.

14 "예술가가 진리가 밝혀진 후에도 여전히 덮여 있는 것에 황홀한 시선을 고정시킨다면, 이론적 인간은 벗겨진 덮개에 기뻐하고 만족하며, 자신의 힘으로 이루어지는 성공적인 폭로 과정 자체에서 최고의 기쁨을 느낀다." 프리드리히 니체, 《비극의 탄생·반시대적 고찰》, 116쪽.

15 프리드리히 니체, 《비극의 탄생·반시대적 고찰》, 116~118쪽. 강조는 원문.

16 프리드리히 니체, 《비극의 탄생·반시대적 고찰》, 11쪽.

17 "사실인즉 나는 학자들이 살고 있는 집을 뛰쳐나왔다. 그러고는 문을 등 뒤로 힘껏 닫아 버렸다. …… 그들이 지혜롭다고 자부하면서 내놓은 하찮은 잠언이나 진리는 나를 오싹하게 만든다. 늪에서 나온 것처럼, 그들이 말하는 지혜에서는 자주 퀴퀴한 냄새가 난다. …… 그들은 훌륭한 시계다. 태엽을 제대로 감기만 하면 된다! 그러면 그들은 한 치의 오차도 없이 시간을 알리며 보잘것없는 소리까지 낸다." 프리드리히 니체, 〈학자에 대하여〉, 《차라투스트라는 이렇게 말했다》, 정동호 옮김, 책세상, 2000, 207~209쪽.

18 아폴론적 요소와 디오니소스적 요소라는 두 개념은 원래 독일 낭만주의 시인 프리드리히 셸링(Friedrich Schelling)이 처음 사용했지만, 니체의 재해석을 거쳐 토마스 만과 카를 구스타프 융 등의 사고방식에도 영향을 끼쳤다. 정동호, 〈니체의 삶과 사상〉, 정동호 외, 《오늘 우리는 왜 니체를 읽는가》, 책세상, 2006, 44쪽.

19 니체는 디오니소스를 "내가 일찍이 은밀히 경외심을 가지고 내 처녀작을 바쳤던 저 위대한 양의(兩義)적인 신, 유혹자의 신"으로 부르며 "나는 디오니소스 신의 마지막 제자이자 정통한 자"라고 자부했다. 프리드리히 니체, 《선악의 저편·도덕의 계보》, 김정현 옮김, 책세상, 2002, 312쪽.

20 프리드리히 니체, 《즐거운 학문》, 안성찬·홍사현 옮김, 책세상, 2005, 183쪽.

21 프리드리히 니체, 《즐거운 학문》, 200쪽.

22 스티븐 컨, 《시간과 공간의 문화사 1880~1918》, 221쪽.

23 프리드리히 니체, 《차라투스트라는 이렇게 말했다》, 355쪽.

24 차라투스트라는 고대 페르시아 조로아스터교의 창시자로서 빛과 어둠의 이분법적인 존재 양식과 초월의 가능성을 가르쳐준 현자이다. 선과 악, 천국과 지옥, 현세와 영원, 이 세상과 저 세상 등 조로아스터(차라투스트라의 영어 표기)의 이분법적인 교리에 바탕을 둔 기독교의 종식을 선언하려는 니체가 결자해지의 차원에서 초대한 인물이다.

25 프리드리히 니체, 《차라투스트라는 이렇게 말했다》, 19~20쪽.

26 프리드리히 니체, 《즐거운 학문》, 380쪽.

27 프리드리히 니체, 《차라투스트라는 이렇게 말했다》, 463~464쪽.

28 프리드리히 니체, 《선악의 저편·도덕의 계보》, 278쪽.

29 프리드리히 니체, 《선악의 저편·도덕의 계보》, 431~432쪽. 강조는 원문.

30 프리드리히 니체, 《차라투스트라는 이렇게 말했다》, 323쪽. 강조는 원문.

31 프리드리히 니체, 《안티크리스트》, 백승영 옮김, 책세상, 2002, 220쪽.

32 프리드리히 니체, 《차라투스트라는 이렇게 말했다》, 446쪽.

33 프리드리히 니체, 《선악의 저편·도덕의 계보》, 483쪽.

34 프리드리히 니체, 《차라투스트라는 이렇게 말했다》, 63쪽.

35 프리드리히 니체, 《즐거운 학문》, 377쪽.

36 프리드리히 니체, 《차라투스트라는 이렇게 말했다》, 187쪽.

37 프리드리히 니체, 《차라투스트라는 이렇게 말했다》, 51쪽.

38 테리 이글턴, 《유물론: 니체, 마르크스, 비트겐슈타인, 프로이트의 신체적 유물론》, 전대호 옮김, 갈마바람, 2018, 51쪽.

39 Steven E. Aschheim, *The Nietzsche Legacy in Germany 1890-1990*, University of California Press, 1992, p. 61. 재인용.

40 "작은 정치의 시대는 지나갔다. 틀림없이 다음 세기는 대지의 지배를 위한 싸움을 하게 될 것이고—**어쩔 수 없이** 큰 정치를 하게 될 것이다." "유럽의 민주화는 본의 아니게 **전제적 지배자**를 길러내는 것을 준비하는 것이 된다." 프리드리히 니체, 《선악의 저편·도덕의 계보》, 183쪽, 240쪽. 강조는 니체.

41 Ernst Behler, "Nietzsche in the Twenty Century", *The Cambridge Companion to Nietzsche*, Bernd Magnus and Kathleen M. Higgins eds., Cambridge University Press, 1996, p. 288.

42 Steven E. Aschheim, *The Nietzsche Legacy in Germany 1890-1990*, p. 135, pp. 239~240.

43 조지 L. 모스, 《남자의 이미지》, 이광조 옮김, 문예출판사, 2004, 272쪽.

44 Robert J. Antonio, "Nietzsche: Social Theory in the Twilight of the Millennium", *Handbook of Social Theory*, George Ritzer and Barry Smart eds., Sage Publications, 2001, p. 165. 재인용.

45 프리드리히 니체, 《즐거운 학문》, 201쪽.

46 Steven E. Aschheim, *The Nietzsche Legacy in Germany 1890-1990*, p. 185.

47 Michel Foucault, "Prison Talk", *Power/Knowledge: Selected Interviews & Other Writings 1972-1977*, Colin Gordon ed., Pantheon Books, 1980, p. 53.

48 이진우,《니체, 실험적 사유와 극단의 사상》, 책세상, 2009, 392쪽, 403~404쪽.

49 프리드리히 니체,《선악의 저편·도덕의 계보》, 304쪽.

[톺아 읽기 2] 일제 식민시대 조선 지식인들의 니체 사용법

1 Graham Parkes, "Nietzsche and East Asian Thought: Influences, Impacts, and Resonances",
    The Cambridge Companion to Nietzsche, Bernd Magnus and Kathleen Higgins eds.,
    Cambridge University Press, 1996, pp. 358~359. 니체의 중국철학 및 일본문화에 대한 관
    심과 지식에 대해서는 Thomas H. Brobjer, "Nietzsche's Reading about China and Japan",
    Nietzsche-Studien 34, Walter de Gruyter Berlin/Boston, 2005, pp. 329~336 참조.

2 이종찬,《난학의 세계사》, 알마, 2014 참조.

3 Graham Parkes, "The Early Reception of Nietzsche's Philosophy in Japan", *Nietzsche and
    Asian Thought*, Graham Parkes ed., University of Chicago Press, 1991, pp. 179~181.

4 Lixin Shao, *Nietzsche in China: Literature and the Men of Science*, Peter Lang, 1999. p. 1.

5 David A. Kelly, "The Highest Chinadom: Nietzsche and the Chinese Mind, 1907-1989",
    Nietzsche and Asian Thought, pp. 151~152. 신문화운동과 니체주의의 친화적 연관성에
    대해서는 pp. 29~43; Jozef Marián Gálik, "Nietzsche in China, 1918-1925", *Nachrichten
    der Gesellschaft für Natur-und Völkerkunde Ostasiens*, 1972, pp. 9~13 참조.

6 예를 들면 푸리-드릿히 니체,〈짜라투-스트라의 노래〉, 이진섭 옮김,《해외문학》창간호,
    1927, 148~149쪽; 프리-드릿히 니체,〈차라투스트라〉, 배상하 옮김,《신흥(新興)》창간
    호, 1929; 서항석,〈니체의 시 2편〉,《조선문학》1권 3호, 1933. 10., 71~73쪽; 프리-드릿
    히 니체.〈고독〉, 조희순 옮김.《시원(詩苑)》, 1935, 60~61쪽 등 참조. 식민시대에 간행되
    었던 정기간행물 제목과 글 제목을 편의상 한글로 옮겨 표기한다. 이하 동일.

7 '경계사유'란 영토적·국민국가주의적 구분을 지양하고 변경지대들(frontiers)에서 생성
    되는 통합되지 않는 파편적이며 성취 지향적이지 않은 '다른 사유'를 일컫는다. 보편주
    의의 외관을 덧씌우는 '글로벌 디자인'을 거부하면서 다층적인 로컬 역사를 지역에 기반
    을 두고 경험적으로 서술하려는 의도가 경계사유의 실험적인 속성이며 특징이다. 월터
    D. 미뇰로,《로컬 히스토리/글로벌 디자인》, 이성훈 옮김, 에코리브르, 2013, 56~58쪽,
    124쪽, 137쪽 참조.

8 《개벽》은 1920~1926년 사이에 평균 8,000부, 최대 1만 부를 발행한 계몽 종합잡지였다.
    김정인,《《개벽》을 낳은 현실,《개벽》에 담긴 희망》, 임경석·차혜영 외,《《개벽》에 비친
    식민지 조선의 얼굴》, 모시는사람들, 2007, 235쪽.

9 박달성, 〈동서문화사상에 현(現)하는 고금의 사상을 일별(一瞥)하고〉,《개벽》제9호, 1921. 3. 1., 25쪽.《개벽》을 포함해 식민시대에 간행된 정기간행물에서 따온 인용문은 당대의 글쓰기 분위기를 살리기 위해 고풍스러운 한글 표현을 그대로 옮겼다. 다만 현대 독자들의 가독성을 높이기 위해 한자어는 한글로 바꾸고 필요한 경우에는 괄호 안에 넣어 덧붙였다.

10 세계대전 이후 유럽지역의 소수민족 독립을 후원했던 국제연맹은 미국, 영국, 프랑스 등의 제국주의적 야심과 비협조 때문에 그 소임을 다하지 못했다. 미국을 포함한 서구 국가들은 1919년 국제연맹헌장에 인종간의 평등보장 조항을 넣자는 일본의 제안을 묵살했다. 마크 마조위,《암흑의 대륙》, 김준형 옮김, 후마니타스, 2009, 90쪽, 99~100쪽.

11 오태환, 〈급변하야 가는 신구사상의 충돌〉,《개벽》제1호, 1920. 6. 25., 80쪽.

12 박달성, 〈동서문화사상에 현하는 고금의 사상을 일별하고〉, 21쪽.

13 양명, 〈우리의 사상혁명과 과학적 태도〉,《개벽》제43호, 1924. 1. 1., 28쪽.

14 이돈화, 〈환절기와 신상식(新常識)〉,《개벽》제60호, 1925. 6. 1., 7쪽.

15 양명, 〈우리의 사상혁명과 과학적 태도〉, 29쪽.

16 양명, 〈우리의 사상혁명과 과학적 태도〉, 31~33쪽.

17 다음과 같은 견해는 외래사상을 동화주의로 포섭하려는 사례이다. "크로포트킨의 무정부주의는 노자의 무치주의(無治主義)를 조곰 곳친 것이고 맑쓰의 기산주의(其産主義)는 주나라의 정전제도(井田制度)―그것이다. 평등박애는 흑자(墨子)의 이상이든 바요, 민치주의는 맹자의 주창하는 그것이다. …… 그네(서양인)들이 떠드는 비행기는 멧백 년 전에 정평구(鄭平九) 씨가 발명하엿든 것이고, 그네들이 자랑하는 활자는 고려조에 우리 선조가 쓰든 것이다. 이순신의 거북선은 세계 철갑선의 원조이고, 경주의 첨성대는 세계 최고(最古)의 천문대이다." 양명, 〈우리의 사상혁명과 과학적 태도〉, 32쪽.

18 양명, 〈우리의 사상혁명과 과학적 태도〉, 37쪽.

19 이태우, 〈일제강점기 신문을 통해 본 유럽철학의 수용 현황〉,《동북아 문화연구》제13집, 동북아시아문화학회, 2007. 10., 199~200쪽.

20 백종현,《독일철학과 20세기 한국의 철학》, 철학과현실사, 1998, 37쪽 [표 11-1] 참조.

21 '공식적'이라는 단서를 붙인 것은 서지학적 기록으로는 필자 미상으로 1909년 5월에《남북학회월보》12호에 실린 〈톨스토이와 니-체주의〉가 니체에 관한 국내 최초의 글이기 때문이다. 유감스럽게도 이 글의 존재 여부와 내용을 현재로서는 확인할 수 없다. 김정현, 〈니체사상의 한국적 수용―1920년대를 중심으로〉,《니체연구》제12집, 한국니체학회, 2007, 34쪽 각주 3 참조. 위 글은 필자 미상으로 일본 기독교 계열 문학잡지《신카이(心海)》에 1893년 〈유럽에서의 두 윤리사상의 대표자 니체와 톨스토이의 견해 비교〉라는 제목으로 발표된 글의 복제품으로 추정된다. 김정현, 〈1930년대 니체사상의 한국적

수용〉,《니체연구》제14집, 한국니체학회, 2008, 가을, 179쪽, 196쪽 각주 60 참조.

22 소춘은 "사회주의 계열의 지성인"이며 계몽주의 운동가인 김기전(金起纏/金起田, 1894~?)
    의 필명이다. 그는《개벽》지 주필이었고《신여성》의 발행인이었다. 김기전에 관한 약력
    은 조규태,《《개벽》을 이끈 사람들〉, 임경석·차혜영 외,《《개벽》에 비친 식민지 조선의
    얼굴》, 91~92쪽 참조.

23 소춘,〈역만능주의의 급선봉, 푸리드리히 니체 선생을 소개함〉,《개벽》제1호, 1920. 6.
    25., 37쪽.

24 소춘과 묘향산인을 김기전으로 보는 견해는 김정현,〈니체사상의 한국적 수용─1920년
    대를 중심으로〉, 44~45쪽 각주 26 참조.

25 묘향산인,〈신-인생표의 수립자─푸리드리취, 니체 선생을 소개함〉,《개벽》제2호,
    1920. 7. 25., 74~75쪽.

26 묘향산인,〈신-인생표의 수립자─푸리드리취, 니체 선생을 소개함〉, 78쪽.

27 야뢰,〈인내천의 연구〉,《개벽》제1호, 1920. 6. 25., 39~40쪽. 야뢰는 이돈화의 필명이다.

28 야뢰,〈인내천의 연구〉, 49쪽.

29 야뢰,〈인내천의 연구〉(2),《개벽》제2호, 1920. 7. 25., 66~67쪽.

30 이돈화,〈공론(空論)의 사람으로 초월하야 이상(理想)의 사람, 주의(主義)의 사람 되라〉,
    《개벽》제23호, 1922. 5. 1., 12쪽, 17쪽. 이돈화의 사상과 생애에 관해서는 허수,《이돈화
    연구》, 역사비평사, 2011 참조.

31 박달성,〈동서문화사상에 현하는 고금의 사상을 일별하고〉, 21쪽.

32 백두산인,〈현대윤리사상의 개관, 동양식 윤리사상의 변천〉,《개벽》제16호, 1921. 10. 18.,
    31쪽.

33 허수,〈1920년대 초《개벽》주도층의 근대사상 소개양상〉,《역사와 현실》제67호, 한국역
    사연구회, 2008, 52쪽, 69쪽. 나카자와 린센(中澤臨川, 1878~1920)과 이쿠타 초코(生田長
    江, 1882~1936)가 공동으로 편집한《근대사상 16강》은 서구 근대 사상가 15명의 생애와
    사상을 대중에게 소개한 책이다.

34 Lixin Shao, *Nietzsche in China*, pp. 33~34.

35 일제강점기에 신문을 통해서 서구철학을 가장 활발하게 소개한 한국 철학자들은 한치
    진(130건), 신남철(82건), 김형준·김오성(73건), 전원배(63건), 김기석(58건), 안호상
    (52건) 등의 순서이다. 한치진은 주로 미국 실용주의 철학과 과학사상 소개에 치중했
    고, 신남철은 역사유물론의 전파에 전념했으며, 김형준과 안호상 등은 유럽 근대 철학
    의 전도사 역할을 맡았다. 이태우,〈일제강점기 신문을 통해 본 유럽철학의 수용 현황〉,
    203~204쪽 참조.

36 《삼천리》제12권 제7호, 1940. 7. 1., 186쪽; 〈병사(兵士)의 애독서(愛讀書)〉,《삼천리》제
13권 제7호, 1941. 7. 1., 112쪽 참조. 실제로 두 번의 세계대전은 니체 철학이 국제적으
로 유명세를 치르는 계기가 되었다. 제1차 세계대전에 참전했던 독일 병사들은《신학성
서》, 괴테의《파우스트》와 함께 니체의《차라투스트라는 이렇게 말했다》를 애독했다. 이
를 반영하여 독일 정부는 전선에 있는 병사들을 위해《차라투스트라는 이렇게 말했다》
를 15만 부가량 인쇄하여 보급했다. 독일 제3제국 수립 이후에 니체는 나치즘의 이데
올로그로 숭배되었고, 그의 등장과 함께《차라투스트라는 이렇게 말했다》는 히틀러의
《나의 투쟁》과 나란히 제1차 세계대전 승전기념관에 전시되었다. Steven E. Aschheim,
The Nietzsche Legacy in Germany, 1890-1990, University of California Press, 1992, p. 135,
p. 239.

37 배상하, 〈차라투스트라(소묘)〉,《신흥》제1호, 1929, 102쪽.

38 배상하, 〈차라투스트라(소묘)〉, 102쪽. 강조는 배상하.

39 박종홍, 〈현대철학의 동향〉(4),《매일신보》, 1933. 12. 24.

40 박종홍, 〈현대철학의 동향〉(6),《매일신보》, 1934. 1. 9.

41 정동호, 〈니체 저작의 한글 번역―역사와 실태〉,《철학연구》제40집, 철학연구회, 1997,
180쪽; 조요한, 〈우리의 삶, 우리의 현실: 한국 철학언어의 모색〉,《월간조선》, 1982. 3.,
332쪽. 안호상은 자신이 니체 사상을 조선에 적극 소개한 것은 독일 유학 시절의 약속을
지키기 위해서라고 토로했다. "1928년 어느 가을" 바이마르에 있는 니체문서보관소를 방
문했을 때 친절하게 안내해주었던 니체의 누이동생 엘리자베트가 "니-최가 조선에도 알
어졋습니까? 당신이 조선으로 돌아가거든 니-최를 소개해줄 것을 밋습니다"라고 부탁
했고, 안호상은 "힘 잇는 데까지 해보지요"라고 즉답했다고 회상했다. 안호상, 〈니-최 부
흥의 현대적 의의〉(7: 완결),《조선중앙일보》, 1935. 6. 30.

42 안호상, 〈니-최 부흥의 현대적 의의〉(2),《조선중앙일보》, 1935. 6. 25.

43 안호상, 〈니-최 부흥의 현대적 의의〉(6),《조선중앙일보》, 1935. 6. 29.

44 조요한, 〈우리의 삶, 우리의 현실〉, 335쪽.

45 이병수, 〈1930년대 서양철학 수용에 나타난 철학1세대의 철학함의 특징과 이론적 영향〉,
《시대와 철학》제17권 12호, 한국철학사상연구회, 2006, 91쪽.

46 김형준, 〈니-체와 현대문화―그의 탄생일을 기념하야〉,《조선일보》, 1936. 10. 17.

47 김형준, 〈니-체와 현대문화〉,《조선일보》, 1936. 10. 20.

48 김형준, 〈세계정세의 전망〉,《농민》제4권 1호, 1933. 1., 11~12쪽.

49 김형준, 〈니-체철학에서 본 초인관〉,《농민》제3권 1호, 1932. 1., 10쪽. 기억과 망각이라
는 관점에서 서술된 과거 기록의 사학사적 기원과 성격 등에 관해서는 육영수, 〈역사, 기
억과 망각의 투쟁〉,《한국사학사학보》제27권, 한국사학사학회, 2013. 6. 참조.

50 프리드리히 니체, 〈반시대적 고찰 Ⅱ: 삶에 대한 역사의 공과〉, 《비극의 탄생·반시대적 고찰》, 이진우 옮김, 책세상, 2005, 294쪽.

51 김형준, 〈니-체의 역사관―인간에 대한 역사의 이폐(利弊)〉, 《농민》 제3권 제3호, 1932. 3., 29쪽.

52 프리드리히 니체, 〈반시대적 고찰 Ⅱ〉, 287쪽.

53 김형준, 〈니-체의 역사관과 그 비판(三)〉, 《농민》 제3권 4호, 1932. 4., 28쪽.

54 김형준, 〈니-체의 역사관과 그 비판(三)〉, 30쪽.

55 "우리는 그들을 역사적 인간이라 부르고자 한다. 즉 과거로의 시선이 그들을 미래로 내몰고, 삶과 더 오래 겨루도록 그들의 용기를 북돋우고, 옳은 것은 앞으로 올 것이고 행복은 그들 앞에 가로놓인 산 뒤에 있다고 희망의 불을 시필 것이다. 역사적 인간은 현존재의 의미가 어떤 과정이 경과하면서 점점 세상에 드러날 것이라고 믿으며, 바로 그 때문에 이제까지의 **과정**을 고찰함으로써 현재를 이해하고 미래를 더 강력하게 열망하는 법을 배우기 위해 뒤를 되돌아본다." 프리드리히 니체, 〈반시대적 고찰 Ⅱ〉, 288쪽, 298쪽. 각주 인용문의 강조는 니체.

56 프리드리히 니체, 〈반시대적 고찰 Ⅱ〉, 323쪽.

57 김형준, 〈니-체철학에서 본 초인관〉, 11~12쪽.

58 예를 들면 중국 베이징대학교 정치학과를 졸업하고 미국 예일대학교와 콜롬비아대학교에서 공부했던 기독교 사회주의 계열 언론인 이대위(李大偉, 1896~1982)는 니체를 계급제도를 옹호한 반민중적인 반동철학자라고 비난했다. '저급인민'이 소유한 세계관을 노예도덕으로 깔보고, '고급인민'의 권력과 이기적 욕망을 후원하는 니체의 계급의식은 "평등과 인도주의를 역설하는 이 시대와는 전혀 상반되는 것"이라고 깎아내렸다. 이대위, 〈니치의 철학과 현대문명〉, 《청년》 2권 10호, 1922. 11. 1., 7~8쪽.

59 김형준, 〈니-체의 역사관〉, 《농민》 제3권 3호, 26쪽.

60 북한역사사전은 니체를 이렇게 소개한다. "도이칠란드의 극반동적인 관념론철학자이며 파시즘의 리론적 철학자. …… 니체의 세계관은 혁명정부와 인민대중에 대한 증오로 일관되어 있다." 사회과학원 럭사연구소 엮음, 《럭사사전》 5권, 과학백과사전종합출판사, 2003, 80쪽.

제6장. 베버_근대성의 역설을 문화과학으로 진단한 영웅적 비관주의자

1 H. N. 퓨겐, 《막스 베버》, 박미애 옮김, 서광사, 1994, 11쪽.

2 David Blackbourn and Geoff Eley, *The Peculiarities of German History: Bourgeois Society and Politics in Nineteenth-Century Germany*, Oxford University Press, 1984, pp. 190~191. 번역 소개된 데이비드 블랙번·제프 일리, 《독일 역사학의 신화 깨트리기》, 최용찬·정용숙 옮김, 푸른역사, 2007 참조.

3 Hans-Ulrich Wehler, *The German Empire, 1871-1918*, Kim Traynor trans., Berg Publishers, 1985, p. 40.

4 Hans-Ulrich Wehler, *The German Empire*, p. 67.

5 국내에 소개된 베버 전기로는 H. N. 퓨겐, 《막스 베버》 외에 마리안네 베버, 《막스 베버》, 조기준 옮김, 소이연, 2010 등 참조. 후자는 막스 베버의 부인이 남편의 사망 후인 1926년에 출간한 전기로, "아내가 쓴 가장 감동적인 남편에 관한 기록"이라고 칭송되지만, 번역본은 축약본이라는 아쉬움이 있다.

6 Arthur Mitzman, *The Iron Cage: A Historical Interpretation of Max Weber*, Transaction Books, 1969, p. 140.

7 아르투어 미츠만의 정신분석학적 분석에 따르면, 아버지의 물질주의와 어머니의 도덕주의라는 상반된 가치관 사이에서 괴로웠던 아들 베버는 오이디푸스 콤플렉스 환자였다. 대학교수가 된 아들 집을 방문한 아버지를 문전박대했던 베버는 그 결과로 아버지가 갑작스럽게 죽자 '가족 로망스'의 트라우마에서 오랫동안 헤어나지 못했다. 미츠만은 베버가 사회학적 방법론으로 '가치중립(value-neutral)'을 주장한 것은 아버지-어머니 세계에 개입하지 않으려는 무의식적인 의지의 표현이라고 해석했다.

8 1904년을 기점으로 베버를 '초기 베버'와 '후기 베버'로 구분하는 것은 그의 사상의 연속성을 종합적으로 이해하는 데 방해가 된다는 지적에 대해서는 Dirk Käsler, *Max Weber: An Introduction to his Life and Work*, Philippa Hurd trans., University of Chicago Press, 1988, p. 212.

9 H. Stuart Hughes, *Consciousness and Society: The Reorientation of European Social Thought, 1890-1930*, Vintage Books, 1977, p. 302.

10 Fritz Stern, *The Failure of Illiberalism: Essays on the Political Culture of Modern Germany*, Alfred A. Knopt, 1972, p. 6, pp. 17~18.

11 Fritz K. Ringer, *The Decline of the German Mandarins: The German Academic Community, 1890-1933*, Harvard University Press, 1969, p. 163.

12 David Blackbourn and Geoff Eley, *The Peculiarities of German History*, pp. 218~219.

13 막스 베버, 《프로테스탄티즘의 윤리와 자본주의 정신》, 김덕영 옮김, 길, 2010, 100쪽.

14 막스 베버, 〈사회과학적 그리고 사회정책적 인식의 '객관성'〉, 《'탈주술화' 과정과 근대: 학문, 종교, 정치》, 막스 베버 사상 선집 I, 전성우 옮김, 나남출판, 2002, 155쪽.

15 막스 베버, 〈직업으로서의 학문〉, 《'탈주술화' 과정과 근대: 학문, 종교, 정치》, 46쪽.

16 막스 베버, 〈직업으로서의 학문〉, 63쪽.

17 최호근, 〈19세기 말의 문화사 담론과 막스 베버의 역사적 문화과학〉, 《역사학보》 제186호, 역사학회, 2005, 246~248쪽.

18 막스 베버, 〈사회과학적 그리고 사회정책적 인식의 '객관성'〉, 105쪽.

19 막스 베버, 〈사회과학적 그리고 사회정책적 인식의 '객관성'〉, 111~113쪽.

20 '이념형'의 발명자는 유대인이자 베버와 함께 하이델베르크대학교에 근무했던 헌법·행정법 권위자인 게오르크 옐리네크(Georg Jellinek)라는 것이 학계의 지배적인 견해이다. 이에 대해 베버가 옐리네크보다 먼저 '이념형'이라는 용어를 사용했으므로 지적 소유권이 전자에 속한다는 주장에 대해서는 김덕영, 《막스 베버: 통합과학적 인식의 패러다임을 찾아서》, 길, 2012, 494~499쪽 참조.

21 Dirk Käsler, *Max Weber*, p. 182.

22 막스 베버, 《프로테스탄티즘의 윤리와 자본주의 정신》, 74쪽, 337쪽.

23 막스 베버, 《프로테스탄티즘의 윤리와 자본주의 정신》, 345쪽, 355쪽.

24 막스 베버, 《프로테스탄티즘의 윤리와 자본주의 정신》, 367쪽.

25 막스 베버, 《프로테스탄티즘의 윤리와 자본주의 정신》, 365쪽.

26 막스 베버의 합리화이론에서 가장 강렬한 은유로 인용되는 '쇠우리'는 베버를 미국 학계에 알리는 데 결정적인 역할을 했던 미국의 사회학자 탤컷 파슨스(Talcott Parsons)가 존 버니언(John Bunyan)의 《천로역정(The Pilgrim's Progress)》(1678)에 등장하는 'Iron Cage'에 착상하여 퍼트린 번역어이다. 《프로테스탄티즘의 윤리와 자본주의 정신》의 원래 표현은 '철로 만든 딱딱한 족쇄/강철같이 견고한 질곡'으로 직역될 수 있는 'ein stahlhartes Gehäuse'이다. 이 개념의 번역 과정에 대한 상세한 정보는 박영신, 〈서문: 베버의 '쇠우리'—'삶의 모순' 역사에서〉, 《다시 읽는 막스 베버》, 한국사회이론학회·한국인문사회과학회 엮음, 문예출판사, 2015, 19~24쪽 참조.

27 막스 베버, 〈관료적 지배의 본질과 그 전제조건 및 발전경로〉, 《'탈주술화' 과정과 근대: 학문, 종교, 정치》, 386쪽.

28 막스 베버, 〈관료적 지배의 본질과 그 전제조건 및 발전경로〉, 405쪽.

29 Max Weber, *On Charisma and Institution Building*, S. N. Eisenstadt ed. & trans., The University of Chicago Press, 1968, pp. 19~20; H. H. Gerth and C. Wright Mills, *From Max Weber: Essays in Sociology*, Oxford University Press, 1946, pp. 52~53.

30 막스 베버, 〈직업으로서의 정치〉, 《'탈주술화' 과정과 근대: 학문, 종교, 정치》, 337쪽.

31   Max Weber, *On Charisma and Institution Building*, p. 39; Raymond Bourdon and François Bourricaud, "Charisma", *A Critical Dictionary of Sociology*, Peter Hamilton ed. & trans., Routledge and The University of Chicago Press, 1989, pp. 69~71.

32   베버가 부르주아 자유민주주의의 성장을 후원하는 '의회주의적 카리스마' 또는 국민투표라는 형식적인 절차를 등에 업은 '지도자 민주주의'를 기대했는지에 대해서는 논란거리이다. 전성우,《막스 베버 사회학》, 나남, 2013, 72~73쪽; 브라이언 터너,《막스 베버: 근대성과 탈근대성의 역사사회학》, 최우영 옮김, 백산서당, 2004, 278~280쪽 참조.

33   막스 베버, 〈직업으로서의 정치〉, 357쪽, 360쪽.

34   막스 베버, 〈사회과학적 그리고 사회정책적 인식의 '객관성'〉, 124쪽.

35   막스 베버, 〈직업으로의 학문〉, 39쪽; 〈직업으로서의 정치〉, 337쪽.

36   예를 들면 키어런 앨런,《막스 베버의 오만과 편견》, 박인용 옮김, 삼인, 2010. 다소 가혹하게 번역된 이 책의 원제는 *Max Weber: A Critical Introduction* (Pluto Press, 2004)이다.

37   전성우,《막스 베버 사회학》, 27쪽.

38   Dirk Käsler, *Max Weber*, pp. 214~215.

39   Wolfgang J. Mommsen, *Max Weber and German Politics, 1890-1920*, Michael S. Steinberg trans., The University of Chicago Press, 1984, p. 62.

40   전성우,《막스 베버 사회학》, 31쪽. 재인용.

41   베버는 니체가 선언한 '신의 죽음'을 '가치의 다신교'로 계승했을 뿐만 아니라, '마지막 인간'과 '경제적 초인'같이 니체의 개념을 응용하고 빌려 쓰기를 즐겼다.

42   브라이언 터너,《막스 베버: 근대성과 탈근대성의 역사사회학》, 24~27쪽.

43   브라이언 터너,《막스 베버: 근대성과 탈근대성의 역사사회학》, 175~180쪽. '식이요법적(dietary)'이라는 단어는 '전체적인 삶의 양식'을 뜻하는 그리스어 'diaita'에서 유래했다. '영양학'이라는 분과는 먹을거리를 통한 영양 섭취라는 단순한 의미를 넘어서 인간의 생활양식 전체를 관리하는 '서구 최초의 정치과학'으로 볼 수 있다. 독일의 제국의회를 'Diet of Empire'라는 명칭으로 부르는 것은 이런 어원을 반영한다. 같은 책, 206~207쪽.

44   브라이언 터너,《막스 베버: 근대성과 탈근대성의 역사사회학》, 186~187쪽.

제7장. 프로이트_무의식 세계의 탐험가

1   프로이트의 생애와 지적 편력에 관한 정통 해석은 그의 영국인 제자이며 지적 동반자였던 앨프리드 어니스트 존스(Alfred Ernest Jones)의 저서 *The Life and Work of Sigmund Freud*(London: Basic Books, Inc., 1953)가 가장 유명하다.

2   디오세기 이슈트반,《모순의 제국》, 김지영 옮김, 한국외국어대학교 출판부, 2013, 28쪽. 북쪽으로는 보헤미아왕국(수도: 프라하), 남쪽으로는 보스니아-헤르체고비나왕국(수도: 사라예보), 동쪽으로는 헝가리왕국(수도: 부다페스트)에 이르는 60만 제곱킬로미터의 광대한 제국의 총 3,500만 인구 가운데 독일 민족은 24퍼센트, 헝가리 민족은 20퍼센트, 체코 민족은 13퍼센트를 각각 차지하여 주류를 형성했고, 유대인은 빈 인구의 5퍼센트와 부다페스트 인구의 20퍼센트를 차지하는 소수민족이었다.

3   세기말 빈을 중심으로 이합집산했던 다양한 정당에 관해서는 Andrew Whiteside, "Austria", *The European Right: A Historical Profile*, Hans Rogger and Eugen Weber eds., University of California Press, 1966, p. 321, p. 324 참조.

4   Carl Schorske, *Fin-de-Siècle Vienna: Politics and Culture*, Vintage Books, 1981, p. 21.

5   Mihály Szegedy-Maszák, "The Intellectual and Cultural Scene in the Dual Monarchy", *Hungarian Studies*, Akadémiai Kiadó, Eötvös Loránd University, 2007, p. 284.

6   윌리엄 존스턴,《제국의 종말 지성의 탄생》, 변학수·오용록 외 옮김, 글항아리, 2008, 12~13장; 칼 쇼르스케,《세기말 비엔나》, 김병화 옮김, 구운몽, 2006, 5장과 7장 참조.

7   칼 쇼르스케,《세기말 비엔나》, 38쪽.

8   히틀러는 반유대주의자이며 빈 시장을 지냈던 기독교사회주의의 창시자 카를 뤼거를 "온갖 영역에서 미증유의 업적을 남긴 외교관 모두보다 더 위대한 정치가"라고 칭송했다. 아돌프 히틀러,《나의 투쟁》, 서석연 옮김, 범우사, 1989, 115쪽, 189~190쪽.

9   윌리엄 존스턴,《제국의 종말 지성의 탄생》, 401쪽.

10   프로이트가《기독교의 정수》의 저자인 루트비히 포이어바흐에게서 반기독교적인 사상을 전수받았다면,《의지와 표상으로서의 세계》의 저자 아르투어 쇼펜하우어에게서는 이성-합리성의 잣대로는 파악할 수 없는 무의식적인 힘의 존재를 발견했다. 프로이트는 자신의 지적 편력을 고백한 "A Difficulty in the Path of Psychoanalysis"를 쇼펜하우어에게 헌정할 정도로 그를 흠모했다. Jacques Szaluta, *Psychohistory: Theory and Practice*, Peter Lang, 1999, pp. 42~43. 프로이트는 포이어바흐를 읽고 마르크스로 빠지는 대신에 쇼펜하우어를 매개 삼아 니체에게 다가갔던 것이다.

11   William J. McGrath, *Freud's Discovery of Psychoanalysis: The Politics of Hysteria*, Cornell University Press, 1986, pp. 21~23.

12 칼 쇼르스케, 《세기말 비엔나》, 280쪽. 프로이트가 친구 빌헬름 플리스(Wilhelm Fließ, 1858~1928)에게 1902년 3월 11일에 보낸 편지. 재인용. 유대인 생리학자인 플리스는 정신병이 육체적인 원인이 아닌 심리적인 억압의 결과라는 프로이트의 가설을 지지했던 몇 안 되는 친구였다.

13 William J. McGrath, *Freud's Discovery of Psychoanalysis*, pp. 272~273.

14 지크문트 프로이트, 〈정신분석학 소론〉, 《나의 이력서》, 한승완 옮김, 열린책들, 1997, 99쪽.

15 지크문트 프로이트·요제프 브로이어, 〈히스테리 현상의 심리적 기전에 대하여: 예비적 보고서〉, 지크문트 프로이트, 《히스테리 연구》, 김미리혜 옮김, 열린책들, 1997, 32쪽.

16 지크문트 프로이트, 〈나의 이력서〉, 《나의 이력서》, 28~29쪽.

17 지크문트 프로이트, 〈히스테리의 심리 치료〉, 《히스테리 연구》, 497쪽.

18 지크문트 프로이트, 〈'정신분석학'과 '리비도 이론'—두 개의 백과사전 항목〉, 《정신분석 운동》, 박성수 옮김, 열린책들, 1997, 133쪽. 이 글은 백과사전 항목을 위해 1923년에 작성된 것이다.

19 지크문트 프로이트, 〈무의식에 관하여〉, 《무의식에 관하여》, 윤희기 옮김, 열린책들, 1997, 172쪽.

20 지크문트 프로이트, 《나의 이력서》, 97쪽.

21 지크문트 프로이트, 《꿈의 해석: 상》, 김인순 옮김, 열린책들, 1997, 226쪽.

22 지크문트 프로이트, 《꿈의 해석: 상》, 103쪽, 180쪽.

23 윌리엄 존스턴, 《제국의 종말 지성의 탄생》, 392~393쪽.

24 지크문트 프로이트, 〈무의식에 관하여〉, 205쪽.

25 지크문트 프로이트, 〈무의식에 관하여〉, 192~193쪽.

26 지크문트 프로이트, 〈심리적 인격의 해부〉, 《새로운 정신분석 강의》, 임홍빈·홍혜경 옮김, 열린책들, 1996, 110~111쪽. 프로이트가 1915~1917년에 빈대학교 정신의학과에서 행한 강의 내용을 집대성한 것이 《정신분석 강의》이다. 15년 후에 출간된 《새로운 정신분석 강의》는 앞의 책에 대한 "비판적 수정"과 "새롭게 확장된 내용"을 강의 형식으로 쓴 책으로, "정신분석의 분야에 전혀 등장하지 않았던 문제들"도 포함되었다. 《새로운 정신분석 강의》, 서문, 6쪽.

27 지크문트 프로이트, 《새로운 정신분석 강의》, 104~105쪽.

28 지크문트 프로이트, 《새로운 정신분석 강의》, 106~107쪽.

29 지크문트 프로이트, 〈심리적 인격의 해부〉, 115쪽.

30 지크문트 프로이트, 〈심리적 인격의 해부〉, 115쪽.

31 지크문트 프로이트, 〈심리적 인격의 해부〉, 105쪽.

32 "정신분석학을 '범성욕주의'라고 비난하고, 정신분석학이 모든 정신적인 사건들을 성욕에서 도출하며 그 모든 사건들의 원인을 거기서 찾는다고 단언하는 것을 잘못이다. …… 정신분석학이 성욕에 자유를 줌으로써 신경증적 질환을 치료하려 한다고 믿는 것은 무지에 의해서만 변명될 수 있는 심각한 오해이다." 〈'정신분석학'과 '리비도 이론'〉, 《정신분석운동》, 156~157쪽.

33 지크문트 프로이트, 〈정신분석학 소론〉, 118쪽.

34 지크문트 프로이트, 〈정신분석학 소론〉, 119쪽.

35 프로이트 사상에서 착상하여 출범한 '정신분석역사학'이라는 새로운 역사연구 분야가 형성되는 과정과 관련된 인물, 저서 및 학문적인 장단점에 대한 진단과 전망은 육영수, 〈정신분석학과 역사학—이론과 실제〉, 《서양사론》 제71호, 한국서양사학회, 2001 참조.

36 지크문트 프로이트, 《문명 속의 불만》, 김석희 옮김, 열린책들, 1997, 312~313쪽.

37 지크문트 프로이트, 《문명 속의 불만》, 308쪽, 312쪽.

38 지크문트 프로이트, 《문명 속의 불만》, 309쪽, 311쪽.

39 지크문트 프로이트, 《문명 속의 불만》, 326쪽.

40 John Deigh, "Freud's Later Theory of Civilization: Changes and Implication", *The Cambridge Companion to Freud*, Jerome Neu ed., Cambridge University Press, 1991, p. 302.

41 지크문트 프로이트, 〈정신분석학 운동의 역사〉, 《정신분석운동》, 박성수 옮김, 열린책들, 47쪽; 지크문트 프로이트, 〈정신분석학 소론〉, 111쪽.

42 피터 게이, 《프로이트 II》, 정영목 옮김, 교양인, 2011, 388~389쪽. 재인용. 원서의 제목은 *Freud: A Life For Our Time*이며 1988년에 출간되었다.

43 아인슈타인이 미국 프린스턴 고등연구원 교수로 재직하던 1936년 4월 21일에 프로이트에게 보낸 축하편지의 전문은 Ernest Jones, *The Life and Work of Sigmund Freud*, pp. 505~506 참조. 덧붙이자면, 프로이트는 자신이 성취한 획기적인 업적은 노벨의학상을 받을 것이라고 기대했지만 헛물을 켰다. "공공연하게 인정받는 일에 대해 기대를 접은 지 오래이니만큼, 괴테상 수상은 나에게 놀라운 일입니다. …… 또 다른 상(노벨상)을 기대하려면 내가 므두셀라만큼이나 오래 살아야 하는데, 그런 일에 엮이고 싶지는 않네요. 한때 그 상을 바랐다는 것, 인정합니다. 김빠진 바람이긴 하지만." 프로이트가 그의 오랜 후원자인 오스트리아 작가 슈테판 츠바이크에게 1930년 8월 14일에 보낸 편지의 일부. 슈테판 츠바이크·지크문트 프로이트, 《프로이트를 위하여》, 양진호 옮김, 책세상, 2016, 256쪽.

44 육영수, 〈정신분석학과 역사학〉, 143쪽, 157쪽.

45 Philip Rieff, *The Triumph of the Therapeutic: Use of Faith After Freud*, The University of Chicago Press, 1966, p. 60.

제8장. 서구마르크스주의와 프랑크푸르트학파_비판이론의 태동

1 페리 앤더슨, 《서구마르크스주의 읽기》, 이현 옮김, 이매진, 2003, 30쪽.

2 제프 일리, 《The Left 1848~2000》, 유강은 옮김, 뿌리와이파리, 2008, 474쪽.

3 '서구마르크스주의'는 프랑스 철학자 모리스 메를로퐁티(Maurice Merleau-Ponty, 1908~1961)가 '동쪽'에서 실행되고 있는 소련 마르크스(-레닌)주의와 구별하기 위해 1950년대에 붙인 용어이다. Martin Jay, "Introduction: The Topography of Western Marxism", *Marxism and Totality: The Adventures of a Concept from Lukács to Habermas*, University of California Press, 1984, p. 1~2.

4 제프 일리, 《The Left 1848~2000》, 476~477쪽.

5 Martin Jay, *Marxism and Totality*, p. 102; Lucien Goldmann, "Understanding Marcuse", *The Frankfurt School: Critical Assessments*, vol. IV, Jay Bernstein ed., Routledge, 1994, p. 123.

6 죄르지 루카치, 《역사와 계급의식》, 조만영·박정호 옮김, 지식을만드는지식, 2015, 4쪽.

7 György Lukács, "What is Orthodox Marxism?", *History and Class Consciousness: Studies in Marxist Dialectics*, Rodney Livingstone trans., 9th edition, The MIT Press, 1985, p. 8~9.

8 죄르지 루카치, 《역사와 계급의식》, 190~191쪽, 231쪽. "무엇보다도 먼저 분명히 확인되어야 할 점은 사물화로 인하여 인간 특유의 활동, 인간 특유의 노동이 객관적인 어떤 것, 인간으로부터 독립되어 인간에 낯선 자기법칙성을 통해서 인간을 지배하는 어떤 것으로서 대립되어 다가온다는 사실이다." 184쪽.

9 György Lukács, "Reification and the Consciousness of the Proletariat", *History and Class Consciousness*, pp. 86~87.

10 Andrew Feenberg, *Lukács, Marx and the Sources of Critical Theory*, Oxford University Press, 1986, pp. 62~64.

11 Antonio Gramsci, "Our Marx", *Pre-Prison Writings*, Richard Bellamy ed., Virginia Cox trans., Cambridge University Press, 1994. p. 55.

12 Antonio Gramsci, "Our Marx", *Pre-Prison Writings*, p. 55, p. 57.

13 그람시의 처제 타티아나 슈흐트(Tatiana Schucht, 1887~1943)가 몰래 빼돌린 2,848페이지 분량의 원고는 그가 죽은 후 모스크바에 보내져 산발적으로 출판되다가 1975년에 네 권의《옥중수고》로 간행되었다.

14 Thomas R. Bates, "Gramsci and the Theory of Hegemony", *Antonio Gramsci: Critical Assessment of Leading Political Philosophers*, vol. II, James Martin ed., Routledge, 2002, p. 245~247.

15 Antonio Gramsci, *Letters from Prison*, Lynne Lawner ed. & trans., Harper & Row, 1973, p. 235; 안토니오 그람시, 린 로너 엮음,《감옥에서 보낸 편지》, 양희정 옮김, 민음사, 2000, 319쪽. 1932년 5월 2일자로 처제 타티아나 슈흐트에게 보낸 편지의 내용이다.

16 Thomas R. Bates, "Gramsci and the Theory of Hegemony", p. 245.

17 현대판 군주가 갖추어야 할 지식인 용병술, 정당조직력, 관료제도 운영술 등에 관해서는 Antonio Gramsci, "The Modern Prince: Essays on the Science of Politics in the Modern Age", *The Modern Prince and Other Writings*, Louis Mark trans., International Publishers, 1957, pp. 135~188 참조.

18 Chantal Mouffe, "Hegemony and Ideology in Gramsci", *Antonio Gramsci*, pp. 311~312.

19 "어떠한 인간 활동에도 모든 형태의 지적 참여가 내포되어 있다. 만드는 사람(노동자, homo faber)은 생각하는 사람(homo sapiens)과 나뉠 수 없는 관계에 있는 것이다 ······ 노동자는 육체노동을 할 때 가장 활발하게 사유한다. 그는 철학자이기도 하며 예술가, 심미자이기도 하며 특정한 세계관의 구상가이거나 도덕적 행위의 준수자로서 특정한 세계관을 유지하거나 수정하는, 다시 말해 새로운 사고양식을 창조해내기도 하는 것이다." Antonio Gramsci, *Selection from the Prison Notebook*, p. 9.

20 프랑크푸르트학파의 역사와 주요사상에 관해서는 Martin Jay, *The Dialectical Imagination: A History of the Frankfurt School and the Institute of Social Research, 1923-1950*, Little, Brown and Company, 1973 참조. 이 책은 황재우 외 번역으로《변증법적 상상력》이라는 제목으로 돌베개출판사 인문사회과학신서 1권으로 출간되었다. 청람문화사에서 출간된《프랑크푸르트학파》(신일철 엮음, 1979)는 국내 연구자들의 소개 글과 프랑크푸르트학파 학자들의 논문 번역으로 구성된 입문서이다.

21 Rolf Wiggershaus, "Introduction to the Frankfurt School", *Critical Theory vol. I: Historical Perspectives*, David Rasmussen and James Swindal eds., Sage Publications, 2004, p. 3.

22 H. Stuart Hughes, *The Sea Change: The Migration of Social Thought, 1930-1965*, Harper and Row, 1975, p. 1~2. 이 책은 H. 스튜어트 휴즈,《지식인들의 망명: 사회사상의 대항해 1930~1965》, 김창희 옮김, 개마고원, 2007로 출간되었다. 무솔리니가 지휘하는 파시즘에 쫓긴 이탈리아 지식인들은 지리적·언어적·문화적으로 좀 더 친근한 이웃나라 프

랑스를 망명지로 선호했다. 자유주의 역사가이며 프랑스혁명 전문가인 가에타노 살베미니(Gaetano Salvemini, 1873~1957)는 미국으로 이주한 예외적인 경우이다.

23 H. Stuart Hughes, *The Sea Change*, pp. 135~136.

24 Lucien Goldmann, "Understanding Marcuse", pp. 131~132.

25 장 보드리야르,《소비의 사회》, 이상률 옮김, 문예출판사, 1992, 89~90쪽, 106쪽.

26 김덕호,《욕망의 코카콜라》, 지호, 2014, 124쪽.

27 Jay Bernstein, "Introductory Essay: Critical Theory—The Very Idea(Reflections on Nihilism and Domination)", *The Frankfurt School: Critical Assessments*, vol. 1.

28 Max Horkheimer, "Traditional and Critical Theory: Postscript", *Anthology of Western Marxism: From Lukacs and Gramsci to Socialist-Feminism*, Roger Gottlieb ed., Oxford University Press, 1989, pp. 172~173.

29 Martin Jay, *The Dialectical Imagination*, pp. 77~78.

30 Th. W. 아도르노·M. 호르크하이머,《계몽의 변증법: 철학적 단상》, 김유동 옮김, 문학과지성사, 2001. 78쪽.

31 막스 호르크하이머,〈철학과 비판이론〉,《프랑크푸르트학파》, 신일철 엮음, 청람, 1979, 164쪽; 테오도르 아도르노,〈왜 아직도 철학이 필요한가?〉, 같은 책, 182쪽.

32 Th. W. 아도르노·M. 호르크하이머,《계몽의 변증법》, 22~23쪽.

33 Th. W. 아도르노·M. 호르크하이머,《계몽의 변증법》, 296쪽.

34 Th. W. 아도르노·M. 호르크하이머,《계몽의 변증법》, 13~14쪽.

35 Hauke Brunkhorst, "The Enlightenment of Rationality: Remarks on Horkheimer and Adorno's Dialectic of Enlightenment", *Critical Theory vol. II: Theoretical Foundations*, David Rasmussen and James Swindal eds., Sage Publications, 2004, p. 66.

36 노명우,《계몽의 변증법》, 살림, 2005, 213~215쪽.

37 Th. W. 아도르노·M. 호르크하이머,《계몽의 변증법》, 191~193쪽.

38 프랑크푸르트학파의 '파트타임 멤버'였던 에리히 프롬도 진정한 개인주의의 빈곤에 대한 호르크하이머와 아도르노의 우려에 동의한다. "오늘날의 문화적·정치적 위기는 개인주의가 너무 많다는 사실 때문이 아니라, 우리가 개인주의라고 믿고 있는 것이 빈껍데기가 되어버렸기 때문이다. 자유의 승리는 민주주의가 발달한 개인 및 그의 성장과 행복이 문화의 목표이자 목적이 되는 사회, 성공 따위로 삶을 정당화할 필요가 없는 사회, 또한 개인이 국가든 경제 기구든 자기 바깥에 있는 어떤 힘에도 종속되거나 휘둘리지 않는 사회, 끝으로 개인의 양심과 이상이 외부 요구의 내재화가 아니라 정녕 '자기 것'이고 그의

자아가 지닌 독특성에서 비롯된 목표를 표현하는 사회가 이루어져야만 가능하다." 에리히 프롬,《자유로부터의 도피》, 김석희 옮김, 휴머니스트, 2012, 278쪽.

39   Th. W. 아도르노·M. 호르크하이머,《계몽의 변증법》, 219쪽.

제9장. 마르쿠제_후기산업사회의 '위대한 거부자'

1   마르쿠제의 지적 생애에 관한 간략한 소개로는 알래스데어 매킨타이어,《마르쿠제》, 연희원 옮김, 지성의 샘, 1994; Barry Kātz, *Herbert Marcuse and the Art of Liberation: An Intellectual Biography*, Verso, 1982 참조.

2   조사분석국에 근무했던 지식인들의 상세한 명단은 Barry Kātz, *Herbert Marcuse and the Art of Liberation*, pp. 112~113 각주 4 참조. 국내에 번역 소개된《히틀러의 정신분석》(솔, 1999)의 저자인 월터 랭어는 윌리엄 랭어의 동생이다.

3   '신좌파'는 1959년 영국에서 창간된《신좌파 리뷰(New Left Review)》에서 유래한 명칭으로, 후기마르크스주의, 문화적 마르크스주의, 서구마르크스주의 등을 포괄한다.

4   도로시 로스,《미국 사회과학의 기원 2》, 백창재·정병기 옮김, 나남, 2008, 249쪽.

5   '군산(軍産)복합체'라는 명칭을 처음으로 제안한 사람은 드와이트 아이젠하워 대통령이다. 토머스 휴즈,《현대 미국의 기원 2》, 김명진 옮김, 나남, 2017, 310쪽.

6   루스 슈워츠 코완,《미국 기술의 사회사》, 김명진 옮김, 궁리, 2012, 439~441쪽.

7   리처드 호프스태터,《미국의 반지성주의》, 유강은 옮김, 교유서가, 2017, 23쪽.

8   세이무어 마틴 립셋,《미국 예외주의》, 문지영·강정인·하상복·이지윤 옮김, 후마니타스, 2006, 121쪽. 1930년대 미국 노동조합운동을 주도했던 미국노동총연맹(American Federation of Labor)은 '반사회주의적' 조직이었고, 40년간 연맹을 이끌었던 새뮤얼 곰퍼스(Samuel Gompers)도 '우파적' 인물이다. 같은 책, 43쪽 참조.

9   Herbert Marcuse, *Reason and Revolution: Hegel and the Rise of Social Theory*, 2nd Edition, Humanities Press, 1983, p. vii; 헤르베르트 마르쿠제,《이성과 혁명》, 김현일 옮김, 중원문화, 1984, 23쪽.

10   Herbert Marcuse, *Reason and Revolution*, pp. 326~328. '부정성의 힘'을 불구로 만든 실증주의에 대한 마르쿠제의 비판은 그의 후기작에서도 이어진다. "실증주의는 주어진 현실이 과학적으로 이해되고 변화되는 정도와, 사회가 산업적이고 기술적으로 변화되는 정도에 정비례해서 자신의 개념들—이론과 실제, 진실과 사실 사이의 하모니—을 실현하고 인준하는 수단을 사회에서 발견한다. 철학적 사상은 긍정적 사상으로 바뀐다. 다

시 말해 철학적인 비판은 사회적 프레임의 **내부에서만** 작동하며 반실증적인 개념들은 단순한 공론(空論, speculation), 꿈 혹은 판타지라고 폄하된다. 생시몽의 실증주의에서 언급되기 시작했던 담론과 행위의 세계는 기술적인 현실의 세계이다. 그곳에서 대상으로서의 세상은 수단으로 변모한다." Herbert Marcuse, *One-Dimensional Man: Studies in the Ideology of Advanced Industrial Society*, Beacon Press, 1964, p. 172. 강조는 원문.

11 Herbert Marcuse, *Reason and Revolution*, pp. 434~435.

12 Douglas Kellner, "Herbert Marcuse's Reconstruction of Marxism", *Critical Theory vol. I: Historical Perspectives*, David Rasmussen and James Swindal eds., Sage Publications, 2004, p. 379; Barry Kātz, *Herbert Marcuse and the Art of Liberation*, p. 197, p. 217.

13 "민주주의의 미래는 르네상스 이래 근대 사상의 이념적 목표였던 개인주의의 실현에 달려 있다. 오늘날의 문화적·정치적 위기는 개인주의가 너무 많다는 사실 때문이 아니라, 우리가 개인주의라고 믿고 있는 것이 빈껍데기가 되어버렸기 때문이다. …… 우리는 근대 민주주의가 이룩한 기본적인 성취를 조금도 잃을 수 없다. …… 내가 마음에 두고 있는 것은 '사회주의'가 기만적인 단어가 되어버린 러시아다." 에리히 프롬, 《자유로부터의 도피》, 김석희 옮김, 휴머니스트, 2012, 278~279쪽, 281쪽.

14 헤르베르트 마르쿠제, 《에로스와 문명》, 김인환 옮김, 나남, 1989, 55쪽, 58쪽.

15 헤르베르트 마르쿠제, 《에로스와 문명》, 60쪽.

16 헤르베르트 마르쿠제, 《에로스와 문명》, 67쪽.

17 헤르베르트 마르쿠제, 《에로스와 문명》, 68~69쪽.

18 Paul Robinson, *The Freudian Left: Wilhelm Reich, Geza Roheim, Herbert Marcuse*, Cornell University Press, 1990, p, 201.

19 Paul Robinson, *The Freudian Left*, p. 244.

20 Herbert Marcuse, *One-Dimensional Man*, Introduction, xvi.

21 루스 코완, 〈어떻게 해서 냉장고는 윙윙하는 소리를 가지게 되었는가〉, 송성수 엮음, 《우리에게 기술이란 무엇인가》, 녹두, 1995 참조.

22 Herbert Marcuse, *One-Dimensional Man*, p. 5.

23 루쓰 코완, 《과학기술과 가사노동》, 김성희 외 옮김, 신정, 1997; 김덕호, 〈가사기술은 진정 가사노동으로부터의 해방을 가져왔는가?: 20세기 미국에서 가전제품의 확산과 가사노동 시간의 변화〉, 《미국학논집》 제50집 2호, 한국아메리카학회, 2018. 9 참조.

24 Herbert Marcuse, *One-Dimensional Man*, p. 12.

25 헤르베르트 마르쿠제, 《일차원적 인간》, 박병진 옮김, 한마음사, 1986, 120쪽.

26 헤르베르트 마르쿠제, 《해방론》, 김택 옮김, 울력, 2004, 92쪽, 109쪽, 111쪽.

27 헤르베르트 마르쿠제, 《일차원적 인간》, 205쪽, 221쪽.

28 헤르베르트 마르쿠제, 《해방론》, 58쪽.

29 Herbert Marcuse, *One-Dimensional Man*, p. 252, p. 257; 알래스데어 매킨타이어, 《마르쿠제》, 150~151쪽.

30 "유토피아적이라고 비난받는 것을 두려워하지 않아야 한다. 새로운 질서를 위한 이념들은 통상적으로 유토피아적이기 때문이다. 진실이 현존하는 사회질서 속에서 실현되지 않는다면, 그 질서에서는 항상 유토피아적으로 보이는 것이다. 이러한 초월성은 진리를 거부하는 것이 아니라 진리를 위한 것이다. 오랫동안 유토피아적 요소는 철학에서 유일한 진보적 요소였다." Lucien Goldmann, "Understanding Marcuse", *The Frankfurt School: Critical Assessments*, vol. IV, Jay Bernstein ed., Routledge, 1994, p. 126. 재인용.

31 헤르베르트 마르쿠제, 《해방론》, 44~45쪽.

32 Barry Kātz, *Herbert Marcuse and the Art of Liberation*, p. 189.

33 Lucien Goldmann, "Understanding Marcuse", p. 129.

34 Charles Rachlis, "Marcuse and the Problem of Happiness", *The Frankfurt School: Critical Assessments*, vol. IV, pp. 266~267.

35 Douglas Kellner, "Marcuse and the Quest for Radical Subjectivity", *Critical Theory vol. I*, p. 428.

36 헤르베르트 마르쿠제, 《일차원적 인간》, 286쪽.

37 헤르베르트 마르쿠제, 〈새로운 사회와 여성해방운동〉, 《위대한 거부》, 유효종·전종덕 옮김, 광민사, 1979, 43쪽.

38 헤르베르트 마르쿠제, 〈새로운 사회와 여성해방운동〉, 49쪽, 52쪽.

39 마르쿠제의 첫 아내이며 25년간 동고동락했던 소피(Sophie)는 수학자로서 미국 해군정보국에서 근무했다. 그녀의 죽음 후 마르쿠제의 두 번째 아내가 된 잉게(Inge)는 부유한 중상층 유대인 출신으로 프랑스문학 전공자였다. 그녀는 남편인 프란츠 노이만(Franz Neumann)이 사망한 후 그의 프랑크푸르트학파 동료였던 마르쿠제와 재혼했다. 마르쿠제는 《일차원적 인간》을 잉게에게 헌사했고 그녀가 암으로 사망한 다음 해인 1974년에 "마르크스주의와 페미니즘"을 발표했다. 마르쿠제의 세 번째이자 마지막 부인 에리카(Erica)는 그의 제자였다. 이들이 마르쿠제의 페미니즘 사상에 끼친 영향력에 대해서는 Barry Kātz, *Herbert Marcuse and the Art of Liberation*, pp. 209~211 참조.

40 Ben Agger, "Marcuse in Postmodernity", *Critical Theory vol. IV: The Future of Critical Theory*, David Rasmussen and James Swindal eds., Sage Publications, 2004, pp. 181~182.

제10장. 푸코_현대 지식권력의 계보학적 역사가

1 미셸 푸코·둣치오 뜨롬바도리, 《푸코의 맑스: 둣치오 뜨롬바도리와의 대담》, 이승철 옮김, 갈무리, 2005, 51쪽.

2 푸코는 "나는 맑스를 잘 알지 못하면서도 헤겔을 거부하고 실존주의의 한계에 불만을 느꼈기 때문에 '프랑스공산당'에 가입하기로 마음먹었습니다. 그때가 1950년도였는데"라고 회고했다. 미셸 푸코·둣치오 뜨롬바도리, 《푸코의 맑스》, 54~55쪽.

3 미셸 푸코·둣치오 뜨롬바도리, 《푸코의 맑스》, 55쪽.

4 푸코는 니체에 심취하게 된 자신의 지적 방황을 이렇게 요약했다. "나는 헤겔을 읽기 시작했고 이어서 맑스를 읽었으며, 1951년 혹은 1952년에 하이데거를 읽었다. 그리고 1952년인가 1953년인가 니체도 읽었다. …… 나의 모든 철학적 형성은 하이데거의 독서에서 결정되었다. 그러나 니체가 그것을 압도했다는 것을 인정한다. 니체에 대한 나의 지식은 하이데거의 그것보다 훨씬 우수하다." 디디에 에리봉, 《미셸 푸코, 1926~1984》, 박정자 옮김, 그린비, 2012, 58쪽. 재인용.

5 미셸 푸코·둣치오 뜨롬바도리, 《푸코의 맑스》, 107쪽.

6 디디에 에리봉, 《미셸 푸코》, 278~279쪽.

7 Michel Foucault, *The Order of Things: An Archaeology of the Human Sciences*, Vintage Books, 1973, p. 387; 미셸 푸코, 《말과 사물》, 이규현 옮김, 민음사, 2012, 526쪽.

8 《말과 사물》을 둘러싼 사르트르-보부아르와 푸코 사이의 설전에 대해서는 디디에 에리봉, 《미셸 푸코》, 287~289쪽, 292~296쪽 참조. 사르트르와 푸코는 1960년대 후반에 치열한 말싸움을 펼쳤지만, 1971년 11월 27일 어느 시위집회장에서 처음으로 만난 후 좌파신문인 《리베라시옹》 창간에 힘을 합치고 베트남 보트피플 구호사업을 펼치는 등 '위대한 늙은 철학자'와 '위대한 젊은 철학자'는 참여지식인의 역할을 함께 감당했다.

9 미셸 푸코·둣치오 뜨롬바도리, 《푸코의 맑스》, 112쪽, 125쪽.

10 미셸 푸코, 《담론의 질서》, 이정우 옮김, 중원문화, 1993, 14쪽.

11 Anna Green and Kathleen Troup, *The House of History: A Critical Reader in Twentieth-century History and Theory*, New York University Press, 1999, p. 300; 스튜어트 홀, 〈서양과 그 외의 사회들, 담론과 권력〉, 스튜어트 홀 외, 《현대성과 현대문화 2》, 전효관 외 옮김, 현실문화연구, 1996, 203~204쪽.

12 미셸 푸코, 《담론의 질서》, 18~19쪽.

13 Michel Foucault, "Power and Sex", *Politics, Philosophy, Culture: Interviews and Other Writings, 1977-1984*, Lawrence D. Kritzman ed., Routledge, 1988, p. 112.

14 Michel Foucault, "Critical Theory/Intellectual History", *Politics, Philosophy, Culture*, p. 43. 푸코는 권력과 지식의 역학관계에 대해 다음과 같이 설명한다. "우리가 인정해야 할 것은 권력은 어떠한 지식을 창출한다는 점이며, 권력과 지식은 서로 직접 관여한다는 점이고, 또한 어떤 지식의 영역과 상관관계가 이뤄지지 않으면 권력적 관계는 존재하지 않으며, 동시에 권력적 관계를 상정하거나 구성하지 않는 지식은 존재하지 않는다는 점이다. …… 요컨대 권력에 유익한 지식이든 불복종하는 지식이든 간에 하나의 지식을 창출하는 것은 인식 주체의 활동이 아니라 권력 지식의 상관관계이고, 그것을 가로지르고 조성하며 본래의 인식 형태와 가능한 인식 영역을 규정하는 그 과정과 싸움이다." p. 57.

15 Michel Foucault, "The Eye of Power", *Power/Knowledge: Selected Interviews & Other Writings, 1972-1977*, Colin Gordon ed., Pantheon Books, 1980, p. 156.

16 미셸 푸코, 《감시와 처벌: 감옥의 탄생》, 오생근 옮김, 나남출판, 1994, 56쪽.

17 Michel Foucault, "The Eye of Power", p. 152.

18 미셸 푸코, 《감시와 처벌》, 206~207쪽.

19 미셸 푸코, 《감시와 처벌》, 256쪽, 288쪽.

20 Michel Foucault, *Politics, Philosophy, Culture*, p. 120.

21 푸코는 1974년 10월 브라질 리우데자네이루에서 발표한 "The Birth of Social Medicine"이라는 제목의 논문에서 'bio-power(bio-pouvoir)'라는 개념을 처음 사용했다. Kim Su Rasmussen, "Foucault's Genealogy of Racism", *Theory, Culture & Society*, vol. 28-5, Sage Publications, 2011, p. 36.

22 미셸 푸코, 《성의 역사 1》, 이규현 옮김, 나남, 1990, 16쪽.

23 "금지와 억압적인 권력에 대해 서술하는 우울한 역사가, 광기와 감금/비정상과 배척/비행(非行)과 투옥 등 오직 두 개의 범주로만으로 이야기하는 사람—이것이 나에게 주어진 이미지였다. 그러나 이것들과는 다른 측면에서 나는 항상 나의 문제를 추구했는데, 그것은 진리 문제였다. 광기에 행사되는 권력은 어떻게 정신의학의 '진실한' 담론을 생산하는가? 섹슈얼리티에도 똑같이 적용된다. 섹스에 행사된 힘의 원천을 알려는 의지를 되살리려는 작업이 그것이다." Michel Foucault, "Power and Sex", pp. 111~112.

24 미셸 푸코, 《성의 역사 1》, 29~30쪽.

25 미셸 푸코, 《성의 역사 1》, 49~50쪽. 푸코의 부연 설명에 따르면, "19세기부터 발전한 '스키엔티아 섹수알리스'는 역설적으로 의무적이고 철저한 고해라는 특이한 의례를 핵심으로 간직하는데, 고해의 의례는 기독교적 서양에서 성의 진실을 생산하기 위한 최초의 기술이었다. 이 의례는 16세기부터 점차로 고해성사로부터 떨어져 나왔고, 영혼의 인도와 영성지도, 이를테면 '기술 중의 기술'을 통해 교육학 쪽으로, 성인과 어린이 사이의 관계 쪽으로, 가족관계 쪽으로, 의학과 정신의학 쪽으로 옮겨갔다. 어쨌든 거의 한 세기 반 전부터 성에 관한 참된 담론을 생산하기 위해 복잡한 장치가 자리를 잡는데, 이 장치는 오

랜 고백의 명령을 임상적 청취의 방법에 접속시키는 만큼 역사에 폭넓게 걸쳐 있는 것이다. 그리고 '성생활' 같은 것이 성과 성적 쾌락의 진실로서 출현할 수 있었던 것은 바로 이 장치를 통해서이다." 같은 책, 77~78쪽.

26 미셸 푸코, 《성의 역사 1》, 52~53쪽.

27 미셸 푸코, 《성의 역사 1》, 57쪽.

28 Michel Foucault, "Critical Theory/Intellectual History", *Politics, Philosophy, Culture*, p. 25; Lynn Hunt, "Enlightenment Studies", *Encyclopedia of the Enlightenment*, vol. 1, Alan Charles Kors ed., Oxford University Press, 2003, p. 430.

29 미셸 푸코, 〈계몽이란 무엇인가〉, 김성기 엮음, 《모더니티란 무엇인가》, 민음사, 1994, 347쪽.

30 미셸 푸코, 〈계몽이란 무엇인가〉, 356쪽.

31 푸코는 프랑크푸르트학파의 비판이론이 그에게 끼친 영향을 다음과 같이 기록했다. "만약 내가 그들의 작업을 좀 더 일찍 알았더라면, 나는 틀림없이 유용한 시간을 아낄 수 있었을 것입니다. 나는 몇 가지 것들에 대해서는 쓸 필요가 없었을 것이고, 몇 가지 오류들은 피할 수 있었을 테니까요. 아마도 내가 젊었을 때 프랑크푸르트학파를 접했다면, 나는 완전히 그들에게 매혹되어, 그들의 저서에 주석을 다는 작업 외에는 평생 아무것도 하지 않았을 것입니다." 미셸 푸코·둣치오 뜨롬바도리, 〈아도르노, 호르크하이머, 그리고 마르쿠제: 역사를 '부정하는 사람'은 과연 누구인가?〉, 《푸코의 맑스》, 116쪽.

32 미셸 푸코, 〈계몽이란 무엇인가〉, 358쪽.

33 미셸 푸코, 〈선악을 넘어서〉, 《푸코의 맑스》, 216쪽. 이 텍스트는 푸코가 고등학교 학생들과 나눈 대담을 기록한 것이다.

34 디디에 오타비아니·이자벨 브와노, 《미셸 푸코의 휴머니즘》, 심세광 옮김, 열린책들, 2010, 62쪽. 재인용.

35 J. G. 메르키오르, 《푸코》, 이종인 옮김, 시공사, 1998, 188~189쪽, 239쪽, 257~258쪽.

36 미셸 푸코·둣치오 뜨롬바도리, 《푸코의 맑스》, 150~151쪽.

37 Michel Foucault, "On Power", *Politics, Philosophy, Culture*, p. 108. 1978년에 진행되었던 이 인터뷰 내용의 일부는 푸코가 죽은 직후인 1984년 7월에 *L'Express*에 처음 실렸다.

38 미셸 푸코, 《푸코의 맑스》, 26쪽. 재인용. 사망 직전인 1984년 7월 15일자 *L'Espresso*에 실린 푸코의 마지막 인터뷰의 내용이다.

39 미셸 푸코, 〈지식인과 권력: 푸코와 들뢰즈의 대화〉, 《푸코의 맑스》, 192쪽.

[톺아 읽기 3] 푸코와 (탈)식민주의: 지식의 지정학을 찾아서

1   진태원, 〈푸코에 대한 연구에서 푸코적인 연구로—한국에서 푸코 저작의 번역과 연구 현황〉, 《역사비평》, 역사문제연구소, 2012. 5., 418쪽; 안토니오 네그리, 〈푸코의 전유— 노동의 변형과 정치경제의 위기〉, 황혜령 옮김, 《오늘의 문예비평》 제61호, 2005. 6., 255~256쪽 참조.

2   Graham Burchell et al. eds., *The Foucault Effect: Studies in Governmentality with Two Lectures by and an Interview with Michel Foucault*, The University of Chicago Press, 1991, p. 54.

3   미셸 푸코·둣치오 뜨롬바도리, 〈'경험-책'은 어떻게 탄생하였는가?〉, 《푸코의 맑스: 둣치오 뜨롬바도리와의 대담》, 이승철 옮김, 갈무리, 2005, 31쪽.

4   Michel Foucault, "Politics and the Study of Discourse", *The Foucault Effect*, p. 70. 1968년에 진행된 인터뷰 기사로 원문은 *Esprit* 371 (May 1968)에 게재되었다.

5   안토니오 네그리, 〈푸코의 전유〉, 258쪽.

6   Edward W. Said, "Foucault and the Imagination of Power." *Foucault: A Critical Reader*, David Couzens Hoy ed., Basil Blackwell, 1986, pp. 152~154 참조.

7   가야트리 스피박 외, 로절린드 모리스 엮음, 《서발턴은 말할 수 있는가?》, 태혜숙 옮김, 그린비, 2013, 72~74쪽, 93~94쪽.

8   호미 바바, 《문화의 위치》, 나병철 옮김, 소명출판, 2002, 375~378쪽.

9   로버트 J. C. 영, 《백색신화》, 김용규 옮김, 경성대학교 출판부, 2008, 694~695쪽, 717~718쪽; Robert J. C. Young, "Foucault on Race and Colonialism", *New Formations*, 25, Lawrence & Wishart, 1995, pp. 57~65 참조.

10 신식민지 지식인은 잔존하는 식민지의 과거·유산·흔적(유령)과 다시 대결하면서 서구의 근대성을 해체하는 작업을 수행하기 때문에 유령학의 도제들이라는 주장도 있다. 강내희, 〈흉내 내기와 차이 만들기—신식민지 지식인을 위한 유령학〉, 강내희 선집, 《인문학으로 사회변혁을 말하다》, 문화과학사, 2016, 231~278쪽 참조.

11 미셸 푸코·둣치오 뜨롬바도리, 〈'경험-책'은 어떻게 탄생하였는가?〉, 46쪽.

12 300여 년 동안 오스만제국에게 지배를 받았던 튀니지는 1881년에 프랑스 식민지가 되었다가 1956년에 독립한 아프리카 북부의 신생국가이다.

13 David Macey, *The Lives of Michel Foucault: A Biography*, Pantheon Books, 1993, p. 185.

14 디디에 에리봉, 《미셸 푸코, 1926~1984》, 박정자 옮김, 그린비, 2012, 324쪽; 미셸 푸코· 둣치오 뜨롬바도리, 〈1968년 5월의 '말'과 '사물' 사이〉, 《푸코의 맑스》, 130~131쪽.

15 미셸 푸코, 〈다른 공간들〉, 《헤테로토피아》, 이상길 옮김, 문학과지성사, 2014, 41쪽.

16 Michel Foucault, "Questions on Geography", *Power/Knowledge: Selected Interviews & Other Writings 1972-1977*, Colin Gordon ed., Pantheon Books, 1980, pp. 69~79.

17 푸코가 만든 '헤테로토피에'라는 말은 'heteros(다른)'와 'topos(장소)'의 합성어로, '다른 장소'라고 직역되거나 유토피아적인 대안공간이라는 의미를 담아 '헤테로토피아'라고 의역된다. 미셸 푸코, 《헤테로토피아》, 13~14쪽.

18 미셸 푸코, 《헤테로토피아》, 24쪽, 56쪽.

19 미셸 푸코, 《헤테로토피아》, 24~25쪽.

20 미셸 푸코, 《헤테로토피아》, 57쪽.

21 Michel Foucault, "Questions on Geography", p. 63, p. 70.

22 미셸 푸코, 《감시와 처벌: 감옥의 탄생》, 오생근 옮김, 나남출판, 1994, 223쪽.

23 Michel Foucault, "Questions on Geography", p. 77.

24 미셸 푸코, 《"사회를 보호해야 한다"》, 김상운 옮김, 난장, 2015, 82쪽, 84쪽.

25 미셸 푸코, 《"사회를 보호해야 한다"》, 106~107쪽.

26 미셸 푸코, 《"사회를 보호해야 한다"》, 307쪽, 309쪽. 강조는 푸코.

27 Ann Laura Stoler, *Race and the Education of Desire: Foucault's History of Sexuality and the Colonial Order of Things*, Duke University Press, 1995, p. 85, p. 95. 푸코가 식민주의를 인종담론과 짝짓기 위해 '선별적으로' 동원했다면, 서유럽 부르주아지가 공유했던 젠더 담론은 푸코의 제국주의적 육체담론에서 거의 나타나지 않는다는 비판이 이 책의 주제이다.

28 미셸 푸코, 《"사회를 보호해야 한다"》, 132쪽.

29 푸코는 타자(비서구/유색인/여성)와 동일자(서구/백인/남성)의 구별을 이성과 광기, 문명과 야만, 정상과 비정상, 내부와 외부 등 인식론적인 경계선의 안팎으로 나누어 규정하는 전통적 철학체계에서 벗어나 이 양자들을 항상 '내재적인 차이', 즉 광기도 이성의 일부이며 타자도 동일자와 서로 연루된 관계망으로 파악한다. 이런 인식은 식민지 지배자와 피지배자를 통치자와 피억압자라는 일방적인 관계가 아니라 가해자인 동시에 희생자로 위치시키는 호미 바바의 '사이 공간' 개념과 유사하다.

30 미셸 푸코·둣치오 뜨롬바도리, 〈권력에 대한 담론〉, 《푸코의 맑스》, 161쪽.

31 Michel Foucault, "Two Lectures: Lecture One: 7 January 1976", *Power/Knowledge*, pp. 80~81. 강조는 푸코.

32 Michel Foucault, "Two Lectures: Lecture One", *Power/Knowledge*, p. 82.

33 Michel Foucault, "Two Lectures: Lecture One", p. 83. 강조는 푸코.

34 디페시 차크라바르티, 《유럽을 지방화하기》, 김택현·안준범 옮김, 그린비, 2014, 70쪽.

35 직접 인용문은 디페시 차크라바르티의 《유럽을 지방화하기》 2007년판 서문과 2011년 한국어판 서문에서 각각 따온 것이다.

36 월터 D. 미뇰로, 《라틴아메리카, 만들어진 대륙》, 김은중 옮김, 그린비, 2010, 83쪽.

37 김은영 편, 《동남아 여행 글쓰기와 포스트식민주의의 비평》, 심산, 2011, 59쪽.

38 미셸 푸코, 《헤테로토피아》, 44쪽.

39 월터 D. 미뇰로, 《로컬 히스토리/글로벌 디자인》, 이성훈 옮김, 에코리브르, 2013, 30~31쪽, 315쪽.

40 월터 D. 미뇰로, 《로컬 히스토리/글로벌 디자인》, 55쪽; 루버트 J. C. 영, 《포스트식민주의 또는 트리컨티넨탈리즘》, 김택현 옮김, 박종철출판사, 2005, 23~24쪽.

41 월터 D. 미뇰로, 《라틴아메리카, 만들어진 대륙》, 43~44쪽, 130~131쪽.

42 아시스 난디, 《친밀한 적》, 이옥순·이정진 옮김, 창비, 2015, 19쪽; 위르겐 오스터함멜, 《식민주의》, 박은영·이유재 옮김, 역사비평사, 2006, 33쪽.

43 안토니오 네그리·마이클 하트, 《제국》, 윤수종 옮김, 이학사, 2001, 254쪽; H. D. Harootunian, "Foucault, Genealogy, History: The Pursuit of Otherness", *After Foucault: Humanistic Knowledge, Postmodern Challenges*, Jonathan Arac ed., Rutgers University Press, 1988, p. 132.

44 안토니오 네그리·마이클 하트, 《제국》, 247쪽.

45 월터 D. 미뇰로, 《로컬 히스토리/글로벌 디자인》, 124쪽.

46 미셸 푸코 〈계몽이란 무엇인가〉, 김성기 엮음, 《모더니티란 무엇인가》, 민음사, 1994, 359쪽. 나는 이런 푸코의 주장이 근대성의 한계를 넘어서기보다는 "그 경계 위에서 균형을 잡"음으로써 동일한 계몽으로 되돌아가는 '전통적인' 처방이라는 네그리와 하트의 주장에 동의하지 않는다. 안토니오 네그리·마이클 하트, 《제국》, 249쪽 참조.

47 미셸 푸코, 《"사회를 보호해야 한다"》, 170~171쪽.

48 미셸 푸코, 〈캘리포니아대학교 버클리캠퍼스 사학과에서의 토론〉, 《비판이란 무엇인가?/자기수양》, 심세광 외 옮김, 동녘, 2016, 158쪽.

49 미셸 푸코, 《"사회를 보호해야 한다"》, 220쪽, 222쪽, 224쪽.

50 미셸 푸코, 《"사회를 보호해야 한다"》, 221쪽.

51 월터 D. 미뇰로, 《라틴아메리카, 만들어진 대륙》, 74쪽.

52 가야트리 스피박, 〈한마디로: 인터뷰〉,《교육기계 안의 바깥에서》, 태혜숙 옮김, 갈무리, 2006, 52쪽.

53 월터 D.미뇰로,《로컬 히스토리/글로벌 디자인》, 513쪽.

54 미셸 푸코,《"사회를 보호해야 한다"》, 93~94쪽, 96쪽.

55 Mark Poster, "Foucault, the Present and History", *Michel Foucault Philosopher*, Timothy J. Armstrong ed. & trans., Routledge, 1992, pp. 303~315; 사라 밀즈,《현재의 역사가 미셸 푸코》, 임경규 옮김, 앨피, 2008 참조.

56 미셸 푸코,《"사회를 보호해야 한다"》, 274~275쪽; Michel Foucault, "Critical Theory/ Intellectual History", *Michel Foucault: Politics, Philosophy, Culture. Interviews and Other Writings, 1977-1984*, Lawrence D. Kritzman ed., Routledge, 1988, p. 35.

57 아시스 난디,《친밀한 적》, 103쪽. 재인용.

58 미셸 푸코,《담론의 질서》, 이정우 옮김, 중원문화, 2012, 30쪽.

59 폴 벤느, 〈부록: 역사학을 혁신한 푸코〉,《역사를 어떻게 쓰는가》, 이상길·김현경 옮김, 새물결, 2004, 473쪽.

60 폴 벤느, 〈부록: 역사학을 혁신한 푸코〉, 498쪽.

61 폴 벤느, 〈부록: 역사학을 혁신한 푸코〉, 314쪽.

[부록] 전통 사상사를 넘어 트랜스내셔널 지성사를 향하여

1 Felix Gilbert, "Intellectual History: Its Aims and Methods", *Daedalus*, The MIT Press, 1971, p. 147; 프랜시스 베이컨,《학문의 진보》, 이종흡 옮김, 아카넷, 2004, 155~156쪽 참조.

2 Hajo Holborn, "The History of Ideas", *New Directions in American Intellectual History*, John Higham and Paul Conkin eds., Johns Hopkins University Press, 1979, p. 685.

3 Frank E. Manuel, *Freedom from History and Other Untimely Essays*, New York University Press, 1971, p. 247.

4 이 이슈에 대한 좀 더 복잡한 논의는 Dominick LaCapra, "Marxism and Intellectual History", *Rethinking Intellectual History: Texts, Contexts, Language*, Cornell University Press, 1983 참조.

5   Hajo Holborn, "The History of Ideas", p. 688; Franklin L. Baumer, *Modern European Thought: Continuity and Change in Ideas, 1600-1950*, Macmillan, 1977, p. 3~4 참조.

6   고담준론(高談峻論)을 즐기는 뿌리 깊은 전통 탓인지 국내 학계에서는 '사상사(history of thought)'라는 용어를 선호하는 경향이 강하다. '지성사(intellectual history)'라는 용어도 소수의 엘리트 집단에 초점을 맞춰 이른바 '대중지성'을 제외한다는 우려가 있기 때문에 만족할 만한 개념은 아니다. 서양 학계에서는 제2차 세계대전을 경계로 '사상사'보다는 '지성사'라는 용어가 통용되고 있다. 나는 이 글에서 '사상사'와 '지성사'를 총칭적인 (generic) 동의어로 사용한다.

7   H. S. Hughes, "European Intellectual History 1884-1984: The Socialization of Ideas", *International Forum* (Seoul), 9, 1986-87; 이광주·오주환 엮음,《역사이론》, 문화과지성사, 1987, 173쪽.

8   H. S. Hughes, "European Intellectual History 1884-1984", 169쪽. 프랑스에서는 아직도 'Histoire intellectuelle'이라는 용어를 잘 사용하지 않을 뿐만 아니라 'Histoire des idees'라는 용어도 공식적으로 존재하지 않는다.《옥스퍼드 영어 사전》같은 영국의 유명 사전에서도 'intellectual history'라는 단어를 찾을 수 없으며, 이탈리아에서도 1953년까지도 'Storia intellectuale'라는 용례를 찾을 수 없었다. 독일 경우에도 'intellektuelle Geschichte'라는 용어 대신에 'Geistesgeschichte'나 'Ideengeschichte'를 선호했다. Felix Gilbert, "Intellectual History", p. 80~81; Roger Chartier, "Intellectual History or Sociocultural History? The French Trajectories", *Modern European Intellectual History*, Dominick LaCapra and Steven L. Kaplan eds., Cornell University Press, 1983, p. 13~14 참조.

9   H. S. Hughes, "European Intellectual History 1884-1984", p. 171. 영국에서 1960년대에 지성사라는 과목이 처음으로 세인트앤드루스대학교 학부와 대학원에서 개설되었다는 주장에 대해서는 Richard Whatmore, *What is Intellectual History?*, Polity Press, 2016, p. 27. 이 책은 주로 영국 학계에 초점을 맞춰 지성사의 역사, 방법론, 사례 분석, 학문적 전망을 했다는 점에서 장점과 단점을 고루 갖는다.

10 John Higham, "Introduction", *New Directions in American Intellectual History*, xii.

11 이상현, 〈칼 베커의 역사사상 소고〉,《서양사론》제43권, 한국서양사학회, 1994 참조.

12 Carl Becker, *The Heavenly City of the Eighteenth-Century Philosophers*, Yale University Press, 1932.

13 Charlotte W. Smith, *Carl Becker: On History and the Climate of Opinion*, Cornell University Press, 1956, pp. 70~73.

14 Carl Becker, "Everyman His Own Historian", *American Historical Review*, ⅩⅩⅩⅦ, 1932. 1. 참조.

15 Crane Brinton, *The Jacobins: An Essay in the New History*, The Macmillan Company, 1930.

특히 Chapter I(Introduction) 참조. p. 7~9.

16 Crane Brinton, *The Anatomy of Revolution*, Random House, 1965, Revised and Expanded Edition. 이런 방법론에 대해서는 Chap. 1 Introduction, 특히 p. 19 참조.

17 크레인 브린튼, 《서양사상의 역사》, 최명관·박은구 옮김, 을유문화사, 1984, 20쪽. 원서는 1950년 간행.

18 크레인 브린튼, 《서양사상의 역사》, 14~15쪽.

19 크레인 브린튼, 《서양사상의 역사》, 17쪽.

20 Arthur O. Lovejoy, *Essays in the History of Ideas*, Capricorn Books, 1960, p. vii. 원본은 1948년 출간.

21 Arthur O. Lovejoy, *Essays in the History of Ideas*, p. 9.

22 이런 관점에서 고대부터 19세기에 이르는 서양 사상사를 '존재의 연쇄(the chain of beings)'의 변천 과정으로 서술한 작품이 러브조이의 출세작이자 관념사의 표준 텍스트인 *The Great Chain of Being: A Study of the History of Idea* (Harvard University Press, 1936)이다. 국내 번역본은 아서 O. 러브죠이, 《존재의 대연쇄》, 차하순 옮김, 탐구당, 1984 참조.

23 Felix Gilbert, "Intellectual History", p. 89.

24 Arthur O. Lovejoy, *Essays in the History of Ideas*, p. 23.

25 Franklin L. Baumer, *Modern European Thought*, p. 6.

26 Richard Whatmore, *What is Intellectual History?* p. 27.

27 Crane Brinton, "Many Mansions: AHA Presidential Addresses", *American Historical Review*, vol. 69-2, 1964. 1., pp. 309~326.

28 H. S. Hughes, "European Intellectual History 1884-1984", p. 169.

29 스튜어트 휴스, 《의식과 사회》, 박성수 옮김, 삼영사, 1978, 특히 17쪽.

30 Frank E. Manuel, *Freedom from History and Other Untimely Essays*, ix.

31 Frank E. Manuel, *The New World of Henri Saint-Simon*, Harvard University Press, 1956. 매뉴얼은 이 책을 브린턴에게 헌사함으로써 자신이 스승의 역사관을 이어받은 적자임을 드러냈다.

32 Robert Darnton, "Intellectual and Cultural History", *The Kiss of Lamourette: Reflections in Cultural History*, W. W. Norton & Company, 1990, p. 195. 국내 번역본은 로버트 단턴, 《로버트 단턴의 문화사 읽기》, 김지혜 옮김, 길, 2008.

33 Roland N. Stromberg, *European Intellectual History Since 1789*, Prentice-Hall, 1986, p.

2~4; Leonard Krieger, "The Autonomy of Intellectual History", *Journal of the History of Ideas*, vol. 34, no. 4, University of Pennsylvania Press, 1973. 12.

34 1970년대에 기세를 떨쳤던 민중사·전체사회사에 대해서는 M. W. Flinn and T. C. Smout eds., *Essays in Social History*, Oxford University Press, 1974, 특히 제1장 E. J. Hobsbawm, "From Social History to the History of Society"; Jim Sharpe, "History from Below", *New Perspectives on Historical Writing*, Peter Burke ed., Polity Press, 1991 등 참조.

35 Roger Chartier, "Intellectual History or Sociocultural History? The French Trajectories", p. 13.

36 피터 게이의 생애와 학문세계에 대해서는 조한욱, 〈피터 게이의 역사세계〉, 《역사학보》 제228호, 역사학회, 2015. 12. 참조.

37 Peter Gay, *The Party of Humanity: Essays in the French Enlightenment*, W. W. Norton & Company, 1964, x~xi.

38 Peter Gay, *The Party of Humanity*, xi.

39 Ernst Cassirer, *The Philosophy of the Enlightenment*, 1932; Carl Becker, *The Heavenly City of the Eighteenth-Century Philosophers*.

40 Peter Gay, *The Party of Humanity*, x. 칼 베커의 계몽주의 해석에 대한 구체적인 비판 내용은 Peter Gay, "Carl Becker's Heavenly City", *The Party of Humanity*, 제7장 참조.

41 피터 게이, 《계몽주의의 기원》, 주명철 옮김, 민음사, 1998, 8~10쪽.

42 Peter Gay, "The Social History of Ideas: Ernst Cassirer and After", *Essays in Honor of Herbert Marcuse*, Kurt H. Wolff and Barrington Moore eds., Boston, 1967, p. 111.

43 로버트 단턴, 《책과 혁명》, 주명철 옮김, 길, 2003.

44 Robert Darnton, "Intellectual and Cultural History", p. 337 참조.

45 Laurence Veysey, "Intellectual History and the New Social History", *New Perspectives on Historical Writing*, Peter Burke ed., Polity Press, 1991, p. 20.

46 Peter Burke, "Overture: the New History, Its Past and Its Future", *New Perspectives on Historical Writing*, pp. 10~11.

47 다니엘 모르네, 《프랑스혁명의 지적 기원》, 곽광수 외 옮김, 일월서각, 1995, 15쪽; 로제 샤르티에, 〈프랑스어판 서문〉, 《프랑스혁명의 문화적 기원》, 백인호 옮김, 지식을만드는 지식, 2015, xi.

48 Russel Jacoby, "A New Intellectual History?", *American Historical Review*, vol. 97-2, American Historical Association, 1992. 4., p. 406; Gene Wise, "The Contemporary Crisis in Intellectual History Studies", *Clio: A Journal of Literature, History, and the Philosophy of*

History, vol. 1, Indiana University, Purdue University of Fort Wayn, 1975, pp. 63~64.

49 Joyce Appleby, Lynn Hunt and Margaret Jacob, *Telling the Truth about History*, W. W. Norton & Company, 1994, p. 230; 육영수, 〈포스트모던 시대의 역사와 역사학〉, 《중앙사론》, 한국중앙사학회, 1998, 596쪽.

50 Mona Ozouf, *Festivals and the French Revolution*, Alan Sheridan trans., Harvard University Press, 1988. 원서는 1976년 간행; 모리스 아귈롱, 《마리안느의 투쟁》, 전수연 옮김, 한길사, 2001. 원서는 1979년 간행; Lynn Hunt, *Politics, Culture, and Class in the French Revolution*, University of California Press, 1984 등 참조.

51 Gabrielle Spiegel, "History and Post-Modernism Ⅳ", *Past and Present*, vol. 135, Oxford University Press, 1993. 5., pp. 202~203; F. R. Ankersmit, "Historiography and Postmodernism", *History and Theory*, vol. XXⅧ #2, Wesleyan University, 1989, p. 150.

52 Allan Megill, "Globalization and the History of Ideas", *Journal of the History of Ideas*, 66-2, University of Pennsylvania Press, 2005. 4., p. 180.

53 Samuel Moyn and Andrew Sartori eds., *Global Intellectual History*, Columbia University Press, 2013; Darrin M. McMahon and Samuel Moyn eds., *Rethinking Modern European Intellectual History*, Oxford University Press, 2014 등 참조.

54 Arif Dirlik, "The Postcolonial Aura: Third World Criticism in the Age of Global Capitalism", *Critical Inquiry*, vol. 20, The University of Chicago Press, 1994/Winter, pp. 328~356.

55 Arif Dirlik, "Is There History after Eurocentrism?: Globalism, Postcolonialism, and the Disavowal of History", *Critical Inquiry*, vol. 42, The University of Chicago Press, 1999/Spring, pp. 1~34.

56 Arif Dirlik, "Is There History after Eurocentrism?", pp. 9~10.

57 아리프 딜릭, 〈탈중심화하기: 세계들과 역사들〉, 《지구사의 도전》, 조지형·김용우 엮음, 서해문집, 2010, 154쪽.

58 아리프 딜릭, 〈탈중심화하기〉, 162쪽.

59 미셸-롤프 트루요, 《과거 침묵시키기》, 김명혜 옮김, 그린비, 2011, 35쪽.

60 미셸-롤프 트루요, 《과거 침묵시키기》, 20~21쪽, 70쪽.

61 미셸-롤프 트루요, 《과거 침묵시키기》, 97~102쪽, 213쪽.

62 미셸-롤프 트루요, 《과거 침묵시키기》, 239~243쪽.

[참고문헌]

국내 문헌

(1) 단행본

가야트리 스피박, 《교육기계 안의 바깥에서》, 태혜숙 옮김, 갈무리, 2006.

가야트리 스피박 외, 로절린드 모리스 엮음, 《서발턴은 말할 수 있는가?》, 태혜숙 옮김, 그린비, 2013.

강내희, 《인문학으로 사회변혁을 말하다》, 문화과학사, 2016.

강민구 외, 《세계의 백과사전》, 한국문화사, 2016.

김덕영, 《막스 베버: 통합과학적 인식의 패러다임을 찾아서》, 길, 2012.

김덕호, 《욕망의 코카콜라》, 지호, 2014.

김명환, 《영국 자유주의 연구》, 혜안, 2013.

김성기 외, 《모더니티란 무엇인가》, 민음사, 1994.

김영한·임지현 엮음, 《서양의 지적 운동 I 》, 지식산업사, 1994.

김영한·임지현 엮음, 《서양의 지적 운동 II 》, 지식산업사, 1998.

김은영 편, 《동남아 여행 글쓰기와 포스트식민주의의 비평》, 심산, 2011.

김응종, 《관용의 역사》, 푸른역사, 2014.

나인호, 《개념사란 무엇인가》, 역사비평사, 2011.

노명식, 《자유주의의 원리와 역사: 그 비판적 연구》, 민음사, 1991.

노명우, 《계몽의 변증법》, 살림, 2005.

니콜라 드 콩도르세, 《콩도르세, 공교육에 관한 다섯 논문》, 이주환 옮김, 살림터, 2019.

다니엘 모르네,《프랑스혁명의 지적 기원》, 곽광수 외 옮김, 일월서각, 1995.

데이비드 블랙번·제프 일리,《독일 역사학의 신화 깨트리기》, 최용찬·정용숙 옮김, 푸른역사, 2007.

도로시 로스,《미국 사회과학의 기원 2》, 백창재·정병기 옮김, 나남, 2008.

디디에 에리봉,《미셸 푸코, 1926~1984》, 박정자 옮김, 그린비, 2012.

디디에 오타비아니·이자벨 브와노,《미셸 푸코의 휴머니즘》, 심세광 옮김, 열린책들, 2010.

디오세기 이슈트반,《모순의 제국》, 김지영 옮김, 한국외국어대학교 출판부, 2013.

디페시 차크라바르티,《유럽을 지방화하기》, 김택현·안준범 옮김, 그린비, 2014.

라나지트 구하,《역사 없는 사람들》, 이광수 옮김, 삼천리, 2011.

라인하르트 코젤렉·크리스티안 마이어,《코젤렉의 개념사 사전 2: 진보》, 황선애 옮김, 푸른 역사, 2010.

로런트 듀보이스,《아이티 혁명사》, 박윤덕 옮김, 삼천리, 2014.

로버트 단턴,《책과 혁명》, 주명철 옮김, 길, 2003.

로버트 단턴,《로버트 단턴의 문화사 읽기》, 김지혜 옮김, 길, 2008.

로버트 J. C. 영,《포스트식민주의 또는 트리컨티넨탈리즘》, 김택현 옮김, 박종철출판사, 2005.

로버트 J. C. 영,《백색신화》, 김용규 옮김, 경성대학교 출판부, 2008.

로제 샤르티에,《프랑스혁명의 문화적 기원》, 백인호 옮김, 지식을만드는지식, 2015.

루스 슈워츠 코완,《미국 기술의 사회사》, 김명진 옮김, 궁리, 2012.

루쓰 코완,《과학기술과 가사노동》, 김성희 외 옮김, 신정, 1997.

루이스 코저,《사회사상사》, 신용하·박명규 옮김, 한길사, 2016.

리처드 호프스태터,《미국의 반지성주의》, 유강은 옮김, 교유서가, 2017.

리하르트 반 뒬멘,《개인의 발견》, 최윤영 옮김, 현실문화연구, 2005.

린 헌트,《인권의 발명》, 전진성 옮김, 돌베개, 2009.

릴라 간디,《포스트식민주의란 무엇인가》, 이영욱 옮김, 현실문화연구, 2000.

마들렌 피노,《백과전서》, 이은주 옮김, 한길사, 1999.

마르퀴 드 콩도르세,《인간 정신의 진보에 관한 역사적 개요》, 장세룡 옮김, 책세상, 2002.

마르크 페로,《식민주의 흑서 상권: 16~21세기 말살에서 참회로》, 고선일 옮김, 소나무, 2008.

마리아 루시아 G. 팔라레스-버크,《탐史: 현대 역사학의 거장 9인의 고백과 대화》, 곽차섭 옮 김, 푸른역사, 2007.

마리안네 베버,《막스 베버》, 조기준 옮김, 소이연, 2010.

마샬 버먼,《현대성의 경험》, 윤호병·이만식 옮김, 현대미학사, 1994.

마이클 샌델,《정의란 무엇인가》, 이창신 옮김, 김영사, 2010.

마크 마조워,《암흑의 대륙》, 김준형 옮김, 후마니타스, 2009.

마크 포스터,《푸꼬, 마르크시즘, 역사: 생산양식 대(對) 정보양식》, 이정우 옮김, 인간사랑, 1990.

막스 베버,《'탈주술화' 과정과 근대: 학문, 종교, 정치》, 막스 베버 사상 선집 I, 전성우 옮김, 나남출판, 2002.

막스 베버,《프로테스탄티즘의 윤리와 자본주의 정신》, 김덕영 옮김, 길, 2010.

매튜 그린,《런던 커피하우스, 그 찬란한 세계》, 김민지·박지현·윤지영 옮김, 경북대학교 출판부, 2016.

모리스 아귈롱,《마리안느의 투쟁》, 전수연 옮김, 한길사, 2001.

미셸 푸코,《성의 역사 1》, 이규현 옮김, 나남, 1990.

미셸 푸코,《담론의 질서》, 이정우 옮김, 중원문화, 1993.

미셸 푸코,《감시와 처벌: 감옥의 탄생》, 오생근 옮김, 나남출판, 1994.

미셸 푸코,《말과 사물》, 이규현 옮김, 민음사, 2012.

미셸 푸코,《헤테로토피아》, 이상길 옮김, 문학과지성사, 2014.

미셸 푸코,《"사회를 보호해야 한다"》, 김상운 옮김, 난장, 2015.

미셸 푸코,《비판이란 무엇인가?/자기수양》, 심세광 외 옮김, 동녘, 2016.

미셸 푸코·둣치오 뜨롬바도리,《푸코의 맑스: 둣치오 뜨롬바도리와의 대담》, 이승철 옮김, 갈무리, 2005.

미셸-롤프 트루요,《과거 침묵시키기》, 김명혜 옮김, 그린비, 2011.

박준철 외,《서양 문화사 깊이 읽기》, 푸른역사, 2008.

백종현,《독일철학과 20세기 한국의 철학》, 철학과현실사, 1998.

볼테르,《철학서한》, 박영혜 옮김, 삼성미술문화재단 출판부, 1978.

볼테르,《관용론》, 송기형·임미경 옮김, 한길사, 2001.

브라이언 터너,《막스 베버: 근대성과 탈근대성의 역사사회학》, 최우영 옮김, 백산서당, 2004.

브로노프스키·매즐리시,《서양의 지적 전통: 다빈치에서 헤겔까지》, 차하순 옮김, 학연사, 1986.

사라 밀즈,《현재의 역사가 미셸 푸코》, 임경규 옮김, 앨피, 2008.

사회과학원 력사연구소 엮음,《력사사전》5권, 과학백과사전종합출판사, 2003.

샌드라 하딩, 《페미니즘과 과학》, 이재경·박혜경 옮김, 이화여자대학교 출판부, 2002.

설혜심, 《소비의 역사》, 휴머니스트, 2017.

세이무어 마틴 립셋, 《미국 예외주의》, 문지영·강정인·하상복·이지윤 옮김, 후마니타스, 2006.

송성수 엮음, 《우리에게 기술이란 무엇인가》, 녹두, 1995.

슈테판 츠바이크·지크문트 프로이트, 《프로이트를 위하여》, 양진호 옮김, 책세상, 2016.

스튜어트 홀 외, 《현대성과 현대문화》, 전효관 외 옮김, 현실문화연구, 2001.

스튜어트 홀 외, 《현대성과 현대문화 2》, 전효관 외 옮김, 현실문화연구, 1996.

스튜어트 휴스, 《의식과 사회》, 박성수 옮김, 삼영사, 1978.

스티븐 컨, 《시간과 공간의 문화사 1880~1918》, 박성관 옮김, 휴머니스트, 2004.

시드니 민츠, 《설탕과 권력》, 김문호 옮김, 지호, 1998.

신동규·이춘입 엮음, 《1968년: 저항과 체제 비판의 역동성》, 한울엠플러스, 2019.

신용하, 《사회학의 성립과 역사사회학: 오귀스트 꽁트의 사회학 창설》, 지식산업사, 2012.

신일철 엮음, 《프랑크푸르트학파》, 청람, 1979.

아돌프 히틀러, 《나의 투쟁》, 서석연 옮김, 범우사, 1989.

아리프 딜릭, 《포스트모더니티의 역사들》, 황동연 옮김, 창비, 2005.

아서 O. 러브죠이, 《존재의 대연쇄》, 차하순 옮김, 탐구당, 1984.

아시스 난디, 《친밀한 적》, 이옥순·이정진 옮김, 창비, 2015.

안토니오 그람시, 린 로너 엮음, 《감옥에서 보낸 편지》, 양희정 옮김, 민음사, 2000.

안토니오 네그리·마이클 하트, 《제국》, 윤수종 옮김, 이학사, 2001.

알래스데어 매킨타이어, 《마르쿠제》, 연희원 옮김, 지성의 샘, 1994.

야나부 아키라, 《번역어의 성립》, 김옥희 옮김, 마음산책, 2011.

에드먼드 버크, 《프랑스혁명에 관한 성찰》, 이태숙 옮김, 한길사, 2008.

에드워드 파머 톰슨, 《영국 노동계급의 형성》 상권, 나종일·김인중 외 옮김, 창작과비평사, 2000.

에리히 프롬, 《자유로부터의 도피》, 김석희 옮김, 휴머니스트, 2012.

오귀스트 콩트, 《실증주의 서설》, 김점석 옮김, 한길사, 2001.

외르크 피셔, 《코젤렉의 개념사 사전 1: 문명과 문화》, 안삼환 옮김, 푸른역사, 2010.

월터 D. 미뇰로, 《라틴아메리카, 만들어진 제국》, 김은중 옮김, 그린비, 2010.

월터 D. 미뇰로, 《로컬 히스토리/글로벌 디자인》, 이성훈 옮김, 에코리브르, 2013.

위르겐 오스터함멜,《식민주의》, 박은영·이유재 옮김, 역사비평사, 2006.

윌리엄 존스턴,《제국의 종말 지성의 탄생》, 변학수·오용록 외 옮김, 글항아리, 2008.

윌리엄 M. 레디,《감정의 항해》, 김학이 옮김, 문학과지성사, 2016.

육영수,《책과 독서의 문화사》, 책세상, 2010.

육영수,《혁명의 배반 저항의 기억: 프랑스혁명의 문화사》, 돌베개, 2013.

이광주·오주환 엮음,《역사이론》, 문화과지성사, 1987.

이블린 폭스 켈러,《과학과 젠더》, 민경숙·이현주 옮김, 동문선, 1996.

이영석,《공장의 역사: 근대 영국사회와 생산, 언어, 정치》, 푸른역사, 2012.

이영석,《지식인과 사회》, 아카넷, 2014.

이종찬,《난학의 세계사》, 알마, 2014.

이진우,《니체, 실험적 사유와 극단의 사상》, 책세상, 2009.

이치노카와 야스타카,《사회》, 강광문 옮김, 한림대학교 한림과학원 기획, 푸른역사, 2015.

임경석·차혜영 외,《《개벽》에 비친 식민지 조선의 얼굴》, 모시는사람들, 2007.

임마누엘 칸트,《칸트의 역사 철학》(개정판), 이한구 편역, 서광사, 2009.

장 보드리야르,《소비의 사회》, 이상률 옮김, 문예출판사, 1992.

장세룡,《프랑스 계몽주의 지성사》, 길, 2013.

전성우,《막스 베버 사회학》, 나남, 2013.

정동호 외,《오늘 우리는 왜 니체를 읽는가》, 책세상, 2006.

제러미 벤담,《파놉티콘》, 신건수 옮김, 책세상, 2007.

제러미 벤담,《도덕과 입법의 원리 서설》, 고정식 옮김, 나남, 2011.

제프 일리,《The Left 1848~2000》, 유강은 옮김, 뿌리와이파리, 2008.

조승래,《공공성 담론의 지적 계보: 자유주의를 넘어서》, 서강대학교 출판부, 2014.

조지 세이빈·토머스 솔슨,《정치사상사 1》, 성유보·차남희 옮김, 한길사, 1997.

조지 L. 모스,《남자의 이미지》, 이광조 옮김, 문예출판사, 2004.

조지형·김용우 엮음,《지구사의 도전》, 서해문집, 2010.

조한욱,《서양 지성과의 만남 1: 고대 그리스에서 독일의 낭만주의까지》, 꿈이있는세상, 2007.

존 스튜어트 밀,《여성의 종속》, 서병훈 옮김, 책세상, 2006.

존 스튜어트 밀,《공리주의》, 서병훈 옮김, 책세상, 2007.

존 스튜어트 밀,《존 스튜어트 밀 자서전》, 최명관 옮김, 창, 2011.

존 스튜어트 밀,《자유론》, 서병훈 옮김, 책세상, 2016.

죄르지 루카치,《역사와 계급의식》, 조만영·박정호 옮김, 지식을만드는지식, 2015.

주강현,《세계박람회, 1851~2012》, 블루&노트, 2012.

지크문트 프로이트,《새로운 정신분석 강의》, 임홍빈·홍혜경 옮김, 열린책들, 1996.

지크문트 프로이트,《꿈의 해석: 상》, 김인순 옮김, 열린책들, 1997.

지크문트 프로이트,《나의 이력서》, 한승완 옮김, 열린책들, 1997.

지크문트 프로이트,《무의식에 관하여》, 윤희기 옮김, 열린책들, 1997.

지크문트 프로이트,《문명 속의 불만》, 김석희 옮김, 열린책들, 1997.

지크문트 프로이트,《정신분석운동》, 박성수 옮김, 열린책들, 1997.

지크문트 프로이트,《히스테리 연구》, 김미리혜 옮김, 열린책들, 1997.

차하순,《서양 근대사상사 연구》, 탐구당, 1994.

칼 쇼르스케,《세기말 비엔나》, 김병화 옮김, 구운몽, 2006.

크레인 브린튼,《서양사상의 역사》, 최명관·박은구 옮김, 을유문화사, 1984.

크리스티안 마이어 외,《누가 역사의 진실을 말했는가》, 이온화 옮김, 푸른역사, 1998.

키어런 앨런,《막스 베버의 오만과 편견》, 박인용 옮김, 삼인, 2010.

테리 이글턴,《유물론: 니체, 마르크스, 비트겐슈타인, 프로이트의 신체적 유물론》, 전대호 옮
   김, 갈마바람, 2018.

토머스 휴즈,《현대 미국의 기원 2》, 김명진 옮김, 나남, 2017.

페리 앤더슨,《서구마르크스주의 읽기》, 이현 옮김, 이매진, 2003.

폴 벤느,《역사를 어떻게 쓰는가》, 이상길·김현경 옮김, 새물결, 2004.

프랑코 벤투리,《계몽사상의 유토피아와 개혁》, 김민철 옮김, 글항아리, 2018.

프랜시스 베이컨,《베이컨 수상록》, 권오석 옮김, 홍신문화사, 1990.

프랜시스 베이컨,《새로운 아틀란티스》, 김종갑 옮김, 에코리브르, 2002.

프랜시스 베이컨,《학문의 진보》, 이종흡 옮김, 아카넷, 2002.

프랜시스 베이컨,《신기관》, 진석용 옮김, 한길사, 2016.

프랭크 터너, 리처드 로프트하우스 엮음,《예일대 지성사 강의》, 서상복 옮김, 책세상, 2016.

프랭클린 보머,《유럽 근현대 지성사》, 조호연 옮김, 현대지성사, 1999.

프리드리히 니체,《차라투스트라는 이렇게 말했다》, 정동호 옮김, 책세상, 2000.

프리드리히 니체,《선악의 저편·도덕의 계보》, 김정현 옮김, 책세상, 2002.

프리드리히 니체,《안티크리스트》, 백승영 옮김, 책세상, 2002.

프리드리히 니체,《비극의 탄생·반시대적 고찰》, 이진우 옮김, 책세상, 2005.

프리드리히 니체,《즐거운 학문》, 안성찬·홍사현 옮김, 책세상, 2005.

피터 게이,《계몽주의의 기원》, 주명철 옮김, 민음사, 1998.

피터 게이,《프로이트 Ⅱ》, 정영목 옮김, 교양인, 2011.

하상복,《빵떼옹: 성당에서 프랑스 공화국 묘지로》, 경성대학교 출판부, 2007.

한국서양사학회 엮음,《유럽중심주의 세계사를 넘어 세계사들로》, 푸른역사, 2009.

한국사회이론학회·한국인문사회과학회 엮음,《다시 읽는 막스 베버》, 문예출판사, 2015.

한스 울리히 굼브레히트,《코젤렉의 개념사 사전 13: 근대적/근대성, 근대》, 푸른역사, 2019.

허수,《이돈화 연구》, 역사비평사, 2011.

헤르베르트 마르쿠제,《위대한 거부》, 유효종·전종덕 옮김, 광민사, 1979.

헤르베르트 마르쿠제,《이성과 혁명》, 김현일 옮김, 중원문화, 1984.

헤르베르트 마르쿠제,《일차원적 인간》, 박병진 옮김, 한마음사, 1986.

헤르베르트 마르쿠제,《에로스와 문명》, 김인환 옮김, 나남, 1989.

헤르베르트 마르쿠제,《해방론》, 김택 옮김, 울력, 2004.

호르스트 슈투케,《코젤렉의 개념사 사전 6: 계몽》, 남기호 옮김, 푸른역사, 2014.

호미 바바,《문화의 위치》, 나병철 옮김, 소명출판, 2002.

호세 오르테가 이 가세트,《대중의 반역》, 황보영조 옮김, 역사비평사, 2005.

H. 스튜어트 휴즈,《지식인들의 망명: 사회사상의 대항해, 1930~1965년》, 김창희 옮김, 개마
고원, 2007.

H. N. 퓨겐,《막스 베버》, 박미애 옮김, 서광사, 1994.

I. 벌린,《계몽시대의 철학: 18세기의 철학자들》, 정병훈 옮김, 서광사, 1992.

J. G. 메르키오르,《푸코》, 이종인 옮김, 시공사, 1998.

J. P. 스턴,《니체》, 이종인 옮김, 시공사, 1998.

Th. W. 아도르노·M. 호르크하이머,《계몽의 변증법: 철학적 단상》, 김유동 옮김, 문학과지성
사, 2001.

W. 토머스,《존 스튜어트 밀: 생애와 사상》, 허남결 옮김, 서광사, 1997.

(2) 논문

김기순, 〈J. S. 밀의 민주주의론〉, 《영국연구》 제40호, 영국사학회, 2018.

김덕호, 〈가사기술은 진정 가사노동으로부터의 해방을 가져왔는가?: 20세기 미국에서 가전제품
의 확산과 가사노동 시간의 변화〉, 《미국학논집》 제50집 2호, 한국아메리카학회, 2018. 9.

김정현, 〈니체사상의 한국적 수용―1920년대를 중심으로〉, 《니체연구》 제12집, 한국니체학
회, 2007.

김정현, 〈1930년대 니체사상의 한국적 수용〉, 《니체연구》 제14집, 한국니체학회, 2008. 가을.
제3권 1호.

박용희, 〈왜 '지구적 지성사'가 요구되는가?: 지구사적 지성사 기획. 방향과 지향의 문제를 중
심으로〉, 《대구사학》 제127호, 대구사학회, 2017. 6.

서병훈, 〈존 스튜어트 밀의 위선?―선의의 제국주의〉, 《철학연구》 제98권, 철학연구회, 2012. 9.

안토니오 네그리, 〈푸코의 전유―노동의 변형과 정치경제의 위기〉, 황혜령 옮김, 《오늘의 문
예비평》 제61호, 2005. 6.

육영수, 〈생시몽주의의 페미니즘―3가지 모델〉, 《역사학보》 제150호, 역사학회, 1996. 6.

육영수, 〈포스트모던 시대의 역사와 역사학〉, 《중앙사론》, 한국중앙사학회, 1998.

육영수, 〈정신분석학과 역사학―이론과 실제〉, 《서양사론》 제71호, 한국서양사학회, 2001.

육영수, 〈책과 독서는 역사를 움직이는가―'단턴 테제'와 '단턴 논쟁'을 중심으로〉, 《서양사
론》 제79호, 한국서양사학회, 2003. 12.

육영수, 〈역사, 기억과 망각의 투쟁〉, 《한국사학사학보》 제27권, 한국사학사학회, 2013. 6.

육영수, 〈서양 선교사가 주도한 근대 한국학의 발명과 국제화, 1870년대-1890년대〉, 《역사민
속학》 제55호, 한국역사민속학회, 2018. 12.

이동렬, 〈이성과 관용 정신: 볼테르의 『관용론』 고찰〉, 《인문논총》 제52호, 서울대학교 인문학
연구원, 2004.

이병수, 〈1930년대 서양철학 수용에 나타난 철학1세대의 철학함의 특징과 이론적 영향〉, 《시
대와 철학》 제17권 12호, 한국철학사상연구회, 2006.

이상현, 〈칼 베커의 역사사상 소고〉, 《서양사론》 제43권, 한국서양사학회, 1994.

이영림, 〈정치의 문학화, 문학의 정치화―아카데미 프랑세즈의 탄생을 중심으로〉, 《프랑스사
연구》 제31호, 한국프랑스사학회, 2014.

이종흡, 〈베이컨에 대한 페미니스트들의 비판과 베이컨의 수사학〉, 《수사학》 제4호, 한국수사학회, 2006.

이진옥, 〈영국 "블루스타킹" 써클(Bluestocking Circle)의 성격〉, 《한성사학》 제13호, 한성사학회, 2001. 9.

이진옥, 〈18세기 영국의 블루스타킹 서클: 여성은 주변인인가?〉, 《역사와 경계》 제72호, 부산경남사학회, 2009. 9.

이태숙, 〈《급진주의는 위험하지 않다》─제러미 벤담의 급진주의자 면모〉, 《영국 연구》 제26호, 영국사학회, 2011. 12.

이태우, 〈일제강점기 신문을 통해 본 유럽철학의 수용 현황〉, 《동북아 문화연구》 제13집, 동북아시아문화학회, 2007. 10.

정동호, 〈니체 저작의 한글 번역─역사와 실태〉, 《철학연구》 제40집, 철학연구회, 1997.

조한욱, 〈피터 게이의 역사세계〉, 《역사학보》 제228호, 역사학회, 2015. 12.

진태원, 〈푸코에 대한 연구에서 푸코적인 연구로─한국에서 푸코 저작의 번역과 연구 현황〉, 《역사비평》, 역사문제연구소, 2012. 5.

최영태, 〈부르크하르트의 19세기 대중사회 비판〉, 《세계 역사와 문화 연구》 제1호, 한국세계문화사학회, 1998. 1.

최영태, 〈부르크하르트의 시민사회 비판의 문제점과 한계〉, 《대구사학》 제78호, 대구사학회, 2005.

최호근, 〈19세기 말의 문화사 담론과 막스 베버의 역사적 문화과학〉, 《역사학보》 제186호, 역사학회, 2005.

허수, 〈1920년대 초 《개벽》 주도층의 근대사상 소개양상〉, 《역사와 현실》 제67호, 한국역사연구회, 2008.

(3) 신문 및 잡지

《개벽》, 《농민》, 《매일신보》, 《삼천리》, 《시원》, 《신흥》, 《월간조선》, 《조선문학》, 《조선일보》, 《조선중앙일보》, 《청년》, 《해외문학》

국외 문헌

(1) 단행본

Appleby, Joyce, Lynn Hunt and Margaret Jacob, *Telling the Truth about History*, W. W. Norton & Company, 1994.

Arac, Jonathan ed., *After Foucault: Humanistic Knowledge, Postmodern Challenges*, Rutgers University Press, 1988.

Armstrong, Timothy J. ed. & trans., *Michel Foucault Philosopher*, Routledge, 1992.

Aschheim, Steven E., *The Nietzsche Legacy in Germany 1890-1990*, University of California Press, 1992.

Baker, Keith M., *Condorcet: From Natural Philosophy to Social Mathematics*, The University of Chicago Press, 1975.

Baumer, Franklin L., *Modern European Thought: Continuity and Change in Ideas, 1600-1950*, Macmillan, 1977.

Becker, Carl, *The Heavenly City of the Eighteenth-Century Philosophers*, Yale University Press, 1932.

Berlin, Isaiah, *Four Essays on Liberty*, Oxford University Press, 1969.

Bernstein, Jay ed., *The Frankfurt School: Critical Assessments*, vol. I, Routledge, 1994.

Bernstein, Jay ed., *The Frankfurt School: Critical Assessments*, vol. IV, Routledge, 1994.

Blackbourn, David, and Geoff Eley, *The Peculiarities of German History: Bourgeois Society and Politics in Nineteenth-Century Germany*, Oxford University Press, 1984.

Boudon, Raymond and François Bourricaud, *A Critical Dictionary of Sociology*, Peter Hamilton trans., The University of Chicago Press, 1989.

Bowen, Catherine Drinker, *Francis Bacon: The Temper of a Man*, Fordham University Press, 1993.

Brinton, Crane, *The Jacobins: An Essay in the New History*, The Macmillan Company, 1930.

Brinton, Crane, *The Anatomy of Revolution*, Random House, 1965, Revised and Expanded Edition.

Burchell, Graham et al. eds., *The Foucault Effect: Studies in Governmentality with Two Lectures by and an Interview with Michel Foucault*, The University of Chicago Press, 1991.

Burke, Peter ed., *New Perspectives on Historical Writing*, Polity Press, 1991.

Carey, Daniel and Lynn Festa, *The Postcolonial Enlightenment: Eighteenth-Century Colonialism and Postcolonial Theory*, Oxford University Press, 2009.

Cassirer, Ernst, *The Philosophy of the Enlightenment*, 1932.

Chatterjee, Partha, *Our Modernity*, Vinlin Press, 1997.

Chatterjee, Partha, *The Partha Chatterjee Omnibus*, Oxford University Press, 1999.

Clarke, John James, *Oriental Enlightenment: The Encounter Between Asia and Western Thought*, Routledge, 1977.

Darnton, Robert, *The Literary Underground of the Old Regime*, Harvard University Press, 1982.

Darnton, Robert, *The Kiss of Lamourette: Reflections in Cultural History*, W. W. Norton & Company, 1990.

Edwards, Paul ed., *The Encyclopedia of Philosophy*, vol. 1, Macmillan Publishing Co. & The Free Press, 1967.

Edwards, Paul ed., *The Encyclopedia of Philosophy*, vol 6, Macmillan Publishing Co. & The Free Press, 1967.

Edwards, Paul ed., *The Encyclopedia of Philosophy*, vol. 7, Macmillan Publishing Co. & The Free Press, 1967.

Feenberg, Andrew, *Lukács, Marx and the Sources of Critical Theory*, Oxford University Press, 1986.

Flinn, M. W. and T. C. Smout eds., *Essays in Social History*, Oxford University Press, 1974.

Foucault, Michel, *The Order of Things: An Archaeology of the Human Sciences*, Vintage Books, 1973.

Foucault, Michel, *Power/Knowledge: Selected Interviews & Other Writings 1972-1977*, Colin Gordon ed., Pantheon Books, 1980.

Foucault, Michel, *Politics, Philosophy, Culture: Interviews and Other Writings, 1977-1984*, Lawrence D. Kritzman ed., Routledge, 1988.

Gay, Peter, *The Party of Humanity: Essays in the French Enlightenment*, W. W. Norton &

Company, 1964.

Gerth, H. H., and C. Wright Mills, *From Max Weber: Essays in Sociology*, Oxford University Press, 1946.

Gottlieb, Roger ed., *Anthology of Western Marxism: From Lukacs and Gramsci to Socialist-Feminism*, Oxford University Press, 1989.

Gramsci, Antonio, *The Modern Prince and Other Writings*, Louis Mark trans., International Publishers, 1957.

Gramsci, Antonio, *Letters from Prison*, Lynne Lawner ed. & trans., Harper & Row, 1973.

Gramsci, Antonio, *Pre-Prison Writings*, Richard Bellamy ed., Virginia Cox trans., Cambridge University Press, 1994.

Green, Anna and Kathleen Troup, *The House of History: A Critical Reader in Twentieth-century History and Theory*, New York University Press, 1999.

Hamilton, Peter ed. & trans., *A Critical Dictionary of Sociology*, Routledge and The University of Chicago Press, 1989.

Higham, John and Paul Conkin eds., *New Directions in American Intellectual History*, Johns Hopkins University Press, 1979.

Houghton, Walter E., *The Victorian Frame of Mind, 1830-1870*, Yale University Press, 1957.

Hoy, David Couzens ed., *Foucault: A Critical Reader*, Basil Blackwell, 1986.

Hughes, H. Stuart, *The Sea Change: The Migration of Social Thought, 1930-1965*, Harper and Row, 1975.

Hughes, H. Stuart, *Consciousness and Society: The Reorientation of European Social Thought, 1890-1930*, Vintage Books, 1977.

Hunt, Lynn, *Politics, Culture, and Class in the French Revolution*, University of California Press, 1984.

Hunt, Lynn, *Writing History in the Global Era*, W. W. Norton & Company, 2014.

Hunt, Lynn ed. & trans., *The French Revolution and Human Rights: A Brief Documentary History*, Bedford/St. Martin's, 1996.

Jacob, Margaret C., *The Enlightenment: A Brief History with Documents*, Bedford/St. Martin's, 2000.

Jay, Martin, *The Dialectical Imagination: A History of the Frankfurt School and the Institute of Social Research, 1923-1950*, Little, Brown and Company, 1973.

Jay, Martin, *Marxism and Totality: The Adventures of a Concept from Lukács to Habermas*, University of California Press, 1984.

Jones, Alfred Ernest, *The Life and Work of Sigmund Freud*, Basic Books, Inc., 1953.

Käsler, Dirk, *Max Weber: An Introduction to his Life and Work*, Philippa Hurd trans., University of Chicago Press, 1988.

Kätz, Barry, *Herbert Marcuse and the Art of Liberation: An Intellectual Biography*, Verso, 1982.

Kishlansky, Mark A. ed., *Sources of the West: Reading in Western Civilization II, From 1600 to the Present*, Longman, 2008.

Kors, Alan Charles ed., *Encyclopedia of the Enlightenment*, vol. 1, Oxford University Press, 2003.

Kors, Alan Charles ed., *Encyclopedia of the Enlightenment*, vol. 4, Oxford University Press, 2003.

Kramnick, Isaac ed., *The Portable Enlightenment Reader*, Penguin Books, 1995.

LaCapra, Dominick, *Rethinking Intellectual History: Texts, Contexts, Language*, Cornell University Press, 1983.

LaCapra, Dominick and Steven L. Kaplan eds., *Modern European Intellectual History*, Cornell University Press, 1983.

Lovejoy, Arthur O., *The Great Chain of Being: A Study of the History of Idea*, Harvard University Press, 1936.

Lovejoy, Arthur O., *Essays in the History of Ideas*, Capricorn Books, 1960.

Lukács, György, *History and Class Consciousness: Studies in Marxist Dialectics*, Rodney Livingstone trans., 9th edition, The MIT Press, 1985.

Macey, David, *The Lives of Michel Foucault: A Biography*, Pantheon Books, 1993.

Magnus, Bernd and Kathleen M. Higgins eds., *The Cambridge Companion to Nietzsche*, Cambridge University Press, 1996.

Mandelbaum, Maurice, *History, Man and Reason: A Study in Nineteenth-Century Thought*, Johns Hopkins University Press, 1971.

Manuel, Frank E., *The New World of Henri Saint-Simon*, Harvard University Press, 1956.

Manuel, Frank E., *The New World of Henri St. Simon*, University of Notre Dame Press, 1963.

Manuel, Frank E., *Shapes of Philosophical History*, Stanford University Press, 1965.

Manuel, Frank E., *Freedom from History and Other Untimely Essays*, New York University Press, 1971.

Marcuse, Herbert, *One-Dimensional Man: Studies in the Ideology of Advanced Industrial Society*, Beacon Press, 1964.

Marcuse, Herbert, *Reason and Revolution: Hegel and the Rise of Social Theory*, 2nd Edition, Humanities Press, 1983.

Martin, James ed., *Antonio Gramsci: Critical Assessment of Leading Political Philosophers*, vol. II, Routledge, 2002.

Mazlish, Bruce, *James and John Stuart Mill: Father and Son in the Nineteenth Century*, Hutchinson & Co., 1975.

McGrath, William J., *Freud's Discovery of Psychoanalysis: The Politics of Hysteria*, Cornell University Press, 1986.

McMahon, Darrin M. and Samuel Moyn eds., *Rethinking Modern European Intellectual History*, Oxford University Press, 2014.

Mill, J. S., *On Liberty*, Alburey Castell ed., AHM Publishing Corporation, 1947.

Mitzman, Arthur, *The Iron Cage: A Historical Interpretation of Max Weber*, Transaction Books, 1969.

Mommsen, Wolfgang J., *Max Weber and German Politics, 1890-1920*, Michael S. Steinberg trans., The University of Chicago Press, 1984.

Moyn, Samuel and Andrew Sartori eds, *Global Intellectual History*, Columbia University Press, 2013.

Musso, Pierre, *Saint-Simon et le Saint-Simonisme*, Presses Universitaires de France, 1999.

Musso, Pierre, *La Religion du monde industriel: analyse de la pensée Saint-Simon*, Editions de l'Aube, 2006.

Neu, Jerome ed., *The Cambridge Companion to Freud*, Cambridge University Press, 1991.

Okin, Susan M., *Women in Western Political Thought*, Princeton University Press, 1979.

Osterhammel, Jürgen, *Unfabling the East: The Enlightenment's Encounter with Asia*, Princeton University Press, 2018.

Outram, Dorinda, *The Enlightenment*, Cambridge University Press, 1995.

Ozouf, Mona, *Festivals and the French Revolution*, Alan Sheridan trans., Harvard University Press, 1988.

Parkes, Graham ed., *Nietzsche and Asian Thought*, University of Chicago Press, 1991.

Peltonen, Markku ed., *The Cambridge Companion to Bacon*, Cambridge University Press, 1996.

Pétré-Grenouilleau, Olivier, *Saint-Simon: L'Utopie ou la raison en actes*, Biographie Payot, 2001.

Rasmussen, David and James Swindal eds., *Critical Theory vol. I: Historical Perspectives*, Sage Publications, 2004.

Rasmussen, David and James Swindal eds., *Critical Theory vol. II: Theoretical Foundations*, Sage Publications, 2004.

Rasmussen, David and James Swindal eds., *Critical Theory vol. IV: The Future of Critical Theory*, Sage Publications, 2004.

Redman, Ben Ray ed., *The Portable Voltaire*, Penguin Books, 1968.

Rieff, Philip, *The Triumph of the Therapeutic: Use of Faith After Freud*, The University of Chicago Press, 1966.

Ringer, Fritz K., *The Decline of the German Mandarins: The German Academic Community, 1890-1933*, Harvard University Press, 1969.

Ritzer, George and Barry Smart eds., *Handbook of Social Theory*, Sage Publications, 2001.

Robinson, Paul, *The Freudian Left: Wilhelm Reich, Geza Roheim, Herbert Marcuse*, Cornell University Press, 1990.

Rogger, Hans and Eugen Weber eds., *The European Right: A Historical Profile*, University of California Press, 1966.

Saint-Simon, Henri, *Henri Saint-Simon(1760-1825): Selected Writings on Science, Industry and Social Organization*, Keith Taylor ed. & trans., Routledge, 2015.

Saint-Simon, Henri de, *Henri de Saint-Simon: Social Organization, The Science of Man and Other Writings*, Felix Markham ed. & trans., Harper Torchbooks, 1964.

Schorske, Carl, *Fin-de-Siècle Vienna: Politics and Culture*, Vintage Books, 1981.

Scott, David, *Conscripts of Modernity: The Tragedy of Colonial Enlightenment*, Duke University Press, 2004.

Shao, Lixin, *Nietzsche in China: Literature and the Men of Science*, Peter Lang, 1999.

Sills, David L. and Robert K. Merton eds., *International Encyclopedia of the Social Sciences*, Macmillan, 1968.

Skorupski, John ed., *The Cambridge Companion to Mill*, Cambridge University Press, 1998.

Smith, Charlotte W., *Carl Becker: On History and the Climate of Opinion*, Cornell University Press, 1956.

Spitzer, Alan B. S., *The French Generation of 1820*, Princeton University Press, 1987.

Stern, Fritz, *The Failure of Illiberalism: Essays on the Political Culture of Modern Germany*, Alfred A. Knopt, 1972.

Stoler, Ann Laura, *Race and the Education of Desire: Foucault's History of Sexuality and the Colonial Order of Things*, Duke University Press, 1995.

Stromberg, Roland N., *European Intellectual History Since 1789*, Prentice-Hall, 1986.

Szaluta, Jacques, *Psychohistory: Theory and Practice*, Peter Lang, 1999.

Webb, R. K., *Modern England: From the Eighteenth Century to the Present*, Harper & Row, 1980, 2nd Edition.

Weber, Max, *On Charisma and Institution Building*, S. N. Eisenstadt ed. & trans., The University of Chicago Press, 1968.

Wehler, Hans-Ulrich, *The German Empire, 1871-1918*, Kim Traynor trans., Berg Publishers, 1985.

Whatmore, Richard, *What is Intellectual History?*, Polity Press, 2016.

Wiener, Philip P. ed., *Dictionary of the History of Ideas: Studies of Selected Pivotal Ideas*, vol. Ⅲ, Charles Scribner's Sons, 1973.

Wolft, Kurt H. and Barrington Moore eds., *Essays in Honor of Herbert Marcuse*, Boston, 1967.

(2) 논문

Ankersmit, F. R., "Historiography and Postmodernism", *History and Theory*, vol. XXVIII #2, Wesleyan University, 1989.

Becker, Carl, "Everyman His Own Historian", *American Historical Review*, XXXVII, 1932. 1.

Brinton, Crane, "Many Mansions: AHA Presidential Addresses", *American Historical Review*, vol. 69-2, 1964. 1.

Brobjer, Thomas H., "Nietzsche's Reading about China and Japan", *Nietzsche-Studien*, 34, Walter de Gruyter Berlin/Boston, 2005.

Conrad, Sebastian, "Enlightenment in Global History: A Historiographical Critique", *American Historical Review*, 117-4, October, 2012.

Dirlik, Arif, "The Postcolonial Aura: Third World Criticism in the Age of Global Capitalism", *Critical Inquiry*, vol. 20, The University of Chicago Press, 1994/Winter.

Dirlik, Arif, "Is There History after Eurocentrism?: Globalism, Postcolonialism, and the Disavowal of History", *Critical Inquiry*, vol. 42, The University of Chicago Press, 1999/Spring.

Eisenstadt, Shmuel Noah, "Multiple Modernities", *Daedalus*, vol. 129, The MIT Press, Winter, 2000.

Gálik, Jozef Marián, "Nietzsche in China, 1918-1925", *Nachrichten der Gesellschaft für Natur- und Völkerkunde Ostasiens*, 1972.

Gilbert, Felix, "Intellectual History: Its Aims and Methods", *Daedalus*, The MIT Press, 1971.

Hughes, H. S., "European Intellectual History 1884-1984: The Socialization of Ideas", *International Forum* (Seoul), 9, 1986-87.

Jacoby, Russel, "A New Intellectual History?", *American Historical Review*, vol. 97-2, American Historical Association, 1992. 4.

Krieger, Leonard, "The Autonomy of Intellectual History", *Journal of the History of Ideas*, vol. 34, no. 4, University of Pennsylvania Press, 1973. 12.

Megill, Allan, "Globalization and the History of Ideas", *Journal of the History of Ideas*, 66-2, University of Pennsylvania Press, 2005. 4.

Nisbet, Robert A., "The French Revolution and the Rise of Sociology in France", *American Journal of Sociology*, vol. 49, no. 2, September, The University of Chicago Press, 1943.

Rasmussen, Kim Su, "Foucault's Genealogy of Racism", *Theory, Culture & Society*, vol. 28-5, Sage Publications, 2011.

Spiegel, Gabrielle, "History and Post-Modernism IV", *Past and Present*, vol. 135, Oxford

University Press, 1993. 5.

Szegedy-Maszák, Mihály, "The Intellectual and Cultural Scene in the Dual Monarchy",
Hungarian Studies, Akadémiai Kiadó, Eötvös Loránd University, 2007.

Wise, Gene, "The Contemporary Crisis in Intellectual History Studies", *Clio: A Journal
of Literature, History, and the Philosophy of History*, vol. 1, Indiana University, Purdue
University of Fort Wayn, 1975.

Young, Robert J. C., "Foucault on Race and Colonialism", *New Formations*, 25, Lawrence &
Wishart, 1995.

[찾아보기]

에리히 프롬(Erich Fromm) · 239, 246

에밀 뒤르켐(Emile Durkheim) · 103~104, 136, 175

에우리피데스(Euripides) · 138

에콜 폴리테크니크(École Polytechnique) · 87, 92, 97

엘리자베스 1세(Elizabeth I) · 27, 29~30

엘리자베트 푀르스터 니체(Elisabeth Förster-Nietzsche) · 149

오귀스트 콩트(Auguste Comte) · 17~18, 21, 61, 79, 90~91, 96~105, 112, 117, 123, 128, 235, 245, 257, 304

오노레 발자크(Honoré Balzac) · 97

오스카 와일드(Oscar Wilde) · 150

오스카어 코코슈카(Oskar Kokoschka) · 199

오토 폰 비스마르크(Otto von Bismarck) · 168, 175, 188

올랭프 드 구즈(Olympe de Gouges) · 63, 87

올리버 크롬웰(Oliver Cromwell) · 201

왕귀웨이(王國維) · 153

왕립학회(The Royal Society of London for Improving Natural Knowledge) · 41, 211

요제프 브로이어(Joseph Breuer) · 195, 202

요한 노르드스트룀(Johan Nordström) · 318

요한 하인리히 페스탈로치(Johann Heinrich Pestalozzi) · 56

월터 미뇰로(Walter D. Mignolo) · 78, 283, 294, 296~297

윌리엄 랭어(William Langer) · 242

윌리엄 셰익스피어(William Shakespeare) · 31, 200

윌리엄 워즈워스(William Wordsworth) · 120

이마누엘 칸트(Immanuel Kant) · 19, 63~64, 67, 72, 81, 84, 143, 157, 166, 200, 227, 229, 237, 274, 298

이사도라 덩컨(Isadora Duncan) · 148

이오시프 스탈린(Joseph Stalin) · 220, 259

인도행정청(Indian Civil Service) · 127

ㅈ

장 르 롱 달랑베르(Jean Le Rond d'Alembert) · 54, 93

장 마르탱 샤르코(Jean Martin Charcot) · 201

장 자크 루소(Jean-Jacques Rousseau) · 19, 47, 59, 71, 91, 157, 269, 323

장 조레스(Jean Jaurès) · 219

장 폴 사르트르(Jean-Paul Sartre) · 259, 264~265, 278

전략정보국(Office of Strategic Services) · 241~242

제러미 벤담(Jeremy Bentham) · 17~18, 61, 96, 107, 111~117, 120, 125~126, 128, 268, 279, 304, 308

제임스 로빈슨(James H. Robinson) · 313~314

제임스 1세(James I) · 27, 29~30, 41~42

제임스 쿡(James Cook) · 47, 51

조르주 루이 뷔퐁(Georges-Louis Buffon) · 51~52

존 로크(John Locke) · 56~57, 125

존 스튜어트 밀(John Stuart Mill) · 17~18, 21,

용어와 문헌

지식의 세계사

베이컨에서 푸코까지, 지식권력은 어떻게 세계를 지배해왔는가

1판 1쇄 발행일 2019년 10월 7일
1판 2쇄 발행일 2020년 8월 3일

지은이 육영수

발행인 김학원
발행처 (주)휴머니스트 출판그룹
출판등록 제313-2007-000007호(2007년 1월 5일)
주소 (03991) 서울시 마포구 동교로23길 76(연남동)
전화 02-335-4422 **팩스** 02-334-3427
저자·독자 서비스 humanist@humanistbooks.com
홈페이지 www.humanistbooks.com
유튜브 youtube.com/user/humanistma **포스트** post.naver.com/hmcv
페이스북 facebook.com/hmcv2001 **인스타그램** @humanist_insta

편집주간 황서현 **편집** 김주원 김선경 **디자인** 김태형
조판 홍영사 **용지** 화인페이퍼 **인쇄** 삼조인쇄 **제본** 정민문화사

ⓒ 육영수, 2019

ISBN 979-11-6080-297-9 03900

이 도서의 국립중앙도서관 출판예정도서목록(CIP)은 서지정보유통지원시스템 홈페이지(http://seoji.nl.go.kr)와
국가자료공동목록시스템(http://www.nl.go.kr/kolisnet)에서 이용하실 수 있습니다.(CIP제어번호: CIP2019032711)

• 이 저서는 2014년 정부(교육부)의 재원으로 한국연구재단의 지원을 받아 수행된 연구임 (NRF-2014S1A6A4026690)